마이크로컨트롤러를 활용한

Door-Lock 전자시스템 설계

이희진 · 조영완 공저

홍릉과학출판사

머리말

과학문명의 발달과 더불어 사회는 정보화 시대로 접어 들었으며, 정보화 시대는 우리 주변을 더욱 더 전자시스템으로 둘러싸이게 하였다. 예전의 전자시스템은 하드웨어로만 이루어진 시스템이었으나, 기능의 향상과 함께 소형화와 가격의 저렴화를 위해 현재의 거의 모든 전자시스템에는 마이크로컨트롤러를 내장하게 되었다. 마이크로컨트롤러는 이러한 시대의 요구를 충족시키고 있으며, 해마다 더 향상된 기능의 마이크로컨트롤러가 출시되고 있다.

본 교재는 현재 8비트 마이크로컨트롤러 중에 가장 많은 사랑을 받고 있는 ATmega128을 이용하여 Door-Lock 전자시스템을 설계할 수 있도록, 우선적으로 Door-Lock 시스템에 적용되는 ATmega128 기능들의 특징과 사용법을 예제들을 통하여 실습할 수 있도록 한 후, 최종적으로 이러한 기능들을 종합하여 Door-Lock 시스템을 설계할 수 있는 능력을 갖추도록 구성하였으며 ATmega128을 이용하여 다양한 전자시스템을 설계할 수 있도록 ATmega128의 기타 기능들을 예제를 통하여 학습할 수 있도록 하였다. 또한 마이크로컨트롤러를 처음 접하거나 익숙하지 않은 학생들을 위하여 ATmega128의 기초적이고 중요한 기능을 다양한 예제를 통하여 우선적으로 학습한 후에 특수 기능들을 학습하게 하였다. 따라서 본 교재는 ATmega128의 I/O, 프로그램 및 데이터 메모리, 외부인터럽트, 타이머/카운터, 비동기 직렬통신 기능을 중심으로 PWM, ADC, CTC 모드, 입력 캡처 모드, 슬립모드, EEPROM, SPI, TWI, Watchdog, 외부 SRAM, BootLoader 기능들을 다루고 있다. 또한 각 기능들을 보다 쉽게 접할 수 있도록 3단계의 학습 방법을 취하고 있다.

첫째, 시뮬레이션 툴로 하드웨어를 작성하고 AVR Studio로 프로그램하여 컴퓨터 상에서 기능을 확인하게 하였다.

둘째, 실습한 기능에 대한 핵심 이론만을 정리하여 기능을 쉽고 정확하게 이해하도록 하였다.

셋째, 시뮬레이션과 이론에서의 ATmega128 기능을 실물로 구성된 실험 기자재를 통하여 다시 확인하게 하였다.

본 교재의 구성은 크게 3개의 부분으로 구성되어 있다. 첫 번째 부분은 'Door-Lock전자시스템 설계를 위한 ATmega128'로 제 1장에서 제 7장까지 구성되어 있다. 즉, 제 1장은 Door-Lock 시스템을 설계하기 위한 준비과정으로 마이크로컨트롤러 시스템을 설계하기 위한 단계적 계획과 마이크로컨트롤러의 개념, ATmega128의 특징과 구조에 대한 간단한 소개, Door-Lock 시스템 개요를 다루고 있으며, 제 2장은 I/O의 입출력에 대한 것으로 LED, 스위치, keyscan, FND, 캐릭터 LCD, 모노 그래픽 LCD를 적용하여 설명하고 있다. 제 3장은 폴링 방식과 인터럽트 벡터 방식의 외부 인터럽트, 제 4장은 8비트와 16비트 타이머 모드 및 8비트 카운터 모드, 제 5장은 폴링 방식 및 인터럽트 벡터 방식의 비동기 직렬통신, 제 6장은 PWM의 Fast 모드와 Phase Correct 모드 및 EEPROM으로 구성되어 있고 제 7장은 이 기능들을 종합하여 설계한 Door-Lock 시스템에 대하여 다루고 있다. 두 번째 부분은 'ATmega128 기타 기능'으로 제 8장에서 제 10장까지 구성되어 있다. 제 8장은 인터럽트를 이용한 AD 변환과 차동입력 AD 변환 및 아날로그 비교기, 제 9장은 CTC 모드와 입력 캡처 모드 및 COM1C2, 제 10장은 SPI, TWI, 외부 SRAM, 슬립모드로 되어 있다. 세 번째 부분은 부록으로, 작성한 프로그램을 컴파일하기 위한 WinAVR과 AVR Studio 설치 및 사용법, 타겟 보드에 프로그램을 다운로딩하기 위한 Bootloader 내용을 다루고 있다.

이 책을 만드는데 힘이 되어주신 하나님에게 감사드리며, 교재의 개발을 위하여 여러모로 지원해주신 마이다스 엔지니어링, Bootloader 개발자 및 홍릉과학출판사에게 고마움을 표하는 바이다. 끝으로 본 교재의 개선점이나 틀린 점이 있으면 언제라도 지적하여 주시기 바라며, 본 교재를 통하여 자신감 있고 창의력 있는 엔지니어로서 성장하시기를 기원하는 바이다.

2013년 저자

목차

Chapter 10 ATmega128 SPI, TWI 외부 SRAM, 슬립모드

부록 WinAVR/AVR Studio, Bootloader

01

Door-Lock 시스템 설계 준비과정

1.1 마이크로컨트롤러 시스템 설계 단계

우리 주변의 많은 분야(냉장고, 세탁기, 텔레비전, 핸드폰, 자동차, 비행기, 공장 등)에 전자제어시스템들이 존재하고 있으며 여기에는 대부분 마이크로컨트롤러를 내장하고 있다. 마이크로컨트롤러를 내포한 전자제어시스템을 설계하기 위한 절차는 어떻게 될까?

먼저, 전자제어시스템을 완성하기 위해서는 다음과 같은 구성 단계를 생각하고 접근하여야 한다.

◎ 어떤 전자제어시스템을 만들 것인가(목표 설정)?

한 예로, 디지털 탁상시계를 만든다고 하자.

◎ 목표 설정에 부합하는 시스템 기능들은 무엇인가?

탁상시계에 필요한 기능으로는 현재시간 · 알람시간 · 날짜를 표시하는 부분과 이러한 기능들을 조정하는 부분, 알람시간에 소리를 발생하는 부분, 밤에도 시간을 확인할 수 있는 빛을 비추는 부분으로 구분된다.

◎ 시스템 기능 구현을 위한 설계 기법으로 무엇을 선택할 것인가?

마이크로컨트롤러의 사용유무, 메모리 종류, 입출력에 필요한 부품 종류, 적용되는 알고리즘 등을 정의한다. 탁상시계에는 마이크로컨트롤러, 프로그램 메모리, 데이터 메모리, LCD, 조작용 버튼, 스피커, 배터리, 램프, 알고리즘 등이 필요하다.

◎ 시스템 블록도를 작성한다.

각 기능에 맞는 중요 부품들(예, 마이크로컨트롤러, 메모리 등)을 이용하여 전체적인 시스템 개념을 나타내는 블록도를 작성한다.

◎ 가장 적합한 마이크로컨트롤러를 선정한다.

마이크로컨트롤러의 내부동작 처리속도, 프로그램 메모리 유/무 및 크기, 가격, 버스 수(8비트, 16비트, 32비트 등), 특수기능(PWM, ADC, RTC, LAN) 등을 고려하여 선택한다. 디지털 탁상시계는 내부동작 처리 속도가 빠르지 않아도 무방하고, 일반적으로 마이크로컨트롤러가 갖고 있는 입출력 기능, 타이머/카운터 기능,

외부 인터럽트 기능, 비동기 통신기능 중 입출력 기능과 타이머 기능만 있으면 가능하다.
물론, 날짜와 시간을 나타내는 RTC(Real Time Clock) 기능을 갖춘 마이크로컨트롤러를 이용하거나 외부에 RTC 부품을 붙이는 것도 가능하나, 가격이 증가하게 된다. 처음에는 프로그램 메모리의 크기를 다소 큰 용량으로 선택하는 것이 좋으며, 외부 보다는 내부에 포함하고 있는 것이 사용하기가 편리하다. 일반적으로 간단한 LCD 제어 프로그램은 1K 바이트 내에서 가능하다.

- 중요 부품들을 선정한다.

작성된 시스템 블록도에 따라 중요 부품들을 datasheet 참조하여 선정한다.

- 프로그램 언어와 컴파일러를 선정한다.

프로그램 언어로는 어셈블리 언어, C 언어 등이 가능하다. 일반적으로 어셈블리 언어 컴파일러는 마이크로컨트롤러 생산 업체에서 지원하고 있으나, C 언어 등의 컴파일러는 가격을 지불하고 구입하여야 한다.
무료로 사용가능한 평가·데모버전은 일정기간 사용가능 하거나 프로그램 용량을 제한하는 형식으로 배포하고 있다. C 언어 컴파일러로는 IAR, Keil, CodeVision, GCC 등이 있으며 GCC는 용량이나 기간에 관계없이 무료로 사용할 수 있다. 하나의 C 컴파일러가 모든 마이크로컨트롤러를 지원하지 않으므로 지원하는 컴파일러를 찾아서 사용하여야 한다.

- 선정된 중요 부품을 이용하여 하드웨어 블록도를 작성한다. 이 때 메모리 맵이 필요한지 검토한다.

프로그램 메모리, 데이터 메모리, 어드레스 버스를 이용하여 제어하는 외부 부품(예, LCD 등)은 메모리 맵을 이용하여 각 부품의 번지를 할당하여야 한다. 그러나 프로그램 메모리, 데이터 메모리가 마이크로컨트롤러 안에 있고 외부에 LCD 등의 부품의 수가 적을 경우에는 메모리 맵을 구성하지 않고도 간단히 마이크로컨트롤러의 입출력 기능을 이용하여 제어할 수 있다. 마이크로컨트롤러 외부에 있는 데이터 메모리는 휘발성 메모리(SRAM 등)와 비휘발성 메모리(EEPROM 등)로 나눌 수 있으며 전원이 꺼질 경우에도 휘발성 메모리의 데이터를 보존하고자 한다면 보조 배터리를 부착하여야 한다.

- 단계적으로 각 기능별 하드웨어 회로도와 플로우차트를 작성한다.
- 단계적으로 하드웨어를 구성한다(PCB 기판에 부품 배치 및 배선).
- 단계적으로 프로그램을 작성하고 컴파일러로 컴파일한다.
- 단계적인 시스템 동작을 확인하고 문제가 있으면 디버깅한다.
- 단계적인 시스템 동작에 이상이 없으면 전체적인 회로도와 하드웨어를 완성한다.
- 전체적인 프로그램을 작성하고 컴파일하여 시스템 동작을 확인한다.
- 이상이 있으면 디버깅한다.

1.2 마이크로컨트롤러란?

마이크로프로세서와 마이크로컨트롤러

1 마이크로프로세서

마이크로프로세서는 중앙처리장치(CPU : Central Processing Unit)라고도 부르며 컴퓨터의 연산장치와 제어장치를 1개의 작은 실리콘 칩에 집적시킨 처리장치로 연산을 미리 확립된 순서에 의해 체계적으로 실행할 뿐만 아니라 컴퓨터의 각 장치에 제어 신호를 제공하는 제어장치를 1개의 작은 실리콘 칩에 집적시킨 초대규모 집적회로로 이루어진 처리장치이다.

내부는 비교, 판단, 연산을 담당하는 논리연산장치(ALU : Arithmetic Logic Unit)와 명령어의 해석과 실행을 담당하는 제어장치(control unit)로 구성된다. 논리연산장치는 각종 덧셈을 수행하는 가산기(adder)와 산술과 논리연산의 결과를 일시적으로 기억하는 누산기(accumulator), 중앙처리장치에 있는 일종의 임시 기억장치인 레지스터(register) 등으로 구성되어 있다. 제어장치는 프로그램의 수행 순서를 제어하는 프로그램 계수기(program counter), 현재 수행중인 명령어의 내용을 임시 기억하는 명령 레지스터(instruction register), 명령 레지스터에 수록된 명령을 해독하여 수행될 장치에 제어신호를 보내는 명령 해독기(instruction decoder)로 이루어져 있다.

2 마이크로컨트롤러

마이크로프로세서라 불리는 중앙연산장치는 논리연산장치와 제어장치로만 구성되어 있어 실제 활용하려면 주변에 CTC(카운터/타이머), PIO(병렬 입출력), SIO(직렬 입출력), ROM(프로그램 메모리), RAM(데이터 메모리) 등의 부품이 필요하다. 이러한 부품들을 마이크로프로세서에 포함시킨 것이 마이크로컨트롤러이며, 기능에 따라 특수기능(PWM, ADC, EEPROM, RTC, LAN)들을 추가적으로 포함하고 있는 마이크로컨트롤러가 등장하고 있다.

마이크로프로세서 동작 방식

1 CISC(Complex Instruction Set Computer)

폰노이만 형식인 마이크로프로세서가 프로그램을 실행하는데 주기억 장치에 명령어와 데이터(오퍼랜드)를 같이 저장하고 명령어 코드를 해석한 후에 실행하는 복잡한 마이크로 코드를 기반으로 한 마이크로프로그램 방식의 구조를 기반으로 설계된 방식이다. 어셈블리 언어와 같은 프로그래밍의 언어 수준을 고려하고 표준화와 호환성에 중점을 두었으며 복잡한 명령어 형식과 어드레싱 모드를 사용해서 해당 프로그램의 메모리 요구량을 절약할 수 있으나 구조가 복잡해서 생산단가가 비싸다. 명령어 세트의 크기가 크며 명령어 형식이 다양하나 실제로 많이 사용되는 명령어의 수는 그리 많지 않으며 명령어에 따라 가변적이며 짧은 명령어는 1클록 만에 수행되는 것도 있고 최대 300 클록이 소요되는 명령어들도 있다.

2 RISC(Reduced Instruction Set Computer)

제어장치들을 모두 하드와이어(hard wire)로 구성함으로써 하드웨어에 의한 직접적인 실행에 의해 명령어 처리속도가 빠르며 명령어 수가 적고 명령어 형식이 간단하다. 명령어 처리에 파이프라인 기법을 적용하고 있으며, 프로그램 메모리와 데이터 메모리를 분리시켜서 명령어들은 프로그램 메모리에 저장하고 데이터들은 데이터 메모리에 저장한 후에 프로그램을 수행하는 하버드 구조(harvard architecture)를 사용하기도 한다. RISC는 모든 명령어가 2바이트 혹은 4바이트 워드 단위로 고정되어 있기 때문에 명령어 인출은 항상 메모리를 한번만 참조함으로써 명령어 인출 단계의 속도를 향상시킬 수 있다. 즉, 고정길이 명령어로서 1개 명령어를 수행하는데 1개 클록이면 실행된다. 마이크로프로세서 내부에 많은 범용 레지스터를 내장하고 데이터들을 미리 내부 레지스터로 가지고 와서 실행함으로써 처리속도가 향상되나 컴파일러에 많은 부분을 의존함으로써 컴파일러 설계가 어렵다.

컴퓨터 언어

1 기계어(Machine Language)

마이크로프로세서가 이해할 수 있는 2진수(프로그램 메모리에 16진수(hex)를 사용하여도 내부에서는 2진수로 저장된다)로 컴파일러가 필요 없다. 기계어로 프로그램하면 코드 사이즈가 줄어들어 처리시간은 단축되나 프로그램이 어렵다.

2 어셈블리 언어(Assembly Language)

기계어 프로그램의 복잡성을 해결하기 위해서 니모닉(mnemonic)으로 표시하여 프로그램하기가 쉬우며 마이크로프로세서의 종류에 따라 명령어와 어셈블리 언어가 약간씩 다르다. 어셈블리 언어는 어셈블러(assembler)라는 컴파일러를 통해서 기계어로 변환되게 된다.

3 C 언어(C Language)

사람이 이해하기는 쉬운 고급언어의 하나이나, 마이크로프로세서에 이식시키기는 어렵다. 프로그램 작성이 쉬우나 마이크로프로세서의 종류에 따라 컴파일러가 다르며 기계어로 변환시 코드 크기가 어셈블리 언어로 작성할 때보다 커지는 단점이 있다.

1.3 ATmega128 특징

ATmega128 특징

1 개량된 RISC 아키텍처

- 대부분 1 클록 사이클로 실행되는 133개의 명령어
- 32 × 8 범용 작업(working) 레지스터 및 퍼리퍼럴 컨트롤 레지스터
- ATmega128L은 8[MHz], ATmega128은 16[MHz]까지 동작
- 2 사이클로 실행되는 곱셈기

2 데이터 메모리 및 프로그램 메모리

- 플래시 메모리 128[KB] 내장
- 읽기, 쓰기가 가능한 4[KB]의 EEPROM
- 4[KB]의 SRAM 내장, 외부 메모리를 64[KB]까지 확장 가능
- 락(lock) 기능, ISP(In-System Programming) 써 넣기 가능

3 JTAG 인터페이스

- 플래시 메모리, EEPROM, 락 비트 써 넣기 가능 및 디버깅 기능 지원

4 주변장치

- 프리스케일러 및 비교모드가 있는 2개의 8비트 타이머/카운터
- 프리스케일러, 비교모드, 캡처모드가 있는 2개의 16비트 타이머/카운터
- RTC(Real Time Clock), 워치독 타이머
- 8비트 PWM 채널 2개 , 2 ~ 16비트 분해능이 가능한 PWM 채널 6개, 비교기 출력기능
- 10비트 ADC 단독(8채널) 또는 차동채널(7채널)) 및 아날로그 비교기
- SPI, TWI(I^2C), USART(2개)

5 그 밖의 특징

- 파워-온 리셋, 브라운-아웃(Brown-out) 검출
- RC 오실레이터 내장 및 클록 주파수 선택 가능
- 슬립모드 : 아이들, ADC 잡음 감소, 파워절약, 파워다운, 스탠바이, 확장된 스탠바이
- ATmega128L : 2.7 ~ 5.5[V], 0 ~ 8[MHz]
- ATmega128 : 4.5 ~ 5.5[V], 0 ~ 16[MHz]

ATmega128 핀 배열

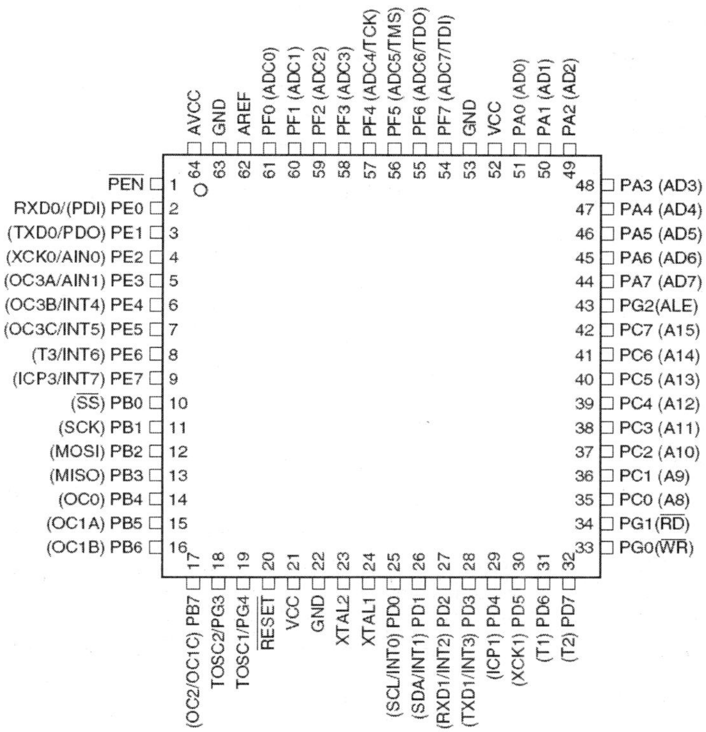

1.4 ATmega128 구조

ATmega128 내부 블록도

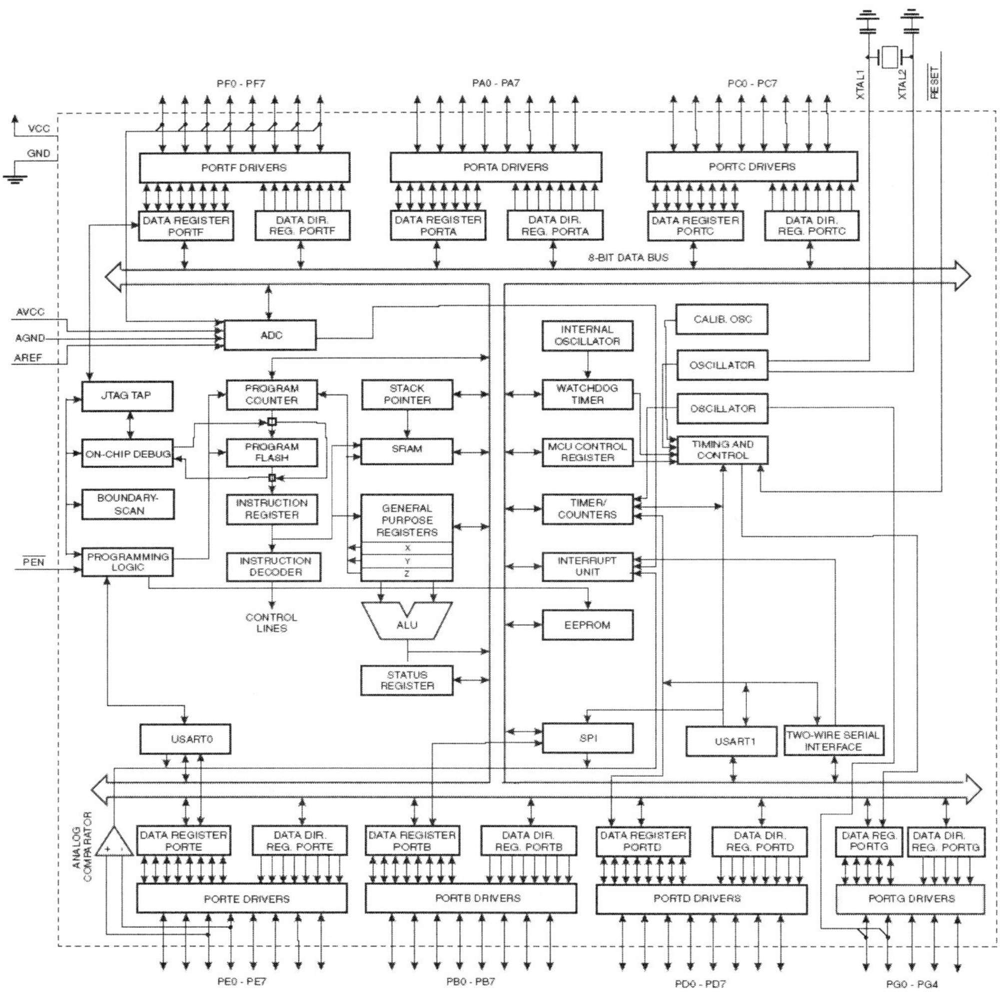

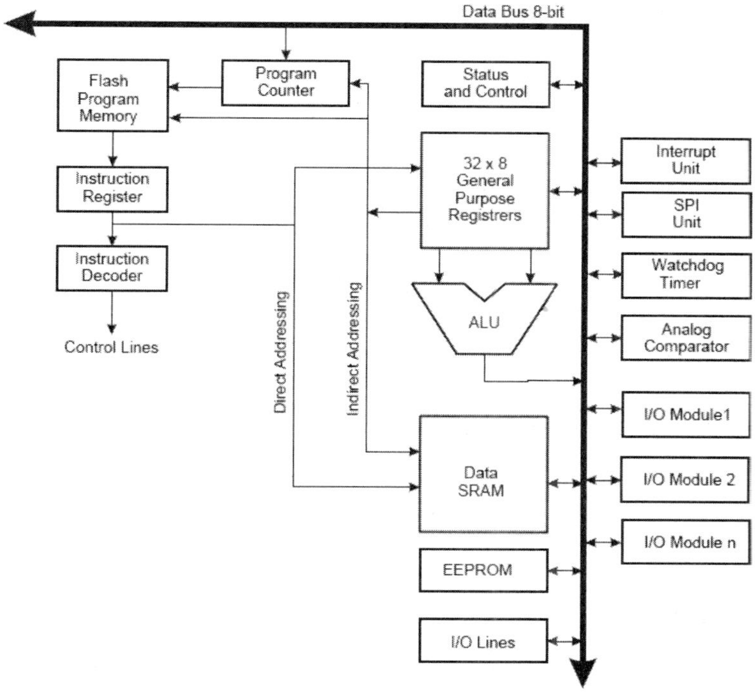

ATmega128 명령어 처리 시간

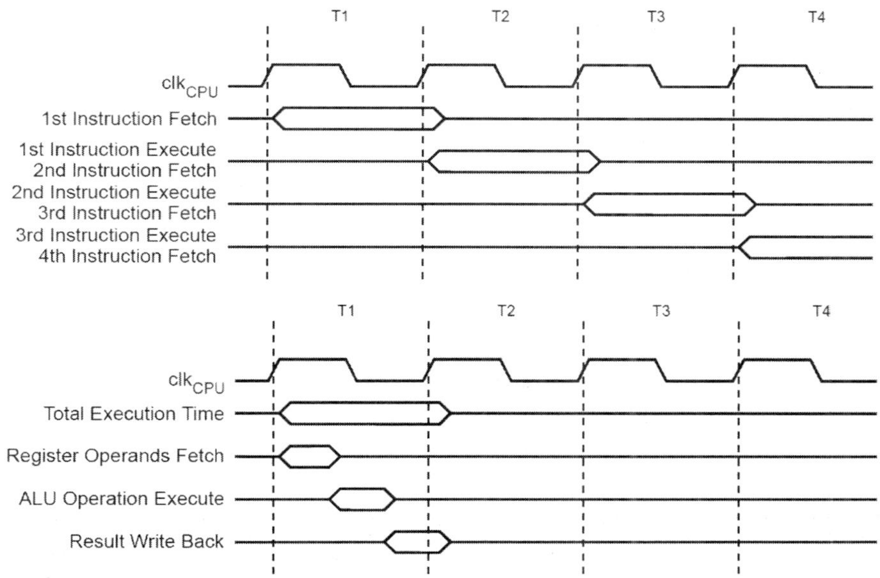

ATmega128 내부 SRAM 처리 주기

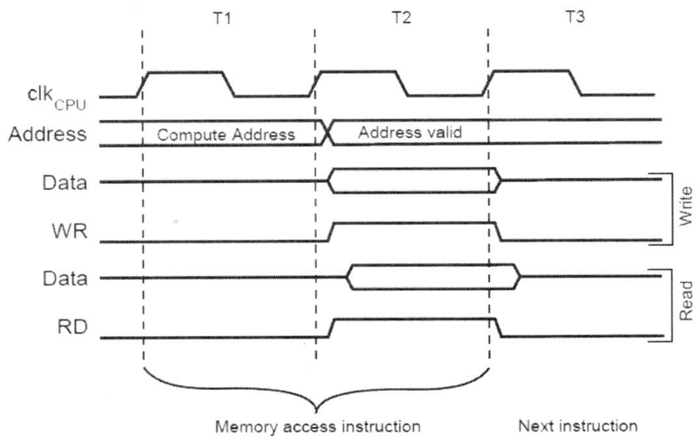

ATmega128 클록

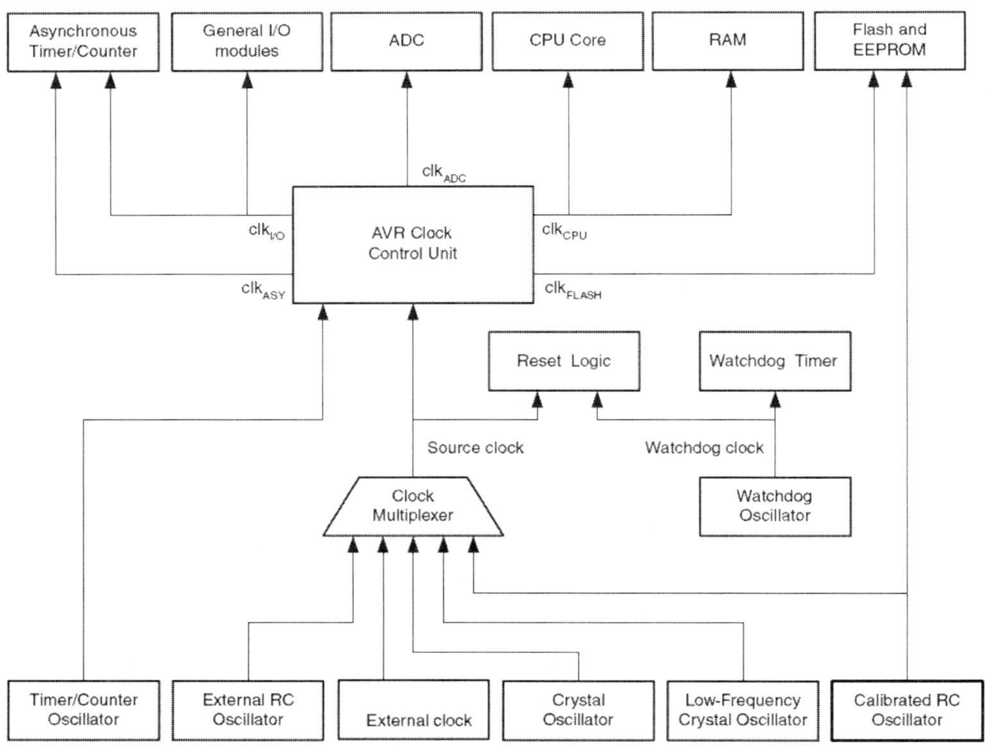

XTAL의 f_{CLK} 클록 주파수 변경

○ XTAL 내부 시스템 클록 주파수 변경

clk_{CPU}, $clk_{I/O}$, clk_{ADC}, clk_{FLASH}의 f_{CLK}를 XDIV 레지스터를 이용하여 조절할 수 있다. XDIVEN = '1'이면 f_{CLK}의 클럭 주파수 값을 XDIV6:XDIV0을 이용하여 조절할 수 있다. f_{CLK}의 값은 아래 식과 같다. 'd'는 XDIV6:XDIV0 값이다.

$$f_{CLK} = \frac{\text{Source clock}}{129 - \text{d}}$$

XDIV							
XDIVEN	XDIV6	XDIV5	XDIV4	XDIV3	XDIV2	XDIV1	XDIV0

시스템 클록 소스 선택

○ 내부/외부 시스템 클럭 소스 선택

시스템 클럭으로 사용하려고 하는 소스에 따라 퓨즈 바이트에 있는 CKSEL3:CKSEL0 값을 선택하여야 한다. 공장 출하할 때는 '0001'로 설정.

시스템 클럭 소스	CKSEL3..0
외부 크리스탈/세라믹 레조네이터	1111 - 1010
외부 저주파 크리스탈	1001
외부 RC 오실레이터	1000 - 0101
내부 RC 오실레이터	0100 - 0001
외부 클럭	0000
'1'은 unprogrammed, '0'은 programmed.	

◎ 시스템 클럭 소스가 외부 크리스탈일 때...

CKOPT	CKSEL3..1	주파수영역(MHz)	C1, C2 용량값
1	101	0.4 - 0.9	세라믹 레조네이터에서만 사용 → C1, C2 필요없음.
1	110	0.9 - 3.0	12pF - 22pF
1	111	3.0 - 8.0	12pF - 22pF
0	101, 110, 111	1.0 - 16.0	12pF - 22pF

CKSEL0	SUT1..0	Start-up Time from Power-down/ Power-save	Additional Delay from Reset (Vcc=5.0V)	권장 사용처
0	00	258 CK	4.1 ms	세라믹 레조네이터, fast rising power
0	01	258 CK	65 ms	세라믹 레조네이터, slowly rising power
0	10	1K CK	–	세라믹 레조네이터, BOD enabled
0	11	1K CK	4.1 ms	세라믹 레조네이터, fast rising power
1	00	1K CK	65 ms	세라믹 레조네이터, slowly rising power
1	01	16K CK	–	크리스탈 오실레이터, BOD enabled
1	10	16K CK	4.1 ms	크리스탈 오실레이터, fast rising power
1	11	16K CK	65 ms	크리스탈 오실레이터, slowly rising power

◎ 외부 저주파 크리스탈을 사용할 때...

32.768 [kHz] 크리스탈을 사용할 경우에는 CKSEL3:CKSEL0 = '1001'이며 외부에 C1과 C2를 연결하지 않아도 된다. 즉, CKOPT = '0'으로 선택하면 내부에서 36 pF 커패시터가 C1과 C2에 각각 연결되게 된다.

SUT1..0	Start-up Time from Power-down/ Power-save	Additional Delay from Reset (Vcc=5.0V)	권장 사용처
00	1K CK	4.1 ms	Fast rising power or BOD(Brown-out Detector) enabled
01	1K CK	65 ms	Slowly rising power
10	32K CK	65 ms	Stable frequency at start-up
11	Reserved		

외부 RC 오실레이터를 사용할 때...

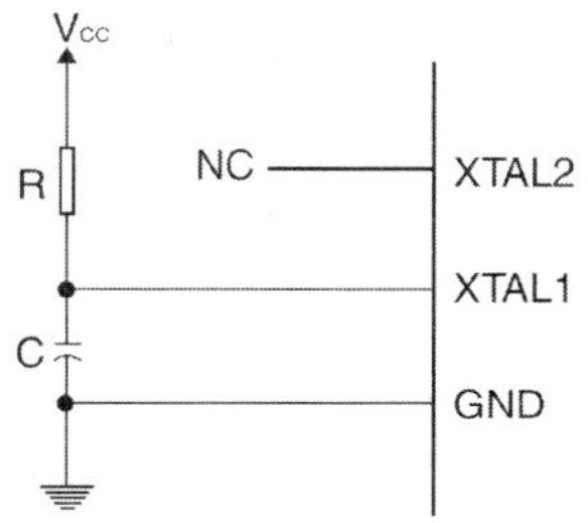

CKSEL3..0	주파수 영역(MHz)
0101	0.1 – 0.9
0110	0.9 – 3.0
0111	3.0 – 8.0
1000	8.0 – 12.0

외부 R, C에 따른 대략적인 발진 주파수는 f=1/(3RC)이며, C는 적어도 22 pF이어야 한다. CKOPT = ‘0’으로 선택하면 내부 36 pF 커패시터가 XTAL1과 GND 사이에 연결되게 된다. 따라서 외부에 C를 연결하지 않아도 된다.

SUT1..0	Start-up Time from Power-down/ Power-save	Additional Delay from Reset (Vcc=5.0V)	권장 사용처
00	18 CK	–	BOD enabled
01	18 CK	4.1 ms	Fast rising power
10	18 CK	65 ms	Slowly rising power
11	6 CK	4.1 ms	Fast rising power or BOD enabled

내부 RC 오실레이터를 사용할 때...(CKOPT = '1')

부품 출하시 기본 값으로 CKSEL3..0 = '0001', SUT1..0 = '10'이다.

CKSEL3..0	주파수(MHz)
0001	1.0
0010	2.0
0011	4.0
0100	8.0

SUT1..0	Start-up Time from Power-down/ Power-save	Additional Delay from Reset (Vcc=5.0V)	권장 사용처
00	6 CK	–	BOD enabled
01	6 CK	4.1 ms	Fast rising power
10	6 CK	65 ms	Slowly rising power
11	Reserved		

외부 클럭을 사용할 때...

외부 클럭을 XTAL1에 직접 연결하면 된다. 이 때 XTAL2는 아무것도 연결하지 않는다. CKSEL3..0 = '0000'이며, CKOPT = '0'으로 선택하여 내부 36 pF 커패시터를 XTAL1과 GND 사이에 연결되게 한다.

SUT1..0	Start-up Time from Power-down/ Power-save	Additional Delay from Reset (Vcc=5.0V)	권장 사용처
00	6 CK	–	BOD enabled
01	6 CK	4.1 ms	Fast rising power
10	6 CK	65 ms	Slowly rising power
11	Reserved		

타이머/카운터 오실레이터를 사용할 때...

TOSC1과 TOSC2 사이에 32.768 [kHz] 저주파 크리스탈만 연결하면 된다. 외부에 커패시터를 연결할 필요가 없다. 또한 TOSC1에만 연결하는 외부 클럭 소스는 사용하지 말기 바란다.

범용 작업 레지스터

7 0	Addr.	
R0	$00	
R1	$01	
R2	$02	
…		
R13	$0D	
R14	$0E	
R15	$0F	
R16	$10	
R17	$11	
…		
R26	$1A	X-register Low Byte
R27	$1B	X-register High Byte
R28	$1C	Y-register Low Byte
R29	$1D	Y-register High Byte
R30	$1E	Z-register Low Byte
R31	$1F	Z-register High Byte

프로그램, 데이터 메모리 구조

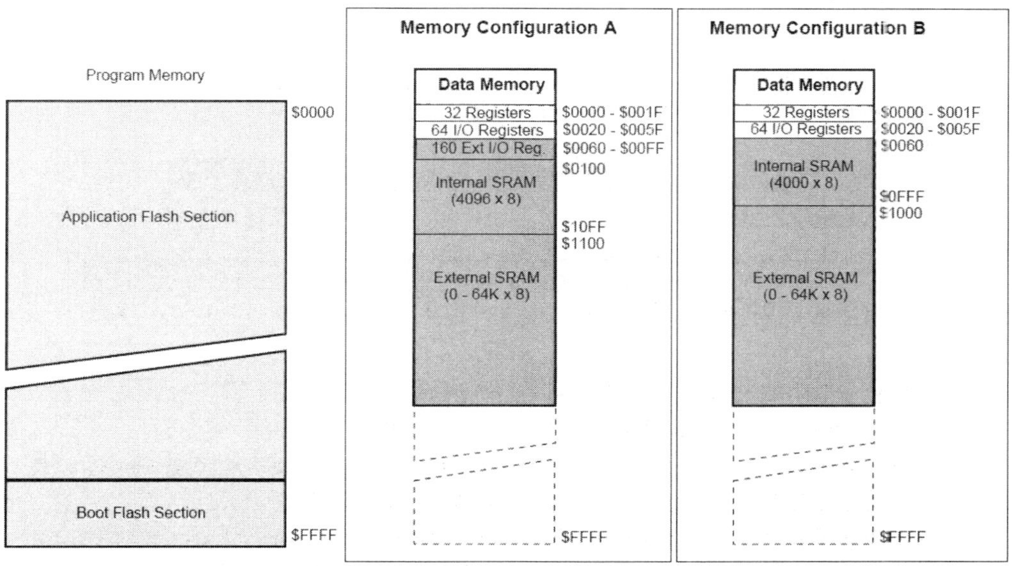

ATmega128 모드　　ATmega103 호환 모드

참조

- ATmega128 최대 Sink 전류(TQFP, QFN 및 MLF 패키지에서)

(1) 모든 포트의 IOL 합은 400mA를 초과할 수 없다.
(2) A0 ~ A7, G2, C3 ~ C7의 IOL 합은 100mA를 초과할 수 없다.
(3) C0 ~ C2, G0, G1, D0 ~ D7, XTAL2의 IOL 합은 100mA를 초과할 수 없다.
(4) B0 ~ B7, G3, G4, E0 ~ E7의 IOL 합은 100mA를 초과할 수 없다.
(5) F0 ~ F7의 IOL 합은 100mA를 초과할 수 없다.

- ATmega128 최대 Source 전류(TQFP, QFN 및 MLF 패키지에서)

(1) 모든 포트의 IOH 합은 400mA를 초과할 수 없다.
(2) A0 ~ A7, G2, C3 ~ C7의 IOH 합은 100mA를 초과할 수 없다
(3) C0 ~ C2, G0, G1, D0 ~ D7, XTAL2의 IOH 합은 100mA를 초과할 수 없다.
(4) B0 ~ B7, G3, G4, E0 ~ E7의 IOH 합은 100mA를 초과할 수 없다.
(5) F0 ~ F7의 IOH 합은 100mA를 초과할 수 없다.

- ATmega128 퓨즈 비트

클록 소스는 ISP, JTAG 등을 이용하여 플래시 메모리에 사용자 프로그램을 써 넣을 때 퓨즈 비트들을 재설정하여야 한다.

(1) 초기에 공장에서 출하될 때 설정되어 있는 퓨즈 비트들의 값은 그림과 같다.

확장 Fuse Byte	-	-	-	-	-	-	M103C	WDTON
Default Value	1	1	1	1	1	1	0	1

Fuse High BYTE	OCDEN	JTAGEN	SPIEN	CKOPT	EESAVE	BOOTSZ1	BOOTSZ0	BOOTRST
Default Value	1	0	0	1	1	0	0	1

Fuse Low BYTE	BODLEVEL	BODEN	SUT1	SUT0	CKSEL3	CKSEL2	CKSEL1	CKSEL0
Default Value	1	1	1	0	0	0	0	1

(2) M103C 비트는 0이면 ATmega103 호환모드로 설정된다.
(3) WDTON 비트는 0이면 워치독 타이머가 항상 On 상태이다.
(4) ATmega128은 공장에서 출고될 때 CKOPT = '1', CKSEL = '0001', SUT = '10'로 되어 있다. 즉, 시스템 발진기로 내부 1 [MHz]의 RC 발진기를 사용하게 되어 있다.
(5) 발진기를 외부 크리스털, 외부 RC 발진기, 외부 오실레이터로 변경하거나 내부 발진기의 주파수를 교체하고자 할 경우에는 CKOPT, CKSEL, SUT의 값을 변경하면 된다. 예를 들어 외부 크리스털 14.7456 [MHz]를 사용할 경우에는 CKOPT = '0', CKSEL = '1111', SUT = '11'('01', '10'을 사용해도 됨)을 사용하면 된다.

(6) Brown-out 기능을 사용할 경우에는 BODEN = '0'으로 설정하고, Brown-out 전압 레벨이 2.7V 일 때는 BODLEVEL = '1', 4.0V일 때는 '0'을 설정한다.
(7) 부트로더 기능을 사용할 경우에만 BOOTRST, BOOTSZ0..1을 사용한다.
(8) SPIEN은 시리얼 프로그램 또는 데이터 다운로딩시에 적용되고, SPI 시리얼 프로그램 모드에서는 접근할 수 없다(ATmega128은 PDI, PDO 핀을 이용하여 프로그램 다운로딩 시킨다.). JTAGEN은 JTAG 이용할 때 사용되나 일반적으로는 SPIEN과 JTAGEN를 모두 선택하고 사용한다.
(9) OCDEN은 On-Chip Debug를 위한 것으로 JTAG를 이용하여 디버깅할 경우에 사용한다.
(10) Lock Bit는 특별한 경우를 제외하고는 절대 사용하지 않는다. 잘못 설정할 경우 프로그램 보호가 이루어져 다운로딩이 되지 않을 수 있다.

1.5 Door-Lock 시스템 개요

Door-Lock 시스템 동작 및 구성도

○ Door-Lock 시스템 구성도

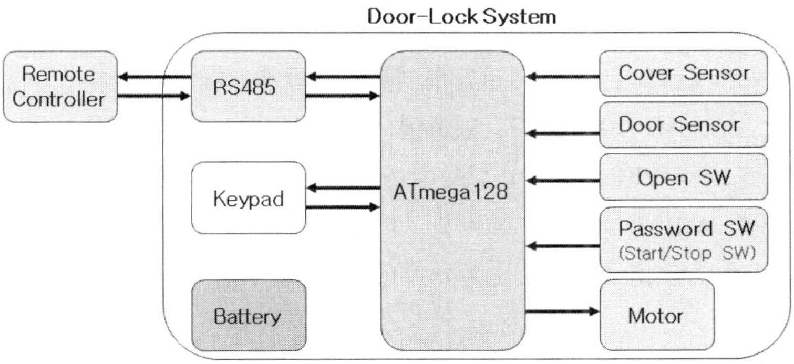

○ Door-Lock 시스템 동작

Door-Lock 전자시스템의 기본 동작은 '집밖에서 Door 열기', '집안에서 Door 열기', '비밀번호 변경/저장하기'이다. 이러한 동작 실현을 위한 Door-lock 시스템의 구성도는 그림과 같으며 동작 순서는 다음과 같이 이루어진다.

Door-Lock의 password를 저장하기 위하여 Start SW를 누른 후 Keypad로 4개의 숫자를 넣고 '*'를 누른다. EEPROM에 4개의 password 숫자가 저장된다. 중간에

password 변경을 멈추고 싶으면 STOP 스위치를 누르면 된다. 집 밖에서 Door를 열기 위해서는 cover를 열고(COVER 센서(스위치) 동작) Keypad를 이용하여 4개의 숫자를 누른 후 cover를 닫는다. 중간에 password 입력을 멈추고 싶으면 cover를 닫으면 된다. password가 맞으면 door-lock이 열리고 password가 다르면 열리지 않는다. 이 때 door-lock을 열기 위해서 모터가 동작한다. Door가 열리거나 닫히면 DOOR 센서(스위치)의 상태가 변하여 모터의 동작이 이루어지게 된다. 만일 Door가 닫혀져 DOOR 센서(스위치)가 열림상태에서 닫힘상태로 변하면 모터가 동작하여 door-lock이 잠기게 되고, DOOR 센서(스위치)가 닫힘상태에서 passowrd가 맞거나 OPEN 스위치가 눌러지면 모터가 동작하여 door-lock이 열린다. Door가 열리면 DOOR 센서(스위치)는 열림상태로 변한다. 또한 원격지에서 remote controller(PC도 가능)에 의해 RS485 통신으로 password를 확인하거나 변경할 수 있으며 Door도 열 수 있다.

Door-Lock 시스템 관련 ATmega128 레지스터

I/O 관련 레지스터

DDRA : 포트 A(PA0 - PA7) 핀들의 입출력 방향 결정.

DDRD : 포트 D(PD0 - PD7) 핀들의 입출력 방향 결정.

DDRE : 포트 E(PE0 - PE7) 핀들의 입출력 방향 결정.

PORTA : 포트 A(PA0 - PA7) 핀들에 ‘1’ 또는 ‘0’ 값 출력.

PORTE : 포트 E(PE0 - PE7) 핀들에 ‘1’ 또는 ‘0’ 값 출력.

PINA : 포트 A(PA0 - PA7) 로부터 ‘1’ 또는 ‘0’ 값 입력.

PIND : 포트 D(PD0 - PD7) 로부터 ‘1’ 또는 ‘0’ 값 입력.

외부 인터럽트 관련 레지스터

EIMSK : 외부 인터럽트 0 - 7(INT0 - INT7) 인터럽트 인에이블.

EICRA : INT0 - INT4 핀의 인터럽트 요청상태(L 레벨, 하강, 상승) 선택.

EIFR : 외부 신호에 의해 인터럽트 요청상태 발생시 관련 비트가 ‘1’이 됨. 관련 비트에 ‘1’을 쓰면 관련 비트가 ‘0’이 됨.

◎ 타이머/카운터 1 인터럽트 관련 레지스터

TCNT1H, TCNT1L : 타이머/카운터 1의 시정수 설정.

TCCR1A : 타이머/카운터 모드, PWM, CTC 모드 결정.

TCCR1B : 타이머/카운터, PWM, CTC 모드 결정, 타이머 모드 분주비 결정, 카운터 모드 상승/하강 결정, 입력 캡처 상승/하강 모드 결정.

TIMSK : 타이머 0, 타이머/카운터 1, 타이머/카운터 2 오버플로우 인터럽트 인에이블, 타이머/카운터 1 입력 캡처/비교일치 인터럽트 인에이블.

◎ USART 0 관련 레지스터

UBRR0H, UBRR0L : 비동기식 통신 속도용 시정수 결정.

UCSR0A : 비동기식 보통 모드, 송신완료/송신버퍼 비웠음/수신완료 상태 표시, 수신 에러(프레임/오버런/패러티) 상태 표시.

UCSR0B : 수신완료/송신완료/송신버퍼 인터럽트 인에이블, 송신/수신 인에이블, 송신/수신 데이터 크기 결정.

UCSR0C : 동기식/비동기식 모드 결정, 패러티 종류(짝수/홀수/사용안함) 결정, 송신/수신 데이터 크기 결정, 정지 비트 수 결정.

◎ 타이머/카운터 3를 이용한 8비트 Fast PWM 관련 레지스터

TCNT3L : 타이머/카운터 3의 시정수 설정.

OCR3BL : Fast PWM 듀티비 설정.

TCCR3A : OCR3A/OCR3B/OCR3C 포트로 동작 및 CTC 토글/'0'/'1' 출력, PWM non-inverting/inverting 등의 동작모드 결정.

TCCR3B : 타이머/카운터, PWM 동작 모드, CTC 모드 결정, 타이머 모드 분주비 결정, 카운터 모드 상승/하강 모드 결정, 입력캡처 상승/하강모드 결정.

◎ EEPROM 관련 레지스터

EEAR : EEPROM 읽기/쓰기용 어드레스 선택.

EEDR : EEPROM에서 읽어오거나 EEPROM으로 쓰려는 데이터 값.

EECR : EEPROM 읽기/쓰기를 위한 인에이블, EEPROM 준비 인터럽트 인에이블.

○ Watchdog 타이머 관련 레지스터

WDTCR : watchdog 동작 불가능/시간변경 인에이블, watchdog 인에이블, watchdog 타이머 분주비 결정.

○ 전체 인터럽트 관련 레지스터

SREG : 전체 인터럽트 인에이블, carry, negative, sign 등의 상태 표시

02

ATmega128 입출력

2.1 LED On/Off

PA0 ~ PA7 핀에 연결된 LED들을 on/off 하기

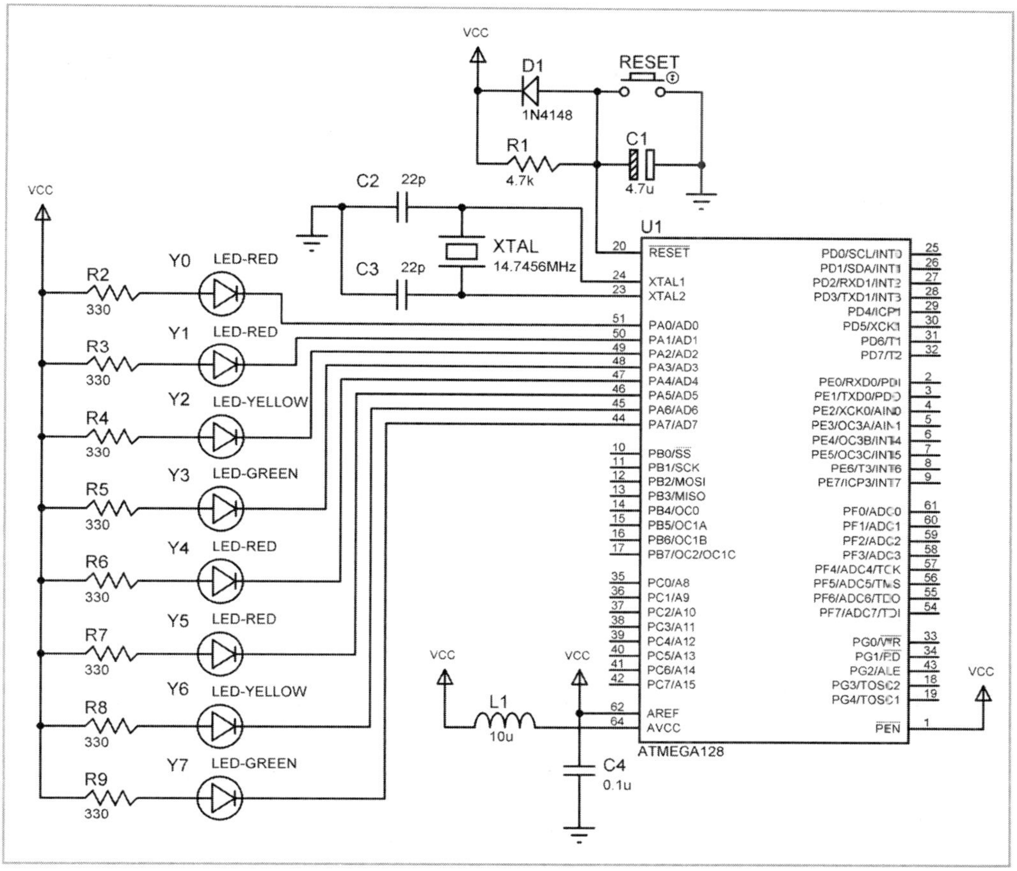

동작방법

포트 A(PA0 ~ PA7)에 연결된 LED들이 일정시간 on과 off를 반복한다. LED들은 포트 A가 '0'일 때 on된다.

시뮬레이션 툴(프로테우스) 사용하기

○ 하드웨어 회로도 작성

(1) Windows 상에서 '시작 → 모든 프로그램(P) → Proteus 7 Professional → ISIS 7 Professional'을 클릭하면 그림과 같이 프로테우스 VSM 프로그램이 실행된다.

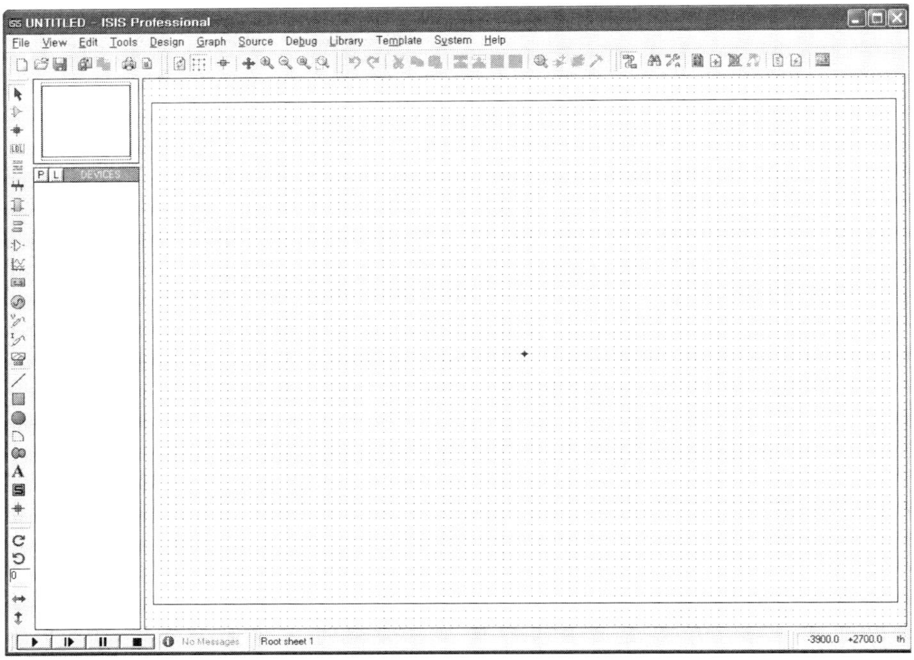

(2) 마우스를 아이콘 위로 이동시켜 왼쪽버튼을 한번만 클릭하면 그림처럼 'DEVICES'(부품 목록) 창에 P L 이 표시된다.

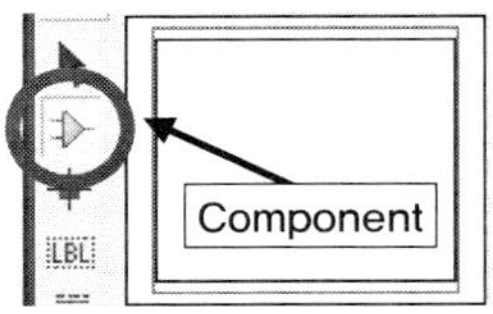

(3) 마우스 왼쪽버튼을 이용하여 P를 한번 클릭하면 그림과 같은 'isis Pick Devices' 창이 열린다. 여기는 회로에 사용되어질 부품들을 선택하는 곳이다.

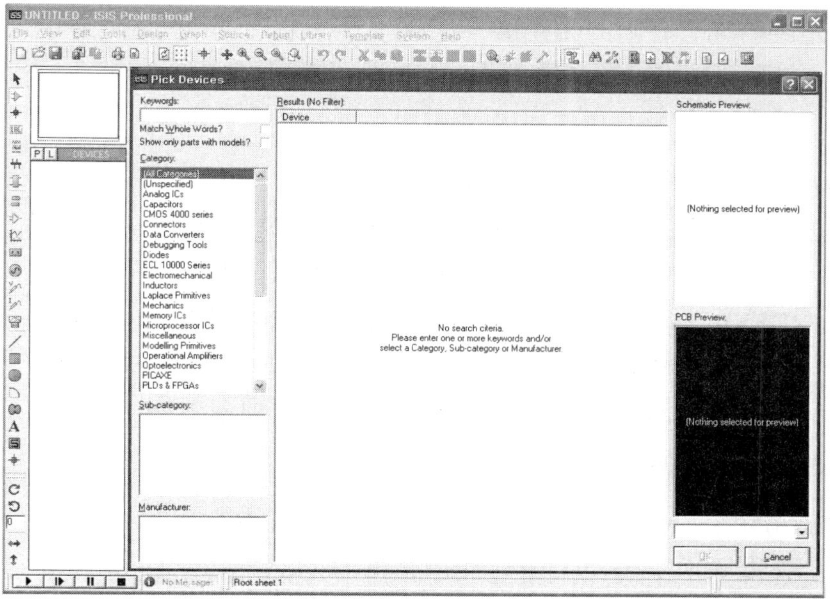

(4) 마우스 왼쪽 버튼을 이용하여 'Category' 창에서 'Microprocessor ICs'를 선택한다. 중앙의 'Results' 창에 여러 종류의 마이크로컨트롤러들이 나타나며, 여기서 그림과 같이 'ATmega128'을 선택하면 오른쪽 상단에 'ATmega128' 모델이 보이게 된다. 또 다른 방법은 왼쪽 상단 'Keywords:' 아래의 상자안에 'ATmega128'을 기입한다. 오른쪽 'Results'에 'ATMEGA128'이 보이게 되며 'ATmega128'을 선택하면 오른쪽 상단에 'ATmega128' 모델이 보이게 된다.

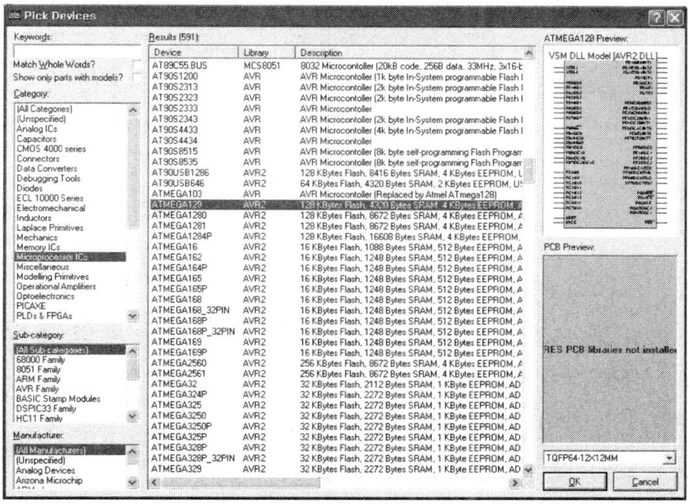

(5) ‘Results’ 창에서 ‘ATmega128’을 연속해서 두 번 클릭하면 ‘DEVICES’창에 ‘ATmega128’ 이름이 삽입되게 된다.

(6) 부품 ‘BUTTON’, ‘CAP’, ‘CRYSTAL’, ‘DIODE’, ‘INDUCTOR’, ‘LED-GREEN’, ‘LED-RED’, ‘LED-YELLOW’, ‘PCELECT10U50V’, ‘RES’를 선택하면 ‘DEVICES’ 창에 나타나게 한다. (4)항과 (5)항처럼 유사하게 진행하면 된다. 간단히 부품을 찾기 위해서는 왼쪽 상단 ‘Keywords:’ 아래의 상자안에 각 부품을 기입해서 찾는 것이 좋다.

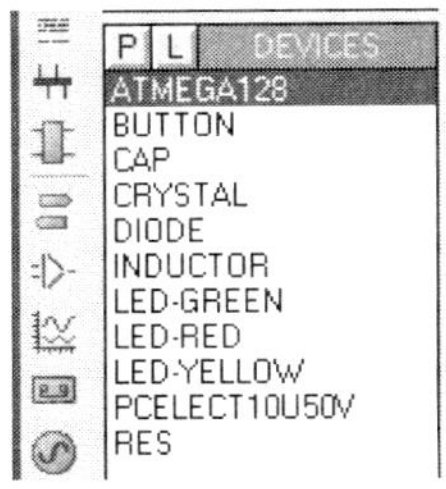

(7) (6)항과 같이 부품등록이 완성되었으면 ‘isis Pick Devices’ 창 오른쪽에 있는 닫기 버튼 ☒을 클릭하여 ‘isis Pick Devices’창을 닫는다.

(8) ‘DEVICES’ 창에서 마우스 왼쪽 버튼으로 ‘ATmega128’를 클릭하면 ‘DEVICES’ 창 위쪽에 ‘ATmega128’ 부품이 보이게 된다. 여기서 마우스를 ‘회로 작성 영역’에 놓고 왼쪽 버튼을 클릭하면 ‘회로 작성 영역’에 ‘ATmega128’ 부품이 나타나게 된다.

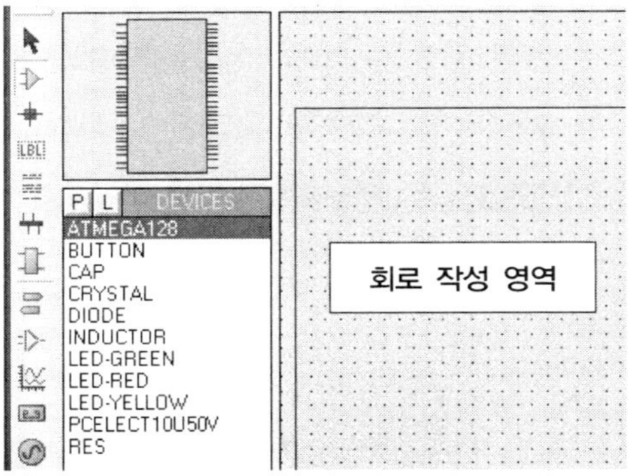

만일, ‘ATmega128’ 부품의 방향과 극성을 바꾸고자 하는 경우에는 두 가지 방법이 있으며, 첫 번째 방법은 마우스를 ‘회로 작성 영역’의 ‘ATmega128’ 부품 위에 갖다 놓고 마우스 오른쪽 버튼을 누르면 ‘ATmega128’ 부품이 빨간색으로 변하면서 새로운 창이 나타난다.

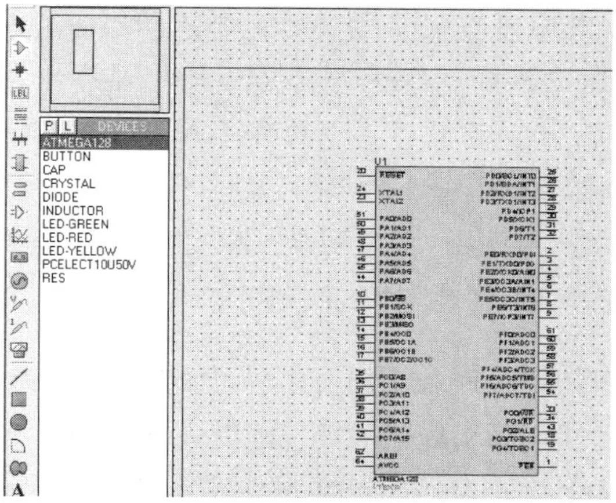

여기서 'Rotate Clockwise', 'Rotate Anti-Clockwise', 'Rotate 180 Degrees', 'X-Mirror', 'Y-Mirror'를 사용하면 된다. 두 번째 방법은 'DEVICES' 창에서 'ATmega128' 부품을 선택하고 왼쪽 하단의 버튼 [버튼] 을 클릭해서 방향 또는 극성을 바꾼 다음, 마우스를 '회로 작성 영역'에 놓고 왼쪽 버튼을 클릭하여 부품을 갖다 놓는다.

(9) 부품 'BUTTON', 'CAP', 'CRYSTAL', 'DIODE', 'INDUCTOR', 'LED-GREEN', 'LED-RED', 'LED-YELLOW', 'PCELECT10U50V', 'RES'들을 (8)항을 참조하여 그림처럼 '회로 작성 영역'에 갖다 놓는다.

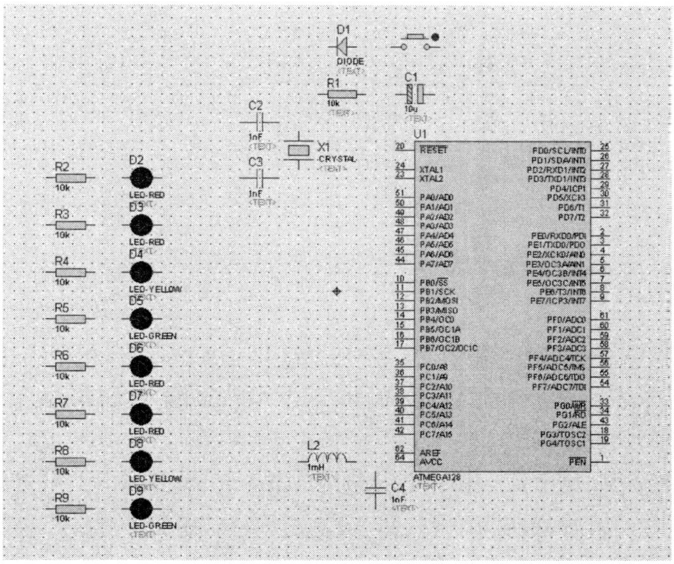

'회로 작성 영역'에 놓인 부품을 삭제하는 방법은 부품 위치에 마우스를 갖다 놓고 마우스 오른쪽 버튼을 한번 클릭하면 부품이 빨간색으로 변하며, 다시 한 번 마우스 오른쪽 버튼을 클릭하면 삭제되게 된다.
만일, 삭제하고 싶지 않은 부품이 잘못 선택되어 빨간색으로 변했으면, '회로 작성 영역'의 부품 없는 곳에 마우스를 갖다 놓고 마우스 왼쪽 버튼을 한번 클릭하면 부품의 색이 검은색으로 변하면서 삭제되지 않게 된다.

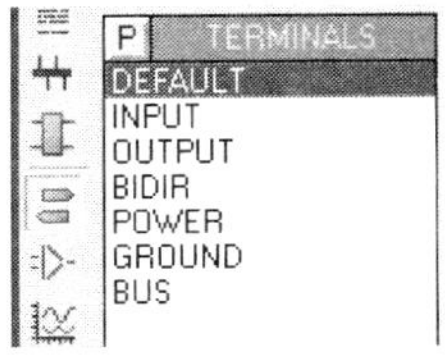

(10) 오른쪽 그림과 같이 을 클릭하면, 'TERMINALS' 창이 보이게 된다. 'POWER'를 클릭한 후, '회로 작성 영역'에 마우스를 갖다 놓고 마우스 왼쪽 버튼을 클릭하면 가 놓이게 된다. 동일한 방법으로 'TERMINALS' 창에서 'GROUND'를 클릭하여 '회로 작성 영역'에 를 갖다 놓는다. 이 때 방향과 극성은 (8)항을 참조한다. 완성된 배치도는 그림과 같다.

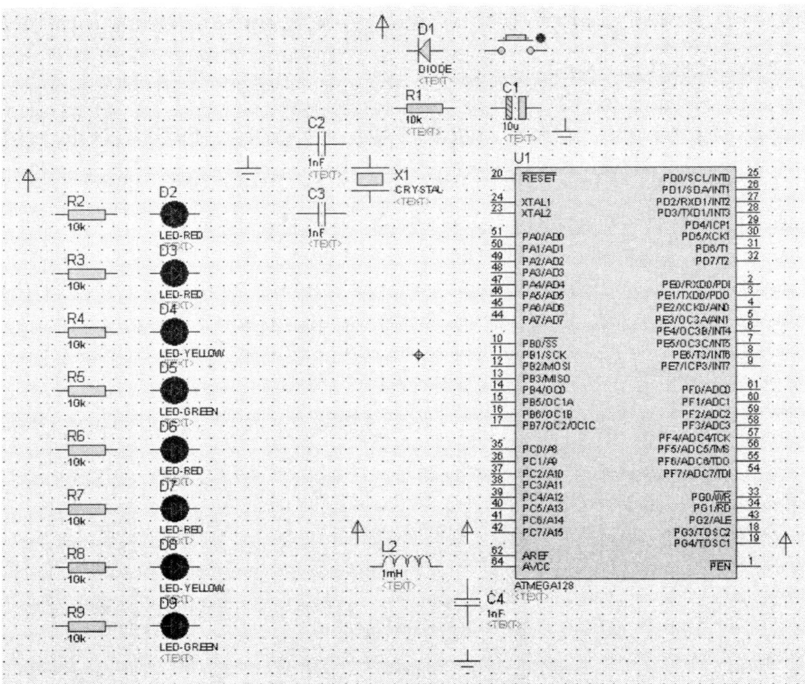

(11) 각 부품을 선으로 서로 연결한다. 마우스를 부품의 핀 위치에 갖다 놓으면 '□' 표시가 나타난다. 이 때 마우스 왼쪽 버튼을 한번 클릭하고 연결하고자

하는 부품의 핀 위치로 이동한다. 마우스 왼쪽 버튼을 한번 클릭하면 부품사이에서 선이 연결된다. 다른 부품들도 그림처럼 동일하게 선을 서로 연결한다. 선을 연결하는 다른 방법으로는, 마우스를 부품의 핀 위치에 갖다 놓으면 '□' 표시가 나타나게 된다. 이 때 마우스 왼쪽 버튼을 한번 클릭하고 수직이나 수평으로 이동하여 원하는 위치에서 마우스 왼쪽 버튼을 한번 클릭한다. 다시 마우스를 수직이나 수평으로 이동하여 원하는 위치에서 마우스 왼쪽 버튼을 한번 클릭한다. 이와 같은 방법으로 연결하고자 하는 부품의 핀 위치까지 이동하여 선을 연결한다.

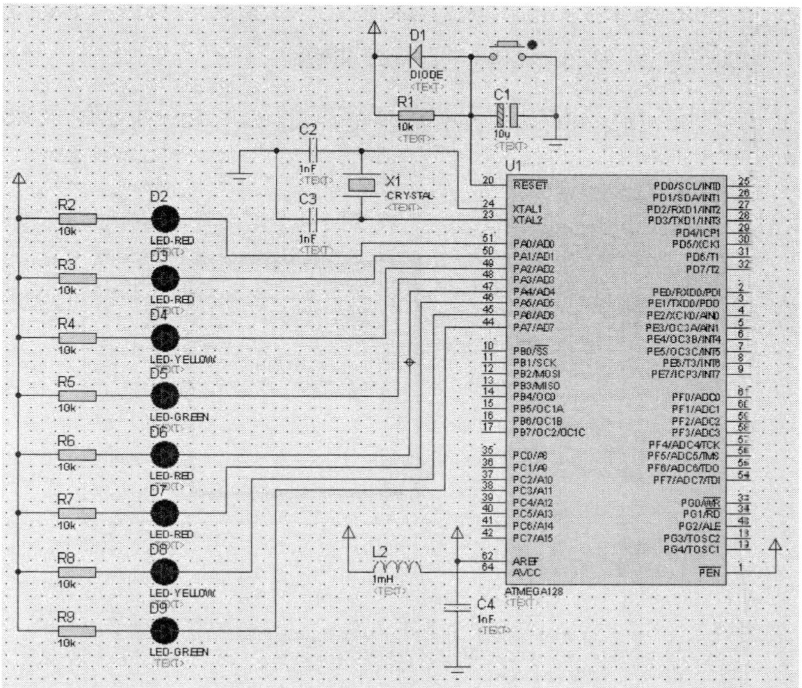

연결된 선을 지우는 방법은 지우려는 선에 마우스를 갖다 놓으면 색이 변한다. 마우스 오른쪽 버튼을 한번 클릭하면 선이 빨간색으로 변하고 다시 한 번 마우스 오른쪽 버튼을 클릭하면 연결된 선이 사라진다.

만일, 선이 잘못 선택되어 빨간색으로 변했으면, '회로 작성 영역'의 부품이나 선 없는 곳에 마우스를 갖다 놓고 마우스 왼쪽 버튼을 한번 클릭하면 선의 색이 검은색으로 변하면서 삭제되지 않게 된다.

(12) '회로 작성 영역'안에 있는 부품들의 용량은 다음과 같이 정한다.

- A. 마우스를 'ATmega128' 위에 놓고 마우스 왼쪽 버튼으로 한번 클릭하면 'ATmega128'이 빨간색으로 변한다. 다시 마우스 왼쪽 버튼으로 한번 클릭하면 'Edit Component' 창이 나타나게 된다.

  프로테우스 VSM은 외부에 수정발진기나 오실레이터를 달지 않고, 'Clock Frequency'의 '(Default)'를 변경하여 사용하면 된다. 여기서는 'ATmega128'의 클록 주파수로 14.7456MHz를 사용한다. 따라서 '(Default)' 대신에 '14.7456MHz'를 입력시킨다. 또한 Fuse에 대한 설정이 필요하므로 'CKOPT = 0', 'BOOTRST = 1', 'WDTON = 1', 'CKSEL = 1111', 'Boot Loader = 00', 'SUT = 11'로 설정한다(1장 참조 바람).

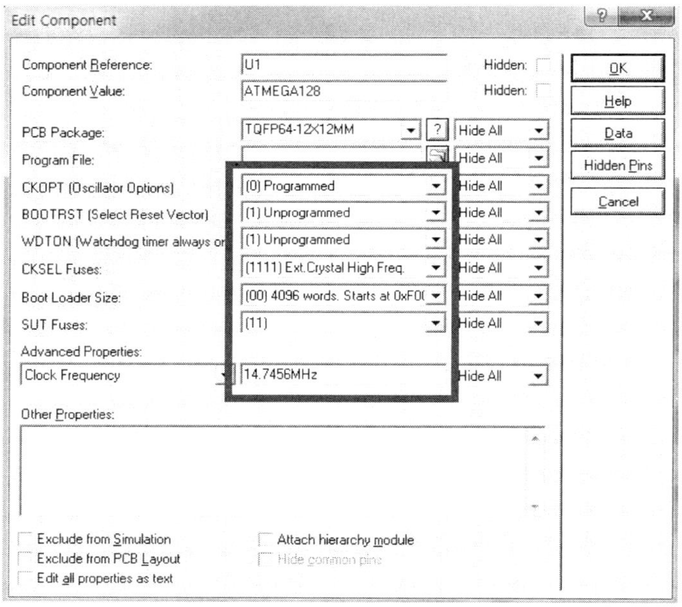

더 이상, 변경 사항이 없으면 오른쪽 상단의 OK 를 클릭하여 'Edit Component' 창을 닫는다. '회로 작성 영역'에는 'ATmega128'이 빨간색으로 있게 되며, 이는 마우스를 부품과 선이 없는 곳에 두고 마우스 왼쪽 버튼을 한번 클릭하면 검은색으로 변하게 된다.

만일, 'ATmega128'의 부품번호를 변경하고 싶으면 'Component Reference'의 'U1'을 다른 이름(예, U10)으로 변경하면 된다.

- B. 수정발진기 'Crystal'도 위의 순서 'A'항과 동일하며, 'Crystal'의 'Component Reference'나 'Frequency' 등을 조정할 수 있는 'Edit Component' 창은 그림과 같다. 여기서, 'Frequency'의 값은 'ATmega128'의 'Clock Frequency'와 동일한 '14.7456MHz'로 놓으며 'Component Value'도 '14.7457 MHz'로 표시한다. 또한 'Component Reference'는 'X1'에서 'XTAL'로 수정한다.

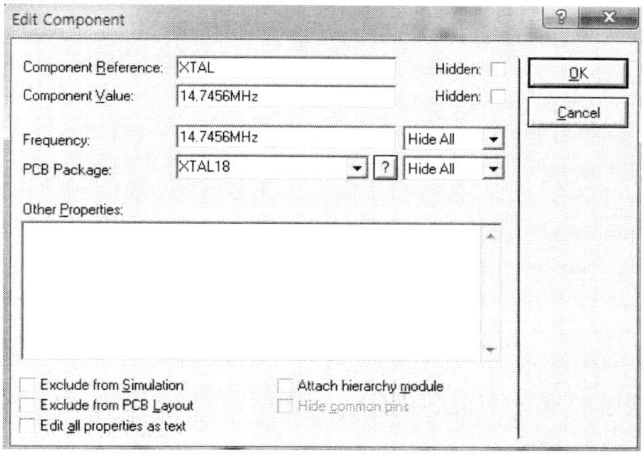

- C. 커패시터 'CAP'도 위의 순서 'A'항과 동일하다. 'Edit Component' 창에서 'Capacitance'의 값을 '10u'에서 '4.7u'로(C1), '1nF'에서 '20p'로(C2, C3), '1nF'에서 '0.1u'로(C5) 변경한다. 예를 들어, 커패시터의 값은 2.2 pF은 '2p2'(또는 '2.2p'), 22 pF은 '22p', 100 nF은 '100n', 10 uF은 '10u'로 표시한다.

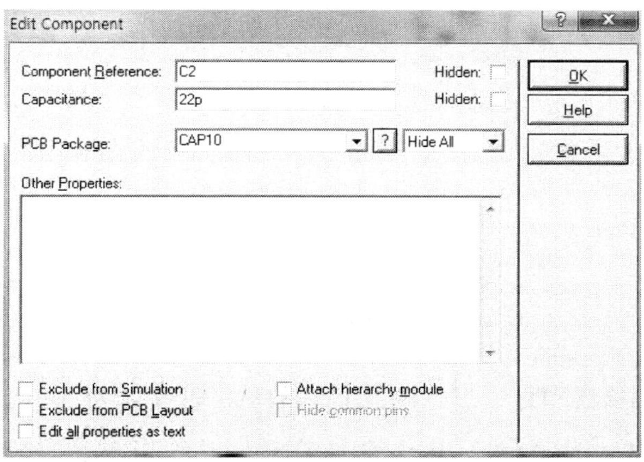

- D. 저항 'RES'도 위의 순서 'A'항과 동일하다. 'Edit Component' 창에서 'Resistance'의 값을 '10k'에서 '4.7k'로(R1), '10k'에서 '330'로(R2 ~ R9) 변경한다. 예를 들어, 저항값 '100 Ohm'은 '100'(또는 '100R'), '1.2 kOhm'은 '1.2k'(또는 '1k2'), '15 kOhm'은 '15k', '1 MOhm'은 '1M'으로 표시한다.

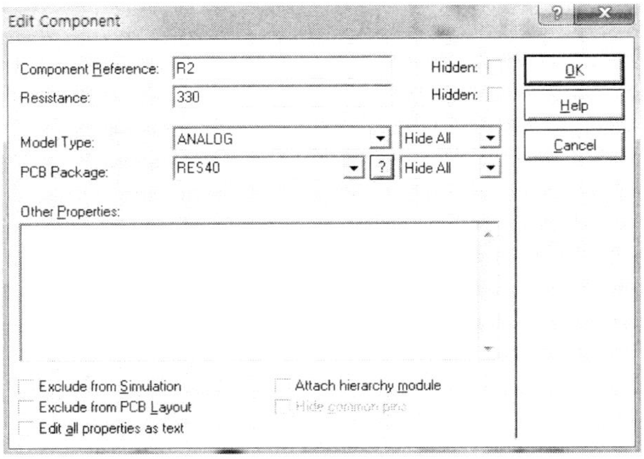

- E. 발광다이오드 'LED-RED', 'LED-GREEN', 'LED-YELLOW'도 위의 순서 'A'항과 동일하다. 단, 'Component Reference'의 값을 'D2'를 'Y0'로('D3'는 'Y1', 'D4'는 'Y2', 'D5'는 'Y3', 'D6'는 'Y4', 'D7'는 'Y5' 'D8'는 'Y6', 'D9'는 'Y7') 수정한다.

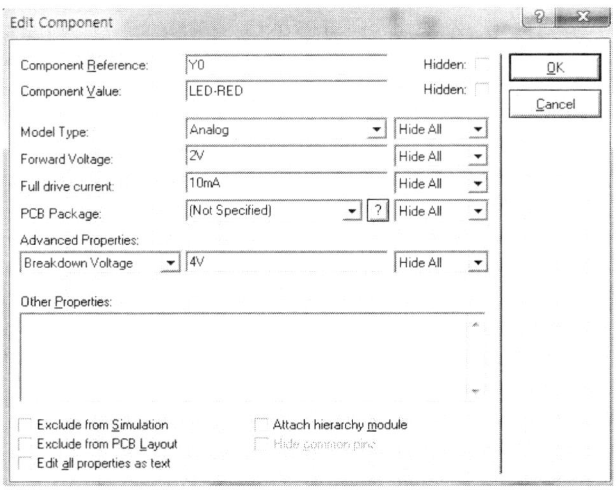

- F. 다이오드 'D1', 인덕터 'L1', 버튼도 위의 순서 'A'항과 동일하다. 단, 'D1'은 'Component Value' 값을 '1N4148'로, 'L1'은 'Inductance' 값을 '10u'로,

버튼은 'Component Reference' 값을 'RESET'는 수정한다.

- G. '회로 작성 영역'에서 를 마우스 왼쪽 버튼으로 클릭하면 적색으로 변하고, 다시 왼쪽 버튼을 클릭하면 'Edit Terminal Label' 창이 나타나게 된다. 'String' 안에 'VCC'라고 표기하고 하단의 OK 을 클릭하여 창을 닫는다. 다른 방법으로는, 'String'에 '+5V'를 표기하는 방법과 아무 값도 표기하지 않는 방법이 있다. 표기를 하지 않거나 'VCC'로 표기하여도 '+5V'로 인식하게 된다. 그러나 '−5V', '+12V' 등으로 표기하면 표기한 값으로 인식된다.

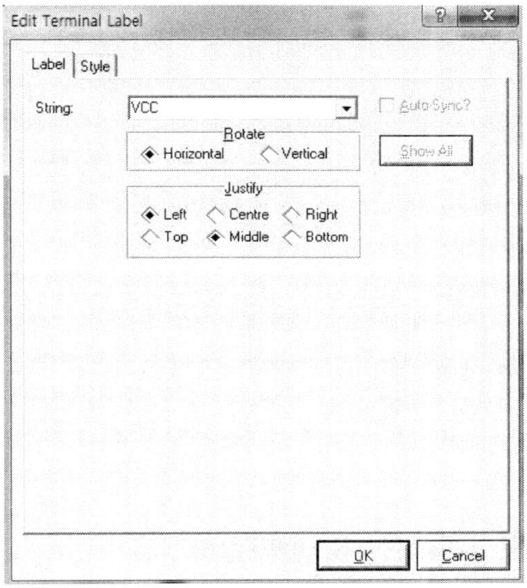

- H. '회로 작성 영역'에서 은 위 순서 'G'항과 동일하다. 단, 'String' 안에 아무 값도 표기하지 않는다.

(13) 만일 '회로 작성 영역'에 사용하지 않은 부품이 'DEVICES' 창에 남아 있으면 프로테우스 메인 화면 상단에 있는 'Edit' → 'Tidy'를 선택한다. 그림과 같은 창이 나타나게 되면 OK 을 누른다. 'DEVICES' 창에 사용하지 않은 부품이 사라진다.

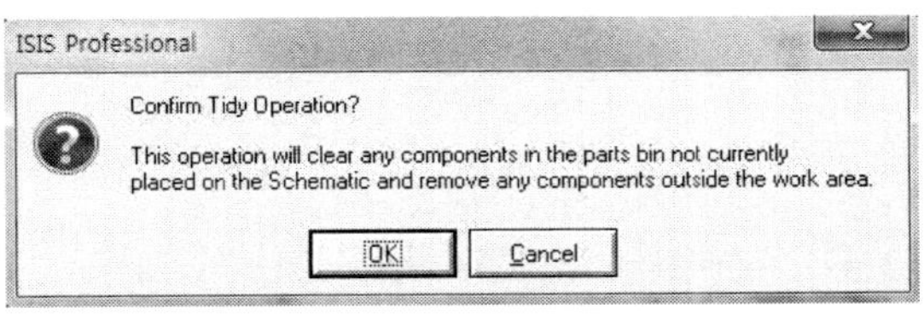

(14) 컴퓨터에 'port1' 디렉터리(C:\ATmega128\work\port1)를 만든다. 프로테우스 메인 화면 상단의 'File' → 'Save Design As...'를 선택한다. 'Save ISIS Design File'창이 나타나면, 'C:\ATmega128\work\port1' 디렉터리를 찾아서 '파일이름(N):'에 'port1'을 기입하고 저장(S) 을 누른다. 'port1'이라는 'Schematic Design' 파일이 'C:\ATmega128 \work\port1' 디렉터리 안에 저장되게 된다.

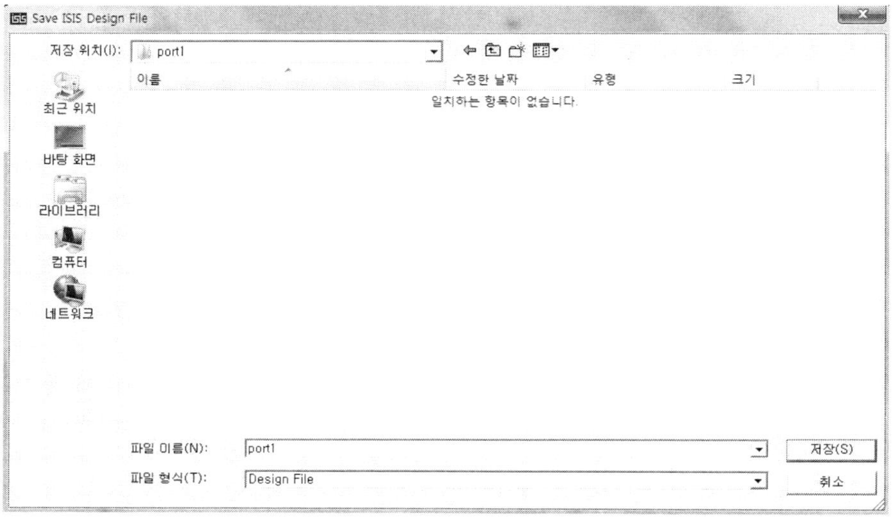

AVR Studio로 프로그램 작성 및 컴파일하기

프로그램 작성

(1) 부록 A를 참조하여 'WinAVR'과 'AVRStudio'를 설치한다.

(2) Windows 상에서 '시작 → 모든 프로그램(P) → Atmel AVR Tools → AVR Studio 4'를 클릭한 후, 부록 B를 참조하여, 'port1.c' 프로그램을 작성하고 컴파일하여 'port1.hex' 파일을 생성시킨다.

시뮬레이션 툴 실행하기

port1 프로그램 시뮬레이션

(1) 그림과 같이 프로테우스 VSM 프로그램 창을 연다.

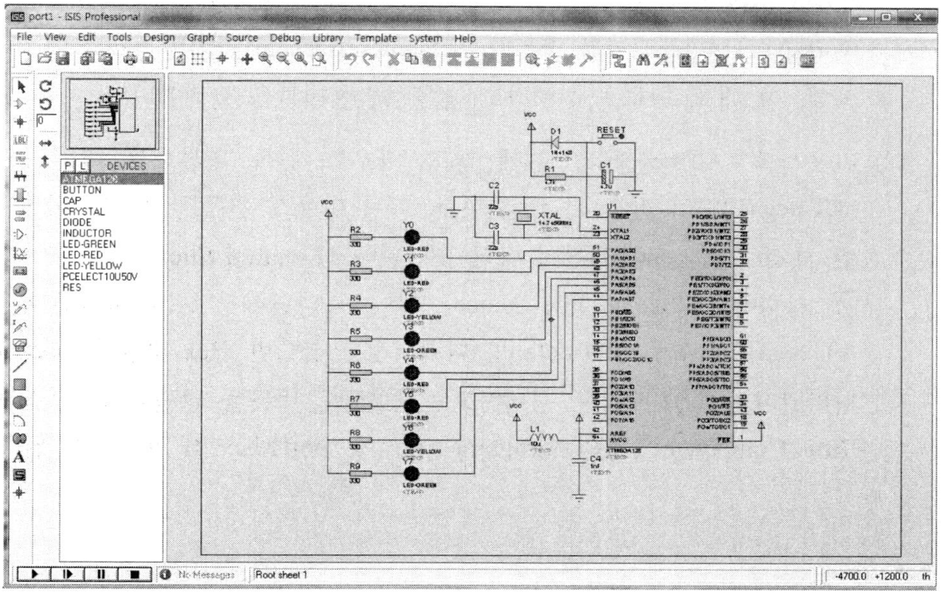

만일, 프로테우스 VSM 프로그램 창이 컴퓨터상에 없으면, Windows 상에서 '시작 → 모든 프로그램(P) → Proteus 7 Professional → ISIS 7 Professional'을 클릭해서 프로테우스 VSM 프로그램을 연다. 왼쪽 상단에서 'Files' → 'Open Designs...'을 마우스 왼쪽 버튼으로 클릭한다.

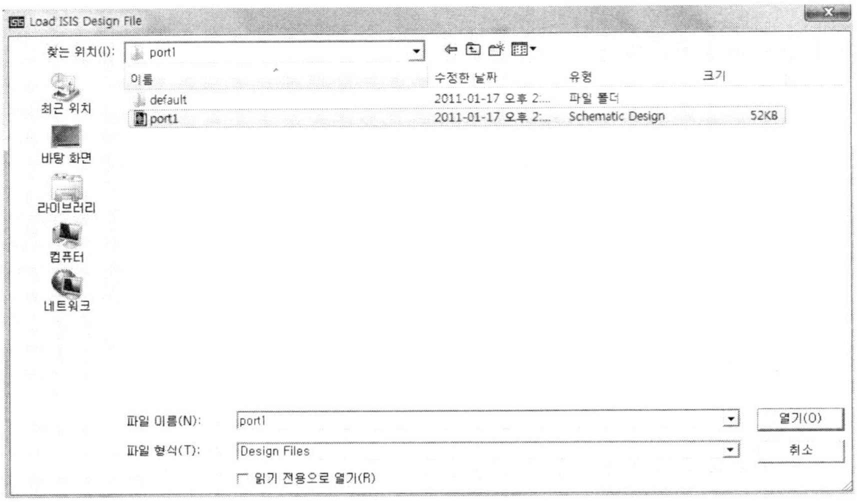

'Load ISIS Design File' 창이 나타나면 '찾는 위치(I)'에서 'C:\ATmega128\work\port1' 디렉터리를 찾는다. Schematic Design 파일인 'port1'이 나타나게 되며, 이 때 'port1'을 선택하고, 열기(O) 버튼을 클릭한다.

(2) 마우스를 'ATmega128' 위에 놓고 마우스 왼쪽 버튼으로 한번 클릭하면 'ATmega128'이 빨간색으로 변한다. 다시 마우스 왼쪽 버튼으로 한번 클릭하면, 'Edit Component' 창이 나타나게 된다. 'Program File:' 오른쪽의 버튼을 클릭하면 'Select File Name' 창이 나타난다. '찾는 위치(I)'에서 'C:\ATmega128\work\port1\default' 디렉터리를 찾으면, Hex 파일인 'port1.hex'가 나타난다. 'port1.hex'를 선택하고, 열기(O) 버튼을 클릭한다. 그림과 같이 'Edit Component' 창의 'Program File:'에 'port1.hex'가 표시되게 된다.

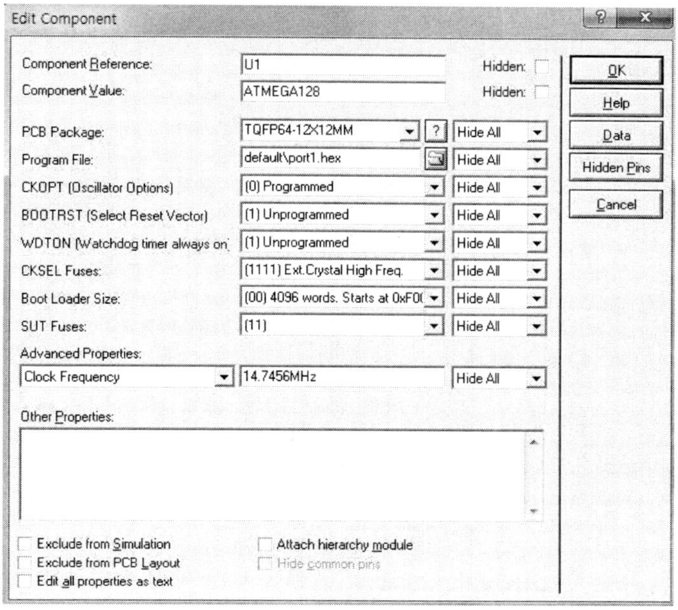

 버튼을 클릭한다. '회로 작성 영역'의 부품 없는 곳에 마우스를 갖다 놓고 마우스 왼쪽 버튼을 한번 클릭하면 'ATmega128'의 색이 검은색으로 변한다. C 언어 'port1.c'의 헥사파일인 'port1.hex'가 'ATmega128'의 프로그램 메모리에 상주하게 되어, 프로테우스 VSM에 작성한 회로를 시뮬레이션할 수 있는 환경을 모두 갖추게 되었다.

(3) 'port1'을 시뮬레이션하기 위하여 프로테우스 VSM 좌측 하단 을 마우스 왼쪽 버튼으로 클릭한다. '회로 작성 영역'에 있는 LED(발광 다이오드)가 일정시간마다 점등과 소등을 하게 된다. 실행을 멈추고 싶으면 을 마우스 왼쪽 버튼으로 클릭한다.

순서도

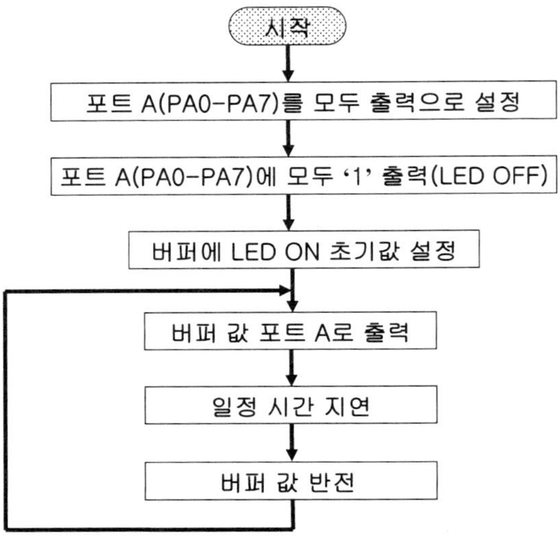

프로그램(AVR Studio)

```
#include <avr/io.h>
void delay(unsigned long i)                         // 시간지연
{
        while(--i);
}
int main(void)
{
        unsigned char LED;
        DDRA = 0xff;
        PORTA = 0xff;
        LED=0x00;
        while(1)
        {
                PORTA = LED;
                delay(65000);                       // 일정 시간 지연
                if(LED==0x00) LED=0xff;
                else LED = 0x00;
        }
}
```

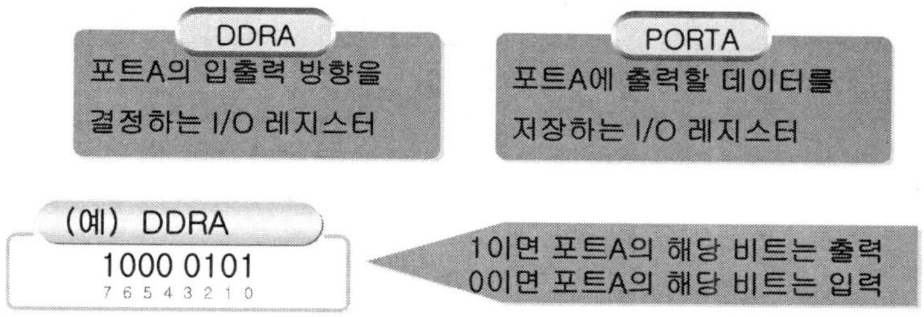

- DDRA 레지스터의 0, 2, 7번 비트가 1이므로, PA0, PA2, PA7 핀은 출력으로 사용된다. 이 경우 PORTA 레지스터의 0, 2, 7번 비트 값이 PA0, PA2, PA7 핀으로 출력된다.
- DDRA 레지스터의 1, 3, 4, 5, 6번 비트가 '0'이므로, PA1, PA3, PA4, PA5, PA6 핀은 입력으로 사용된다.
- 포트 B, C, D, E, F, G 역시 DDRB, DDRC, DDRD, DDRE, DDRF, DDRG 레지스터에서 해당 포트의 입력과 출력을 결정한다. 즉, 해당 비트가 '0'이면 입력, 해당 비트가 '1'이면 출력

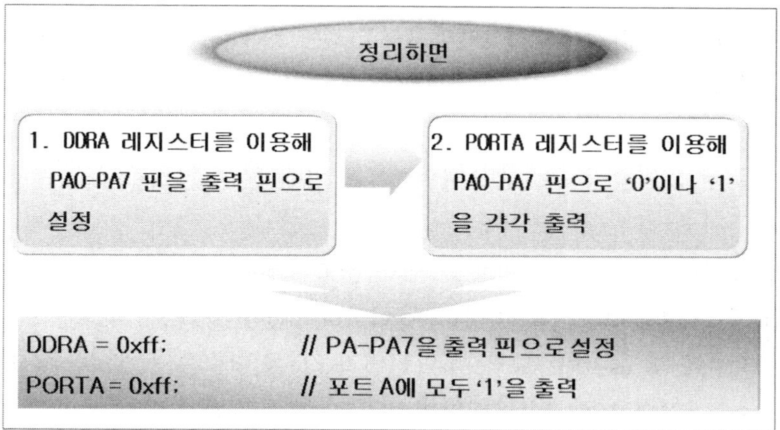

Delay 함수를 사용하지 않고 PA0–PA7 핀에 연결된 LED를 On/Off시켜 보자.

```
#include <avr/io.h>
int main(void)
{
    DDRA = 0xff;          // 포트A 입출력 방향 설정
    do {
        PORTA = 0xff;     // LED off (1)
        PORTA = 0x00;     // LED on (2)
    }while(1);
}
```

위의 프로그램은 다음과 같은 과정을 반복한다.

(1) LED를 꺼라
PORTA = 0xff;

↔

(2) LED를 켜라
PORTA = 0x00;

○ 머신 사이클

위 프로그램을 실행 시켜보자. 아마도 LED는 계속 켜져 있을 것이다.

이것은 머신 사이클로 설명이 가능하다. CPU는 명령어를 처리함에 있어 클록(clock)에 동기되어 명령어를 해석하고 실행을 한다. ATmega128의 경우 명령어 하나를 처리하는데 1개의 클록이 필요하다. 이를 머신 사이클(machine cycle)이라 부른다.

ATmega128의 머신 사이클을 계산해보면(14.7456 MHz를 사용할 경우) 14.7456 MHz는 1초에 14745600번 진동한다는 뜻이므로 1번 진동하는 시간은 1/14745600초이고, 이는 약 0.0678 us이다. 그러므로 (1)번과 (2)번 명령을 실행하는데 1 us도 걸리지 않는다. 즉, 사람의 눈으로 1 us 간격의 LED의 On/Off를 구별하기란 불가능하다.

실험 키트에 배선하기

ATmega128	I/O
PA0 ~ PA7	[LED UNIT] Y0 ~ Y7

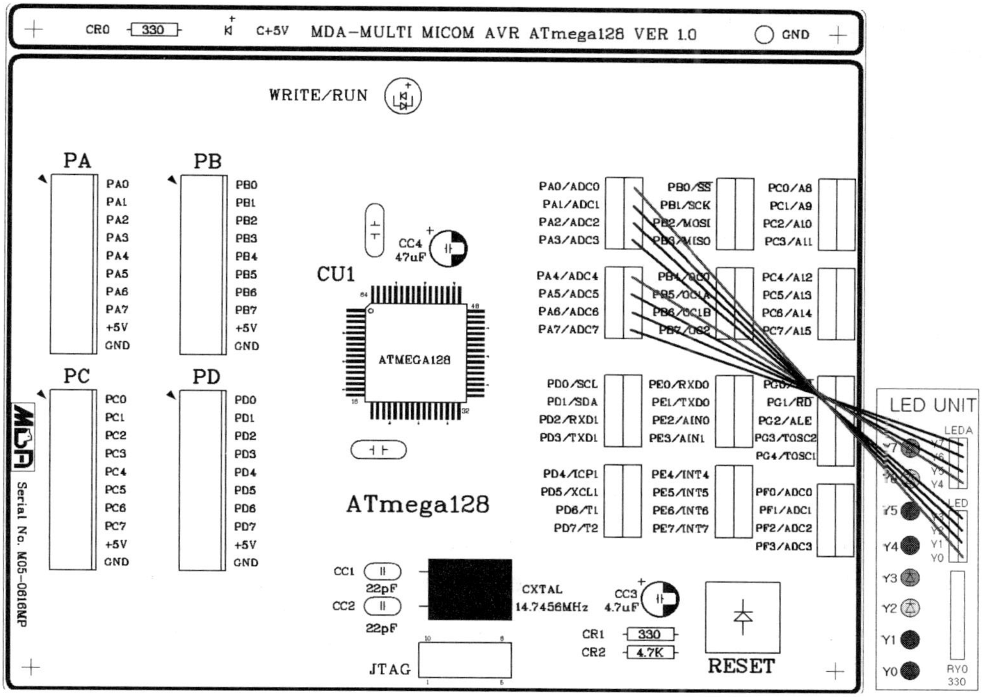

프로그램(IAR)

```
#include <ioml28.h>                 // AVR Stuio 사용시에는 #include <avr/io.h>
void delay(unsigned long i)         // 시간지연
{
        while(--i);
}
void main(void)                     // AVR Stuio 사용시에는 int main(void)
{
        unsigned char LED;
        DDRA = 0xff;
        PORTA = 0xff;
        LED=0x00;
   while(1)
        {
                PORTA = LED;
                delay(650000);                    // 일정 시간 지연
                if(LED==0x00) LED=0xff;
                else LED = 0x00;
        }
}
```

AVR Stuio와 IAR 사용시 차이점

AVR Studio(WinAvr)	IAR
#include <avr/io.h>	#include <iom128.h>
int main(void)	void main(void)

참조

자료 형

unsigned char	unsigned int	unsigned long
부호 없는 1 바이트 크기의 변수 (0 ~255)	부호 없는 2 바이트 크기의 변수 (0 ~ 65,535)	부호 없는 4 바이트 크기의 변수 (0 ~ 4,294,967,295)

while (--i);

while 이란 명령어를 하나 실행할 때 마다 i 변수에 있는 값을 하나씩 빼서 i 변수의 값이 거짓일 때, 즉 '0'이 되면 while 문을 빠져 나올 수가 있다.

다시 말하면 i 변수에 있는 값 만큼 아무 일도 하지 않고 시간을 소비하는 명령이다

2.2 스위치 입력

PA0 ~ PA3에 연결된 스위치 값을 입력 받은 후, 그 값을 PB0 ~ PB3에 연결된 LED로 출력하기

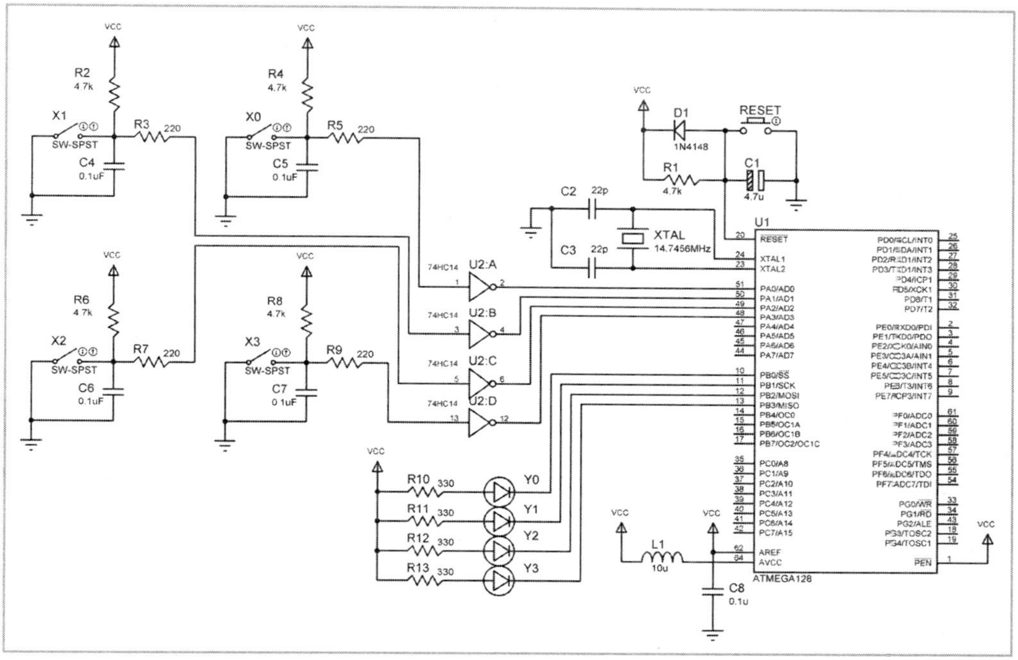

순서도

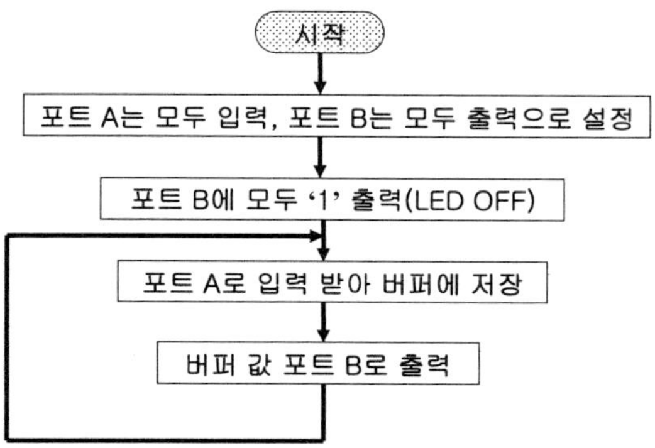

프로그램(AVR Studio)

```
#include <avr/io.h>

int main(void)
{
        unsigned char LED;
        DDRA = 0x00;                // 포트 A의 모든 핀들을 입력으로 설정
        DDRB = 0xff;                // 포트 B의 모든 핀들을 출력으로 설정
        PORTB = 0xff;               // 포트 B에 high 값 출력
        LED=0x00;
        while(1)
        {
                LED = PINA;         // 포트 A 값 읽기
                PORTB = LED;        // 읽은 값을 포트 B에 출력
        }
}
```

PA0 ~ PA3에 연결된 스위치 값을 PINA 레지스터로 입력 받은 후, 그 값을 PORTB 레지스터를 통해 PB0 ~ PB3에 연결된 LED로 출력하기

- 외부로 출력할 데이터를 저장해 놓는 장소는 PORTx라는 레지스터이고, 외부에서 입력된 데이터를 저장해 놓는 장소는 PINx라는 레지스터이다(여기서 x = A, B, C, D, E, F, G 이며, 포트 이름이다).
- 포트 PA0 ~ PA7핀으로 입력된 데이터는 PINA라는 8비트 크기의 레지스터에 보관되고, 이 데이터를 PORTB 레지스터에 저장을 하면, 출력 명령에 의해 PB0 ~ PB7의 핀으로 출력을 하게 된다.

실험 키트에 배선하기

ATmega128	I/O
PB0 ~ PB3	[LED UNIT] Y0 ~ Y3
PA0 ~ PA3	[SWITCH UNIT] X0 ~ X3

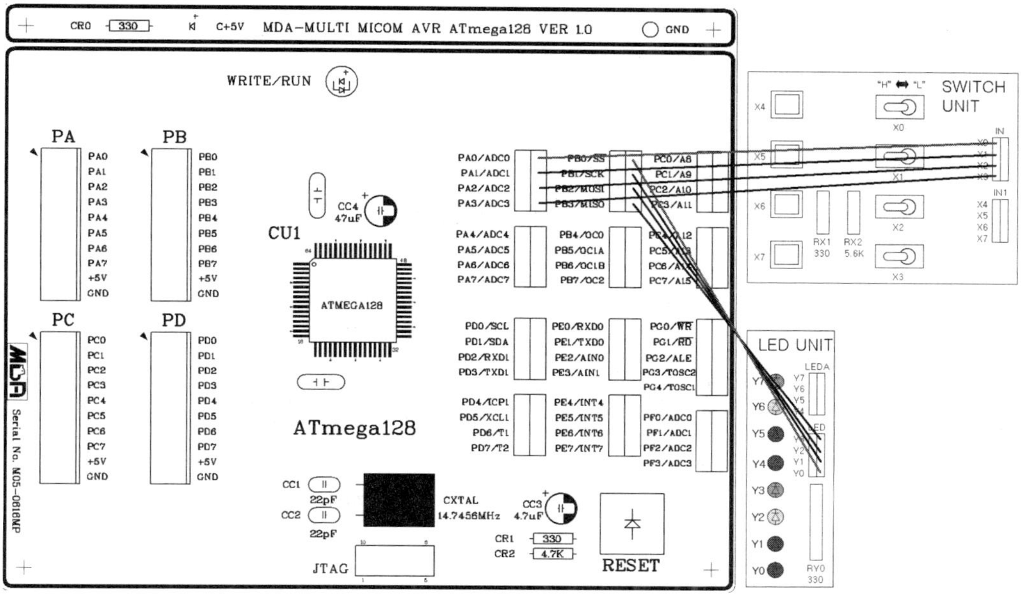

AVR Stuio와 IAR 사용시 차이점

AVR Studio(WinAvr)	IAR
#include <avr/io.h>	#include <iom128.h>
int main(void)	void main(void)

2.3 스위치 입력과 LED 출력

스위치 X0, X1의 입력에 따라 LED 시프트의 방향 바꾸기

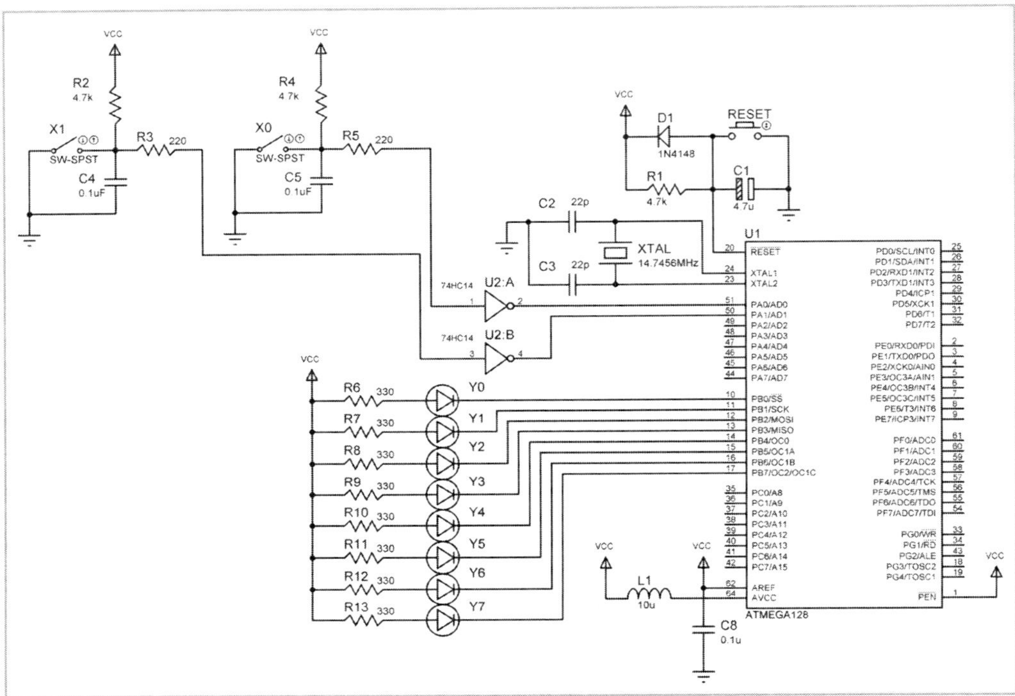

동작방법

- X0 스위치가 on이 되어 PA00이 1인 경우

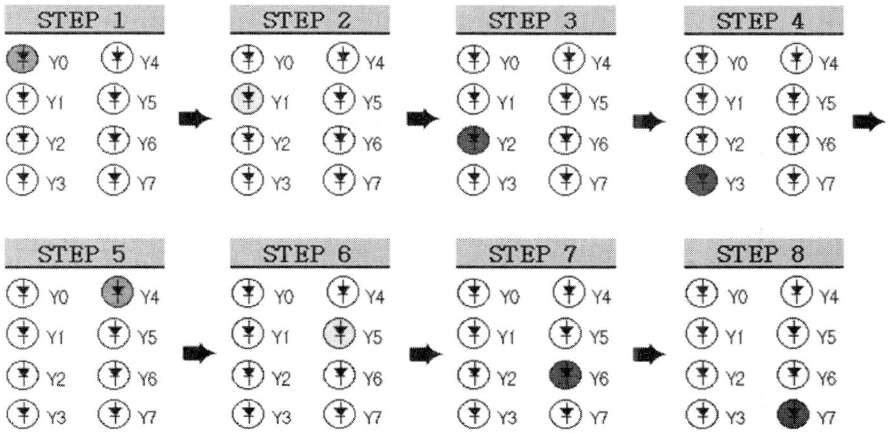

- X1 스위치가 on이 되어 PA10이 1인 경우

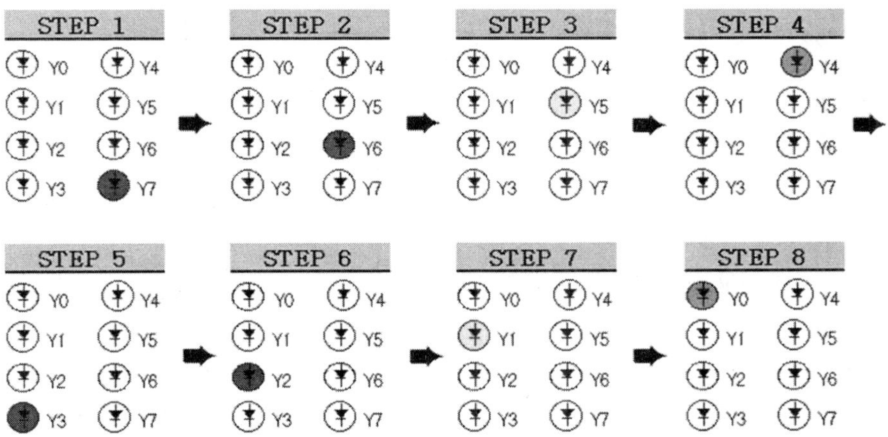

순서도

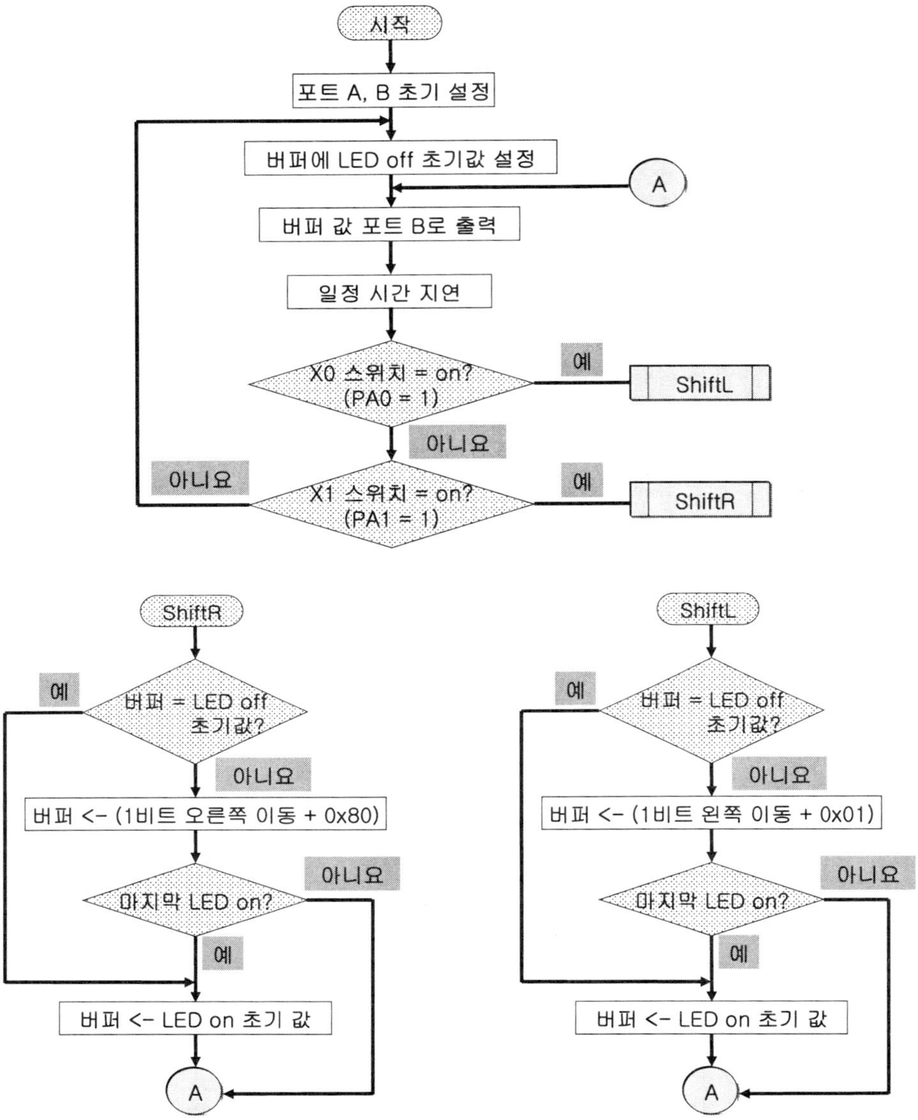
시작
포트 A, B 초기 설정
버퍼에 LED off 초기값 설정
A
버퍼 값 포트 B로 출력
일정 시간 지연
X0 스위치 = on?
(PA0 = 1)
예
ShiftL
아니요
X1 스위치 = on?
(PA1 = 1)
아니요
예
ShiftR
ShiftR
예
버퍼 = LED off
초기값?
아니요
버퍼 <- (1비트 오른쪽 이동 + 0x80)
마지막 LED on?
아니요
예
버퍼 <- LED on 초기 값
A
ShiftL
예
버퍼 = LED off
초기값?
아니요
버퍼 <- (1비트 왼쪽 이동 + 0x01)
마지막 LED on?
아니요
예
버퍼 <- LED on 초기 값
A

프로그램(AVR Studio)

```
#include <avr/io.h>

unsigned char LED;                              // LED ON/OFF 저장 전역 변수
void delay(unsigned long i)
{
        while (--i);
}
void SHIFTL(void)
{
        if (LED == 0xff)    LED = 0xfe;     // LED ON 초기 값 저장
        else
        {
                LED = (LED << 1) | 0x01;
                if (LED == 0xff) LED = 0xfe;
        }
}
void SHIFTR(void)
{
        if (LED == 0xff)    LED = 0x7f;     // LED ON 초기 값 저장
        else
        {
                LED = (LED >> 1) | 0x80;
                if (LED == 0xff) LED = 0x7f;
        }
}
int main(void)
{
       unsigned char key;
       DDRB = 0xff;                                     // B 포트 출력
       DDRA = 0x00;                                     // A 포트 입력
       LED = 0xff;                                      // LED OFF 초기 값
       do {
                PORTB = LED;                            // PORTB로 출력
                delay (100000);                         // 일정 시간 지연
                key = PINA & 0x03;
                if(key==0x01) SHIFTL();                 // X0 스위치='1'인 경우
                else if(key==0x02) SHIFTR();            // X1 스위치='1'인 경우
                else LED = 0xff;                        // X0, X1 스위치='0'인 경우
       }while(1);
}
```

실험 키트에 배선하기

ATmega128	I/O
PB0 ~ PB7	[LED UNIT] Y0 ~ Y7
PA0, PA1	[SWITCH UNIT] X0, X1

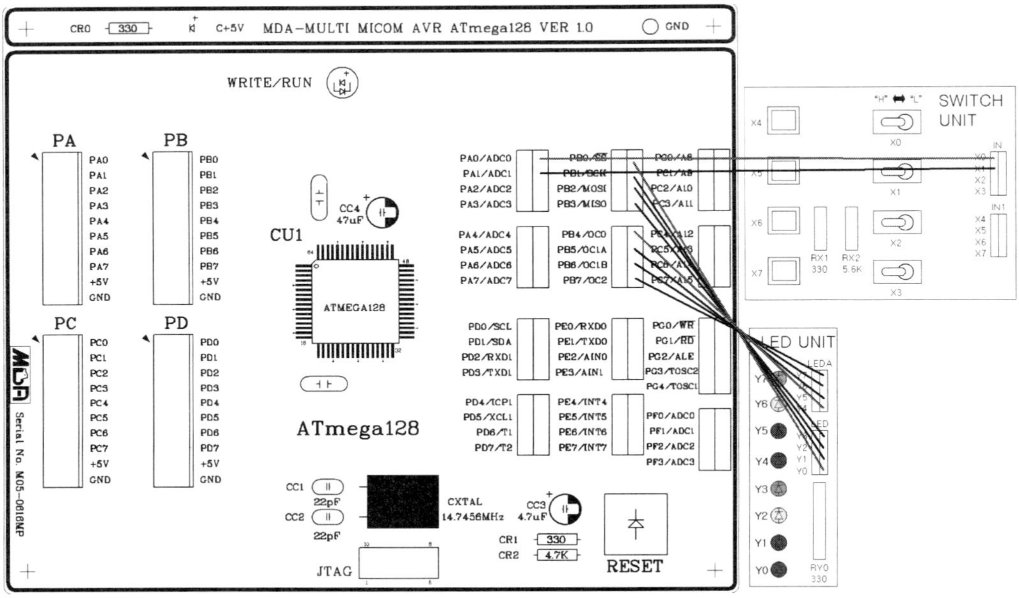

AVR Stuio와 IAR 사용시 차이점

AVR Studio(WinAvr)	IAR
#include <avr/io.h>	#include <iom128.h>
int main(void)	void main(void)

입출력 포트 구조

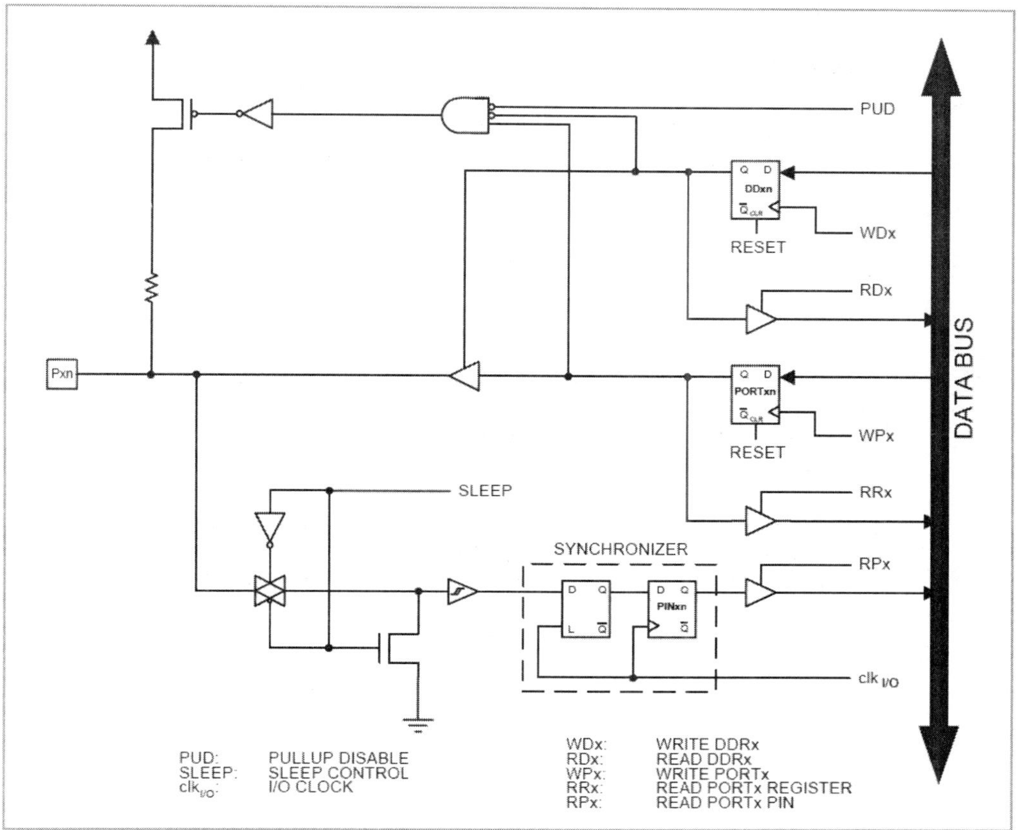

참조

X << Y	시프트 연산자. X값을 Y번 왼쪽으로 시프트 한다.
A ¦ B	OR 연산자. A와 B를 OR연산한다.

```
unsigned char LED;
LED = 0xfe;
LED = LED << 1;
```

LED=0xfe
1 1 1 1 1 1 1 0
시프트
1 1 1 1 1 1 1 0
LED=0xfc
1 1 1 1 1 1 1 0 0
시프트 된 후 최하위 비트는 0으로 채워진다.
LED는 8비트 변수이므로 LED에는 하위 8비트인 0xfc만이 보관된다.
LED = (LED << 1) ¦ 0x01;
LED = 0xfe 일 때
LED = 1111 1110 왼쪽으로 1번 시프트 하면
LED = 1111 1100 0000 0001과 OR 연산하면
LED = 1111 1101
LED = 0xf7 일 때
LED = 1111 0111 왼쪽으로 1번 시프트 하면
LED = 1110 1110 0000 0001과 OR 연산하면
LED = 1110 1111
LED = 0x7f 일 때
LED = 0111 1111 왼쪽으로 1번 시프트 하면
LED = 1111 1110 0000 0001과 OR 연산하면
LED = 1111 1111
LED = (LED >> 1) ¦ 0x80;
LED = 0x7f 일 때
LED = 0111 1111 우측으로 1번 시프트 하면
LED = 0011 1111 1000 0000과 OR 연산하면
LED = 1011 1111
LED = 0xef 일 때
LED = 1110 1111 우측으로 1번 시프트 하면
LED = 0111 0111 1000 0000과 OR 연산하면
LED = 1111 0111
LED = 0xfe 일 때
LED = 1111 1110 우측으로 1번 시프트 하면
LED = 0111 1111 1000 0000과 OR 연산하면
LED = 1111 1111

2.4 입출력 포트를 이용한 keyscan 구동

포트 D에 연결된 4x3 KEY값을 입력받아 포트 A의 LED에 출력하기

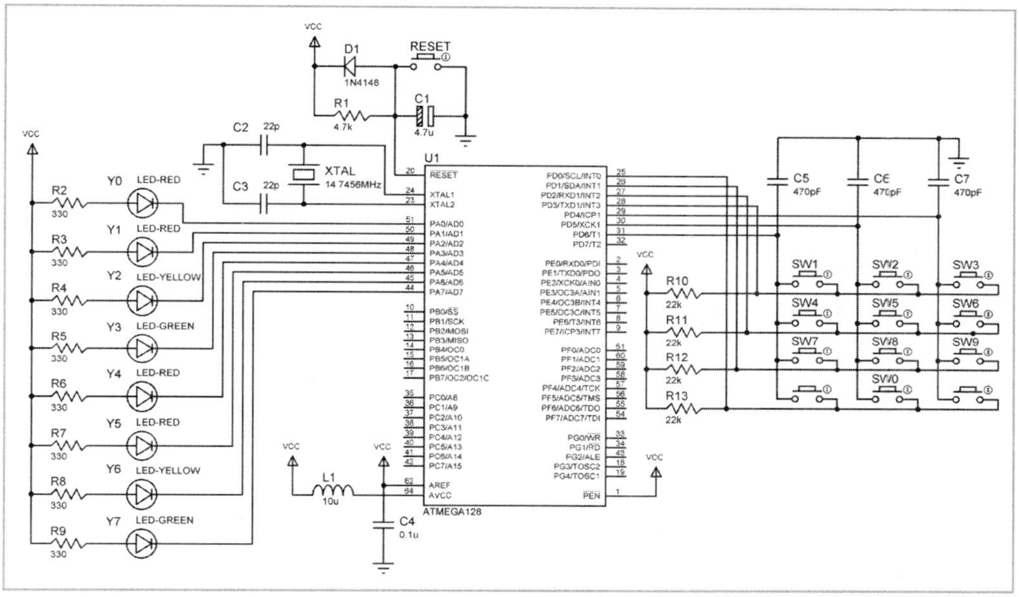

동작 방법

◎ 포트 D에 연결된 KEY 값을 읽는 방법

PD6, PD5, PD4에서 순차적으로 '0'을 KEY-PAD에 출력하면서 PD0, PD1, PD2, PD3으로부터 입력값을 확인한다. 즉, KEY중 하나가 눌러지면 PD0, PD1, PD2, PD3 중의 하나가 '0'으로 입력된다. 예를 들어, PD4에서 '0'을 출력할 때 PD2에서 '0'이 입력되면 'SW6'가 눌러진 것이다.

입력 \ 출력	PD6	PD5	PD4
PD3	SW1	SW2	SW3
PD2	SW4	SW5	SW6
PD1	SW7	SW8	SW9
PD0	*	SW0	#

포트 D에 연결된 KEY 값을 읽어들여 해당하는 KEY값을 포트 A와 연결된 LED에 표시한다. 예를 들어, SW5 KEY가 눌러졌으면 포트 A는 아래와 같이 '11100000'을 출력한다.

SW1 KEY -> '11111110', SW8 KEY -> '00000000'
SW9 KEY -> '10101010', SW0 KEY -> '01010101'

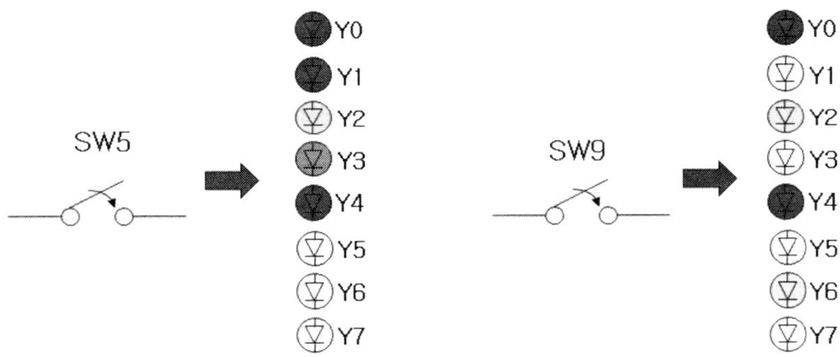

프로그램(AVR Studio)

```
#include <avr/io.h>

volatile unsigned char LED;
void delay(unsigned long i) // 시간 지연
{
        while(--i);
}

void key_scan(void) // 포트 D의 4x3 매트리스 키 스캔
{
```

```
        unsigned char KEY;
        KEY = 0;
        KEY = PIND;        // 포트 D 핀 값 입력
        KEY &= 0x0f;
        LED = 0;
        if(KEY != 0x0f)  // 키가 입력 되었는가?
        {
                delay(10);
                KEY = PIND;      // 포트 D 핀 값 입력
                KEY &= 0x0f;
                if(KEY != 0x0f) // 키가 입력 되었는가?
                {
                        switch(KEY)
                        {
                                case 0x07 : LED = 1; // PD3 에서 키값 입력
                                            break;
                                case 0x0B : LED = 2; // PD2 에서 키값 입력
                                            break;
                                case 0x0D : LED = 3; // PD1 에서 키값 입력
                                            break;
                                default   : LED = 4;
                                                     // PD0 에서 키값 입력
                        }
                }
        }
}

int main(void)
{       unsigned char KEY_OUT;
        DDRA = 0xff;  // 포트 A 핀들 모두 출력
        PORTA = 0xff; // 포트 A 핀들 모두 high 값 출력
        DDRD = 0xf0;  // 포트 D 핀중 PD0,1,2,3는 입력, PD4,5,6은 출력

        while(1)
             {
                delay(10000);
                KEY_OUT = 0xb0;   // SW1, SW4, SW7 키 입력 검사
                PORTD = KEY_OUT;
                delay(1000);
                key_scan();
                if(LED == 1) PORTA = 0xfe;       // LED 1개만 on
                else if(LED == 2) PORTA = 0xf0; // LED 4개만 on
                else if(LED == 3) PORTA = 0x80; // LED 7개만 on
                else if(LED == 4) PORTA = 0xff; // LED에 표시안함
```

```
            delay(10000);
            KEY_OUT = 0xd0;  // SW2, SW5, SW8, SW0 키 입력 검사
            PORTD = KEY_OUT;
            delay(1000);
            key_scan();
            if(LED == 1) PORTA = 0xfc;      // LED 2개만 on
            else if(LED == 2) PORTA = 0xe0; // LED 5개만 on
            else if(LED == 3) PORTA = 0x00; // LED 8개만 on
            else if(LED == 4) PORTA = 0x55; // LED 짝수 번호만 on

            delay(10000);
            KEY_OUT = 0xe0;  // SW3, SW6, SW9 키 입력 검사
            PORTD = KEY_OUT;
            delay(1000);
            key_scan();
            if(LED == 1) PORTA = 0xf8;      // LED 3개만 on
            else if(LED == 2) PORTA = 0xc0; // LED 6개만 on
            else if(LED == 3) PORTA = 0xaa; // LED 홀수 번수만 on
            else if(LED == 4) PORTA = 0xff; // LED에 표시안함
        }
}
```

실험 키트에 배선하기

ATmega128	I/O
PA0 ~ PA7	[LED UNIT] Y0 ~ Y7
PD0 ~ PD3	[KEYPAD UNIT] L3 ~ L0
PD4 ~ PD6	[KEYPAD UNIT] C2 ~ C0

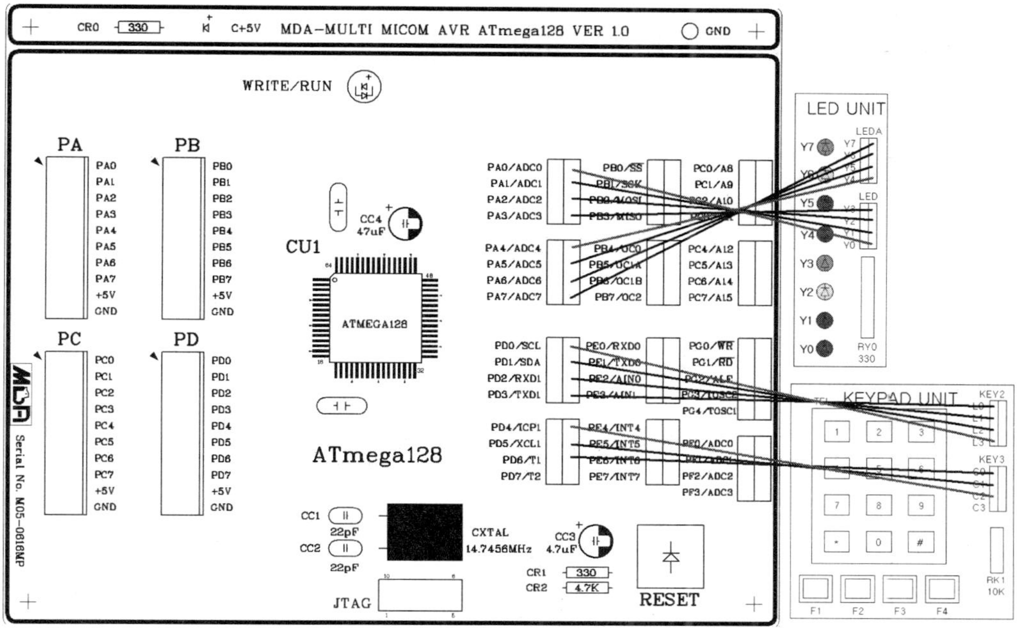

AVR Stuio와 IAR 사용시 차이점

AVR Studio(WinAvr)	IAR
#include <avr/io.h>	#include <iom128.h>
int main(void)	void main(void)

2.5 입출력 포트 활용 1 : FND 구동

4개의 FND로 구성되어 있는 회로에 ' HELP' 글자를 디스플레이 하기

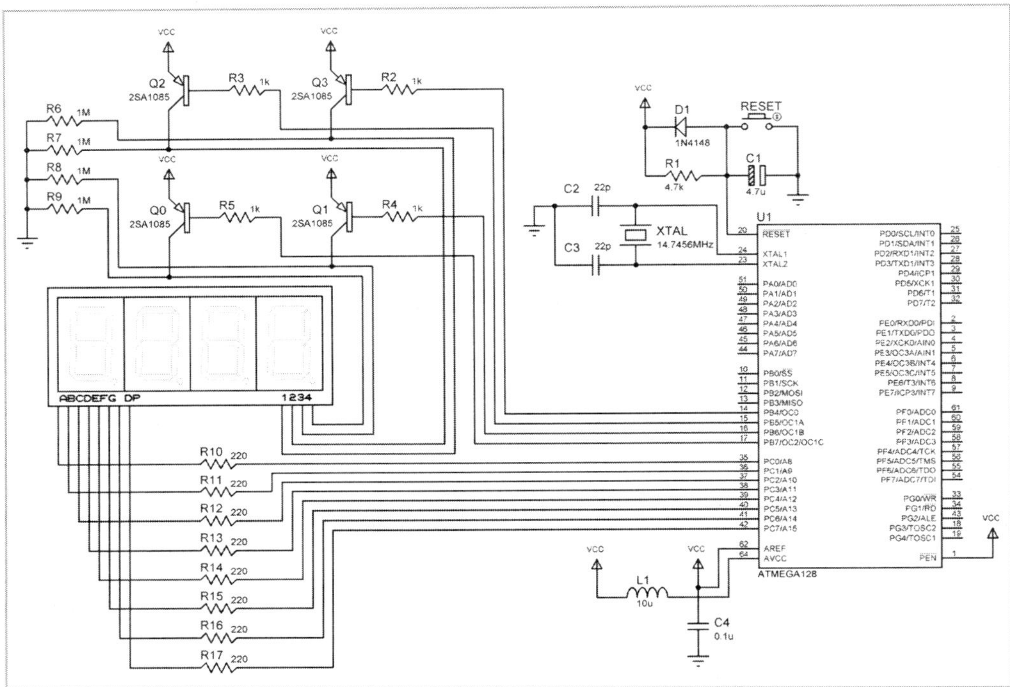

* 하드웨어 회로를 실제로 구성할 때는 R6, R7, R8, R9를 생략할 것.

FND 구동 코드

0 ~ 9까지 숫자를 FND에 출력하기 위한 코드 값

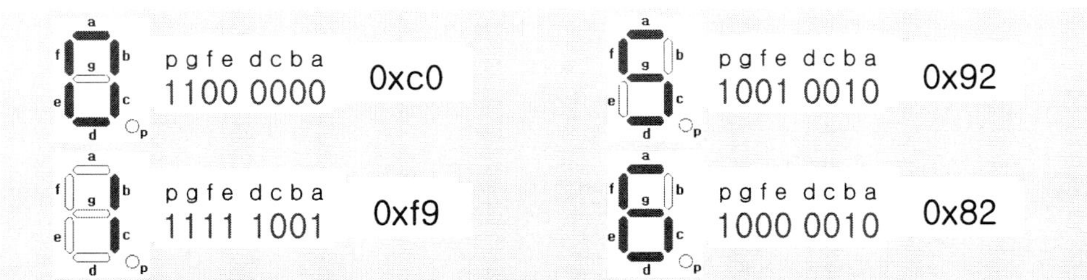

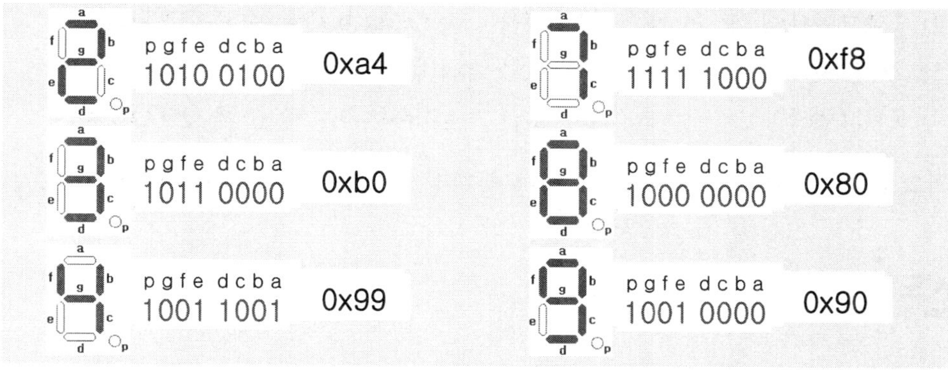

동작방법

FND에 ‘HELP’라는 글자가 표시되도록 하자.

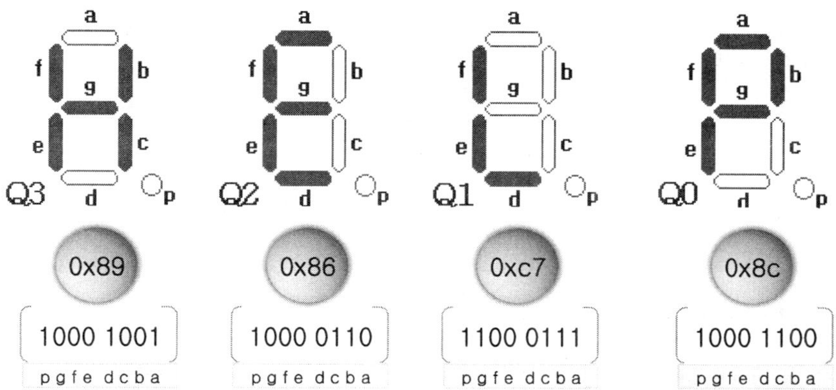

동적인 구동 방법

동적인 디스플레이 방법은 위의 회로와 같이 7세그먼트 a, b, c, d, e, f, g, p는 공통으로 연결하고, 각 7세그먼트의 CA 단자를 주기적으로 On/Off 시킨다. 그러면 4개의 FND는 동시에 켜져 있는 것 같이 보일 것이다.

이런 방법을 동적인 디스플레이 방법이라 한다.

(1) 7세그먼트에 ‘H’ 세그먼트 값을 ‘p,g,f,e,d,c,b,a’에 주고 Q3(TR) ON

(2) 7세그먼트에 'E'의 세그먼트 값을 'p,g,f,e,d,c,b,a'에 주고 Q2(TR) ON
(3) 7세그먼트에 'L'의 세그먼트 값을 'p,g,f,e,d,c,b,a'에 주고 Q1(TR) ON
(4) 7세그먼트에 'P'의 세그먼트 값을 'p,g,f,e,d,c,b,a'에 주고 Q0(TR) ON

위의 (1) ~ (4)를 1초에 20번 이상하면 항상 전체가 디스플레이된 것처럼 보인다.

순서도

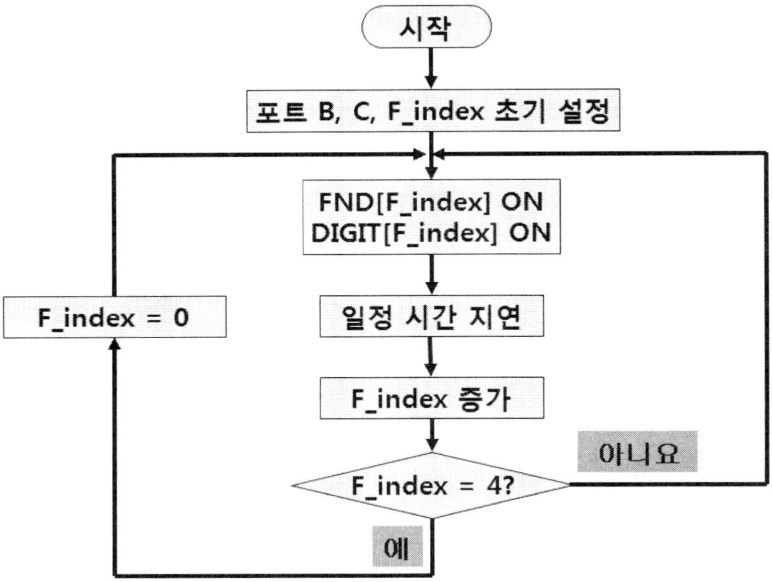

프로그램(AVR Studio)

```
#include <avr/io.h>
unsigned char FND[4] = {0x89,0x86,0xc7,0x8c};
unsigned char DIGIT[4] = {0xef,0xdf,0xbf,0x7f};
void delay(unsigned long i) {
        while(--i);
}
int main(void)
{
        unsigned char F_index;
        DDRB = 0xf0;
```

```
        DDRC = 0xff;
        F_index = 0;
        do {
                PORTC = FND[F_index];
                PORTB = DIGIT[F_index];
                delay(5000000);
                F_index++;
                if(F_index == 4) F_index = 0;
        }while(1);
}
```

실험 키트에 배선하기

ATmega128	I/O
PC0 ~ PC7	[FND] A ~ P
PB4 ~ PB7	[DIG] Q3 ~ Q0

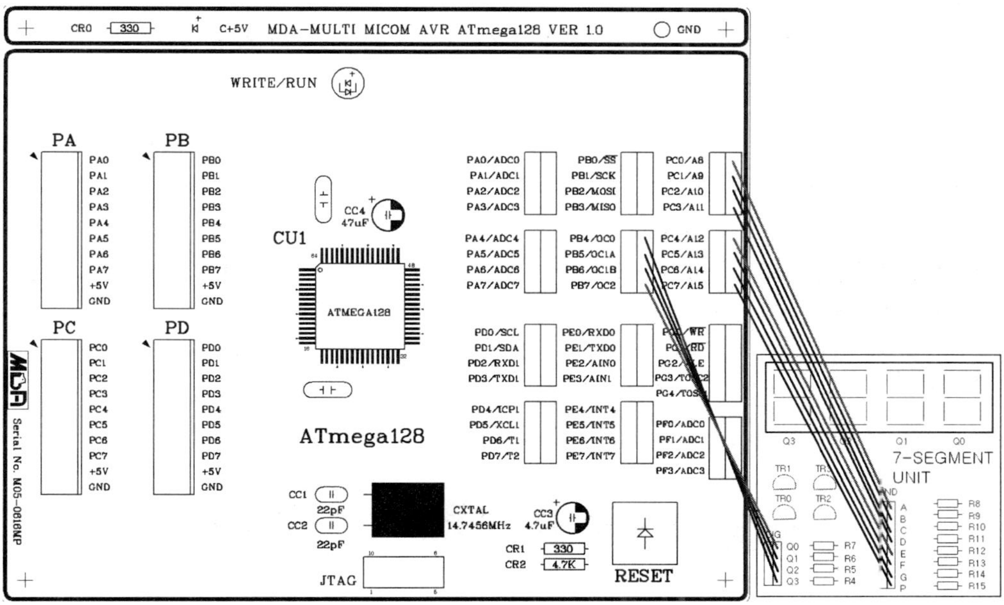

AVR Stuio와 IAR 사용시 차이점

AVR Studio(WinAvr)	IAR
#include <avr/io.h>	#include <iom128.h>
int main(void)	void main(void)

참조

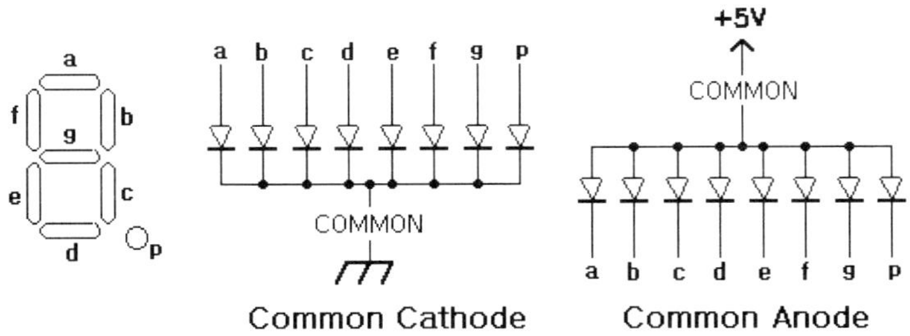

- FND는 8개의 LED가 모여 이루어진 모듈이다.

  FND는 다음과 같이 CA(Common Anode)와 CC(Common Cathode)형이 있다. CA형은 LED의 '+' 쪽이 공통으로 묶여 있고, CC형은 반대로 '–'쪽이 공통으로 묶여 있다.
  즉, CA 형은 글자를 만드는 세그먼트(a, b ,c, d, e, f, g, p)에 '0'을 주고,
  CA 단자에 '+전원(예, +5V)'을 연결하면 원하는 세그먼트가 디스플레이 되고, CC형은 반대로 글자를 만드는 세그먼트(a, b, c, d, e, f, g, p)에 '1'을 주고, CC 단자에 'GND'를 연결하면 원하는 숫자를 디스플레이할 수 있게 된다.

- **배열이란 동일한 자료형을 갖는 기억장소로, 메모리 상에서 연속적으로 놓이게 되며, 데이터들을 일괄적으로 처리하기 위한 목적으로 사용한다.**

- **배열 선언**

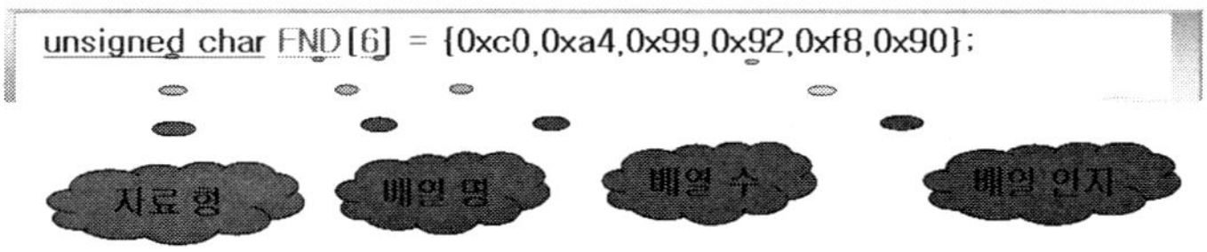

FND[0]	FND[1]	FND[2]	FND[3]	FND[4]	FND[5]
0xc0	0xa4	0x99	0x92	0xf8	0x90

2.6 입출력 포트 활용 2 : 캐릭터 LCD 구동

16 x 2 캐릭터 LCD에 'HANKYONG UNIVERSITY' 문자 디스플레이 하기

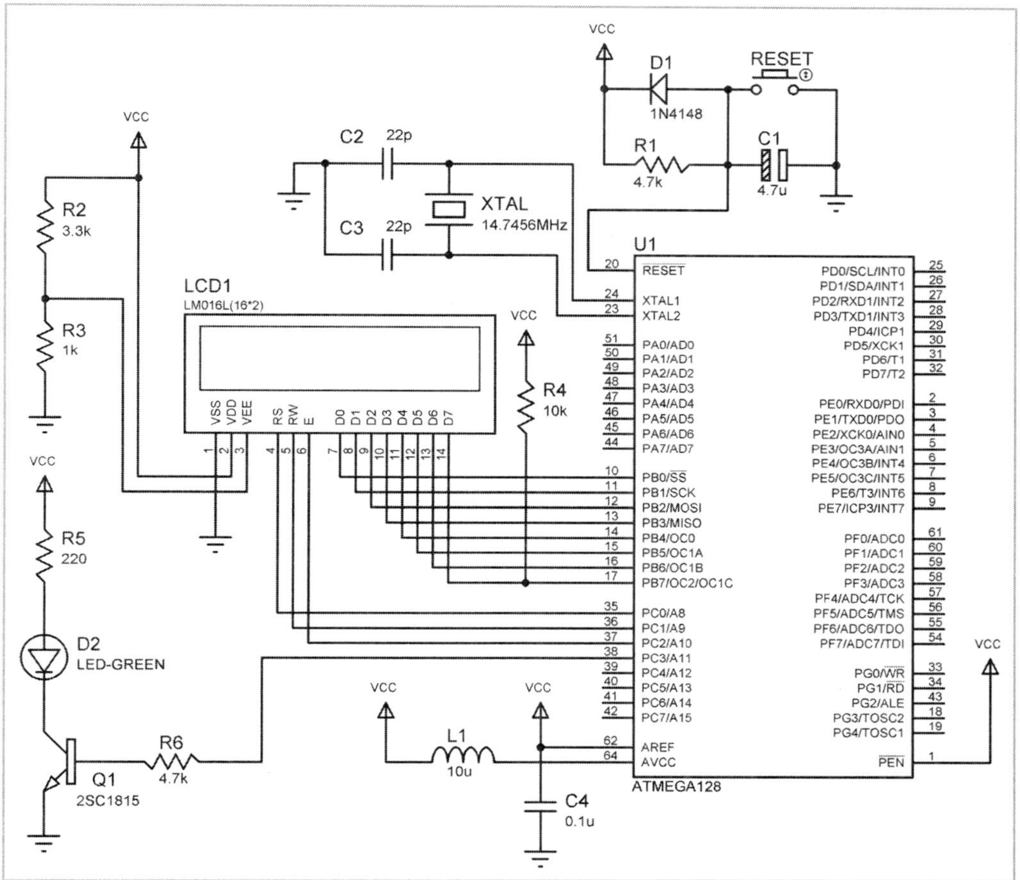

* 하드웨어 회로를 실제로 구성할 때는 R4를 생략해도 됨.

동작방법

캐릭터 LCD 초기화 과정 후, 포트 C의 LCD 제어신호와 포트 B의 LCD 데이터 버스를 이용하여, LCD 1번째 줄에 'HANKYONG', 2번째 줄에 'UNIVERSITY'를 표시하게 된다.(R4는 실제 회로에서는 없어도 됨.)

프로그램(AVR Studio)

```
#include <avr/io.h>

#define  sbit(x,y)        (x |= (1<<y))       // y번 비트에 1 입력
#define  cbit(x,y)        (x &= ~(1<<y))      // y번 비트에 0 입력
#define  tbit(x,y)        (x & (1<<y))        // y번 비트가 1인지를 검사
#define  RS_SET           sbit(PORTC,0)       // RS_SET = sbit(PORTC,0)
#define  RS_CLEAR         cbit(PORTC,0)       // RS_CLEAR = cbit(PORTC,0)
#define  RW_SET           sbit(PORTC,1)       // RW_SET = sbit(PORTC,1)
#define  RW_CLEAR         cbit(PORTC,1)       // RW_CLEAR = cbit(PORTC,1)
#define  E_SET            sbit(PORTC,2)       // E_SET = sbit(PORTC,2)
#define  E_CLEAR          cbit(PORTC,2)       // E_CLEAR = cbit(PORTC,2)
#define  LIGHT_SET        sbit(PORTC,3)       // LIGHT_SET = sbit(PORTC,3)
#define  LIGHT_CLEAR      cbit(PORTC,3)       // LIGHT_CLEAR = cbit(PORTC,3)
#define  BUSY             tbit(PINB,7)        // BUSY = tbit(PINB,7)
unsigned char display_data1[ ]="    HANKYONG    ";
unsigned char display_data2[ ]="   UNIVERSITY   ";
void  delay(unsigned long i)                  // 시간지연
{
        while(--i);
}

void  lcd_busy(void)                          // LCD가 동작중인지를 검사
{
        DDRB=0x00;
        do{
                E_CLEAR;
                delay(1000);
                RS_CLEAR;
                RW_SET;
                E_SET;
                delay(1000);
        }while(BUSY);
        E_CLEAR;
        DDRB = 0xff;
}
```

```
void   lcd_enable(void)                      // LCD에 명령이나 데이터를 쓸 때 LCD 인에이블
{
        E_SET;
        delay(1000);
        E_CLEAR;
}
void   lcd_func_set(void)                    // LCD 기능 설정
{
        RW_CLEAR;
        RS_CLEAR;
        PORTB = 0x38;
        lcd_enable();
}
void   lcd_command(unsigned char lcd_data)  // LCD에 명령어 쓰기
{
        lcd_busy();                          // 프로테우스에서는 'delay' 함수 사용을 권장함
        RW_CLEAR;
        RS_CLEAR;
        PORTB = lcd_data;
        lcd_enable();
}
void   lcd_init(void)                        // 전원이 on된 후 LCD 초기화 과정
{
        E_CLEAR;
        delay(150000);
        lcd_func_set();
        delay(50000);
        lcd_func_set();
        delay(10000);
        lcd_func_set();
        delay(1000);
        lcd_command(0x38);
        lcd_command(0x0c);                   // 또는 lcd_command(0x08);
        lcd_command(0x01);
        lcd_command(0x06);
}

void   lcd_write_char(unsigned char lcd_data)          // LCD에 한 문자 쓰기
{       lcd_busy();                          // 프로테우스에서는 'delay' 함수 사용을 권장함
        RW_CLEAR;
        RS_SET;
        PORTB = lcd_data;
        lcd_enable();
        RS_CLEAR;
}
```

```
void lcd_display(void) // LCD에 문자열 쓰기
{
        unsigned char i;
        LIGHT_SET;
        lcd_command(0x0C); // 'lcd_init' 함수에서 'lcd_command(0x0C);'를 사용했을 때는 생략 가능함
        lcd_command(0x02);
        for(i=0;i<16;i++) {
                lcd_write_char(display_data1[i]);
        }
        lcd_command(0xc0);
        for(i=0;i<16;i++) {
                lcd_write_char(display_data2[i]);
        }
}

int main(void)
{
        DDRB = 0xff;        // 포트 B 모두 출력
        DDRC = 0x0f;        // 포트 C의 PC0,1,2,3는 출력, PC4,5,6은 입력
        PORTC = 0x00;       // 포트 C의 PC0,1,2,3핀에 low 출력

        lcd_init();         // LCD 초기화 함수 호출
        lcd_display();      // LCD에 문자열을 출력하는 함수 호출

        while(1) { };
}
```

동작 기능

- 캐릭터 LCD에 문자를 표시하기 위해선 LCD 초기화 과정이 선행되어야 한다.
- 문자가 표시될 LCD 위치의 어드레스를 입력한다.
- 표시할 문자는 CG ROM에 저장되어 있다. CG ROM 표를 참조하여 표시할 문자의 문자코드를 데이터로 입력한다.
- LCD가 동작중인지를 비지플래그로 검사하여 명령코드, 어드레스, 데이터를 입력한다. 비지플래그를 검사하지 않고 시간지연을 이용하여도 된다.
- 첫번째 라인의 어드레스는 '0x00', 두번째 라인의 어드레스는 '0x40'으로 시작한다. 두 라인의 어드레스는 연결되어 있지 않다.
- 명령코드를 이용하여 어드레스의 '+1'씩 자동증가, '−1'씩 자동감소, LCD 표시

문자 지우기, 디스플레이 on/off, 점멸 등의 기능을 수행할 수 있다.

캐릭터 LCD 블록도

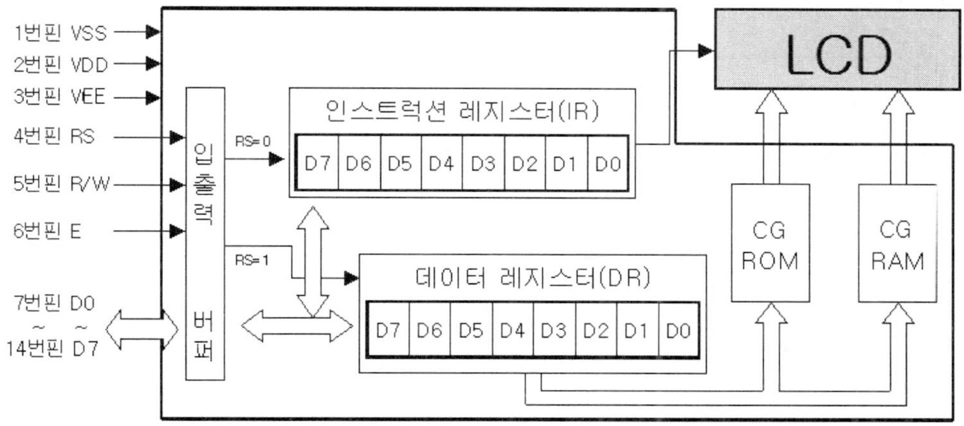

캐릭터 LCD 명령어

클리어 디스플레이(Display Clear)

LCD화면을 클리어한 후, 커서 위치는 홈으로 돌아가고 D.D.RAM 어드레스 카운터는 0이 된다.

RS	R/W	D7	D6	D5	D4	D3	D2	D1	D0
0	0	0	0	0	0	0	0	0	1

홈 리턴(Return Home)

D.D.RAM 어드레스 카운터를 0으로 만들어 주고, 디스플레이가 시프트되었던 것들은 본래의 위치로 돌아간다. 커서의 위치는 홈에 위치하고 D.D.RAM 내용은 바뀌지 않는다.

RS	R/W	D7	D6	D5	D4	D3	D2	D1	D0
0	0	0	0	0	0	0	0	1	*

엔트리 모드 세트(Entry Mode Set)

커서의 움직이는 방향과 디스플레이를 시프트할 것인지를 결정한다. 이런 동작은 데이터 읽기, 쓰기 동안에 수행된다.

RS	R/W	D7	D6	D5	D4	D3	D2	D1	D0
0	0	0	0	0	0	0	1	I/D	S

- I/D = 1이면 어드레스가 +1, I/D = 0이면 어드레스가 -1
- S는 디스플레이 전체를 좌/우로 이동시키는 변수이다.
- S = 1, I/D = 1이면 디스플레이는 좌로 시프트된다.
- S = 1, I/D = 0이면 디스플레이는 우로 시프트된다.
- S = 0이면 디스플레이는 시프트되지 않는다.

디스플레이 on/off 제어

전체 디스플레이의 on/off 제어, 커서의 on/off 제어, 커서 위치가 있는 부분의 글자를 깜빡이게 하는 역할을 한다.

RS	R/W	D7	D6	D5	D4	D3	D2	D1	D0
0	0	0	0	0	0	1	D	C	B

- D = 1이면 디스플레이 전체가 on되어 모든 글자가 나타난다.
- D = 0이면 디스플레이 전체가 off되어 어떤 글자도 나타나지 않는다.
- C = 1이면 커서가 나타난다.
- C = 0이면 커서가 나타나지 않는다.
- B = 1이면 글자는 커서 위치에서 깜빡이게 된다.
- B = 0이면 글자는 깜빡이지 않는다.

커서 디스플레이 시프트(Cursor Display Shift)

RS	R/W	D7	D6	D5	D4	D3	D2	D1	D0
0	0	0	0	0	1	S/C	R/L	*	*

S/C	R/L	동 작
0	0	커서는 왼쪽으로 시프트된다(어드레스 카운터 하나 감소)
0	1	커서는 오른쪽으로 시프트된다(어드레스 카운터 하나 증가)
1	0	전체 디스플레이와 커서를 왼쪽으로 시프트시킨다.
1	1	전체 디스플레이와 커서를 오른쪽으로 시프트시킨다.

LCD 기능 설정(Function Set)

RS	R/W	D7	D6	D5	D4	D3	D2	D1	D0
0	0	0	0	1	DL	N	F	*	*

- DL = 1일 때 8비트(D0-D7)를 인터페이스할 수 있다.
- DL = 0일 때 4비트(D4-D7)을 인터페이스할 수 있다. 데이터가 8비트이므로 데이터를 읽거나 쓸 때 4비트씩 두 번 동작되어야 한다.
- N : 디스플레이 라인을 설정한다.
- F : 글자 폰트를 결정한다.

N	F	디스플레이 라인	글자폰트	듀티비	참 고
0	0	1	5×7 도트	1/8	
0	1	1	5×10 도트	1/11	
1	*	2	5×7 도트	1/16	5×10 도트는 2라인 디스플레이가 안됨

C.G.RAM 어드레스 설정

RS	R/W	D7	D6	D5	D4	D3	D2	D1	D0
0	0	0	1	ACG					

D.D.RAM 어드레스 설정

RS	R/W	D7	D6	D5	D4	D3	D2	D1	D0
0	0	1	ADD						

- 디스플레이 라인을 설정하는 N값에 따라서 N=0(1라인 디스플레이)이면 ADD는 '0x00-0x4F'이다. N=1(2라인 디스플레이)이면 ADD는 첫 번째 라인이

'0x00-0x27'이고 두 번째 라인은 '0x40-0x67'이다.

○ 비지 플래그와 어드레스 읽기 (Read Busy Flag & Address)

RS	R/W	D7	D6	D5	D4	D3	D2	D1	D0
0	1	BF	AC						

- BF = 1이면 내부 동작이 진행되고 있는 중이라 다음 명령을 받을수 없다.
- 어드레스 카운터(AC)를 읽어낼 수 있다.

○ C.G.RAM과 D.D.RAM 데이터 쓰기

RS	R/W	D7	D6	D5	D4	D3	D2	D1	D0
1	0	Write Data							

○ C.G.RAM과 D.D.RAM 데이터 읽기

RS	R/W	D7	D6	D5	D4	D3	D2	D1	D0
1	1	Read Data							

캐릭터 LCD 핀 사양

핀 번호	기호	레벨	기능
1	VSS	0V	GND
2	VDD	+5V	+전원
3	VEE	--	0 ~ +5[V]를 가변하여 LCD가 보이는 각도를 조절한다.
4	RS	H/L	H:데이터, L:명령어
5	R/W	H/L	H:읽기, L:쓰기
6	E	H→L	H→L:LCD 인에이블

핀 번호	기호	레벨	기능
7	D0	H/L	데이터 버스(명령어, 어드레스, 데이터) 4 비트(D7 - D4) 또는 8 비트(D7 - D0)로 인터페이스가 가능하다.
8	D1	H/L	
9	D2	H/L	
10	D3	H/L	
11	D4	H/L	
12	D5	H/L	
13	D6	H/L	
14	D7	H/L	

캐릭터 LCD 모듈 문자코드와 문자패턴

상위비트 / 하위비트	0010	0011	0100	0101	0110	0111
0000		0	@	P	`	p
0001	!	1	A	Q	a	q
0010	"	2	B	R	b	r
0011	#	3	C	S	c	s
0100	$	4	D	T	d	t
0101	%	5	E	U	e	u
0110	&	6	F	V	f	v
0111	'	7	G	W	g	w
1000	(	8	H	X	h	x
1001	)	9	I	Y	i	y
1010	*	:	J	Z	j	z
1011	+	;	K	[	k	{
1100	,	<	L	¥	l	|
1101	–	=	M	]	m	}
1110	.	>	N	^	n	→
1111	/	?	O	_	o	←

캐릭터 LCD 초기화(8비트 제어시)

전원 ON

↓

VDD가 4.5V 이상된 후
15ms 이상을 기다린다

↓

RS	R/W	D7	D6	D5	D4	D3	D2	D1	D0
0	0	0	0	1	1	*	*	*	*

↓

4.1ms 이상을 기다린다

↓

RS	R/W	D7	D6	D5	D4	D3	D2	D1	D0
0	0	0	0	1	1	*	*	*	*

↓

100us 이상을 기다린다

↓

RS	R/W	D7	D6	D5	D4	D3	D2	D1	D0
0	0	0	0	1	1	*	*	*	*

↓

RS	R/W	D7	D6	D5	D4	D3	D2	D1	D0
0	0	0	0	1	1	N	F	*	*
0	0	0	0	0	0	1	0	0	0
0	0	0	0	0	0	0	0	0	1
0	0	0	0	0	0	0	1	I/D	S

초기설정 완료

실험 키트에 배선하기

ATmega128	I/O
PB0 ~ PB7	[TEXT LCD] D0 ~ D7
PC0, PC1, PC2	[TEXT LCD] RS, RW, E

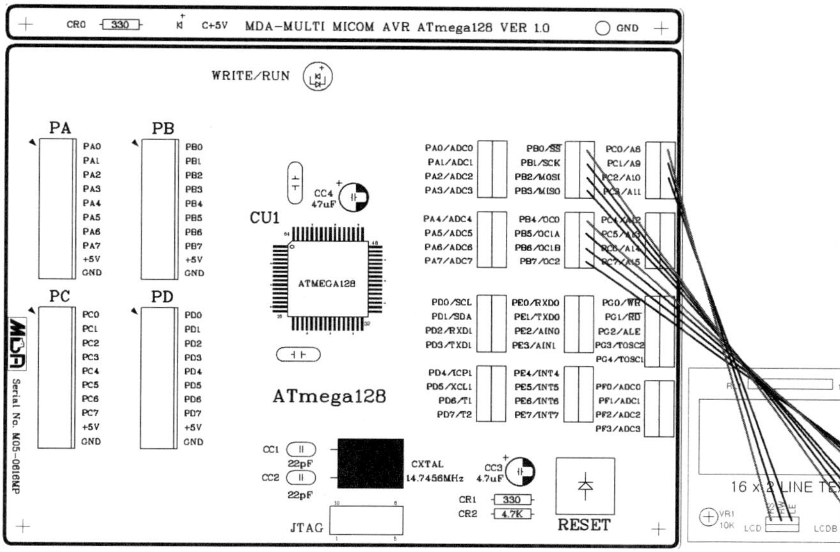

AVR Stuio와 IAR 사용시 차이점

AVR Studio(WinAvr)	IAR
#include <avr/io.h>	#include <iom128.h>
int main(void)	void main(void)

2.7 입출력 포트 활용 3 : 그래픽 LCD 구동

128 x 64 모노 그래픽 LCD에 디스플레이 하기

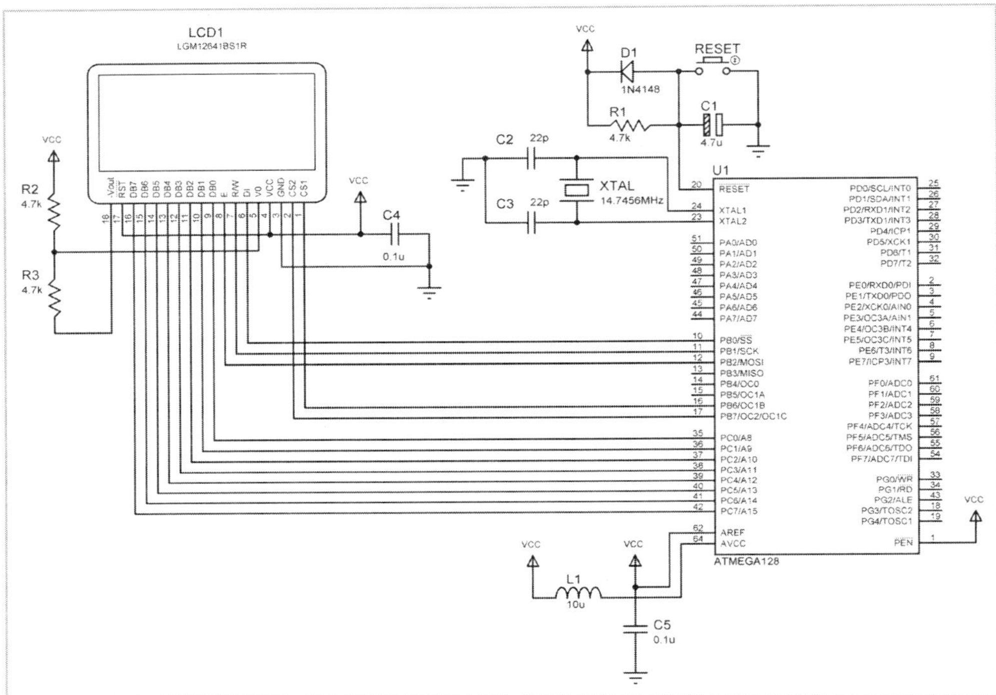

동작방법

포트 B의 그래픽 LCD 세그먼트 선택 및 제어신호와 포트 C의 LCD 데이터 버스를 이용하여, LCD 3번째와 4번째 페이지 위치에 '이희진'을 표시하게 된다.

동작 기능

- Y 어드레스는 표시 RAM에 데이터를 읽기 또는 쓰기하면 자동으로 '+1' 증가한다.
- X 어드레스는 자동으로 '+1' 증가하는 카운터 기능이 없다.
- LCD 표시의 On/Off와 관계없이 표시 RAM의 내용은 변하지 않는다.
- 표시 RAM은 LCD에 표시될 데이터가 저장되는 곳으로 '1'을 쓰면 해당 도트가 On된다.
- 표시 RAM은 아래와 같으며 (Xn, Ym)좌표에 바이트 단위로 폰트를 써 넣어야 한다. n은 '0 ~ 7', m은 '0 ~ 63'이다.

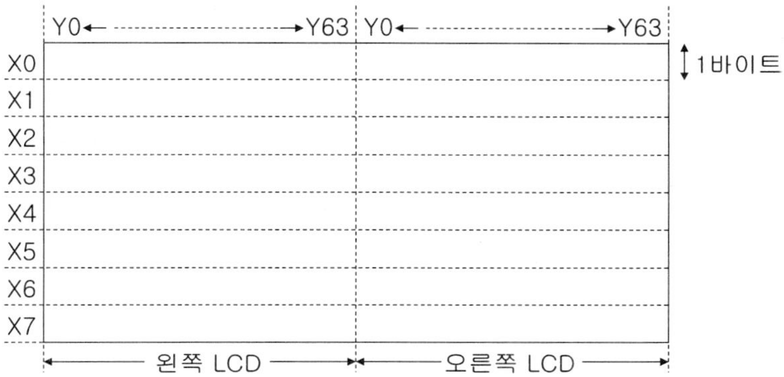

그래픽 LCD 폰트 구성은...

예를 들어, 8 x 8의 숫자 '2'의 폰트를 만든다고 할 때,

(1) 화살표 방향으로 폰트 데이터를 만든다.

(2) 폰트 데이터에서 '1'은 도트 On, '0'은 도트 Off 이다.

(3) (X0, Y0)부터 디스플레이 할 경우, 폰트 데이터는 다음과 같다.
(X0, Y0)=0x42, (X0, Y1)=0x61, (X0, Y2)=0x51, (X0, Y3)=0x49,
(X0, Y4)=0x47, (X0, Y5)=0x00, (X0, Y6)=0x00, (X0, Y7)=0x00

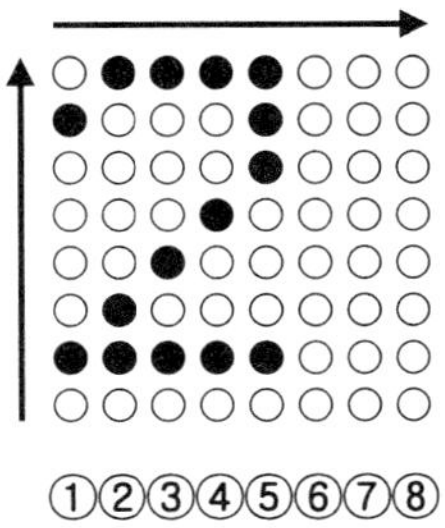

① 0x42, ② 0x61
③ 0x51, ④ 0x49
⑤ 0x47, ⑥ 0x00
⑦ 0x00, ⑧ 0x00

128 × 64 모노 그래픽 LCD 블록도

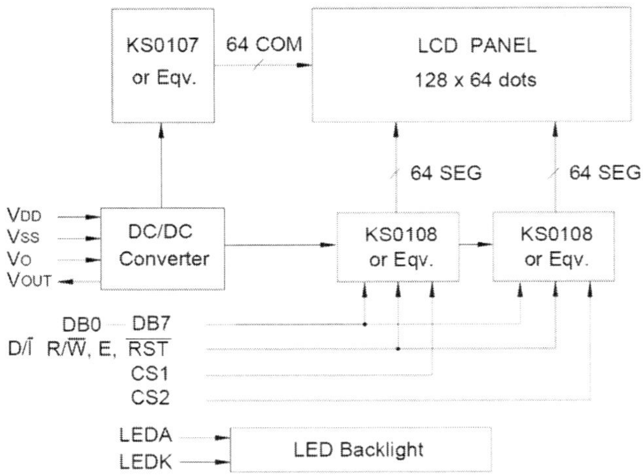

128 × 64 모노 그래픽 LCD 명령어

명령	DB7	DB6	DB5	DB4	DB3	DB2	DB1	DB0	기능
표시 On	0	0	1	1	1	1	1	1	표시 On
표시 Off	0	0	1	1	1	1	1	0	표시 Off
표시라인시작	1	1	표시 라인 시작(0 – 63)						LCD 표시 라인 줄 지정
페이지 셋 (X 어드레스)	1	0	1	1	1	페이지 (0 – 7)			X 어드레스 지정
어드레스 셋 (Y 어드레스)	0	1	Y 어드레스(0 – 63)						Y 어드레스 지정
상태 읽기	B	0	D	R	0	0	0	0	B:1-내부동작중, 0-읽기/쓰기 가능 D:1-표시 Off, 0-표시 On R:1-리셋, 0-정상
데이터 쓰기	DATA(써 넣을 데이터)								표시 RAM으로 쓰기
데이터 읽기	DATA(읽을 데이터)								표시 RAM에서 읽기

R/W=0, D/I=0 → 표시 On, 표시 Off, 표시 라인 시작, 페이지 셋, 어드레스 셋
R/W=1, D/I=0 → 상태 읽기
R/W=0, D/I=1 → 데이터 쓰기,
R/W=1, D/I=1 → 데이터 읽기

128 × 64 모노 그래픽 LCD 핀 사양

핀 번호	기호	레벨	기능
1	V_{SS}	0V	GND
2	V_{DD}	+5V	+전원(로직 전원)
3	V_{O}	--	LCD 밝기 전원
4	D/$\overline{I}$	H/L	H:데이터, L:명령어
5	R/$\overline{W}$	H/L	H:읽기, L:쓰기
6	E	H, H→L	LCD 인에이블(H:읽기, H→L;쓰기)
7	DB0	H/L	데이터 버스 라인
8	DB1	H/L	

핀 번호	기호	레벨	기능
9	DB2	H/L	
10	DB3	H/L	
11	DB4	H/L	
12	DB5	H/L	
13	DB6	H/L	
14	DB7	H/L	
15	CS1	H	동작 H, 왼쪽 64×64 도트 LCD 칩 선택 신호
16	CS2	H	동작 H, 오른쪽 64×64 도트 LCD 칩 선택 신호
17	$\overline{RST}$	L	LCD 모듈 리셋
18	V_{OUT}	--	LCD를 동작시키기 위한 출력 전압(-전압)
19	LEDA	+5V	LCD 백라이트 +전원
20	LEDK	0V	LCD 백라이트 -전원(GND)

프로그램(AVR Studio)

```
#include <avr/io.h>
#include <avr/pgmspace.h>

#define   sbit(x,y)        (x |= (1<<y))          // y번 비트에 1 입력
#define   cbit(x,y)        (x &= ~(1<<y))         // y번 비트에 0 입력
#define   tbit(x,y)        (x & (1<<y))           // y번 비트가 1인지를 검사
#define   DI_SET           sbit(PORTB, 0)
#define   DI_CLEAR         cbit(PORTB, 0)
#define   RW_SET           sbit(PORTB, 1)
#define   RW_CLEAR         cbit(PORTB, 1)
#define   E_SET            sbit(PORTB, 2)
#define   E_CLEAR          cbit(PORTB, 2)
#define   CS1_SET          sbit(PORTB, 6)
#define   CS1_CLEAR        cbit(PORTB, 6)
#define   CS2_SET          sbit(PORTB, 7)
#define   CS2_CLEAR        cbit(PORTB, 7)
#define   BUSY_DIR_OUT     sbit(DDRC, 7)
#define   BUSY_DIR_IN      cbit(DDRC, 7)
#define   BUSY             tbit(PINC, 7)
```

```
unsigned char M[] PROGMEM= {0x00,0x00,0x00,0x00,0x00,0x00,0x00,0x00,
                            0xe0,0x10,0x08,0x04,0x04,0x04,0x04,0x04,
                            0x08,0x10,0xe0,0x00,0x00,0xff,0x00,0x00,
                            0x84,0x44,0x24,0x14,0x14,0x17,0x14,0x14,
                            0x24,0x44,0x84,0x00,0x00,0xff,0x00,0x00,
                            0x01,0x81,0x41,0x21,0x11,0x0f,0x11,0x21,
                            0x41,0x81,0x01,0x00,0x00,0xff,0x00,0x00,
                            0x00,0x00,0x00,0x00,0x00,0x00,0x00,0x00};
unsigned char M_1[] PROGMEM= {0x00,0x00,0x00,0x00,0x00,0x00,0x00,0x00,
                              0x07,0x08,0x10,0x20,0x20,0x20,0x20,0x20,
                              0x10,0x08,0x07,0x00,0x00,0xff,0x00,0x00,
                              0x43,0x44,0x48,0x50,0x50,0x50,0x50,0x50,
                              0x48,0x44,0x43,0x00,0x00,0xff,0x00,0x00,
                              0x79,0x40,0x40,0x40,0x40,0x40,0x40,0x40,
                              0x40,0x40,0x41,0x40,0x40,0x47,0x00,0x00,
                              0x00,0x00,0x00,0x00,0x00,0x00,0x00,0x00};

void  busy0(void)         // busy 플래그 체크(CS1)
{
    BUSY_DIR_IN;          // PC7 비트 입력으로 전환
    CS1_SET;
    RW_SET;
    DI_CLEAR;
    E_CLEAR;
     do {
        E_SET;
        asm ("nop");
        E_CLEAR;
    } while(BUSY);        // LCD 동작중 검사
    BUSY_DIR_OUT;         // PC7 비트 출력으로 전환
    CS1_CLEAR;
}

void  lcd0_wr(unsigned char send) // LCD0 쓰기(명령어:page, address)
{
    busy0();
    PORTC = send;         // 명령어 쓰기
    CS1_SET;
    RW_CLEAR;
    DI_CLEAR;
    E_SET;
    asm ("nop");
    E_CLEAR;
    CS1_CLEAR;
}
```

```
void  lcd0_page(unsigned char page)
{
    page &= 0x07;
    page |= 0xb8;
    lcd0_wr(page);
}

void  lcd0_address(unsigned char address)
{
    address &= 0x3f;
    address |= 0x40;
    lcd0_wr(address);
}

void  busy1(void)                    // busy 플래그 체크(CS2)
{
    BUSY_DIR_IN;
    CS2_SET;
    RW_SET;
    DI_CLEAR;
    E_CLEAR;
     do {
        E_SET;
        asm ("nop");
        E_CLEAR;
    } while(BUSY);
    BUSY_DIR_OUT;
    CS2_CLEAR;
}

void  lcd1_wr(unsigned char send) // LCD1 쓰기(명령어:page, address)
{
    busy1();
    PORTC = send;                    // 명령어 쓰기
    CS2_SET;
    RW_CLEAR;
    DI_CLEAR;
    E_SET;
    asm ("nop");
    E_CLEAR;
    CS2_CLEAR;
}
```

```
void  lcd1_page(unsigned char page)
{
    page &= 0x07;
    page |= 0xb8;
    lcd1_wr(page);
}

void  lcd1_address(unsigned char address)
{
    address &= 0x3f;
    address |= 0x40;
    lcd1_wr(address);
}

void  font0(unsigned char font)    // LCD0 쓰기(데이터:font)
{
    busy0();
    PORTC = font;                  // 폰트 데이터 쓰기
    CS1_SET;
    RW_CLEAR;
    DI_SET;
    E_SET;
    asm ("nop");
    E_CLEAR;
    CS1_CLEAR;
}

void  font1(unsigned char font)    // LCD1 쓰기(데이터:font)
{
    busy1();
    PORTC = font;                  // 폰트 데이터 쓰기
    CS2_SET;
    RW_CLEAR;
    DI_SET;
    E_SET;
    asm ("nop");
    E_CLEAR;
    CS2_CLEAR;
}

void  lcd0_clear(void)
{
    unsigned char  i, j;
```

```
    for(j=0; j<8; j++) {
        lcd0_page(j);
        lcd0_address(0x00);
        for(i=0; i<64; i++) font0(0x00);
    }
}

void  lcd1_clear(void)
{
    unsigned char  i,j
    for(j=0; j<8; j++) {
        lcd1_page(j);
        lcd1_address(0x00);
        for(i=0; i<64; i++) font1(0x00);
    }
}

void  clear(void)
{
    lcd0_clear();
    lcd1_clear();
}

void  display(unsigned char page, unsigned char address, unsigned char flag)
{
    unsigned char  i, font;
    for(i=0; i < 64; i++) {
        if (flag == 0) font = pgm_read_byte(&M[i]);
        else font =  pgm_read_byte(&M_1[i]);
        if (address >= 64) {
            lcd1_page(page);
            lcd1_address(address - 64);
            font1(font);
        }
        else {
             lcd0_page(page);
             lcd0_address(address);
             font0(font);
        }
        address++;
    }
}
```

```
int  main(void)
{
    DDRC = 0xff;
    DDRB = 0xff;
    PORTB = 0x00;

    lcd0_wr(0x3f);                              // LCD0 디스플레이 ON (CS1 LCD)
    lcd1_wr(0x3f);                              // LCD1 디스플레이 ON (CS2 LCD)
    clear();
    display(3, 32, 0);
    display(4, 32, 1);
    while(1);
}
```

실험 키트에 배선하기

ATmega128	I/O
PC0 ~ PC7	[GLCD] D0 ~ D7
PB0, PB1, PB2	[GLCD] D1, RW, E
PB6, PB7	[GLCD] CS1, CS2
[전원] +5V	[GLCD] +5V
[전원] GND	[GLCD] GND

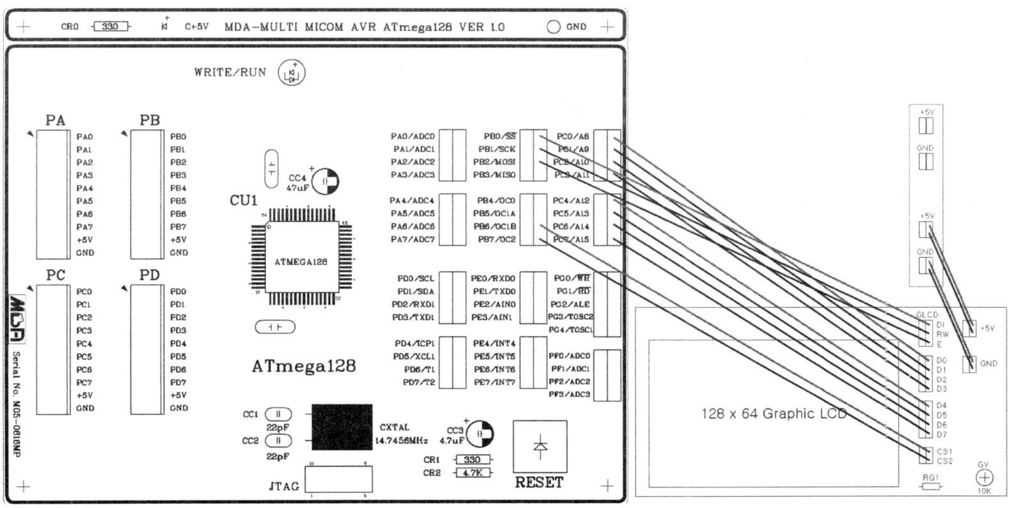

AVR Stuio와 IAR 사용시 차이점

AVR Studio(WinAvr)	IAR
#include <avr/io.h>	#include <iom128.h>
int main(void)	void main(void)
unsigned char M[] PROGMEM	__flash unsigned char M[]
font = pgm_read_byte(&M[i])	font = M[i]
#include <avr/pgmspace.h>	삭제

참조

- #define DI_SET sbit(PORTB, 0)

'#define'이란 명령어는 C언어에서 다음과 같이 사용된다.
'#define A B' => B를 앞으로 A라는 이름으로 대신 사용.
따라서, '#define DI_SET sbit(PORTB, 0)'의 의미는 'sbit(PORTB,0)' 라는 긴 문장을 앞으로 간단하면서도 쉽게 이해가되는 'DI_SET'으로 표현 하겠다는 의미이다.

- 프로그램 메모리에 데이터 읽기와 쓰기

프로그램 안에서 데이터를 쓰고 읽고 하는 경우에는 SRAM과 같은 데이터 메모리를 이용한다(전역변수. 로컬변수 등). 그러나 데이터 값이 변화하지 않을 경우에는 데이터 메모리의 용량을 고려해서 프로그램 메모리에 저장 한다.
즉, LCD의 폰트 데이터 등은 변화시킬 필요가 없기 때문에 프로그램 메모리에 저장한다. Avr-Gcc 컴파일러에서, 프로그램 메모리에 데이터를 저장할 경우에는 'unsigned char M[] PROGMEM={0x41, 0x00, 0x65, 0x31};' 과 같이 'PROGMEM'을 선언하고, 읽을 때에는 'font = pgm_read_byte(&M[i]);'와 같이 'pgm_read_byte'와 '&'를 선언한다.
IAR 컴파일러 경우는, '__flash unsigned char M[]= {0x41, 0x00, 0x65, 0x31};'과 같이 '__flash'을 선언하고, 읽을 때에는 'font = M[i];'와 같이 사용한다.

- 입출력(I/O) 포트 관련 레지스터 및 초기값

비트번호	7	6	5	4	3	2	1	0	
	DDA7	DDA6	DDA5	DDA4	DDA3	DDA2	DDA1	DDA0	**DDRA**
읽기/쓰기	R/W	R/W	R/W	R/W	R/W	R/W	R/W	R/W	
초기값	0	0	0	0	0	0	0	0	

비트번호	7	6	5	4	3	2	1	0	
	PORTA7	PORTA6	PORTA5	PORTA4	PORTA3	PORTA2	PORTA1	PORTA0	PORTA
읽기/쓰기	R/W	R/W	R/W	R/W	R/W	R/W	R/W	R/W	
초기값	0	0	0	0	0	0	0	0	

비트번호	7	6	5	4	3	2	1	0	
	PINA7	PINA6	PINA5	PINA4	PINA3	PINA2	PINA1	PINA0	PINA
읽기/쓰기	R	R	R	R	R	R	R	R	
초기값	N/A	N/A	N/A	N/A	N/A	N/A	N/A	N/A	

비트번호	7	6	5	4	3	2	1	0	
	DDB7	DDB6	DDB5	DDB4	DDB3	DDB2	DDB1	DDB0	DDRB
읽기/쓰기	R/W	R/W	R/W	R/W	R/W	R/W	R/W	R/W	
초기값	0	0	0	0	0	0	0	0	

비트번호	7	6	5	4	3	2	1	0	
	PORTB7	PORTB6	PORTB5	PORTB4	PORTB3	PORTB2	PORTB1	PORTB0	PORTB
읽기/쓰기	R/W	R/W	R/W	R/W	R/W	R/W	R/W	R/W	
초기값	0	0	0	0	0	0	0	0	

비트번호	7	6	5	4	3	2	1	0	
	PINB7	PINB6	PINB5	PINB4	PINB3	PINB2	PINB1	PINB0	PINB
읽기/쓰기	R	R	R	R	R	R	R	R	
초기값	N/A	N/A	N/A	N/A	N/A	N/A	N/A	N/A	

비트번호	7	6	5	4	3	2	1	0	
	DDC7	DDC6	DDC5	DDC4	DDC3	DDC2	DDC1	DDC0	DDRC
읽기/쓰기	R/W	R/W	R/W	R/W	R/W	R/W	R/W	R/W	
초기값	0	0	0	0	0	0	0	0	

비트번호	7	6	5	4	3	2	1	0	
	PORTC7	PORTC6	PORTC5	PORTC4	PORTC3	PORTC2	PORTC1	PORTC0	PORTC
읽기/쓰기	R/W	R/W	R/W	R/W	R/W	R/W	R/W	R/W	
초기값	0	0	0	0	0	0	0	0	

비트번호	7	6	5	4	3	2	1	0	
	PINC7	PINC6	PINC5	PINC4	PINC3	PINC2	PINC1	PINC0	PINC
읽기/쓰기	R	R	R	R	R	R	R	R	
초기값	N/A	N/A	N/A	N/A	N/A	N/A	N/A	N/A	

비트번호	7	6	5	4	3	2	1	0	
	DDD7	DDD6	DDD5	DDD4	DDD3	DDD2	DDD1	DDD0	DDRD
읽기/쓰기	R/W	R/W	R/W	R/W	R/W	R/W	R/W	R/W	
초기값	0	0	0	0	0	0	0	0	

비트번호	7	6	5	4	3	2	1	0	
	PORTD7	PORTD6	PORTD5	PORTD4	PORTD3	PORTD2	PORTD1	PORTD0	**PORTD**
읽기/쓰기	R/W	R/W	R/W	R/W	R/W	R/W	R/W	R/W	
초기값	0	0	0	0	0	0	0	0	

비트번호	7	6	5	4	3	2	1	0	
	PIND7	PIND6	PIND5	PIND4	PIND3	PIND2	PIND1	PIND0	**PIND**
읽기/쓰기	R	R	R	R	R	R	R	R	
초기값	N/A	N/A	N/A	N/A	N/A	N/A	N/A	N/A	

비트번호	7	6	5	4	3	2	1	0	
	DDE7	DDE6	DDE5	DDE4	DDE3	DDE2	DDE1	DDE0	**DDRE**
읽기/쓰기	R/W	R/W	R/W	R/W	R/W	R/W	R/W	R/W	
초기값	0	0	0	0	0	0	0	0	

비트번호	7	6	5	4	3	2	1	0	
	PORTE7	PORTE6	PORTE5	PORTE4	PORTE3	PORTE2	PORTE1	PORTE0	**PORTE**
읽기/쓰기	R/W	R/W	R/W	R/W	R/W	R/W	R/W	R/W	
초기값	0	0	0	0	0	0	0	0	

비트번호	7	6	5	4	3	2	1	0	
	PINE7	PINE6	PINE5	PINE4	PINE3	PINE2	PINE1	PINE0	**PINE**
읽기/쓰기	R	R	R	R	R	R	R	R	
초기값	N/A	N/A	N/A	N/A	N/A	N/A	N/A	N/A	

비트번호	7	6	5	4	3	2	1	0	
	DDF7	DDF6	DDF5	DDF4	DDF3	DDF2	DDF1	DDF0	**DDRF**
읽기/쓰기	R/W	R/W	R/W	R/W	R/W	R/W	R/W	R/W	
초기값	0	0	0	0	0	0	0	0	

비트번호	7	6	5	4	3	2	1	0	
	PORTF7	PORTF6	PORTF5	PORTF4	PORTF3	PORTF2	PORTF1	PORTF0	**PORTF**
읽기/쓰기	R/W	R/W	R/W	R/W	R/W	R/W	R/W	R/W	
초기값	0	0	0	0	0	0	0	0	

비트번호	7	6	5	4	3	2	1	0	
	PINF7	PINF6	PINF5	PINF4	PINF3	PINF2	PINF1	PINF0	**PINF**
읽기/쓰기	R	R	R	R	R	R	R	R	
초기값	N/A	N/A	N/A	N/A	N/A	N/A	N/A	N/A	

비트번호	7	6	5	4	3	2	1	0	
	-	-	-	DDG4	DDG3	DDG2	DDG1	DDG0	**DDRG**
읽기/쓰기	R	R	R	R/W	R/W	R/W	R/W	R/W	
초기값	0	0	0	0	0	0	0	0	

비트번호	7	6	5	4	3	2	1	0	
	-	-	-	PORTG4	PORTG3	PORTG2	PORTG1	PORTG0	**PORTG**
읽기/쓰기	R	R	R	R/W	R/W	R/W	R/W	R/W	
초기값	0	0	0	0	0	0	0	0	

비트번호	7	6	5	4	3	2	1	0	
	-	-	-	PING4	PING3	PING2	PING1	PING0	**PING**
읽기/쓰기	R	R	R	R	R	R	R	R	
초기값	0	0	0	N/A	N/A	N/A	N/A	N/A	

03

Tmega128 외부 인터럽트

3.1 폴링 방식의 외부 인터럽트

폴링 방식의 외부 인터럽트 0을 이용하여 X4가 눌러질 때마다 FND 숫자 증가시키기

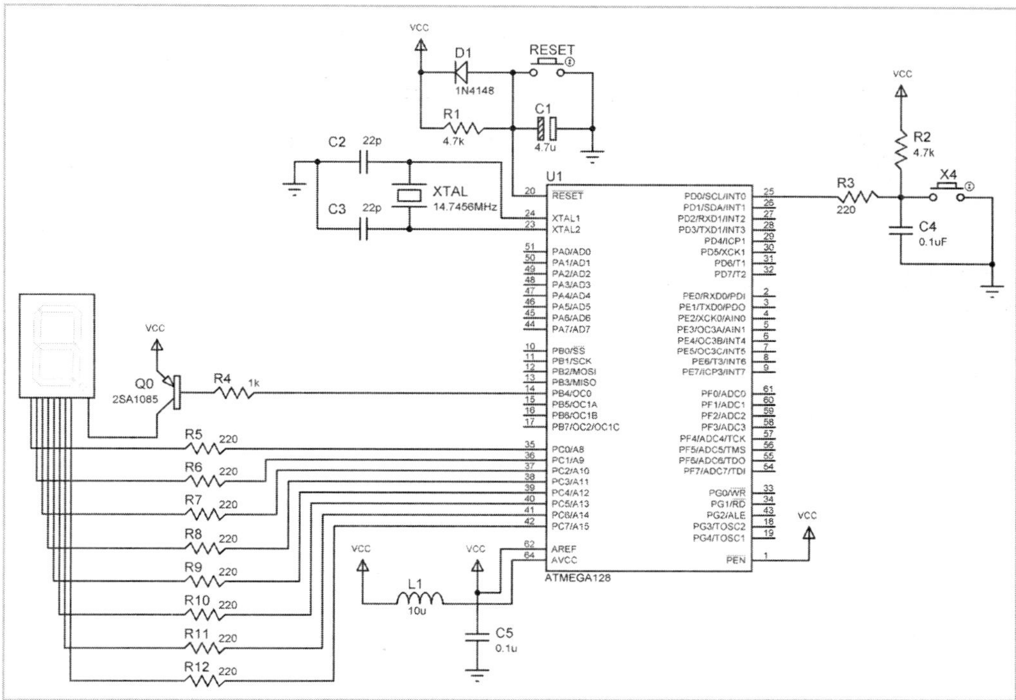

동작방법

폴링 방식의 외부 인터럽트 0을 이용하여 PD0 핀이 하강 모서리로 천이될 때마다 FND의 숫자가 '1'씩 증가

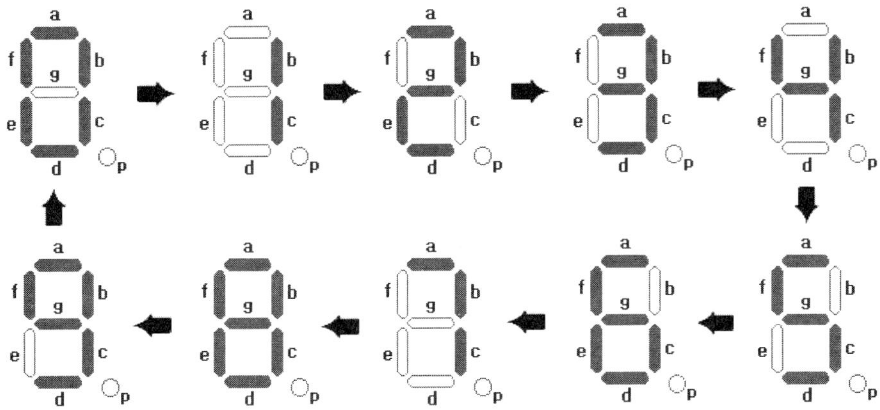

프로그램(AVR Studio)

```
#include <avr/io.h>
unsigned char FND[10]= {0xc0,0xf9,0xa4,0xb0,0x99,0x92,0x82,0xf8,0x80,0x90};

int main (void)
{
    unsigned char F_index, int0_ck_1;
    DDRB = 0x10;                          // PB4 출력 핀으로 사용
    DDRC = 0xff;                          // 포트C 출력 포트로 사용
    DDRD = 0xfe;                          // PD0(INT0)핀 입력 핀으로 사용
    F_index = 0;                          // F_index값 초기화
    EICRA = 0x02;                         // 외부 인터럽트 0 하강모서리 인식
    PORTB = 0xef;                         // PB4로 '0' 출력 (FND Q0 선택)
    PORTC = FND[F_index];                 // 포트C로 FND 초기값 출력
    while(1)                              // 외부 인터럽트 0 플래그 검사
    {
        int0_ck_1 = EIFR & 0x01;
        if(int0_ck_1 == 0x01)
        {       EIFR = 0x01;              // 외부 인터럽트 0 플래그 비트 클리어
                F_index++;                // FND배열의 인자 증가
                if(F_index == 10) F_index = 0;      // 10번째 인자면 처음으로
                PORTC = FND[F_index];               // 포트C로 FND 값 출력
        }
    }
}
```

인터럽트에 대하여

○ 인터럽트란

CPU가 정해진 명령어들을 처리하다가 하드웨어적인 요청에 의해 하던 일을 잠시 중단하고, 다른 일을 처리하는 것을 말한다. 예를 들어 마이크로프로세서 수업을 받으면서 노트 필기를 하고 있다가 옆에 있던 친구가 앞이 안 보인다며 옆구리를 쿡 찔러 노트를 보여 달라고 하면, 노트 필기하던 일을 잠시 중단하고, 노트를 옆 친구에게 보여 주는 행동을 할 것이다. 바로 옆구리를 쿡 찌르는 행위를 인터럽트의 요청이라고 볼 수 있다.

ATmega128은 모두 35개의 인터럽트 소스가 있다. 즉, 노트를 보여 달라고 하는 친구가 모두 35명 있다는 얘기다.

○ 마스커블 인터럽트

친구가 노트를 보여 달라고 요청해도 노트를 보여주고 안 보여주고는 순전히 노트를 가지고 있는 본인이 결정하는 것이다. 이렇게 인터럽트 요청이 들어오면 인터럽트 요청을 받을 것인지 안 받을 것인지를 소프트웨어로 결정할 수 있는 인터럽트를 마스커블 인터럽트라 한다.

○ 논마스커블 인터럽트

논 마스커블 인터럽트는 CPU의 긴급한 상황(전원 이상 등)에 사용하기 위해 소프트웨어로 제어할 수 없이 무조건 받아 들여야 하는 인터럽트를 논 마스커블 인터럽트라 한다.

인터럽트 벡터

인터럽트가 요청이 되면 CPU는 하던 일을 잠시 중단하고, 인터럽트 요청이 일어난 곳으로 가서 그 일을 먼저 처리를 하게 되는데, 각 인터럽트마다 인터럽트 요청이 일어나면 실행되는 프로그램 메모리의 위치가 정해져 있다. 이를 인터럽트 벡터 테이블이라 부른다. 즉, 예를 들면 외부 인터럽트 0이 일어나면 CPU는 무조건 프로그램 메모리 2번지(CPU에 따라 외부 인터럽트 0 번지는 다름)로 이동해 명령어들을 실행한다. 이와 같이 인터럽트 요청에 의해 실행되는 프로그램의 내용들을 인터럽트 서비스 루틴이라 부른다.

Vector No.	Program Address	Source	Interrupt Definition
1	$0000	RESET	External Pin, Power-on Reset, Brown-out Reset, Watchdog Reset, and JTAG AVR Reset
2	$0002	INT0	External Interrupt Request 0
3	$0004	INT1	External Interrupt Request 1
4	$0006	INT2	External Interrupt Request 2
5	$0008	INT3	External Interrupt Request 3
6	$000A	INT4	External Interrupt Request 4
7	$000C	INT5	External Interrupt Request 5
8	$000E	INT6	External Interrupt Request 6
9	$0010	INT7	External Interrupt Request 7
10	$0012	TIMER2 COMP	Timer/Counter2 Compare Match
11	$0014	TIMER2 OVF	Timer/Counter2 Overflow
12	$0016	TIMER1 CAPT	Timer/Counter1 Capture Event
13	$0018	TIMER1 COMPA	Timer/Counter1 Compare Match A
14	$001A	TIMER1 COMPB	Timer/Counter1 Compare Match B
15	$001C	TIMER1 OVF	Timer/Counter1 Overflow
16	$001E	TIMER0 COMP	Timer/Counter0 Compare Match
17	$0020	TIMER0 OVF	Timer/Counter0 Overflow
18	$0022	SPI, STC	SPI Serial Transfer Complete
19	$0024	USART0, RX	USART0, Rx Complete
20	$0026	USART0, UDRE	USART0 Data Register Empty
21	$0028	USART0, Tx	USART0, Tx Complete
22	$002A	ADC	ADC Conversion Complete
23	$002C	EE READY	EEPROM Ready
24	$002E	ANALOG COMP	Analog Comparator
25	$0030	TIMER1 COMPC	Timer/Counter1 Compare Match C
26	$0032	TIMER3 CAPT	Timer/Counter3 Capture Event

Vector No.	Program Address	Source	Interrupt Definition
27	$0034	TIMER3 COMPA	Timer/Counter3 Compare Match A
28	$0036	TIMER3 COMPB	Timer/Counter3 Compare Match B
29	$0038	TIMER3 COMPC	Timer/Counter3 Compare Match C
30	$003A	TIMER3 OVF	TTimer/Counter3 Overflow
31	$003C	USART1, Rx	USART1, Rx Complete
32	$003E	USART1, UDRE	USART1 Data Register Empty
33	$0040	USART1, Tx	TUSART1, Tx Complete
34	$0042	TWI	Two-wire Serial Interface
35	$0044	SPM READY	Store Program Memory Ready

인터럽트 발생 조건

- 전체 인터럽트 발생을 허락하거나 거부하는 '전체 인터럽트 인에이블 비트'가 설정('1'로 세트)되어 있어야 한다.
- 각각의 인터럽트 발생을 허락하거나 거부하는(ATmega128은 34개의 인터럽트 있음) '각각의 인터럽트 인에이블 비트'가 설정('1'로 세트)되어 있어야 한다.
- 각각의 인터럽트 발생 조건에 따라 인터럽트 요청이 일어나면 '인터럽트 플래그 비트'가 '1'로 세트되면서 '인터럽트 서비스 루틴' 프로그램을 수행한다.

폴링 방식의 외부 인터럽트에 필요한 레지스터

EIFR 레지스터

AVR은 외부 인터럽트가 요청이 되면, 사용자에게 인터럽트가 요청됐다고 알려주는데, 바로 I/O 레지스터 EIFR(External Interrupt Flag Register)을 통해 알려 준다.

	비트7	비트6	비트5	비트4	비트3	비트2	비트1	비트0
EIFR	INTF7	INTF6	INTF5	INTF4	INTF3	INTF2	INTF1	INTF0

각 비트의 의미

외부 인터럽트 7번이 요청되면, 이 비트가 '1' 이 되어 인터럽트 요청을 알린다.

외부 인터럽트 0번이 요청이 되면, 이 비트가 '1' 이 되어 인터럽트 요청을 알린다.

◎ EICRA/EICRB 레지스터

포트 PD0, PD1, PD2, PD3, PE4, PE5, PE6, PE7번 핀을 통해 외부 인터럽트 요청을 받기 위해서는, 인터럽트 발생을 원하는 핀의 상태를 미리 설정하여야 한다. 이러한 설정을 담당하는 레지스터가 EICRA/EICRB이다.

EICRA	ISC31	ISC30	ISC21	ISC20	ISC11	ISC10	ISC01	ISC00
EICRB	ISC71	ISC70	ISC61	ISC60	ISC51	ISC50	ISC41	ISC40

ISCx1 : ISCx0	(x=0~7)
0 : 0	INTx 핀이 '0'일 때 인터럽트 요청
0 : 1	예비(x=0~3), 토글시 인터럽트 요청(x=4~7)
1 : 0	INTx 핀이 '1'에서 '0'으로(하강 모서리) 변할 때 요청
1 : 1	INTx 핀이 '0'에서 '1'로(상승 모서리) 변할 때 요청

실험 키트에 배선하기

ATmega128	I/O
PC0 ~ PC7	[7-SEGMENT UNIT] A ~ P
PB4	[7-SEGMENT UNIT] Q0
PD0	[SWITCH UNIT] X4

AVR Stuio와 IAR 사용시 차이점

AVR Studio(WinAvr)	IAR
#include <avr/io.h>	#include <iom128.h>
int main(void)	void main(void)

3.2 벡터 방식의 외부 인터럽트

외부인터럽트 0, 1을 사용해서 FND 숫자를 증가, 감소시키기

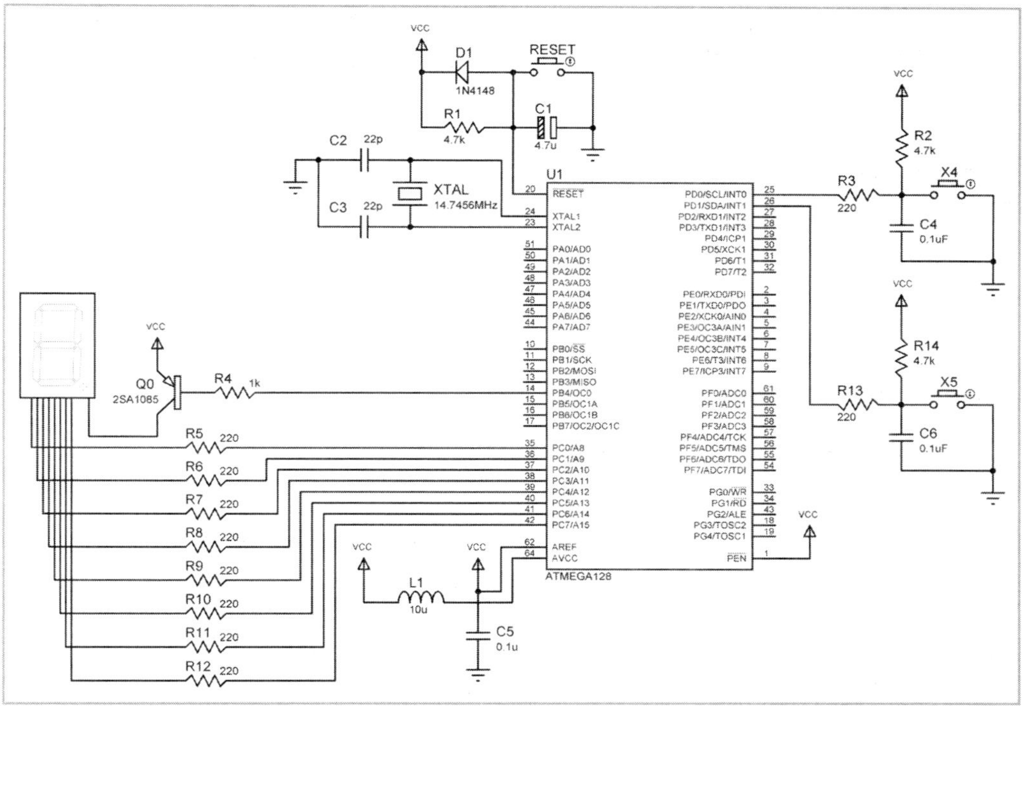

동작방법

상승모서리에서 외부인터럽트 0이 발생하면 FND에 숫자 증가.
하강모서리에서 외부인터럽트 1이 발생하면 FND에 숫자 감소.

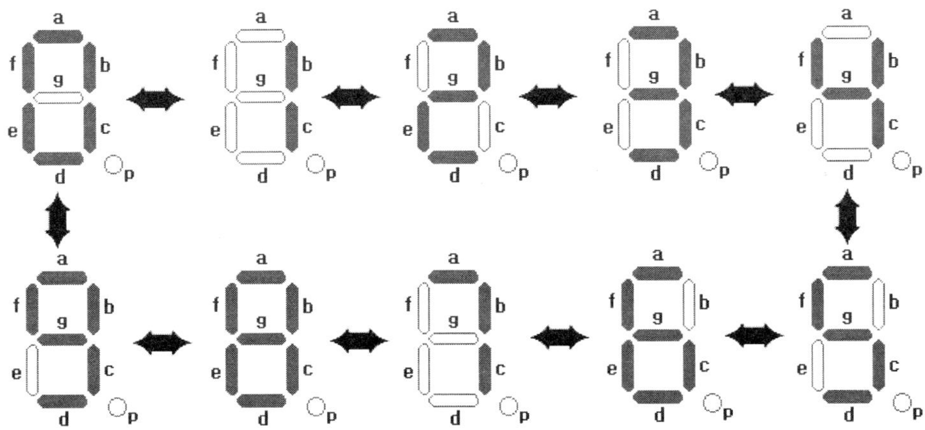

인터럽트 요청

상승 모서리 시 외부 인터럽트 0 요청
하강 모서리 시 외부 인터럽트 1 요청

외부 인터럽트 0 (상승 모서리 사용 시)

(1) 외부 인터럽트 0을 사용하기 위해서 EIMSK의 0번 비트인 INT0 이 '1'이 되어야 한다.

(2) 외부 인터럽트 0의 상승 모서리 시 인터럽트를 요청하기 위해서 EICRA 레지스터의 ISC01:ISC00 비트가 [1:1]이 되어야 한다.

(3) SREG 레지스터의 최상위 비트인 I 비트가 '1'이 되어야 인터럽트 벡터로 이동하여 인터럽트 서비스 루틴을 실행할 수 있다.

즉,

(1) EIMSK = 0x01; //0000 0001 이므로 INT0을 '1'로 만들어 준다.

(2) EICRA = 0x03; //ISC01:ISC00 = 1:1 이므로 상승모서리 인터럽트 요청

(3) SREG |= 0x80; //I 비트 ='1'이므로 전체 인터럽트 인에이블.

◎ 외부 인터럽트 1 (하강 모서리 사용 시)

(1) 외부 인터럽트 1을 사용하기 위해서 EIMSK의 1번 비트인 INT1 이 '1'이 되어야 한다.
(2) 외부 인터럽트 1의 하강 모서리 시 인터럽트를 요청하기 위해서 EICRA 레지스터의 ISC11:ISC10 비트가 [1:0]이 되어야 한다.
(3) SREG 레지스터의 최상위 비트인 I 비트가 '1'이 되어야 인터럽트 벡터로 이동하여 인터럽트 서비스 루틴을 실행할 수 있다.

즉,

(1) EIMSK = 0x02; //0000 0010 이므로 INT1을 '1'로 만들어 준다.
(2) EICRA = 0x08; //ISC11:ISC10 = 1:0 이므로 하강모서리 인터럽트 요청
(3) SREG |= 0x80; //I 비트 ='1' 이므로 전체 인터럽트 인에이블.

◎ 외부 인터럽트 0, 1이 요청이 되기 위해서는...

(1) 외부 인터럽트 0번과 1번 모두 하강 모서리 시

```
EIMSK = 0x03;
EICRA = 0x0a;        // 0000 1010
SREG |= 0x80;
```

(2) 외부인터럽트 0번과 1번 모두 상승 모서리 시

```
EIMSK = 0x03;
EICRA = 0x0f;        // 0000 1111
SREG |= 0x80;
```

(3) 외부인터럽트 0번은 하강, 외부 인터럽트 1번은 상승 모서리 시

```
EIMSK = 0x03;
EICRA = 0x0e;        // 0000 1110
SREG |= 0x80;
```

(4) 외부인터럽트 0번은 상승, 외부 인터럽트 1번은 하강 모서리 시

EIMSK = 0x03;

EICRA = 0x0b; // 0000 1011

SREG |= 0x80;

프로그램(AVR Studio)

```
#include <avr/io.h>
#include <avr/interrupt.h>

unsigned char FND[10]= {0xc0,0xf9,0xa4,0xb0,0x99,0x92,0x82,0xf8,0x80,0x90};
unsigned char F_index;

SIGNAL(SIG_INTERRUPT0)                    // 외부 인터럽트 0 서비스 루틴
{
    F_index++;                            // FND배열의 인자 증가
    if(F_index == 10) F_index = 0;        // 9까지 출력 했으면 초기화
    PORTC = FND[F_index];                 // 포트C로 FND 값 출력
}

SIGNAL(SIG_INTERRUPT1)                    // 외부 인터럽트 1 서비스 루틴
{
    F_index--;                            // FND배열의 인자 감소
    if( F_index == 0xff ) F_index = 9;    // 0까지 출력 했으면 초기화
    PORTC = FND[F_index];                 // 포트C로 FND 값 출력
}

int  main(void)
{
    DDRB = 0x10;                // PB4 출력 핀으로 사용
    DDRC = 0xff;                // 포트C 출력 포트로 사용
    DDRD = 0xfc;                // PD0와 PD1핀 입력 핀으로 사용
    F_index = 0;                // index값 초기화
    EIMSK = 0x03;               // 외부 인터럽트 0, 1 사용
    EICRA = 0x0b;               // 외부 인터럽트 0은 상승모서리, 1은 하강모서리
    SREG |= 0x80;               // 전체 인터럽트 허가
    PORTB = 0xef;               // PB4로 '0' 출력 (FND Q0 선택)
    PORTC = FND[F_index];       // 포트C로 FND 초기값 출력
    while(1);                   // 인터럽트 대기
}
```

외부 인터럽트

○ 외부 인터럽트

ATmega128은 리셋을 제외하고 모두 34개의 인터럽트 소스가 있다. 그 중 외부인터럽트는 ATmega128에 모두 8개가 존재한다. 외부 인터럽트란 외부로부터 어떤 상태가 검출될 때 요청되는 인터럽트다. 즉, ATmega128의 포트 PD0, PD1, PD2, PD3, PE4, PE5, PE6, PE7번 핀에 어떤 변화(H → L, L → H) 또는 '0' 상태가 검출되었을 때 요청되는 인터럽트다. 예를 들면, PD0 핀의 상태에 의해 요청되는 인터럽트를 외부 인터럽트 0번이라 부르고 INT0로 표시한다. 또한 PE7 핀의 상태에 의해 요청되는 인터럽트를 외부 인터럽트 7번(INT7)이라 부른다.

인터럽트 이름	INT0	INT1	INT2	INT3	INT4	INT5	INT6	INT7
포트 번호	PD0	PD1	PD2	PD3	PE4	PE5	PE6	PE7

○ 외부 인터럽트에 사용되는 레지스터

레지스터	BIT7	BIT6	BIT5	BIT4	BIT3	BIT2	BIT1	BIT0
EIMSK	INT7	INT6	INT5	INT4	INT3	INT2	INT1	INT0
EIFR	INTF7	INTF6	INTF5	INTF4	INTF3	INTF2	INTF1	INTF0
EICRB	ISC71	ISC70	ISC61	ISC60	ISC51	ISC50	ISC41	ISC40
EICRA	ISC31	ISC30	ISC21	ISC20	ISC11	ISC10	ISC01	ISC00
SREG	I	-	-	-	-	-	-	-

EIMSK 레지스터

○ 인터럽트를 사용할 것인지를 소프트웨어로 결정할 수가 있다.

외부 인터럽트의 경우 EIMSK(External Interrupt Mask Register) 레지스터가 이 역할을 한다. 사용자는 8개의 외부 인터럽트 중 사용하고자 하는 외부 인터럽트를 EIMSK 레지스터를 통해 CPU에 알려준다. 예를 들면, 외부 인터럽트 0번을 사용하고 싶다면(PD0 핀의 변화) EIMSK 레지스터 중 INT0 비트를 '1'로 만들어 주어 외부 인터럽트 0번을 사용하겠다고 CPU에 알려주면 된다. 이 경우 PD0 핀의 변화 또는 '0'이 검출되면 인터럽트가 요청되는 것이다.

외부 인터럽트 0번을 사용하고 싶다면…

EIMSK = 0x01; // 0000 0001(즉, 0번 비트만 1이고 나머지는 모두 0)
EIMSK의 INT0 비트를 '1'로 만들었으므로 외부 인터럽트 0 번 사용가능.

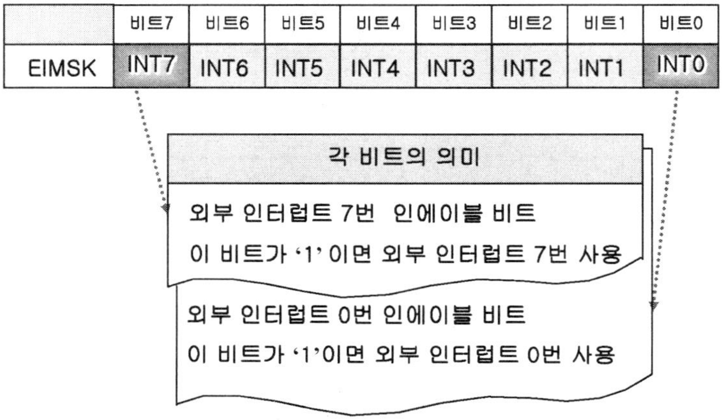

전체 인터럽트 허가 비트

사용자는 인터럽트 요청이 발생하면 각 인터럽트마다 지정된 특정한 프로그램 메모리 번지, 즉 인터럽트 벡터 테이블 안에 저장되어 있는 인터럽트 서비스 루틴 번지로 이동하여 인터럽트 서비스 루틴을 실행하게 해야 한다. 이 때 사용자는 SREG(Status Register) 레지스터의 최상위 비트인 I(Global Interrupt Enable Bit) 비트를 '1'로 만들어 ATmega128로 하여금 인터럽트가 요청이 되면 각 인터럽트의 벡터 테이블로 이동하도록 명령을 내려 주어야 한다. 즉, SREG 레지스터의 I 비트가 '1'이면 인터럽트 벡터 테이블로 이동하여 인터럽트 서비스 루틴을 실행하고, '0'이면 인터럽트 벡터 테이블로 이동을 하지 않는다.

실험 키트에 배선하기

ATmega128	I/O
PC0 ~ PC7	[7-SEGMENT UNIT] A ~ P
PB4	[7-SEGMENT UNIT] Q0
PD0, PD1	[SWITCH UNIT] X4, X5

AVR Stuio와 IAR 사용시 차이점

AVR Studio(WinAvr)	IAR
#include <avr/io.h>	#include <iom128.h>
#include <avr/interrupt.h>	별도 헤더파일 필요 없음.
int main(void)	void main(void)
SIGNAL(SIG_INTERRUPT0)	#pragma vector = INT0_vect __interrupt void INT0(void)
SIGNAL(SIG_INTERRUPT1)	#pragma vector = INT1_vect __interrupt void INT1(void)

참조

- **SREG의 I 비트를 사용하는 이유**

만약 인터럽트가 요청이 돼서 인터럽트 서비스 루틴을 실행하던 중 다른 인터럽트 요청이 들어오면, CPU는 하던 일인 인터럽트 서비스 루틴의 실행을 중단하고, 다시 다른 인터럽트 서비스 루틴을 실행해야 한다. 이런 일을 막기 위해 CPU는 최초 인터럽트가 발생이 되면 인터럽트 벡터 테이블로 점프를 하면서 SREG 레지스터의 I 비트를 '0'으로 만들어 인터럽트 서비스 루틴 실행 도중에 다른 인터럽트가 발생이 되더라도 다른 인터럽트 서비스 루틴으로 점프하는 것을 사전에 차단하기 위함이다.

- **SIGNAL(SIG_INTERRUPT0)**

'SIGNAL(SIG_INTERRUPT0)'는 Avr-Gcc 컴파일러에서 인터럽트 선언과 프로그램 메모리 번지를 지정해 주는 지시어로서 'iom128.h' 파일에 각 인터럽트 벡터 테이블에 해당하는 프로그램 메모리 번지가 정의되어 있다. 즉, 'SIGNAL'는 인터럽트를 선언하는 것이고, 'SIG_INTERRUPT0'은 프로그램 메모리의 인터럽트 벡터 테이블 번지를 지정한다. 외부 인터럽트 0의 경우 프로그램 메모리 0x0004번지부터 시작하므로 'SIGNAL(SIG_INTERRUPT0)' 와 'SIGNAL(0x0004)'는 같은 의미이나 'SIG_INTERRUPT0' 대신에 '0x0004'를 쓰지는 말 것.

- #pragma vector = INT0_vect

'#pragma vector = INT0_vect'는 IAR 컴파일러에서 프로그램 메모리 번지를 지정해 주는 지시어로서 iom128.h 파일에 각 인터럽트 벡터 테이블에 해당하는 프로그램 메모리 번지가 정의되어 있다. 즉, '#pragma vector'라는 지시어는 프로그램 메모리 번지를 지정하는 지시어이고, INT0_vect는 프로그램의 번지수를 의미한다. 외부 인터럽트 0의 경우 프로그램 메모리 0x0004번지부터 시작하므로 'INT0_vect' 대신 0x0004라고 해도 무방하다.
'#pragma vector = INT0_vect'와 '#pragma vect = 0x0004'는 같은 의미다.

- 외부 인터럽트 관련 레지스터 및 초기값

비트번호	7	6	5	4	3	2	1	0	
	ISC31	ISC30	ISC21	ISC20	ISC11	ISC10	ISC01	ISC00	EICRA
읽기/쓰기	R/W	R/W	R/W	R/W	R/W	R/W	R/W	R/W	
초기값	0	0	0	0	0	0	0	0	

비트번호	7	6	5	4	3	2	1	0	
	ISC71	ISC70	ISC61	ISC60	ISC51	ISC50	ISC41	ISC40	EICRB
읽기/쓰기	R/W	R/W	R/W	R/W	R/W	R/W	R/W	R/W	
초기값	0	0	0	0	0	0	0	0	

비트번호	7	6	5	4	3	2	1	0	
	INT7	INT6	INT5	INT4	INT3	INT2	INT1	INT0	EIMSK
읽기/쓰기	R/W	R/W	R/W	R/W	R/W	R/W	R/W	R/W	
초기값	0	0	0	0	0	0	0	0	

비트번호	7	6	5	4	3	2	1	0	
	INTF7	INTF6	INTF5	INTF4	INTF3	INTF2	INTF1	INTF0	EIFR
읽기/쓰기	R/W	R/W	R/W	R/W	R/W	R/W	R/W	R/W	
초기값	0	0	0	0	0	0	0	0	

비트번호	7	6	5	4	3	2	1	0	
	I	T	H	S	V	N	Z	C	SREG
읽기/쓰기	R/W	R/W	R/W	R/W	R/W	R/W	R/W	R/W	
초기값	0	0	0	0	0	0	0	0	

04

ATmega128 타이머/카운터

4.1 타이머 0을 이용한 LED 점등

4.2 타이머/카운터 1을 이용한 초 시계

4.3 타이머/카운터 2를 이용한 카운터 모드

4.1 타이머 0을 이용한 LED 점등

타이머 0 오버플로 인터럽트를 이용하여 Y0 ~ Y7 LED를 차례로 점등하기

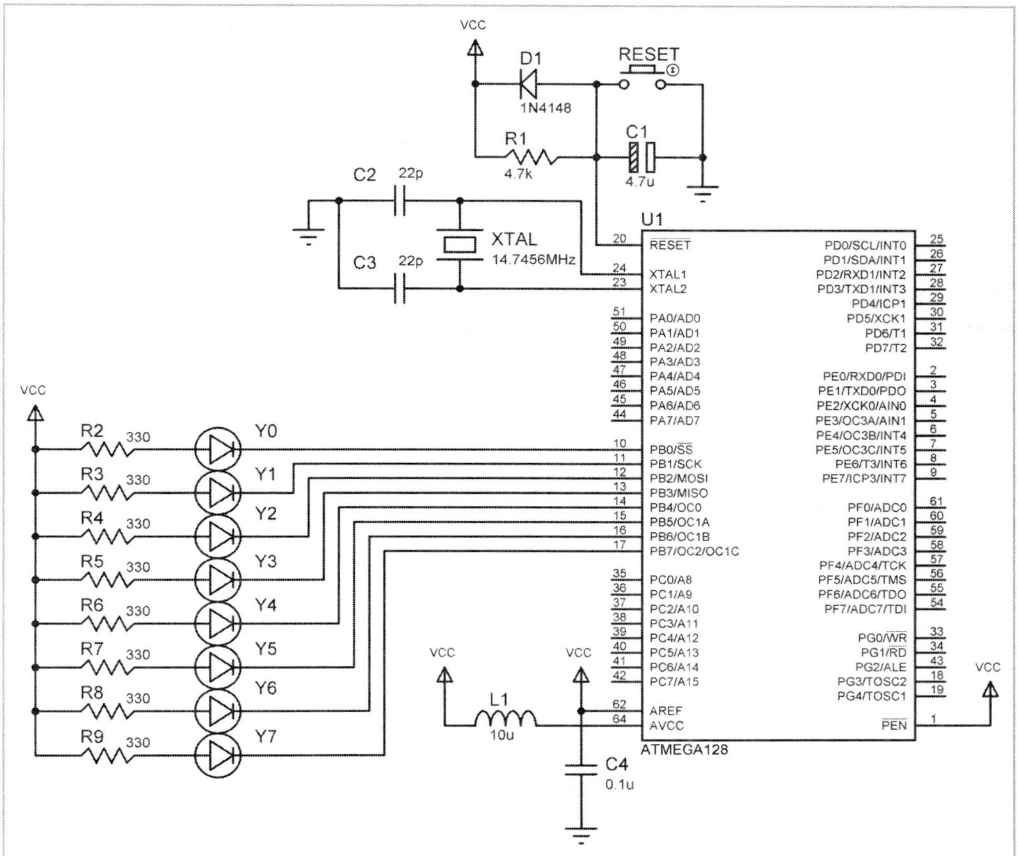

동작방법

타이머 0 오버플로 인터럽트를 이용하여 10 ms마다 STEP 1 ~ STEP 8을 반복

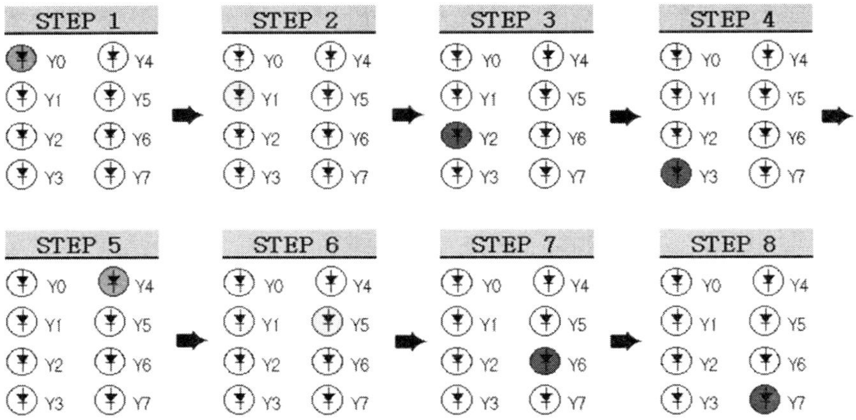

프로그램(AVR Studio)

```
#include <avr/io.h>
#include <avr/interrupt.h>

unsigned char LED;

SIGNAL(SIG_OVERFLOW0)  // 타이머0 오버플로 인터럽트 (14.7456 MHz->10 ms)
{
    TCNT0 = 0x70;                       // 시정수 초기화
    LED = ( LED << 1 ) | 0x01;          // 다음 LED출력을 위해 좌로 시프트
    if( LED == 0xff ) LED = 0xfe;       // LED 초기화
    PORTB = LED;                        // 포트B로 led 값 출력
}

int  main(void)
{
    DDRB = 0xff;                        // PORTB 출력으로 선언
    LED = 0xff;                         // LED 변수 초기 값 선언
    TCNT0 = 0x70;                       // 타이머0 시정수 값 저장
    TIMSK = 0x01;                       // 타이머0 오버플로 인터럽트 인에이블
    SREG |= 0x80;                       // 전체 인터럽트 인에이블
    TCCR0 = 0x07;                       // 1024분주, 타이머모드
    PORTB = LED;
    while(1);
}
```

타이머/카운터에 대하여

타이머/카운터

타이머/카운터란 말 그대로 시간 또는 숫자를 세는 것을 말한다. 마이크로컨트롤러에는 시간을 세는 기능과 숫자를 세는 기능을 가진 인터럽트가 있는데, 이를 타이머/카운터 인터럽트라 부른다. 타이머/카운터 인터럽트에는 크게 타이머 모드와 카운터 모드가 있다. 즉 시간을 세는 기능을 타이머 모드라 하고, 숫자를 세는 기능을 카운터 모드라 한다.

타이머 모드

타이머 모드란 일정한 간격의 시간을 세는 것이다. 우리가 100 m 달리기를 하면 스톱워치를 이용하여 시간을 측정한다. 스톱워치란 100분의 1초라는 일정한 간격의 시간을 측정하여 액정에 카운트된 시간을 표시한다. 스톱워치는 일종의 타이머 모드라 할 수 있다. 따라서 타이머 모드는 마이크로컨트롤러에 사용되는 시스템 클록을 이용하게 된다.

카운터 모드

카운터 모드란 일정한 간격과 관계없이 숫자만을 세는 것을 말한다. 계수기가 바로 카운터 모드의 예라 할 수 있다. 놀이 공원에서 입장객들을 셀 때 바로 계수기를 사용한다. 입장객이 10초에 한 사람씩 입장할 수도 있고, 때로는 10분에 한 사람이 입장을 할 수가 있을 것이다. 입장객들은 일정한 시간 간격을 두고 입장하는 것이 아니라 불규칙적인 시간 간격으로 입장을 하게 된다. 이것을 카운터 모드라 할 수 있다. 따라서 카운터 모드는 외부의 신호(ATmega128은 PD6(T1), PD7(T2), PE6(T3)로부터 입력되는 신호)를 이용하여 계수하게 된다.

타이머/카운터 레지스터

타이머/카운터 레지스터

ATmega128은 모두 4개의 타이머가 있다. 즉, 스톱워치가 모두 4개 있다는 것이다. 이를 Timer0, Timer1, Timer2, Timer3이라 부른다. 스톱워치는 100분의 1초마다 하나씩 카운트해서 그 숫자를 액정에 표시한다. 그럼 ATmega128의 경우 1 머신 사이클 마다 카운트된 값을 어디에 보관을 할까? 바로 I/O 레지스터에 보관한다.

Timer0의 경우 카운트된 숫자를 TCNT0 레지스터에 저장하고,
Timer1의 경우 카운트된 숫자를 TCNT1H와 TCNT1L 레지스터에 저장하고,
Timer2의 경우 카운트된 숫자를 TCNT2 레지스터에 저장하고,
Timer3의 경우 카운트된 숫자를 TCNT3H와 TCNT3L 레지스터에 저장한다.

8비트/16비트 타이머/카운터

Timer0와 Timer2는 각각 TCNT0와 TCNT2에 저장이 되고, Timer1과 Time3은 TCNT1H:TCNT1L과 TCNT3H:TCNT3L 레지스터에 저장된다. 이는 카운트하는 양의 차이 때문이다. 즉 Timer0과 Timer2는 8비트 타이머/카운터이다. 이는 카운트된 수를 보관하는 장소가 8비트 크기만큼 보관할 수 있다는 말로, 10진수로 하면 256(0 ~ 255)개까지 보관을 할 수 있는 반면, Timer1과 Timer3은 16비트 타이머/카운터로서 16비트 크기의 저장 공간을 갖고 있다. 그러나 ATmega128의 모든 I/O 레지스터는 8비트로 이루어져 있으므로, 8비트 레지스터 2개를 이용하여 (TCNT1H:TCNT1L 또는 TCNT3H:TCNT3L) 16비트 크기의 타이머/카운터로 이용한다.

8비트 타이머 오버플로 인터럽트

Timer0을 기준으로 8비트 타이머를 설명하면...

타이머 모드의 경우, 0.0678 us(14.7456 MHz의 경우)마다 하나씩 카운트를 하여 타이머/카운터 레지스터인 TCNT0에 카운트된 값을 보관한다.

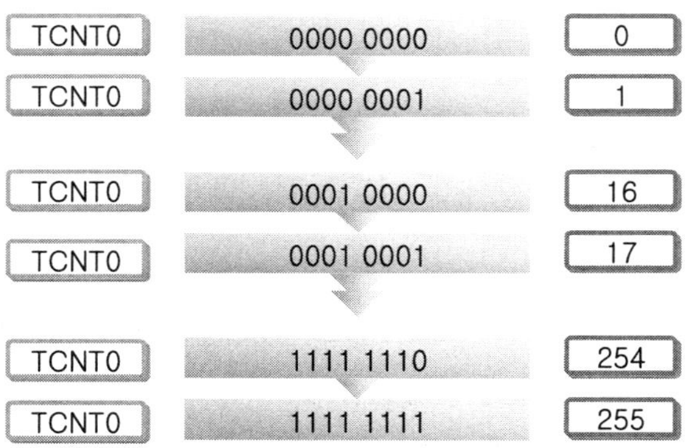

위 그림과 같이 TCNT0 레지스터가 0부터 카운트되기 시작 했다면 255번 카운트가 됐을 때 TCNT0 레지스터는 모두 '1'로 채워질 것이고, 이 상태에서 하나를 더 카운트하면 최상위 비트에서 자리 올림수가 발생한다. 이 상태를 오버플로라 하고, 이때 요청되는 인터럽트를 타이머0 오버플로 인터럽트라 한다.

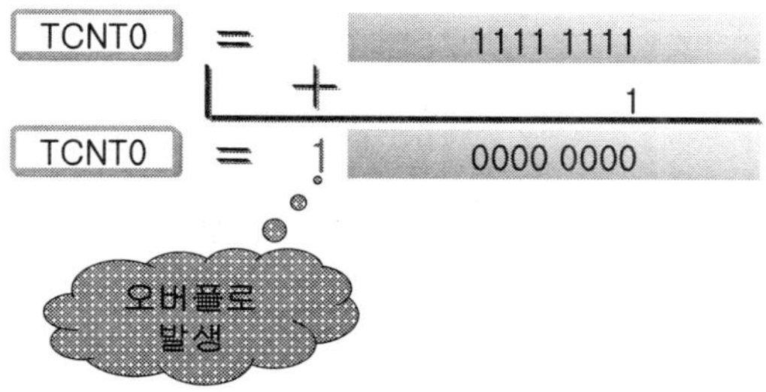

타이머 0 오버플로 인터럽트와 관련된 레지스터

8비트 타이머 0 오버플로 인터럽트와 관련된 레지스터

마스크 레지스터 : TIMSK(Timer/Counter Interrupt Mask Register)
플래그 레지스터 : TIFR(Timer/Counter Interrupt Flag Register)
타이머 0 컨트롤 레지스터 : TCCR0
타이머 0 카운트 레지스터 : TCNT0

타이머/카운터 인터럽트 마스터 레지스터, TIMSK

타이머와 관련된 인터럽트의 사용 유무를 나타내는 레지스터이다. TIMSK의 0번 비트인 TOIE0 비트를 '1'로 하면 타이머 0 오버플로 인터럽트를 사용하겠다는 의미이고, '0'이면 사용하지 않겠다는 의미이다.

TIMSK	-	-	-	-	-	-	-	TOIE0

타이머/카운터 인터럽트 플래그 레지스터, TIFR

타이머와 관련된 인터럽트의 발생 유무를 나타내는 레지스터이다. 타이머 0 오버플로 인터럽트가 발생되면 TIFR의 0번 비트인 TOV0 비트가 '1'이 되어 인터럽트 요청신호가 발생된다.

TIFR	-	-	-	-	-	-	-	TOV0

○ 타이머 0 컨트롤 레지스터, TCCR0

TCCR0	-	WGM00	-	-	WGM01	CS02	CS01	CS00

WGM01,WGM00	CS02	CS01	CS00	기능
00 8비트 타이머/카운터 모드	0	0	0	타이머 정지
	0	0	1	시스템 클록($clk_{I/O}$)
	0	1	0	$clk_{I/O}$를 8 분주하는 프리스케일러
	0	1	1	$clk_{I/O}$를 32 분주하는 프리스케일러
	1	0	0	$clk_{I/O}$를 64 분주하는 프리스케일러
	1	0	1	$clk_{I/O}$를 128 분주하는 프리스케일러
	1	1	0	$clk_{I/O}$를 256 분주하는 프리스케일러
	1	1	1	$clk_{I/O}$를 1024 분주하는 프리스케일러

○ 타이머 0 카운트 레지스터, TCNT0

카운트된 8비트 크기의 값들을 저장할 수 있다.

○ 프리스케일러

프리스케일러란 클록의 속도를 조절하는 분주기를 말한다. 분주, 즉 클록을 쪼갠다는 뜻으로 속도를 느리게 하는 것을 의미한다.

예를 들어 14.7456 MHz의 클록을 2분주하면 즉, 반으로 쪼개면 7.3728 MHz가 되고, 1024분주하면 14.4 KHz가 된다. 즉, 프리스케일러에 따라 카운트되는 시간 간격을 조절할 수 있다.

14.7456MHz	0.0678uS
7.3728MHz	0.1356uS
14.4KHz	69.45uS

타이머 0 오버플로 인터럽트를 이용하여 10 ms 만들기

TCNT0 레지스터의 초기값이 0이라면 오버플로 인터럽트가 발생하게 하기 위해서는 모두 256번을 카운트해야 한다. 만약 프리스케일러를 사용하지 않는다면 (14.7456 MHz의 경우) 0.0678 us마다 한 번씩 카운트되므로 0.0678 × 256 = 17.35 us 마다 한 번씩 오버플로가 발생을 하고, 1024분주비로 프리스케일러를 사용하면 0.0678 us × 1024 = 69.42 us마다 한 번씩 카운트 되므로 69.42 × 256 = 17771 us(17.771 ms) 마다 오버플로가 발생을 하게 된다.

○ 시정수 설정

TCNT0 레지스터에 '0'이 아닌 다른 값을 저장하고 오버플로 인터럽트가 발생할 조건을 조절하면 정확히 10 ms 타이머를 만들 수 있을 것이다. 1024분주비로 카운트 된다면 69.42 us마다 카운트 되는 것이므로 144번 카운트를 한 후 오버플로 인터럽트가 발생한다면 정확히 10 ms를 만들 수 있을 것이다. 144 × 69.42 us = 10 ms ((1024/14745600) × 144 = 10ms) 이를 위해 TCNT0 레지스터에 112(256 − 144 = 112)를 저장한 후, 이때부터 카운트를 시작하면 144번 카운트한 후 오버플로가 발행하므로 정확히 10 ms 후에 타이머 0 오버플로 인터럽트를 요청할 수 있을 것이다.

○ 초기화

```
TCNT0 = 0x70;          // 112는 16진수로 0x70
TIMSK = 0x01;          // TOIE0 비트가 1이므로 타이머 0 오버플로 인터럽트
SREG |= 0x80;          // 전체 인터럽트 인에이블
TCCR0 = 0x07;          // WGM01,WGM00=00이므로 타이머 모드
                       // CS02~CS00=111이므로 1024 분주비
```

실험 키트에 배선하기

ATmega128	I/O
PB0 ~ PB7	[LED UNIT] Y0 ~ Y7

AVR Stuio와 IAR 사용시 차이점

AVR Studio(WinAvr)	IAR
#include <avr/io.h>	#include <iom128.h>
#include <avr/interrupt.h>	별도 헤더파일 필요 없음.
int main(void)	void main(void)
SIGNAL(SIG_OVERFLOW0)	#pragma vector=TIMER0_OVF_vect __interrupt void TIMER0(void)

타이머 0 구조

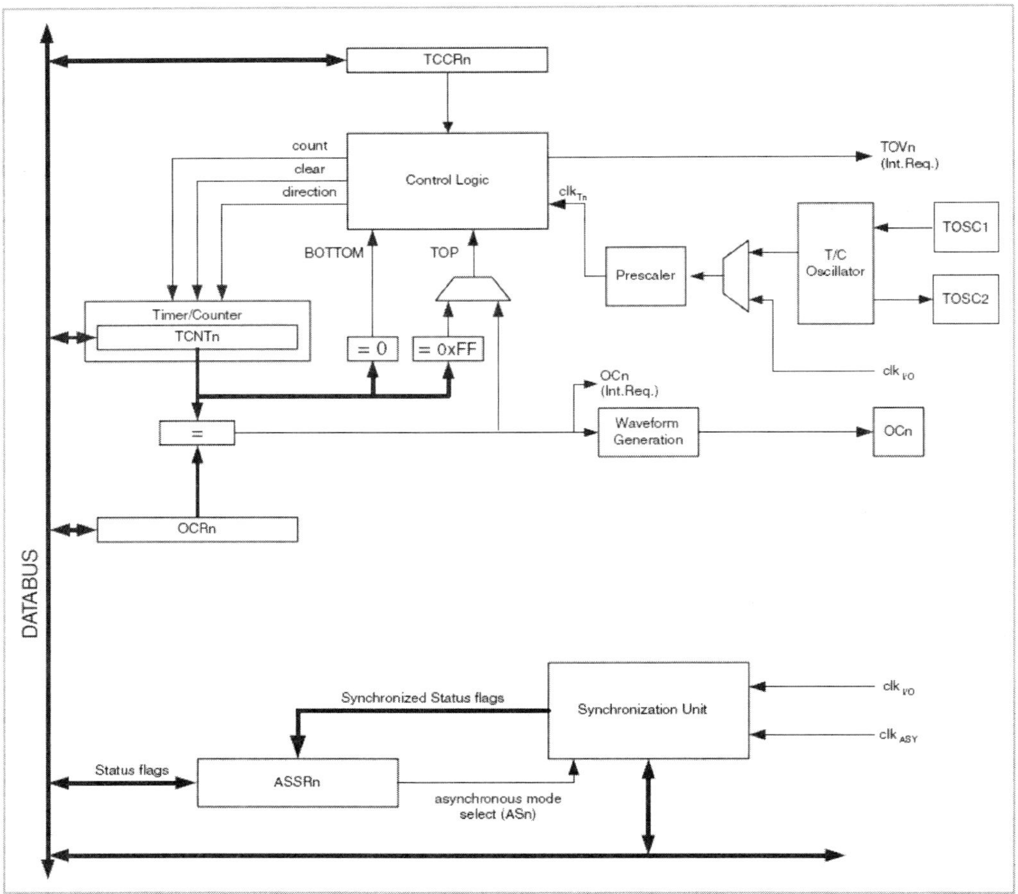

4.2 타이머/카운터 1을 이용한 초 시계

타이머/카운터 1 오버플로 인터럽트를 이용한 초 시계 만들기 (워치독 타이머 적용)

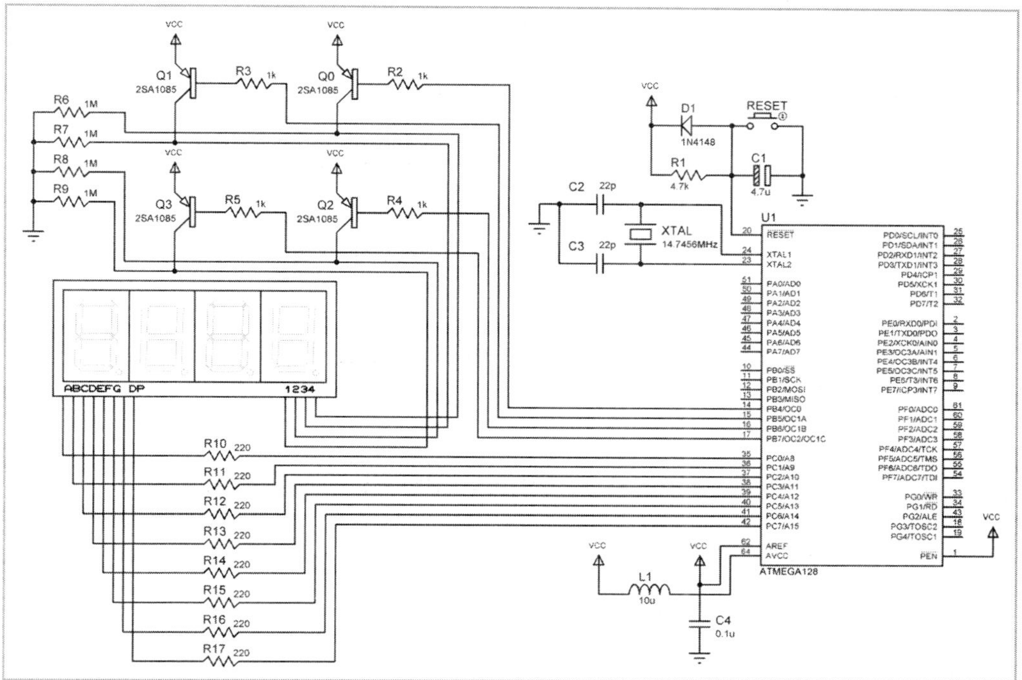

동작방법

타이머/카운터 1 오버플로 인터럽트를 이용하여 4개의 FND에 분과 초를 디스플레이

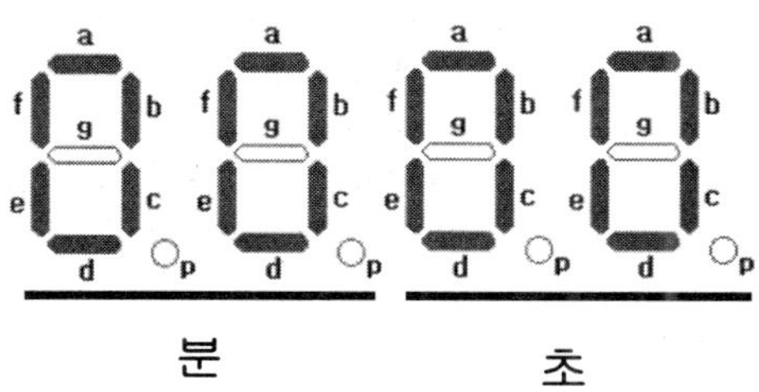

프로그램(AVR Studio)

```
#include <avr/io.h>
#include <avr/wdt.h>
#include <avr/interrupt.h>
unsigned char FND[10]= {0xc0,0xf9,0xa4,0xb0,0x99,0x92,0x82,0xf8,0x80,0x90};
volatile unsigned char min, sec;  // 초와 분을 저장하는 변수

SIGNAL(SIG_OVERFLOW1)                 //타이머1 인터럽트 서비스 루틴(14.7456 MHz->1 초)
{
    TCNT1H = 0xc7;                    // 타이머 1 시정수 초기화
    TCNT1L = 0xc0;
    sec++;                            // 초 증가
    if( sec == 60 ) {                 // 60초면 분을 하나 증가시켜야 하므로
        sec = 0;                      // 초 = 0
        min++;                        // 분 증가
        if( min == 60 ) {             // 60분이면 1시간이므로
              min = 0;                // 분 = 0
        }
    }
    wdt_reset();                      // 워치독 타이머 리셋,  asm("WDR");
}
void  delay(unsigned long i)
{
    while(i--);
}
int  main(void)
{
    unsigned char F_index;
    DDRC = 0xff;                      // 포트C 출력으로 선언. 세그먼트 용
    DDRB = 0xf0;                      // 포트B 상위 4비트 출력으로 선언. TR on/off용
    sec = min = 0;                    // 초 버퍼, 분 버퍼 초기 값
    TCNT1H = 0xc7;                    // 1초 시정수 초기화
    TCNT1L = 0xc0;
    TIMSK = 0x04;                     // 타이머 1 오버플로 인터럽트 인에이블
    SREG |= 0x80;                     // 전체 인터럽트 인에이블
    TCCR1A = 0x00;                    // 타이머 모드
    TCCR1B = 0x05;                    // 1024 분주
    wdt_enable(7);                    // 워치독 타이머 동작 on, asm("WDR")
                                      // WDTCR=0x18; WDTCR=0x0f; → 1.8초

do {    // 1의 자리 초 디스플레이
        F_index=sec % 10;             //sec의 값을 10으로 나눈 나머지 값을 F_index에 저장
```

```
        PORTB = 0xef;                 // TR0만 On
        PORTC = FND[F_index];
        delay(20000);                 // 일정 시간 디스플레이
        // 10의 자리 초 디스플레이
        F_index = sec / 10;           // sec의 값을 10으로 나눠서 몫 값을 F_index에 저장
        PORTB = 0xdf;                 // TR1만 on
        PORTC = FND[F_index];
        delay(20000);                 // 일정 시간 디스플레이
        // 1의 자리 분 디스플레이
        F_index=min % 10;             //min의 값을 10으로 나눈 나머지 값을 F_index에 저장
        PORTB = 0xbf;                 // TR2만 On
        PORTC = FND[F_index] & 0x7f;  // 분의 1의 자리와 point
        delay(20000);                 // 일정 시간 디스플레이
        // 10의 자리 분 디스플레이
        F_index = min / 10;           // min의 값을 10으로 나눠서 몫 값을 F_index에 저장
        PORTB = 0x7f;                 // TR3만 On
        PORTC = FND[F_index];
        delay(20000);                 // 일정 시간 디스플레이
    }while(1);                        // 인터럽트 대기, 무한루프
}
```

16비트 타이머/카운터 오버플로 인터럽트

○ Timer/Counter 1을 기준으로 16비트 타이머를 설명하면...

타이머 모드의 경우, 0.0678 us(14.7456 MHz의 경우)마다 하나씩 카운트를 하여 타이머/카운터 레지스터인 TCNT1H:TCNT1L에 카운트된 값을 보관한다.

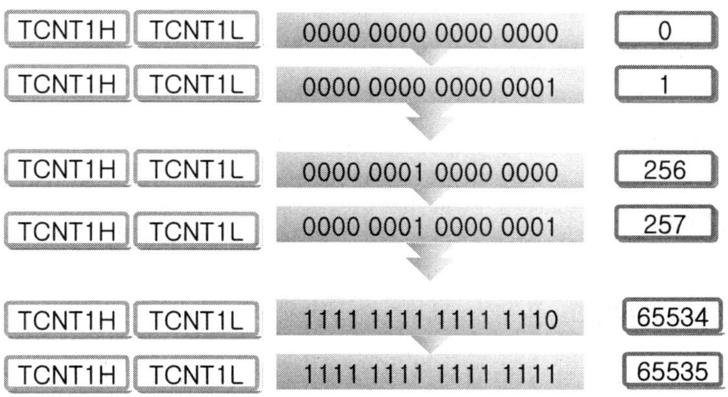

위 그림과 같이 TCNT1H:TCNT1L 레지스터가 0부터 카운트되기 시작했다면 65,535번 카운트가 됐을 때 TCNT1H:TCNT1L 레지스터는 모두 '1'로 채워질 것이고, 이 상태에서 하나를 더 카운트하면 최상위 비트에서 자리 올림수가 발생한다. 이 상태를 오버플로라 하고, 이때 요청되는 인터럽트를 타이머 1 오버플로 인터럽트라 한다.

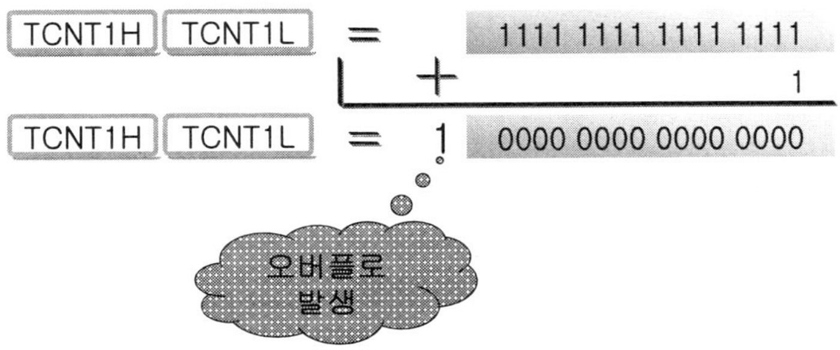

타이머/카운터 1 오버플로 인터럽트와 관련된 레지스터

16비트 타이머/카운터 1 오버플로 인터럽트와 관련된 레지스터

마스크 레지스터 : TIMSK(Timer/Counter Interrupt Mask Register)
플래그 레지스터 : TIFR(Timer/Counter Interrupt Flag Register)
타이머/카운터 1 컨트롤 레지스터 : TCCR1A, TCCR1B
타이머/카운터 1 카운트 레지스터 : TCNT1H, TCNT1L

타이머/카운터 인터럽트 마스터 레지스터, TIMSK

타이머/카운터와 관련된 인터럽트의 사용 유무를 나타내는 레지스터이다. TIMSK의 2번 비트인 TOIE1 비트를 '1'로 하면 타이머/카운터 1 오버플로 인터럽트를 사용하겠다는 의미이고, '0'이면 사용하지 않겠다는 의미이다.

TIMSK								
	-	-	-	-	-	TOIE1	-	-

타이머/카운터 인터럽트 플래그 레지스터, TIFR

타이머/카운터와 관련된 인터럽트의 발생 유무를 나타내는 레지스터이다. 타이머/

카운터 1 오버플로 인터럽트가 발생되면 TIFR의 2번 비트인 TOV1 비트가 '1'이 되어 인터럽트 요청신호가 발생된다.

TIFR	–	–	–	–	–	TOV1	–	–

○ 타이머/카운터 1 카운트 레지스터, TCNT1H, TCNT1L

카운트된 값이 저장되는 8비트 크기의 레지스터들, 총 16비트 크기의 값을 저장할 수 있다.

○ 타이머/카운터 1 컨트롤 레지스터, TCCR1A, TCCR1B

TCCR1A	–	–	–	–	–	–	WGM11	WGM10
TCCR1B	–	–	–	WGM13	WGM12	CS12	CS11	CS10

WGM13~WGM10	CS12	CS11	CS10	기능
0000 16 비트 타이머/카운터 모드	0	0	0	타이머 정지
	0	0	1	시스템 클록($clk_{I/O}$)
	0	1	0	$clk_{I/O}$를 8 분주하는 프리스케일러
	0	1	1	$clk_{I/O}$를 64 분주하는 프리스케일러
	1	0	0	$clk_{I/O}$를 256 분주하는 프리스케일러
	1	0	1	$clk_{I/O}$를 1024 분주하는 프리스케일러
	1	1	0	외부 클록 핀, 하강모서리 (카운터 모드)
	1	1	1	외부 클록 핀, 상승모서리 (카운터 모드)

워치독 타이머

○ 워치독 타이머 특징

- 독립적인 1 MHz 내부 발진기 사용.
- 칩 리셋 또는 워치독을 동작 불가능(disable)으로 설정하면 워치독은 리셋.
- 8개의 다른 클록 주기 선택 가능.
- 의도되지 않은 워치독 동작 불가능, 워치독 시간 변경 방지를 위해 확장 퓨즈 바이트(M103C, WDTON) 사용 가능.

- WDTCR

WDTCR	-	-	-	WDCE	WDE	WDP2	WDP1	WDP0

(1) WDCE(Watchdog Change Enable) : 워치독 동작 불가능 또는 시간변경을 위해서는 이 비트에 '1'을 써 넣어야 한다. 4 클록 후에 자동으로 '0'이 된다.

(2) WDE(Watchdog Enable) : '1'을 써 넣으면 워치독 동작. WDCE=1이면 WDE가 '0'이 될 수 있다.

(3) 워치독 타이머 동작 불가능 절차(②, ③) 및 시간변경 절차(safety Level 1 기준 → ①, ②, ④):

① 워치독 타이머를 리셋시킨다.

② WDCE와 WDE 비트에 '1'을 동시에 써 넣는다.

③ 다음 4 사이클 안에, WDE 비트에 '0'을 써 넣는다.

④ 다음 4 사이틀 안에 WDP2, WDP1, WDP0 값을 변경한다(워치독 타이머를 동작시키려면 WDE 비트가 '1'이어야 한다).

- WDP2, WDP1, WDP0(Watchdog Timer Prescaler 2, 1, 0)

WDP2	WDP1	WDP0	WDT 발진기 사이클 수	VCC=3[V]에서 타임-아웃	VCC=5[V]에서 타임-아웃
0	0	0	16K(16,384)	14.8[ms]	14.0[ms]
0	0	1	32K(32,768)	29.6[ms]	28.1[ms]
0	1	0	64K(65,536)	59.1[ms]	56.2[ms]
0	1	1	128K(131,072)	0.12[s]	0.11[s]
1	0	0	256K(262,144)	0.24[s]	0.22[s]
1	0	1	512K(524,288)	0.47[s]	0.45[s]
1	1	0	1024K(1,048,576)	0.95[s]	0.9[s]
1	1	1	2048K(2,097,152)	1.9[s]	1.8[s]

타이머/카운터 1 오버플로 인터럽트를 이용하여 1초 만들기

TCNT1H:TCNT1L 레지스터의 초기값이 '0'이라면, 오버플로 인터럽트가 발생하게 하기 위해서는 모두 65536번을 카운트해야 한다. 만약 프리스케일러를 사용하지 않는다면(14.7456 MHz의 경우) 0.0678 us마다 한 번씩 카운트 되므로 0.0678 × 65536 = 4443 us마다 한 번씩 오버플로가 발생을 하고, 1024분주비로 프리스케일러를 사용하면 0.0678 us × 1024 = 69.42 us마다 한 번씩 카운트 되므로 69.42 × 65536 = 4549509 us (4.55초)마다 오버플로가 발생을 하게 된다.

◎ 시정수 설정

TCNT1H:TCNT1L 레지스터에 '0'이 아닌 다른 값을 저장하여 오버플로 인터럽트가 발생할 조건을 조절하여 정확히 1초를 만들 수 있을 것이다. 1024 분주비로 카운트 된다면 69.42 us마다 카운트 되는 것이므로 14400번 카운트를 한 후 오버플로 인터럽트가 발생한다면 정확히 1초를 만들 수 있을것이다. 14400 × 69.42 us = 1초 ((1024/14745600) × 14400 = 1초) 이를 위해 TCNT1H:TCNT1L 레지스터에 51136(65536−14400)을 저장한 후, 이 때부터 카운트를 시작하면 14400번 카운트한 후 오버플로가 발행하므로 정확히 1초 후에 오버플로 인터럽트를 요청할 수 있을 것이다.

◎ 초기화

```
TCNT1H = 0xc7;          // 51136은 16진수로 0xc7c0 이므로
TCNT1L = 0xc0;          // 상위는 0xc7이고, 하위는 0xc0
TIMSK = 0xC4;           // TOIE1비트가 1이므로 타이머1 오버플로 인터럽트
SREG |= 0x80;           // 전체 인터럽트 인에이블
TCCR1A = 0x00;          // WGM13~WGM10=0000이므로 타이머/카운터 모드
TCCR1B = 0x05;          // 1024 분주비
```

실험 키트에 배선하기

ATmega128	I/O
PC0 ~ PC7	[7-SEGMENT UNIT] A ~ P
PB4 ~ PB7	[7-SEGMENT UNIT] Q0 ~ Q3

AVR Stuio와 IAR 사용시 차이점

AVR Studio(WinAvr)	IAR
#include <avr/io.h>	#include <iom128.h>
#include <avr/interrupt.h>	별도 헤더파일 필요 없음.
#include <avr/wdt.h>	
int main(void)	void main(void)
SIGNAL(SIG_OVERFLOW1)	#pragma vector = TIMER1_OVF_vect __interrupt void TIMER1_OVF(void)
wdt_reset();	asm ("WDR");

wdt_enable(7);	WDTCR = 0x1f; // 'WDTCR = 0x18;'도 가능함
	WDTCR = 0x07; // 삭제해도 됨
	WDTCR = 0x0f;

타이머/카운터 3 오버플로 인터럽트와 관련된 레지스터

○ 16비트 타이머/카운터 3 오버플로 인터럽트와 관련된 레지스터

확장 마스크 레지스터 : ETIMSK(Extended Timer/Counter Interrupt Mask Register)
확장 플래그 레지스터 : ETIFR(Extended Timer/Counter Interrupt Flag Register)
타이머/카운터 3 컨트롤 레지스터 : TCCR3A, TCCR3B
타이머/카운터 3 카운트 레지스터 : TCNT3H, TCNT3L

타이머/카운터 1 오버플로 인터럽트의 사용방법은 타이머/카운터 1 오버플로 인터럽트와 동일하다.

○ 확장 타이머/카운터 인터럽트 마스터 레지스터, ETIMSK

타이머/카운터와 관련된 인터럽트의 사용 유무를 나타내는 레지스터이다. ETIMSK의 2번 비트인 TOIE3 비트를 '1'로 하면 타이머/카운터 3 오버플로 인터럽트를 사용하겠다는 의미이고, '0'이면 사용하지 않겠다는 의미이다.

ETIMSK	-	-	-	-	-	TOIE3	-	-

확장 타이머/카운터 인터럽트 플래그 레지스터, ETIFR

타이머/카운터와 관련된 인터럽트의 발생 유무를 나타내는 레지스터이다. 타이머/카운터 3 오버플로 인터럽트가 발생되면 ETIFR의 2번 비트인 TOV3 비트가 '1'이 되어 인터럽트 요청신호가 발생된다.

ETIFR	-	-	-	-	-	TOV3	-	-

타이머/카운터 3 카운트 레지스터, TCNT3H, TCNT3L

카운트된 값이 저장되는 8비트 크기의 레지스터들, 총 16비트 크기의 값을 저장할 수 있다.

타이머/카운터 3 컨트롤 레지스터, TCCR3A, TCCR3B

TCCR3A	-	-	-	-	-	-	WGM31	WGM30
TCCR3B	-	-	-	WGM33	WGM32	CS32	CS31	CS30

WGM33~WGM30	CS32	CS31	CS30	기능
0000 16 비트 타이머/카운터 모드	0	0	0	타이머 정지
	0	0	1	시스템 클록($clk_{I/O}$)
	0	1	0	$clk_{I/O}$를 8 분주하는 프리스케일러
	0	1	1	$clk_{I/O}$를 64 분주하는 프리스케일러
	1	0	0	$clk_{I/O}$를 256 분주하는 프리스케일러
	1	0	1	$clk_{I/O}$를 1024 분주하는 프리스케일러
	1	1	0	외부 클록 핀, 하강모서리 (카운터 모드)
	1	1	1	외부 클록 핀, 상승모서리 (카운터 모드)

타이머/카운터 1, 3 구조

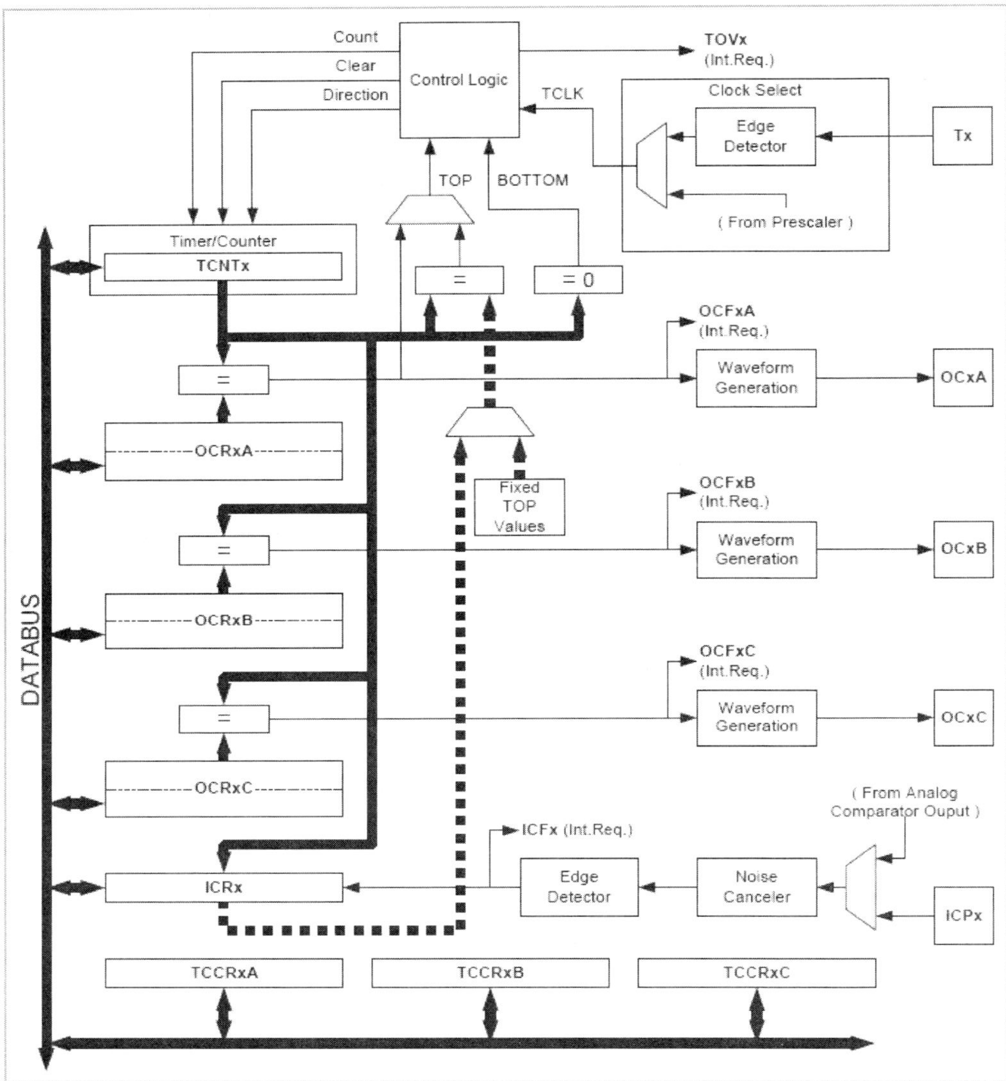
Count
Clear
Direction
Control Logic
TOVx
(Int.Req.)
TCLK
Clock Select
Edge
Detector
Tx
(From Prescaler)
TOP
BOTTOM
Timer/Counter
TCNTx
=
= 0
OCFxA
(Int.Req.)
Waveform
Generation
OCxA
OCRxA
Fixed
TOP
Values
OCFxB
(Int.Req.)
OCxB
OCRxB
DATABUS
OCFxC
(Int.Req.)
OCxC
OCRxC
(From Analog
Comparator Ouput)
ICFx (Int.Req.)
ICRx
Edge
Detector
Noise
Canceler
ICPx
TCCRxA
TCCRxB
TCCRxC

워치독 타이머 구조

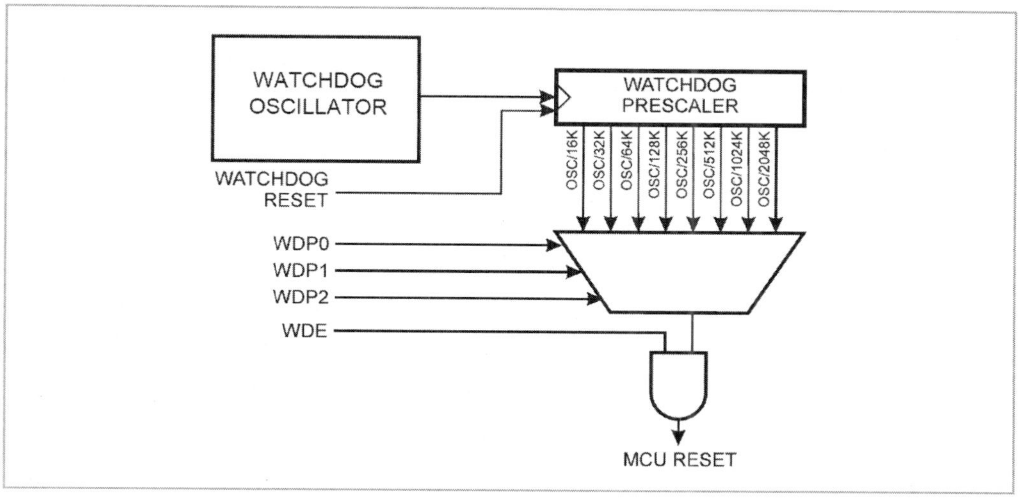
WATCHDOG OSCILLATOR
WATCHDOG PRESCALER
WATCHDOG RESET
OSC/16K
OSC/32K
OSC/64K
OSC/128K
OSC/256K
OSC/512K
OSC/1024K
OSC/2048K
WDP0
WDP1
WDP2
WDE
MCU RESET

4.3 타이머/카운터 2를 이용한 카운터 모드

타이머/카운터 2 오버플로 인터럽트를 이용하여 카운터 모드 실험하기

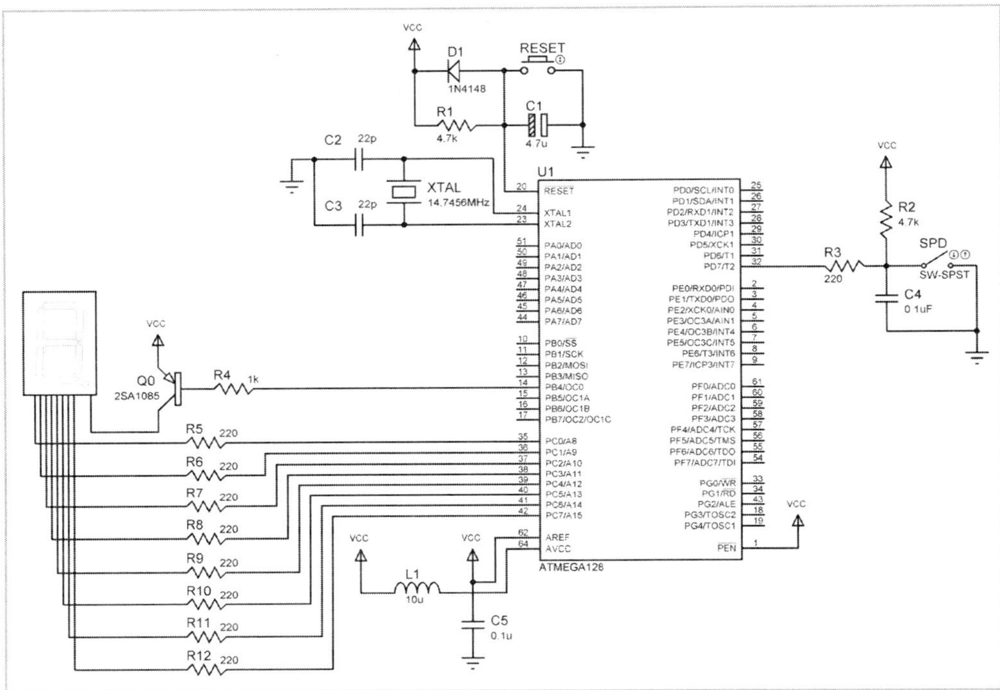

동작방법

카운터 모드로 설정되어 있는 타이머/카운터 2 오버플로 인터럽트가 발생할 때마다 FND의 숫자를 1씩 증가

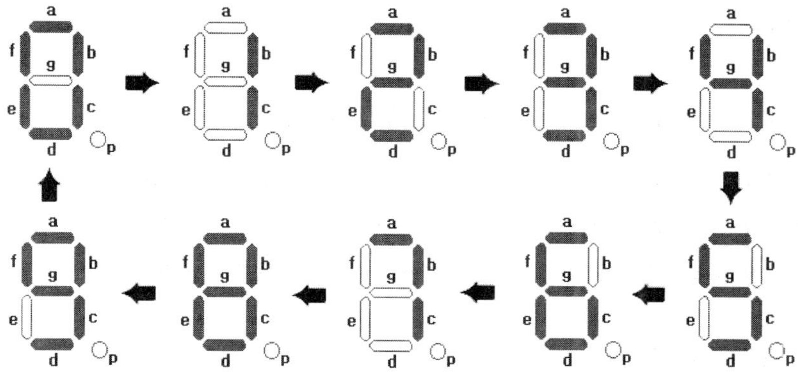

프로그램(AVR Studio)

```
#include <avr/io.h>
#include <avr/interrupt.h>
unsigned char FND[10]= {0xc0,0xf9,0xa4,0xb0,0x99,0x92,0x82,0xf8,0x80,0x90};
volatile unsigned char F_index;
SIGNAL(SIG_OVERFLOW2)              // 타이머/카운터 2 인터럽트 서비스 루틴
{
    TCCR2 = 0x00;                  // 타이머/카운터 2 정지
    F_index++;
    if(F_index == 10) F_index = 0;
    TCNT2 = 256-2;                 // 타이머/카운터 2 시정수 초기화(256-2=0xfe)
    TCCR2 = 0x06;                  // 카운터 모드, 하강 에지.
    PORTC = FND[F_index];          // FND로 출력
}
int  main(void)
{
    DDRC = 0xff;                   // PORTC 출력으로 선언. 세그먼트 용
    DDRB = 0x10;                   // PB4 출력으로 선언. TR on/off 용
    F_index = 0;
    PORTB = 0xef;                  // TR0만 On
    PORTC = FND[F_index];          // FND에 초기값 출력
    TCNT2 = 256-2;                 // 시정수 초기화(256-2=0xfe)
    TIMSK = 0x40;                  // 타이머/카운터 2 오버플로 인터럽트 인에이블
    SREG |= 0x80;                  // 전체 인터럽트 인에이블
    TCCR2 = 0x06;                  // 카운터 모드, 하강 에지.
    while(1);                      // 인터럽트 대기, 무한루프
}
```

카운터 모드

- 카운터 모드는 발생하는 외부의 이벤트를 세는 것

  (1) 타이머 1의 경우 PD6 핀으로 들어오는 이벤트를 카운트.
  (2) 타이머 2의 경우 PD7 핀으로 들어오는 이벤트를 카운트.
  (3) 타이머 3의 경우 PE6 핀으로 들어오는 이벤트를 카운트.

- 카운터 모드 이벤트

  (1) 포트 핀의 값이 '0'에서 '1'로 변하는 상승 모서리 이벤트
  (2) 포트 핀의 값이 '1'에서 '0'으로 변하는 하강 모서리 이벤트

타이머/카운터 2 오버플로 인터럽트와 관련된 레지스터

- 8비트 타이머/카운터 2 오버플로 인터럽트와 관련된 레지스터

  마스크 레지스터 : TIMSK(Timer/Counter Mask Register)
  플래그 레지스터 : TIFR(Timer/Counter Interrupt Flag Register)
  타이머/카운터 2 컨트롤 레지스터 : TCCR2
  타이머/카운터 2 카운트 레지스터 : TCNT2

- 마스터 레지스터, TIMSK

타이머와 관련된 인터럽트의 사용 유무를 나타내는 레지스터이다. TIMSK의 6번 비트인 TOIE2 비트를 '1'로 하면 타이머/카운터 2 오버플로 인터럽트를 사용하겠다는 의미이고, '0'이면 사용하지 않겠다는 의미이다.

TIMSK	-	TOIE2	-	-	-	-	-	-

- 플래그 레지스터, TIFR

타이머와 관련된 인터럽트의 발생 유무를 나타내는 레지스터이다. 타이머/카운터 2 오버플로 인터럽트가 발생되면 TIFR의 6번 비트인 TOV2 비트가 '1'이 되어 인터럽트 요청신호가 발생된다.

TIFR	-	TOV2	-	-	-	-	-	-

타이머/카운터 2 카운트 레지스터, TCNT2

카운트된 값이 저장되는 8비트 크기의 레지스터

타이머/카운터 2 컨트롤 레지스터, TCCR2

타이머/카운터 2를 8비트 크기의 타이머/카운터 모드로 동작시키기 위해 TCCR2 레지스터의 WGM21:WGM20을 모두 '0'으로 하고, TCCR2 레지스터의 CS22:CS21:CS20 비트를 이용하여 카운터 모드의 옵션을 정한다.

즉, '110'이면 PD7(T2) 핀의 하강 모서리에서 카운트를 하고, '111'이면 PD7(T2) 핀의 상승 모서리에서 카운트를 한다.

TCCR2	-	WGM21	-	-	WGM20	CS22	CS21	CS20

WGM21, WGM20	CS22	CS21	CS20	기능
00 8비트 타이머/카운터 모드	0	0	0	타이머 정지
	0	0	1	시스템 클록($clk_{I/O}$)
	0	1	0	$clk_{I/O}$를 8 분주하는 프리스케일러
	0	1	1	$clk_{I/O}$를 64 분주하는 프리스케일러
	1	0	0	$clk_{I/O}$를 256 분주하는 프리스케일러
	1	0	1	$clk_{I/O}$를 1024 분주하는 프리스케일러
	1	1	0	외부클럭핀(T2),하강모서리(카운트모드)
	1	1	1	외부클럭핀(T2),상승모서리(카운트모드)

카운터 모드인 타이머/카운터 2 오버플로 인터럽트를 이용하여 FND 숫자 증가시키기 (0→1→ … →9→0→1→ …)

초기화

```
TCNT2 = 0xfe;      // 시정수 초기화, 254부터 카운트 한다.
TIMSK = 0x40;      // TOIE2비트 1 → 타이머 2 오버플로 인터럽트 사용가능
SREG |= 0x80;      // 전체 인터럽트 인에이블
TCCR2 = 0x06;      // WGM21:WGM20=00 → 8비트 타이머/카운터 모드
                   // CS22:CS20=110 → PD7(T2)핀 하강 모서리로 카운트
```

실험 키트에 배선하기

ATmega128	I/O
PC0 ~ PC7	[7-SEGMENT UNIT] A ~ P
PB4	[7-SEGMENT UNIT] Q0
PD7	[DC MOTOR UNIT] SPD

AVR Stuio와 IAR 사용시 차이점

AVR Studio(WinAvr)	IAR
#include <avr/io.h>	#include <iom128.h>
#include <avr/interrupt.h>	별도 헤더파일 필요 없음.
int main(void)	void main(void)
SIGNAL(SIG_OVERFLOW2)	#pragma vector = TIMER2_OVF_vect __interrupt void TIMER2_OVF(void)

타이머/카운터 2 구조

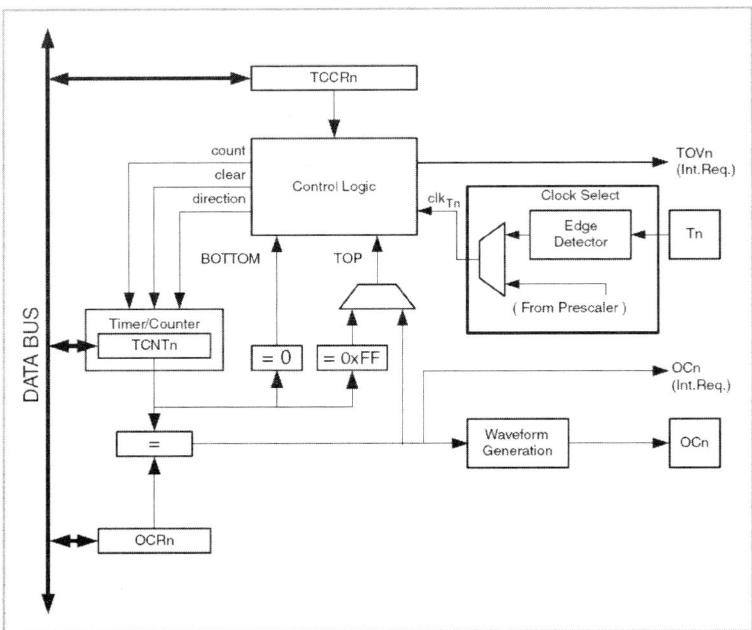

참조

- **포토커플러(포토 인터럽터)**

포토커플러는 포토 TR과 LED로 구성이 되어 있다. 일반 트랜지스터가 전기적인 신호로 TR을 On/Off한다면, 포토 TR은 빛으로 그 역할을 대신한다. LED에서 광이 발생하면 포토 TR의 베이스 단에 광 전류를 증가시켜 광 전류에 비례한 출력 전류를 얻는 것이다.

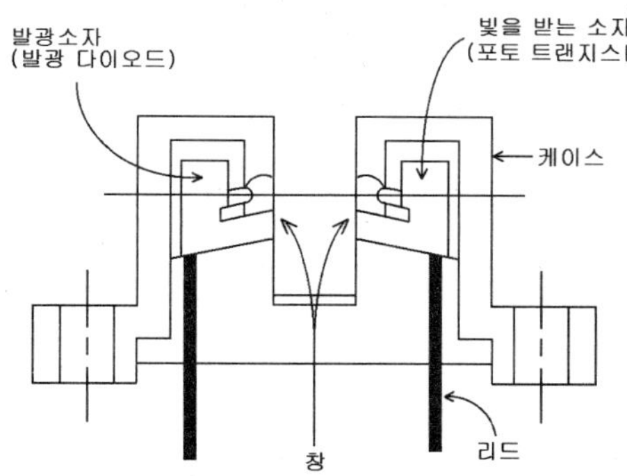

(a) 포토 인터럽터 구조

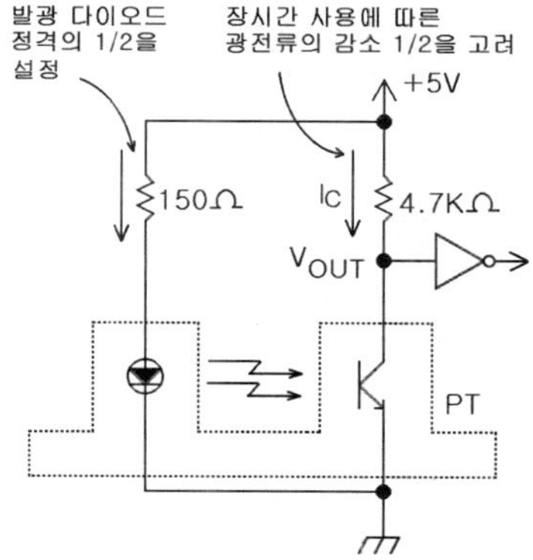

(b) 포토 인터럽터 인터페이스

- **포토커플러(포토 인터럽터) 동작방법**

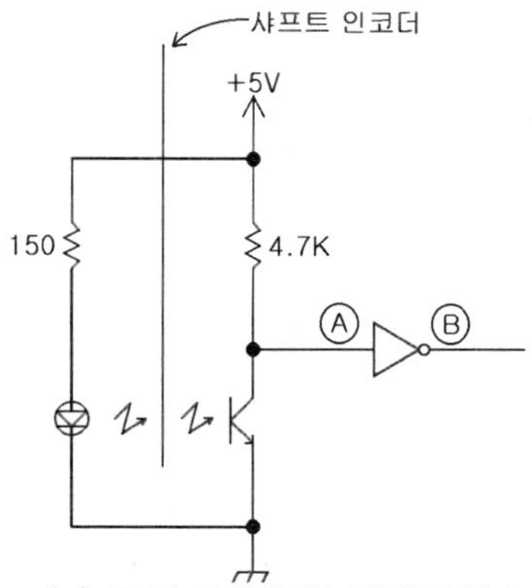

(a) 포토 인터럽터 인터페이스

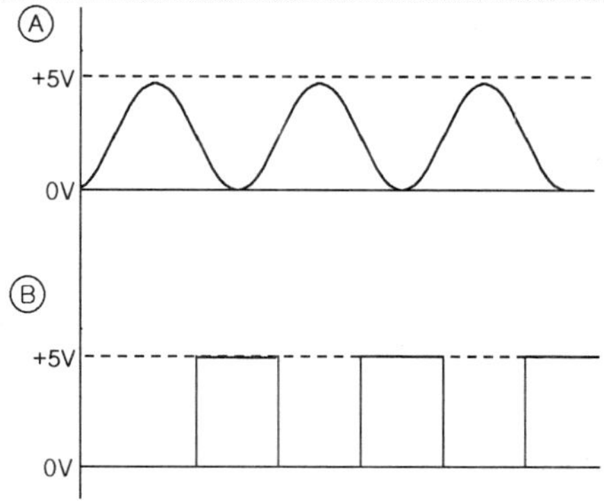

(b) Ⓐ와 Ⓑ부분의 파형

- **포토커플러(포토 인터럽터) 동작방법**

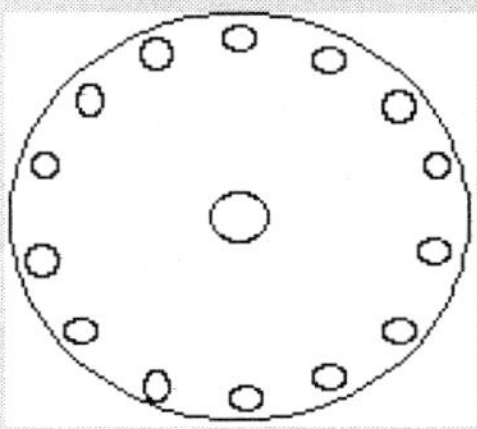

위의 그림과 같이 LED와 포토 TR사이에 샤프트 인코더라는 검은색 원반이 있고, 이 샤프트 인코더 주위에는 14개의 구멍이 있다. LED와 구멍이 일치하면 LED에서 발광하는 빛이 구멍을 통과해서 포토 TR을 동작시켜 그림 Ⓐ에는 0 이란 값을 얻을 수 있을 것이고 인버터를 통과한 Ⓑ에는 1이란 값을 얻을 것이다. 반대로 샤프트 인코더 주위의

14 개 구멍 사이에 LED와 포터 TR에 위치하면 LED에서 발광하는 빛을 막아 포토 TR은 동작을 하지 못하므로 Ⓐ에는 1이란 값을, Ⓑ에는 0이란 값을 얻을 수 있다. 샤프트 인코더에 구멍이 14개이므로 원반이 한 바퀴를 돌면 14의 펄스가 발생 할 것이므로 우리는 펄스 수를 카운트하면 회전수를 측정할 수 있다.

- **타이머/카운터 관련 레지스터 및 초기값**

비트번호	7	6	5	4	3	2	1	0	
	FOC0	WGM00	COM01	COM00	WGM01	CS02	CS01	CS00	TCCR0
읽기/쓰기	W	R/W	R/W	R/W	R/W	R/W	R/W	R/W	
초기값	0	0	0	0	0	0	0	0	

비트번호	7	6	5	4	3	2	1	0	
	TCNT0[7:0]								TCNT0
읽기/쓰기	R/W	R/W	R/W	R/W	R/W	R/W	R/W	R/W	
초기값	0	0	0	0	0	0	0	0	

비트번호	7	6	5	4	3	2	1	0	
	OCIE2	TOIE2	TICIE1	OCIE1A	OCIE1B	TOIE1	OCIE0	TOIE0	TIMSK
읽기/쓰기	R/W	R/W	R/W	R/W	R/W	R/W	R/W	R/W	
초기값	0	0	0	0	0	0	0	0	

비트번호	7	6	5	4	3	2	1	0	
	-	-	TICIE3	OCIE3A	OCIE3B	TOIE3	OCIE3C	OCIE1C	ETIMSK
읽기/쓰기	R	R	R/W	R/W	R/W	R/W	R/W	R/W	
초기값	0	0	0	0	0	0	0	0	

비트번호	7	6	5	4	3	2	1	0	
	OCF2	TOV2	ICF1	OCF1A	OCF1B	TOV1	OCF0	TOV0	TIFR
읽기/쓰기	R/W	R/W	R/W	R/W	R/W	R/W	R/W	R/W	
초기값	0	0	0	0	0	0	0	0	

비트번호	7	6	5	4	3	2	1	0	
	-	-	ICF3	OCF3A	OCF3B	TOV3	OCF3C	OCF1C	ETIFR
읽기/쓰기	R/W	R/W	R/W	R/W	R/W	R/W	R/W	R/W	
초기값	0	0	0	0	0	0	0	0	

비트번호	7	6	5	4	3	2	1	0	
	COM1A1	COM1A0	COM1B1	COM1B0	COM1C1	COM1C0	WGM11	WGM10	TCCR1A
읽기/쓰기	R/W	R/W	R/W	R/W	R/W	R/W	R/W	R/W	
초기값	0	0	0	0	0	0	0	0	

비트번호	7	6	5	4	3	2	1	0	
	COM3A1	COM3A0	COM3B1	COM3B0	COM3C1	COM3C0	WGM31	WGM30	TCCR3A
읽기/쓰기	R/W	R/W	R/W	R/W	R/W	R/W	R/W	R/W	
초기값	0	0	0	0	0	0	0	0	

비트번호	7	6	5	4	3	2	1	0	
	ICNC1	ICES1	-	WGM13	WGM12	CS12	CS11	CS10	TCCR1B
읽기/쓰기	R/W	R/W	R	R/W	R/W	R/W	R/W	R/W	
초기값	0	0	0	0	0	0	0	0	

비트번호	7	6	5	4	3	2	1	0	
	ICNC3	ICES3	-	WGM33	WGM32	CS32	CS31	CS30	TCCR3B
읽기/쓰기	R/W	R/W	R	R/W	R/W	R/W	R/W	R/W	
초기값	0	0	0	0	0	0	0	0	

비트번호	7	6	5	4	3	2	1	0	
	FOC1A	FOC1B	FOC1C	-	-	-	-	-	TCCR1C
읽기/쓰기	W	W	W	R	R	R	R	R	
초기값	0	0	0	0	0	0	0	0	

비트번호	7	6	5	4	3	2	1	0	
	FOC3A	FOC3B	FOC3C	-	-	-	-	-	TCCR3C
읽기/쓰기	W	W	W	R	R	R	R	R	
초기값	0	0	0	0	0	0	0	0	

비트번호	7	6	5	4	3	2	1	0	
	TCNT1[15:8]								TCNT1H
	TCNT1[7:0]								TCNT1L
읽기/쓰기	R/W	R/W	R/W	R/W	R/W	R/W	R/W	R/W	
초기값	0	0	0	0	0	0	0	0	

비트번호	7	6	5	4	3	2	1	0	
	TCNT3[15:8]								TCNT3H
	TCNT3[7:0]								TCNT3L
읽기/쓰기	R/W	R/W	R/W	R/W	R/W	R/W	R/W	R/W	
초기값	0	0	0	0	0	0	0	0	

비트번호	7	6	5	4	3	2	1	0	
	FOC2	WGM20	COM21	COM20	WGM21	CS22	CS21	CS20	TCCR2
읽기/쓰기	W	R/W	R/W	R/W	R/W	R/W	R/W	R/W	
초기값	0	0	0	0	0	0	0	0	

비트번호	7	6	5	4	3	2	1	0	
	TCNT2[7:0]								TCNT2
읽기/쓰기	R/W	R/W	R/W	R/W	R/W	R/W	R/W	R/W	
초기값	0	0	0	0	0	0	0	0	

비트번호	7	6	5	4	3	2	1	0	
	-	-	-	WDCE	WDE	WDP2	WDP1	WDP0	WDTCR
읽기/쓰기	R	R	R	R/W	R/W	R/W	R/W	R/W	
초기값	0	0	0	0	0	0	0	0	

비트번호	7	6	5	4	3	2	1	0	
	TSM	-	-	-	ACME	PUD	PSR0	PSR321	SFIOR
읽기/쓰기	R/W	R	R	R	R/W	R/W	R/W	R/W	
초기값	0	0	0	0	0	0	0	0	

비트번호	7	6	5	4	3	2	1	0	
	-	-	-	-	AS0	TCN0UB	OCR0UB	TCR0UB	ASSR
읽기/쓰기	R	R	R	R	R/W	R	R	R	
초기값	0	0	0	0	0	0	0	0	

05

ATmega128 직렬통신

5.1 폴링 방식을 이용한 비동기 직렬통신

USARTO 직렬통신 포트를 이용하여 폴링방식으로 컴퓨터와 문자 송수신하기

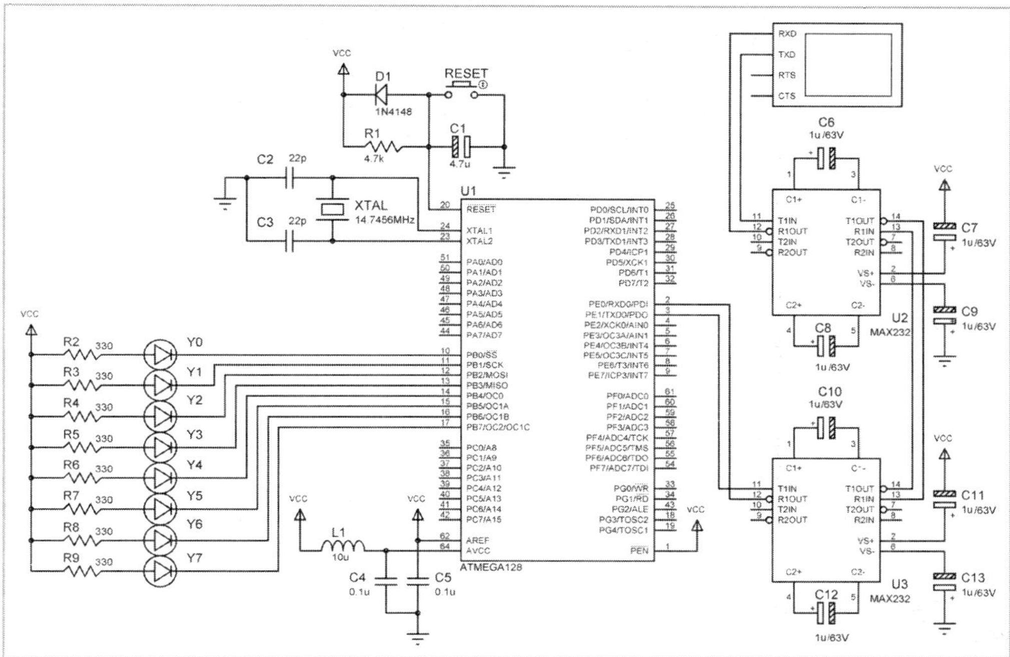

동작방법

프로테우스의 Virtual Terminal(또는 PC의 하이퍼 터미널)에서 타이핑을 하면 수신된 데이터가 LED에 ASCII로 표시되고, 타이핑한 글자가 되돌아가 Virtual Terminal(또는 하이퍼 터미널)에 표시된다.

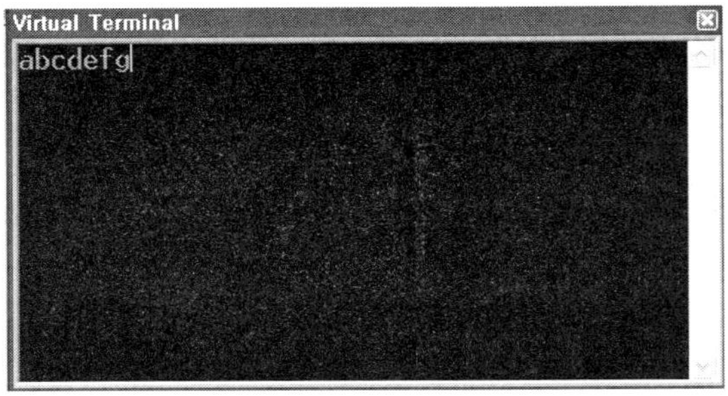

프로그램(AVR Studio)

```
#include <avr/io.h>
void  delay(unsigned long i)        // 시간지연
{
   while(--i);
}
void  put(unsigned char tx_data)  // 비동기통신 송신
{
   while(!(UCSR0A & 0x20));        // UDR0이 비워있는지 검사
   UDR0 = tx_data;                 // 데이터를 UDR0로 송신
}

unsigned char  get(void)           // 비동기통신 수신
{
   while(!(UCSR0A & 0x80));        // UDR0로 데이터가 수신되었는지 검사
   return(UDR0);                   // UDR0에서 데이터 입력
}
```

```
int  main(void)
{
    unsigned char uart_data;
    DDRB = 0xff;                    // 포트 B 출력
    DDRE = 0x02;                    // PE1 출력
    PORTB = 0xff;                   // LED 초기 모두 off
    // UART0 초기 설정
    UBRR0H = 0;                     // 14.7456[MHz]일 경우 19200[bps]
    UBRR0L = 47;
    UCSR0A = 0x00;                  // 보통 비동기 통신 모드
    UCSR0B = 0x18;                  // 송신, 수신 인에이블
    UCSR0C = 0x06;                  // 8비트 데이터 크기
    while(1)
    {
        uart_data = get();          // 데이터 수신
        PORTB = ~uart_data;         // 수신된 데이터 ASCII코드로 포트 B에 출력
        put(uart_data);             // 수신된 데이터를 다시 송신
        delay(1000);
    }
}
```

직렬통신에 대하여

직렬통신

컴퓨터 기기의 통신 방법으로, 직렬로 한번에 한 개의 신호를 보내는 통신 방법을 직렬 통신이라 한다. 반면 한 번에 많은 데이터를 동시에 보낼 수 있는 통신 방법을 병렬통신이라 한다. 대표적인 직렬 통신으로 모뎀, LAN, RS-232 등이 있다.

직렬통신 방식

직렬통신에는 크게 비동기식 방식과 동기식 방법 2가지로 나누어진다. 동기식 통신의 경우 2개의 디바이스 사이에 동기를 취하고 그 타이밍에 따라 데이터를 송수신한다. 반면 비동기식 통신의 경우, 동기 신호가 없으므로 데이터의 처음과 끝에는 반드시 시작 비트와 정지 비트가 붙는다. 시작 비트는 데이터의 개시를 나타내고, 정지 비트는 데이터의 종료를 의미한다. 즉 보내지는 데이터는 시작 비트와 정지 비트 사이에 위치하게 된다. 동기식 통신과 비동기식 통신은 USART0의 경우 UCSR0C 레

지스터의 UMSEL0 비트, USART1의 경우 UCSR1C 레지스터의 UMSEL1 비트로 결정한다.

(1) 동기식 동작 모드

UCSR0C	-	UMSEL0	-	-	-	-	-	-
	-	1	-	-	-	-	-	-

UCSR1C	-	UMSEL1	-	-	-	-	-	-
	-	1	-	-	-	-	-	-

(2) 비동기식 동작 모드

UCSR0C	-	UMSEL0	-	-	-	-	-	-
	-	0	-	-	-	-	-	-

UCSR1C	-	UMSEL1	-	-	-	-	-	-
	-	0	-	-	-	-	-	-

비동기 직렬통신 규약

○ BPS (Bit Per Second)

비트 레이트를 말하며, 1초에 몇 비트를 보낼 것인지를 나타내는 옵션이다. 예를 들어 19200 bps라면 1초에 19200 비트를 보낼 수 있다는 뜻이고, 이는 약 52 us마다 1비트를 보낸 다는 뜻이다. 1/19200 = 52 us

○ 데이터 비트(Data Bit)

데이터의 사이즈를 의미한다. 5, 6, 7, 8, 9비트로 구분되어 있으며 송수신되는 데이터의 크기를 나타낸다.

○ 패리티(Parity)

에러검출 코드라 한다. 만약 데이터 비트가 8비트라면,

(1) 짝수 패리티(Even Parity)

패리티 비트를 이용하여 1의 숫자를 짝수로 만드는 것이다. 즉 데이터가 '1100 1100'이라면 패리티 비트로 '0'을 송신해서 1의 숫자를 짝수 개로 만들

어 준다.

(2) 홀수 패리티(Odd Parity)

홀수 패리티는 짝수 패리티와 반대로 1의 숫자를 홀수 개로 만들어 준다.

◎ 시작 비트(Start Bit), 정지 비트(Stop Bit)

비동기식 통신의 경우 데이터의 시작과 끝을 나타내기 위해 시작 비트와 정지 비트가 있다. 시작 비트는 1비트이고, 정지 비트는 1 또는 2비트를 사용할 수가 있다.

비동기 직렬통신과 관련된 레지스터

◎ 비동기 직렬통신과 관련된 레지스터

ATmega128은 2개의 비동기 직렬통신용 포트를 가지고 있다. 즉 USART0 통신 포트와 USART1 통신포트이다. 이때 적용되는 레지스터들은 아래와 같다(0과 1의 번호 외에는 차이점 없다. 동일 이름은 같은 기능을 하게 된다).

(1) USART0 : UBRR0H, UBRR0L, UDR0, UCSR0A, UCSR0B, UCSR0C
(2) USART1 : UBRR1H, UBRR1L, UDR1, UCSR1A, UCSR1B, UCSR1C

◎ USART0 보 레이트 레지스터, UBRR0H, UBRR0L

UBRR0H	-	-	-	-	UBRR0[11:8]
UBRR0L	UBRR0[7:0]				

UART0의 통신 속도를 설정하며, 12비트 크기로 이루어져 있다. UBRR0H 레지스터의 하위 4비트와 UBRR0L 레지스터 8비트를 합하여 12비트 보 레이트 레지스터를 구성한다. 이 레지스터의 값으로 통신 속도 계산식에 의해 통신 속도가 결정된다. 보 레이트는 1초에 전송되는 신호요소의 수이나, 여기서는 신호요소가 1비트로 구성되어 있으므로 보 레이트는 bps와 같은 의미로 해석하면 된다.

동작 모드	통신 속도	UBRR0 값
비동기식 보통 모드 UCSR0A[U2X0] = 0	$\frac{fosc}{16 \cdot (UBRR0+1)}$	$UBRR0 = \frac{fosc}{16 \cdot BAUD} - 1$
비동기식 x2 속도 모드 UCSR0A[U2X0] = 1	$\frac{fosc}{8 \cdot (UBRR0+1)}$	$UBRR0 = \frac{fosc}{8 \cdot BAUD} - 1$
BAUD : 보 레이트, fosc: 시스템 주파수, UBRR0 : UBRR0H, UBRR0L		

○ USART0 I/O 데이터 레지스터, UDR0

작렬 통신으로 송신할 데이터와 수신된 데이터가 저장되는 레지스터.

○ USART0 제어 & 상태 레지스터, UCSR0A, UCSR0B, UCSR0C

(1) UCSR0A: 송수신 플래그 비트, 에러상태 표시, 비동기 전송속도 2배 등.

UCSR0A	RXC0	TXC0	UDRE0	FE0	DOR0	UPE0	U2X0	-

(2) UCSR0B: 인터럽트, 송수신 허용, 데이터 비트 결정, 9 번째 데이터.

UCSR0B	RXCIE0	TXCIE0	UDRIE0	RXEN0	TXEN0	UCSZ02	RXB80	TXB80

(3) UCSR0C: 동작모드(비동기/동기), 패리티 비트, 데이터 비트 결정 등.

UCSR0C	-	UMSEL0	UPM01	UPM00	USBS0	UCSZ01	UCSZ00	-

UPM01	UPM00	패리티 모드
0	0	패리티를 사용하지 않는다.
0	1	–
1	0	짝수 패리티
1	1	홀수 패리티

USBS0	정지 비트
0	1 비트
1	2 비트

UCSZ02	UCSZ01	UCSZ00	데이터 크기
0	0	0	5 비트
0	0	1	6 비트
0	1	0	7 비트
0	1	1	8 비트
1	0	0	–
1	0	1	–
1	1	0	–
1	1	1	9 비트

8비트 데이터, 패리티 없음, 1 정지비트, 전송속도 19200 bps, 폴링방식, 컴퓨터에서 전송된 데이터를 UART0으로 수신해서, LED에 ASCII로 표시하고 다시 컴퓨터로 데이터 송신.

폴링방식에 의한 UART 송신

○ USART0 포트를 통해 송신하려면...

(1) 통신 속도 설정(보 레이트 설정)

(2) 송신 인에이블(TXEN0 비트를 '1'로 만들어 PE1 핀을 송신 핀으로 설정)

(3) 데이터 크기, 패리티 비트 및 정지 비트 설정

(4) 송신하고자 하는 데이터를 UDR0 레지스터에 저장

(5) ATmega128은 자동으로 송신을 시작한다.

○ 통신 속도 결정 : 19200 bps

19200 bps의 경우(14.7456 MHz이고, U2X0 = 0인 보통 모드일 경우)

UBRR0 = $\frac{14745600}{16 \times 19200} - 1 = 47$이 된다.

UCSR0A	-	-	-	-	-	-	U2X0	-
0x00	-	-	-	-	-	-	0	-

○ 데이터 비트 설정 : 8비트

데이터 비트의 크기는 UCSR0B, UCSR0C레지스터를 이용하여 5 ~ 9 비트까지 설정할 수 있다. UCSZ02:UCSZ01:UCSZ00 비트를 이용하면 된다.

데이터 비트를 8 비트로 쓰기로 했으므로 UCSZ02:UCS01:UCS00 = 011로 하면 된다. 비동기 통신이므로 UMSEL0 = 0이다.

UCSR0B	-	-	-	-	-	UCSZ02	-	-
0x00	-	-	-	-	-	0	-	-

UCSR0C	-	UMSEL0	-	-	-	UCSZ01	UCSZ00	-
0x06	-	0	-	-	-	1	1	-

◎ 패리티 비트 : 사용하지 않음

패리티 비트 설정은 UCSR0C 레지스터의 UPM01:UPM00 비트로 설정한다. 패리티를 사용하지 않았으므로 UPM01:UPM00 = 00이다.

UCSR0C	-	UMSEL0	UPM01	UPM00	-	UCSZ01	UCSZ00	-
0x06	-	0	0	0	-	1	1	-

◎ 정지 비트 : 1 비트

정지 비트 설정은 UCSR0C 레지스터의 USBS0 비트로 설정한다. 정지 비트를 1 비트 사용하므로 USBS0 = 0이다.

UCSR0C	-	UMSEL0	UPM01	UPM00	USBS0	UCSZ01	UCSZ00	-
0x06	-	0	0	0	0	1	1	-

◎ UART0에 사용되는 핀

포트 핀	UART0에서의 기능
PE0	RXD0(UART0 Receive Pin) : USART0 수신 핀
PE1	TXD0(UART0 Transmit Pin) : USART0 송신 핀

UCSR0B 레지스터의 RXEN0와 TXEN0가 UART0 송수신 핀을 설정한다.

TXEN0 비트가 '1'이면 PE1 핀이 UART0 송신 핀으로 설정되고,

RXEN0 비트가 '1'이면 PE0 핀이 UART0 수신 핀으로 설정된다.

비동기 직렬통신을 하기 위해서는 TXEN0과 RXEN0을 '1'로 만들어 PE1와 PE0을 송수신 핀으로 사용할 수 있게 만들어야 한다. TXEN0과 RXEN0 비트가 '1'이면, PE1과 PE0핀은 I/O의 방향을 결정하는 DDRE 레지스터의 값과 무관하게 직렬통신용 송수신 핀으로 사용이 된다.

UCSR0B	-	-	-	RXEN0	TXEN0	USCZ02	-	-
0x18	-	-	-	1	1	0	-	-

◎ UART0 송신과정

TXEN0 비트가 '1'이면 PE1 핀이 UART0 송신 핀으로 설정되고, UDR0에 송신하려는 데이터를 써넣으면, ATmega128은 자동으로 송신을 시작한다. 즉,

(1) UDR0에 데이터가 쓰여지면,

(2) UDR0의 데이터는 TSR(Transmit Shift Register)로 이동하고,

(3) 데이터는 TXD0(PE1) 핀을 통하여 시작 비트, 정지 비트와 함께 외부로 송신이 이루어진다.

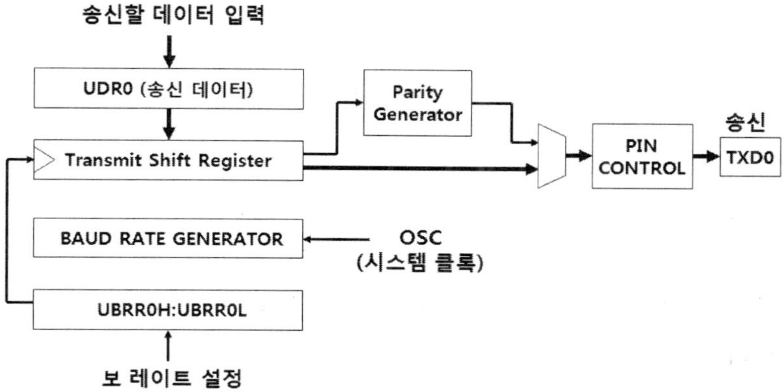

UART0 송신완료 플래그

사용자는 송신이 이루어졌는지를 USART0 플래그 비트로 송신 완료 여부를 판단할 수 있다.

UCSR0A	-	TXC0	UDRE0	-	-	-	-	-

- **TXC0(USART0 Transmit Complete)** : 송신 완료 플래그 비트로 TSR 레지스터에 있는 모든 데이터가 송신이 완료 되고, UDR0 레지스터에 아무 데이터도 없을 때, 이 비트는 '1'이 된다.
- **UDRE0(USART0 Data Register Empty)** : UDR0 레지스터에 송신할 데이터를 받을 수 있는 상황이 되면(비워있으면), 이 비트는 '1'이 된다.

폴링방식에 의한 UART 수신

USART0 포트를 통해 수신하려면...

(1) 통신 속도 설정(보 레이트 설정)

(2) 수신 인에이블(RXEN0 비트를 '1'로 만들어 PE0 핀을 수신 핀으로 설정)

(3) 데이터 크기, 패리티 비트 및 정지 비트 설정
(4) 수신 플래그를 체크하여 수시된 데이터가 있는지 확인
(5) UDR0 레지스터에서 수신된 데이터를 읽어 온다.

○ UART0 수신과정

RXEN0 비트가 '1'이면 PE0 핀이 UART0 수신 핀으로 설정되고, 외부에서 들어오는 데이터가 있으면 ATmega128은 수신을 시작한다. 즉,

(1) PE0핀으로 들어오는 데이터는
(2) 설정된 보 레이트의 속도로 데이터를 수신하여
(3) RSR(Receive Shift Register)로 한 비트씩 시프트 시켜가며 보관한 후,
(4) 모든 데이터를 받게 되면, RSR에 보관된 데이터를 UDR0 레지스터로 이동시킨다.
(5) 에러가 발생했을 경우, UCSR0A 레지스터에 발생된 에러들을 표시한다.

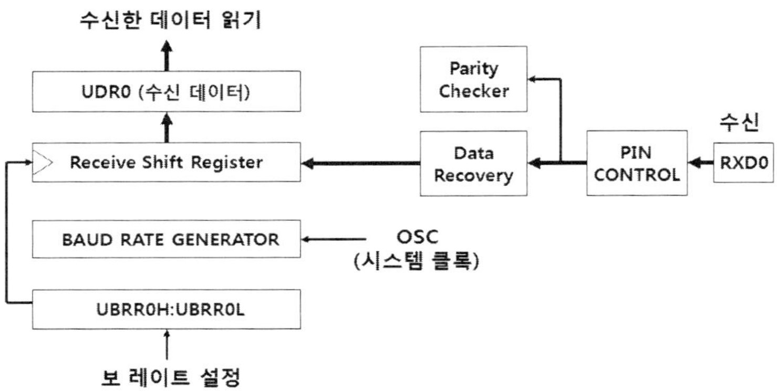

○ UART0 수신완료 플래그

사용자는 수신이 이루어졌는지를 UCSR0A 레지스터의 RXC0 비트로 수신 완료 여부를 판단할 수 있다.

UCSR0A	RXC0	TXC0	UDRE0	-	-	-	-	-

• **RXC0(USART0 Receive Complete)** : 수신 완료 플래그 비트로 외부에서 수신된 데이터가 UDR0 레지스터에 보관되어 있으면, 이 비트를 '1'로 만들어 수신

된 데이터가 있음을 알린다. UDR0 레지스터를 읽고 나면 자동으로 '0'으로 클리어 된다.

UART0 수신에러 플래그

UART0에는 수신 중 에러가 발생하면 UCSR0A 레지스터를 통해 발생된 에러를 사용자에게 알린다. 에러의 종류는 다음과 같다.

UCSR0A	RXC0	TXC0	UDRE0	FE0	DOR0	UPE0	-	-

- **FE0(Frame Error)** : 처음 정지 비트가 '0' 일 때, 이 비트는 '1'이 된다.
- **DOR0(Data OverRun Error)** : 수신된 데이터를 UDR0 레지스터에서 읽기 전에 새로운 데이터가 수신되어 UDR0 레지스터에 덮어 쓰여진 경우.
- **UPE0(Parity Error)** : 패리티 에러인 경우, 이 비트가 '1'이 된다.

폴링방식의 UART0 송수신을 위한 초기화

```
// 보통 모드로 19200 bps 속도로 비동기 직렬 통신
UBRR0H = 0;
UBRR0L = 47;
UCSR0A = 0;
// 8 데이터 비트, 정지비트 1 비트, 패리티 사용하지 않음
UCSR0B = 0x18;
UCSR0C = 0x06;
```

실험 키트에 배선하기

ATmega128	I/O
PB0 ~ PB7	[LED UNIT] Y0 ~ Y7
PE0, PE1	[RS-232C UNIT] RXD, TXD
[RS-232C UNIT]의 9핀 커넥터를 RS-232C 케이블 PC와 연결	

AVR Stuio와 IAR 사용시 차이점

AVR Studio(WinAvr)	IAR
#include <avr/io.h>	#include <iom128.h>
int main(void)	void main(void)

참조

- **폴링 방식이란**

ATmega128에서 인터럽트를 사용하기 위해서는 3가지 조건이 필요하다. 인터럽트 인에이블비트, 인터럽트 플래그 비트 그리고 전체인터럽트 허가 비트가 모두 '1'이어야 ATmega128은 요청된 인터럽트에 따라 각각 인터럽트 벡터 테이블로 점프를 시킨다. 직렬 수신 인터럽트의 경우, 인터럽트 인에이블 비트 RXCIE0와 수신 인터럽트 플래그 비트 RXC0 및 전체 인터럽트 비트 I의 3가지가 모두 '1'이어야 수신 인터럽트 벡터 테이블로 점프를 해서 인터럽트 서비스 루틴을 수행할 것이다.
반면 폴링 방법이란?
인터럽트 플래그 비트를 사용자가 소프트웨어로 직접 체크하여 인터럽트의 발생 유무를 판단하는 것이다. 수신이 일어나면 수신 인터럽트 플래그인 RXC0 비트가 '1'이 될 것이고, 송신이 완료되면 송신 인터럽트 플래그인 TXC0나 UDRE0 비트가 '1'이 될 것이다. 그러므로 사용자가 프로그램에서 이 비트들이 '0'인지 '1'인지를 체크하면 송수신 유무를 판단할 수 있을 것이다. 위 프로그램의 경우 송신 여부를 'while(!(UCSR0A & 0x20));'에서 UDRE0 비트가 '1'인지를 판단한다.

- **비동기 직렬통신 프레임 구조**

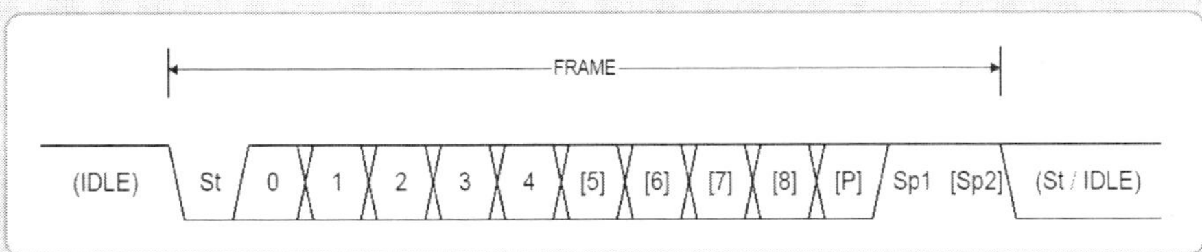

IDLE : 전송선로에 데이터 전송이 없는 상태로 '1' 값 유지.
St : 시작 비트로 항상 '0'.
(n) : 데이터 비트(0 – 8). 마이크로컨트롤러에 따라 9번째 비트도 있음.
P : 패리티 비트로 패리티 설정(짝수 또는 홀수)에 따라 '1' 또는 '0'.
Sp : 정지 비트로 항상 '1'.

• 시작 비트 샘플링

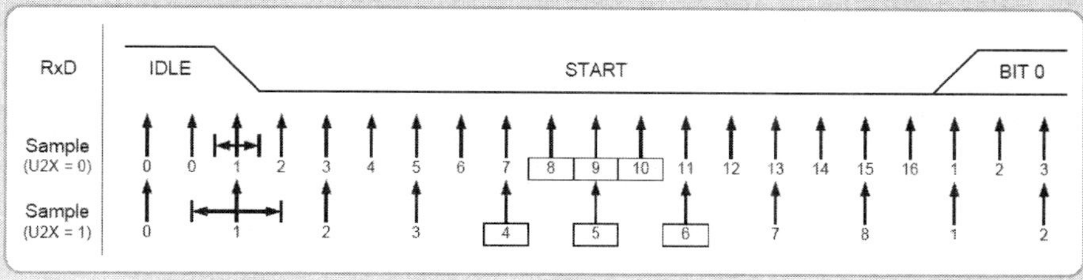

• 데이터 비트 및 패리티 비트 샘플링

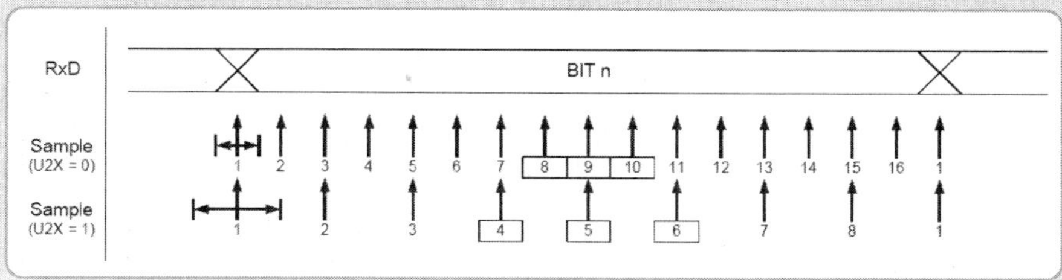

• 정지 비트 샘플링

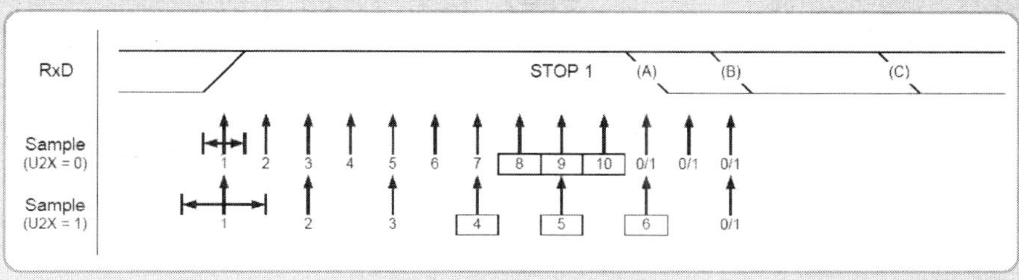

5.2 인터럽트를 이용한 비동기 직렬통신

USART1 직렬통신 포트와 인터럽트를 이용하여 컴퓨터와 문자 송수신하기

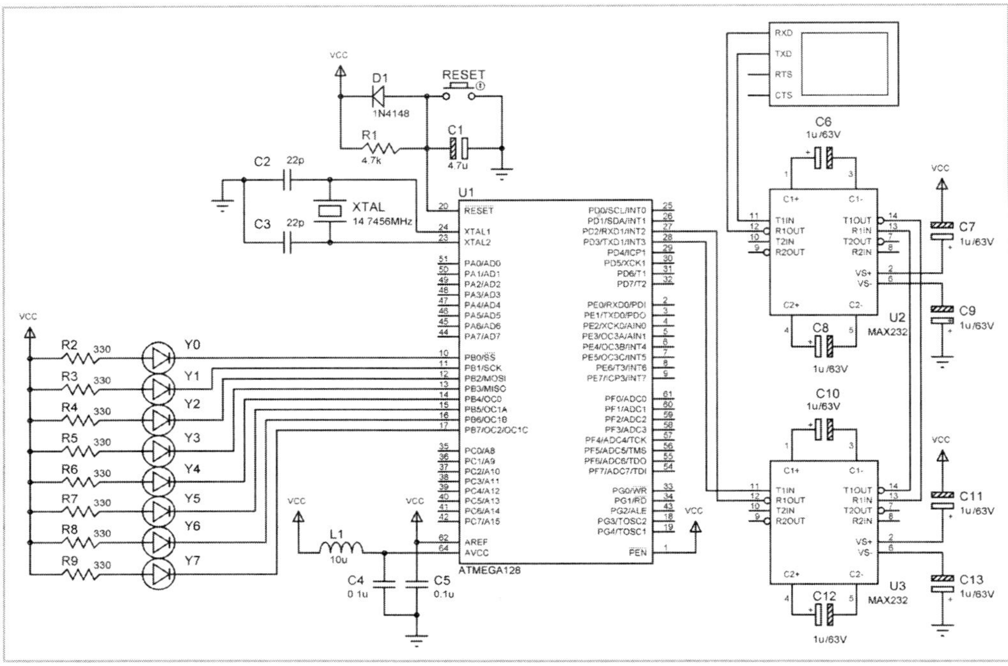

프로그램(AVR Studio)

```
#include    <avr/io.h>
#include    <avr/interrupt.h>
volatile unsigned char uart_data;

SIGNAL(SIG_UART1_DATA)              // 송신 인터럽트(UDR1 레지스터가 비워있음)
{       UDR1 = uart_data;
        UCSR1B &= 0xdf;             // 송신 인터럽트 디세이블
}

SIGNAL(SIG_UART1_RECV)              // 수신 인터럽트
{
    if(!(UCSR1A & 0x1c)){           // 프레임, 오버런, 패리티 에러가 없으면…
```

```
        uart_data = UDR1;
        PORTB = ~uart_data;         // 수신된 데이터를 ASCII코드로 포트B에 출력
        UCSR1B |= 0x20;             // 송신 인터럽트 인에이블
    }
}

int  main(void)
{
    DDRB = 0xff;                    // 포트 B 출력
    DDRD = 0x08;                    // PD3 출력
    PORTB = 0xff;                   // LED 초기 모두 off
    // UART1 초기 설정
    UBRR1H = 0;                     // 14.7456[MHz]일 경우 9600[bps]
    UBRR1L = 95;                    // 95
    UCSR1A = 0x00;                  // 비동기식 보통모드(x2 속도모드:프로테우스 동작안 됨)
    UCSR1B = 0x98;                  // 송신, 수신 인에이블, 수신 인터럽트 인에이블
    UCSR1C = 0x26;                  // 짝수 패리티, 8비트 데이터 크기
    sei();                          // 전체 인터럽트 인에이블(SREG |= 0x80)
    while(1);
}
```

8비트 데이터, 짝수 패리티, 1 정지비트, 전송속도 9600 bps, 인터럽트 방식, 컴퓨터에서 전송된 데이터를 UART1로 수신해서, LED에 ASCII로 표시하고 다시 컴퓨터로 데이터 송신

인터럽트를 이용한 UART 송신

- USART1 포트를 통해 송신하려면...

(1) 통신 속도 설정(보 레이트 설정)
(2) 송신 인에이블(TXEN1 비트를 '1'로 만들어 PD3 핀을 송신 핀으로 설정)
(3) 데이터 크기, 패리티 비트 및 정지 비트 설정
(4) 송신 인터럽트가 발생하면 송신하고자 하는 데이터를 UDR1 레지스터에 저장
(5) ATmega128은 자동으로 송신을 시작한다.

- 통신 속도 결정 : 9600 bps

9600bps의 경우 (14.7456 MHz이고, U2X1 = 0인 보통 모드일 경우)

$$UBRR1 = \frac{14745600}{16 \times 9600} - 1 = 95$$ 가 된다.

UCSR1A	-	-	-	-	-	-	U2X1	-
0x00	-	-	-	-	-	-	0	-

○ 데이터 비트 설정 : 8비트

데이터 비트의 크기는 UCSR1B, UCSR1C 레지스터를 이용하여 5 ~ 9 비트까지 설정할 수 있다. UCSZ12:UCSZ11:UCSZ10 비트를 이용하면 된다.

데이터 비트를 8 비트로 설정 했으므로 UCSZ12:UCS11:UCS10 = 011로 하면 된다. 비동기 통신이므로 UMSEL1 = 0 이다.

UCSR1B	-	-	-	-	-	UCSZ12	-	-
0x00	-	-	-	-	-	0	-	-

UCSR1C	-	UMSEL1	-	-	-	UCSZ11	UCSZ10	-
0x06	-	0	-	-	-	1	1	-

○ 패리티 비트 : 짝수 패리티

패리티 비트 설정은 UCSR1C 레지스터의 UPM11:UPM10 비트로 설정한다. 짝수 패리티를 사용하므로 UPM11:UPM10 = 10이다.

UCSR1C	-	UMSEL1	UPM11	UPM10	-	UCSZ11	UCSZ10	-
0x26	-	0	1	0	-	1	1	-

○ 정지 비트 : 1 비트

정지 비트 설정은 UCSR1C 레지스터의 USBS1 비트로 설정한다. 정지 비트를 1 비트 사용하므로 USBS1 = 0이다.

UCSR1C	-	UMSEL1	UPM11	UPM10	USBS1	UCSZ11	UCSZ10	-
0x26	-	0	1	0	0	1	1	-

UART1에 사용되는 핀

포트 핀	UART1에서의 기능
PD2	RXD1(UART1 Receive Pin) : USART1 수신 핀
PD3	TXD1(UART1 Transmit Pin) : USART1 송신 핀

UCSR1B 레지스터의 RXEN1과 TXEN1이 UART1 송수신 핀을 설정한다.

TXEN1 비트가 '1'이면 PD3 핀이 UART1 송신 핀으로 설정되고, RXEN1 비트가 '1'이면 PD2 핀이 UART1 수신 핀으로 설정된다.

비동기 직렬통신을 하기 위해서는 TXEN1과 RXEN1을 '1'로 만들어 PD3과 PD2를 송수신 핀으로 사용할 수 있게 만들어야 한다. TXEN1과 RXEN1 비트가 '1'이면, PD3와 PD2 핀은 I/O의 방향을 결정하는 DDRD 레지스터의 값과 무관하게 직렬통신용 송수신 핀으로 사용이 된다.

UCSR1B	-	-	-	RXEN1	TXEN1	USCZ12	-	-
0x18	-	-	-	1	1	0	-	-

UART1 송신 인터럽트

USART1 송신과 관련된 인터럽트는 2개가 있다. 인터럽트를 사용하기 위해서는 UCSR1B 레지스터의 인터럽트 인에이블 비트들을 '1'로 만들어 인터럽트 사용유무를 CPU에 알려야 한다.

UCSR1B	-	TXCIE1	UDRIE1	-	-	-	-	-

- **TXCIE1(USART1 Transmit Complete Interrupt Enable)** : 비트가 '1'이면 송신 완료 후(TSR 레지스터에 있는 모든 데이터가 송신이 완료 되고, UDR0 레지스터에 아무 데이터도 없을 때) 인터럽트가 요청된다.
- **UDRIE1(USART1 Data Register Empty Interrupt Enable)** : 비트가 '1'이면, UDR1 레지스터가 다음에 송신할 데이터를 받을 수 있는 상황이 될 때(비워있을 때) 인터럽트를 요청한다.

인터럽트를 이용한 UART 수신

USART1 포트를 통해 수신하려면...

(1) 통신 속도 설정(보 레이트 설정)
(2) 수신 인에이블(RXEN1 비트를 '1'로 만들어 PD2 핀을 수신으로 설정)
(3) 데이터 크기, 패리티 비트 및 정지 비트 설정
(4) 수신 인터럽트가 발생하면 수신 에러 검사
(5) UDR1 레지스터에서 수신된 데이터를 읽어 들인다.

UART1 수신 인터럽트

UART1에는 수신 인터럽트가 있다. 인터럽트를 사용하기 위해서는 UCSR1B 레지스터의 RXCIE1 비트를 '1'로 만들어 인터럽트 사용유무를 CPU에 알려야 한다.

UCSR1B							
RXCIE1	TXCIE1	UDRIE1	-	-	-	-	-

- **RXCIE1(USART1 Receive Complete Interrupt Enable)** : 비트가 '1'이면, 수신 완료 후 인터럽트가 요청된다.

UART1 수신에러 플래그

UART1에는 수신 중 에러가 발생하면 UCSR1A 레지스터를 통해 발생된 에러를 사용자에게 알린다. 에러의 종류는 다음과 같다.

UCSR1A							
RXC1	TXC1	UDRE1	FE1	DOR1	UPE1	-	-

- **FE1(Frame Error)** : 처음 정지 비트가 '0'일 때, 이 비트는 '1'이 된다.
- **DOR1(Data OverRun Error)** : 수신된 데이터를 UDR1 레지스터에서 읽기 전에 새로운 데이터가 수신되어 UDR1 레지스터에 덮어 쓰여진 경우.
- **UPE1(Parity Error)** : 패리티 에러인 경우, 이 비트가 '1'이 된다.

인터럽트 방식의 UART1 송수신을 위한 초기화

```
// 보통 모드로 9600bps 속도로 비동기 직렬 통신
UBRR1H = 0;          // 14.7456[MHz]일 경우 9600[bps]
```

```
UBRR1L = 95;          // 95
UCSR1A = 0x00;        // 비동기식 보통모드

// 8 데이터 비트, 정지비트 1비트, 짝수 패리티 사용.
UCSR1B = 0x98;        // 송신, 수신 인에이블, 수신 인터럽트 인에이블
UCSR1C = 0x26;        // 짝수 패리티, 8비트 데이터 크기
SREG |= 0x80;         // 전체 인터럽트 인에이블
```

실험 키트에 배선하기

ATmega128	I/O
PB0 ~ PB7	[LED UNIT] Y0 ~ Y7
PD2, PD3	[RS-232C UNIT] RXD, TXD
[RS-232C UNIT]의 9핀 커넥터를 RS-232C 케이블 PC와 연결	

AVR Stuio와 IAR 사용시 차이점

AVR Studio(WinAvr)	IAR
#include <avr/io.h>	#include <iom128.h>
#include <avr/interrupt.h>	별도 헤더파일 필요 없음.
int main(void)	void main(void)
SIGNAL(SIG_UART1_DATA)	#pragma vector=USART1_UDRE_vect __interrupt void USART1_UDRE_INT(void)
SIGNAL(SIG_UART1_RECV)	#pragma vector=USART1_RXC_vect __interrupt void USART1_RXC_INT(void)
sei();	SREG |= 0x80;

USART 구조

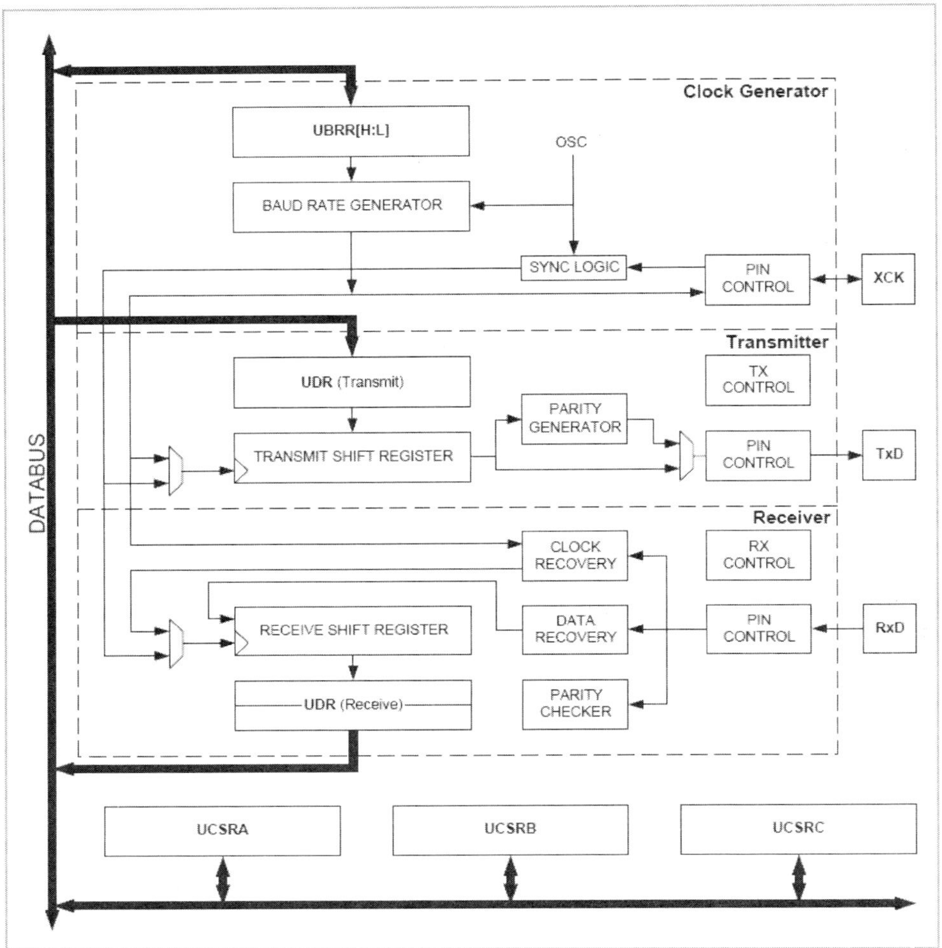

DATABUS
Clock Generator
UBRR[H:L]
OSC
BAUD RATE GENERATOR
SYNC LOGIC
PIN CONTROL
XCK
Transmitter
UDR (Transmit)
TX CONTROL
PARITY GENERATOR
TRANSMIT SHIFT REGISTER
PIN CONTROL
TxD
Receiver
CLOCK RECOVERY
RX CONTROL
RECEIVE SHIFT REGISTER
DATA RECOVERY
PIN CONTROL
RxD
UDR (Receive)
PARITY CHECKER
UCSRA
UCSRB
UCSRC

참조

- 직렬통신 관련 레지스터 및 초기값

비트번호	7	6	5	4	3	2	1	0	
	RXBn[7:0]								UDRn(읽기)
	TXBn[7:0]								UDRn(쓰기)
읽기/쓰기	R/W	R/W	R/W	R/W	R/W	R/W	R/W	R/W	
초기값	0	0	0	0	0	0	0	0	

비트번호	7	6	5	4	3	2	1	0	
	RXCn	TXCn	UDREn	FEn	DORn	UPEn	U2Xn	MPCMn	UCSRnA
읽기/쓰기	R	R/W	R	R	R	R	R/W	R/W	
초기값	0	0	1	0	0	0	0	0	

비트번호	7	6	5	4	3	2	1	0	
	RXCIEn	TXCIEn	UDRIEn	RXENn	TXENn	UCSZn2	RXB8n	TXB8n	UCSRnB
읽기/쓰기	R/W	R/W	R/W	R/W	R/W	R/W	R	R/W	
초기값	0	0	0	0	0	0	0	0	

비트번호	7	6	5	4	3	2	1	0	
	-	UMSELn	UPMn1	UPMn0	USBSn	UCSZn1	UCSZn0	UCPOLn	UCSRnC
읽기/쓰기	R/W	R/W	R/W	R/W	R/W	R/W	R/W	R/W	
초기값	0	0	0	0	0	1	1	0	

비트번호	15	14	13	12	11	10	9	8	
	-	-	-	-	UBRRn[11:8]				UBRRnH
	UBRRn[7:0]								UBRRnL
	7	6	5	4	3	2	1	0	
읽기/쓰기	R	R	R	R	R/W	R/W	R/W	R/W	
	R/W	R/W	R/W	R/W	R/W	R/W	R/W	R/W	
초기값	0	0	0	0	0	0	0	0	
	0	0	0	0	0	0	0	0	

시스템 주파수에 따른 UBRR 값

Baud Rate (bps)	f_{osc} = 1.0000 MHz				f_{osc} = 1.8432 MHz				f_{osc} = 2.0000 MHz			
	U2X = 0		U2X = 1		U2X = 0		U2X = 1		U2X = 0		U2X = 1	
	UBRR	Error	UBRR	Error	UBRR	Error	UBRR	Error	UBRR	Error	UBRR	Error
2400	25	0.2%	51	0.2%	47	0.0%	95	0.0%	51	0.2%	103	0.2%
4800	12	0.2%	25	0.2%	23	0.0%	47	0.0%	25	0.2%	51	0.2%
9600	6	-7.0%	12	0.2%	11	0.0%	23	0.0%	12	0.2%	25	0.2%
14.4k	3	8.5%	8	-3.5%	7	0.0%	15	0.0%	8	-3.5%	16	2.1%
19.2k	2	8.5%	6	-7.0%	5	0.0%	11	0.0%	6	-7.0%	12	0.2%
28.8k	1	8.5%	3	8.5%	3	0.0%	7	0.0%	3	8.5%	8	-3.5%
38.4k	1	-18.6%	2	8.5%	2	0.0%	5	0.0%	2	8.5%	6	-7.0%
57.6k	0	8.5%	1	8.5%	1	0.0%	3	0.0%	1	8.5%	3	8.5%
76.8k	–	–	1	-18.6%	1	-25.0%	2	0.0%	1	-18.6%	2	8.5%
115.2k	–	–	0	8.5%	0	0.0%	1	0.0%	0	8.5%	1	8.5%
230.4k	–	–	–	–	–	–	0	0.0%	–	–	–	–
250k	–	–	–	–	–	–	–	–	–	–	0	0.0%
Max [1]	62.5 kbps		125 kbps		115.2 kbps		230.4 kbps		125 kbps		250 kbps	

1. UBRR = 0, Error = 0.0%

Baud Rate (bps)	f_{osc} = 3.6864 MHz				f_{osc} = 4.0000 MHz				f_{osc} = 7.3728 MHz			
	U2X = 0		U2X = 1		U2X = 0		U2X = 1		U2X = 0		U2X = 1	
	UBRR	Error	UBRR	Error	UBRR	Error	UBRR	Error	UBRR	Error	UBRR	Error
2400	95	0.0%	191	0.0%	103	0.2%	207	0.2%	191	0.0%	383	0.0%
4800	47	0.0%	95	0.0%	51	0.2%	103	0.2%	95	0.0%	191	0.0%
9600	23	0.0%	47	0.0%	25	0.2%	51	0.2%	47	0.0%	95	0.0%
14.4k	15	0.0%	31	0.0%	16	2.1%	34	-0.8%	31	0.0%	63	0.0%
19.2k	11	0.0%	23	0.0%	12	0.2%	25	0.2%	23	0.0%	47	0.0%
28.8k	7	0.0%	15	0.0%	8	-3.5%	16	2.1%	15	0.0%	31	0.0%
38.4k	5	0.0%	11	0.0%	6	-7.0%	12	0.2%	11	0.0%	23	0.0%
57.6k	3	0.0%	7	0.0%	3	8.5%	8	-3.5%	7	0.0%	15	0.0%
76.8k	2	0.0%	5	0.0%	2	8.5%	6	-7.0%	5	0.0%	11	0.0%
115.2k	1	0.0%	3	0.0%	1	8.5%	3	8.5%	3	0.0%	7	0.0%
230.4k	0	0.0%	1	0.0%	0	8.5%	1	8.5%	1	0.0%	3	0.0%
250k	0	-7.8%	1	-7.8%	0	0.0%	1	0.0%	1	-7.8%	3	-7.8%
0.5M	–	–	0	-7.8%	–	–	0	0.0%	0	-7.8%	1	-7.8%
1M	–	–	–	–	–	–	–	–	–	–	0	-7.8%
Max [1]	230.4 kbps		460.8 kbps		250 kbps		0.5 Mbps		460.8 kbps		921.6 kbps	

1. UBRR = 0, Error = 0.0%

Baud Rate (bps)	f_{osc} = 8.0000 MHz				f_{osc} = 11.0592 MHz				f_{osc} = 14.7456 MHz			
	U2X = 0		U2X = 1		U2X = 0		U2X = 1		U2X = 0		U2X = 1	
	UBRR	Error	UBRR	Error	UBRR	Error	UBRR	Error	UBRR	Error	UBRR	Error
2400	207	0.2%	416	-0.1%	287	0.0%	575	0.0%	383	0.0%	767	0.0%
4800	103	0.2%	207	0.2%	143	0.0%	287	0.0%	191	0.0%	383	0.0%
9600	51	0.2%	103	0.2%	71	0.0%	143	0.0%	95	0.0%	191	0.0%
14.4k	34	-0.8%	68	0.6%	47	0.0%	95	0.0%	63	0.0%	127	0.0%
19.2k	25	0.2%	51	0.2%	35	0.0%	71	0.0%	47	0.0%	95	0.0%
28.8k	16	2.1%	34	-0.8%	23	0.0%	47	0.0%	31	0.0%	63	0.0%
38.4k	12	0.2%	25	0.2%	17	0.0%	35	0.0%	23	0.0%	47	0.0%
57.6k	8	-3.5%	16	2.1%	11	0.0%	23	0.0%	15	0.0%	31	0.0%
76.8k	6	-7.0%	12	0.2%	8	0.0%	17	0.0%	11	0.0%	23	0.0%
115.2k	3	8.5%	8	-3.5%	5	0.0%	11	0.0%	7	0.0%	15	0.0%
230.4k	1	8.5%	3	8.5%	2	0.0%	5	0.0%	3	0.0%	7	0.0%
250k	1	0.0%	3	0.0%	2	-7.8%	5	-7.8%	3	-7.8%	6	5.3%
0.5M	0	0.0%	1	0.0%	–	–	2	-7.8%	1	-7.8%	3	-7.8%
1M	–	–	0	0.0%	–	–	–	–	0	-7.8%	1	-7.8%
Max [(1)]	0.5 Mbps		1 Mbps		691.2 kbps		1.3824 Mbps		921.6 kbps		1.8432 Mbps	

1. UBRR = 0, Error = 0.0%

Baud Rate (bps)	f_{osc} = 16.0000 MHz			
	U2X = 0		U2X = 1	
	UBRR	Error	UBRR	Error
2400	416	-0.1%	832	0.0%
4800	207	0.2%	416	-0.1%
9600	103	0.2%	207	0.2%
14.4k	68	0.6%	138	-0.1%
19.2k	51	0.2%	103	0.2%
28.8k	34	-0.8%	68	0.6%
38.4k	25	0.2%	51	0.2%
57.6k	16	2.1%	34	-0.8%
76.8k	12	0.2%	25	0.2%
115.2k	8	-3.5%	16	2.1%
230.4k	3	8.5%	8	-3.5%
250k	3	0.0%	7	0.0%
0.5M	1	0.0%	3	0.0%
1M	0	0.0%	1	0.0%
Max [(1)]	1 Mbps		2 Mbps	

1. UBRR = 0, Error = 0.0%

06

ATmega128 PWM, EEPROM

6.1 Fast PWM 모드로 DC 모터 구동

8비트 Fast PWM 모드를 이용한 DC 모터의 속도 변화시키기

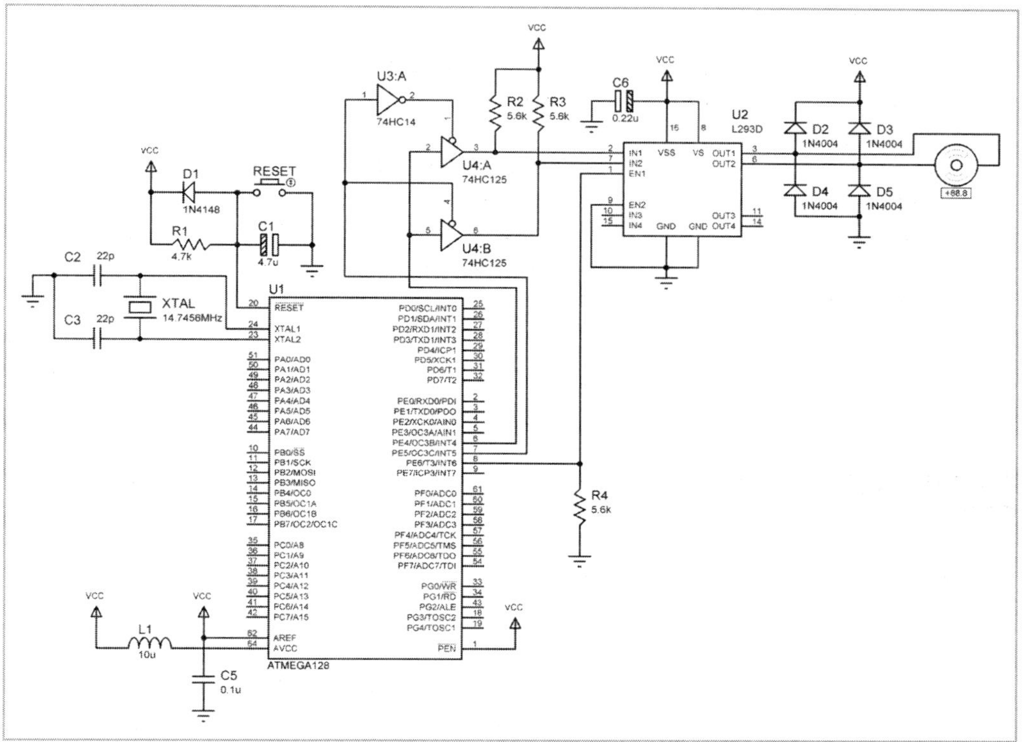

동작방법

OC3B에서 듀티비 50:50인 PWM이 발생한다. PE6는 L293의 EN1을 on시켜서 PWM 신호를 모터에 전달하게 한다. PE5는 모터의 방향을 결정하는 것으로 이 핀이 '1'이면 L293의 IN1에만 PWM 신호가 공급되게 되어 모터는 시계방향으로 회전하게 된다. PWM 신호의 듀티비가 변함에 따라 모터의 속도는 증가하거나 감소하게 된다.

프로그램(AVR Studio)

```
#include  <avr/io.h>
int  main(void)
{
    DDRE = 0x70;                    // PE4, PE5, PE6 출력
    // PE4(PWM) 핀으로 초기값 0을 출력
    // PE5(DIR) 핀으로 1출력 -> 모터는 시계방향으로 회전
    // PE6(EN)핀으로 1 출력 -> L293 인에이블
    PORTE = 0x60;
    TCNT3L = 0x00;                  // 카운터 레지스터 초기화
    OCR3BL = 0x7f;                  // 듀티비 설정
    TCCR3A = 0x21;                  //  8비트 Fast PWM모드, PE4로 non-inverting PWM
                                    // 신호 출력
    TCCR3B = 0x0d;                  // 1024분주
    while(1);                       // 무한 루프
}
```

PWM에 대하여

○ PWM(Pulse Width Modulation, 펄스 폭 변조)

1T란 시간 영역(x값)에서, 0.5T는 y값이 5이고 나머지 0.5T는 y값이 0이었다면, xy 면적은 2.5일 것이고, 이는 1T란 시간 동안 y값이 2.5인 면적과 동일한 결과를 얻을 수 있을 것이다. 이와 같이 같은 주기 동안 펄스의 폭을 달리하여 평균 y값을 컨트롤하는 것을 PWM이라 부른다.

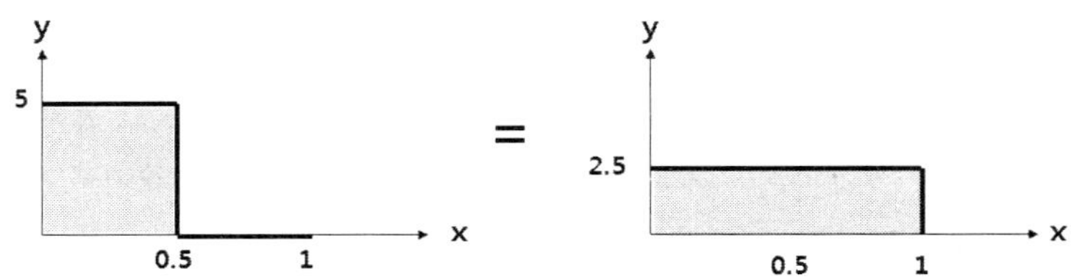

아래 그림과 같이 모터에 인가되는 전압을 On/Off시켜서 모터에 인가되는 평균 전압을 변화시킨다. 즉, 같은 주기 T 동안 펄스폭을 변화시키면서 Ton 시간에 따라서 모터에 가해지는 평균 전압이 변하게 된다. 전압이 0V ~ +5V 사이로 인가될 때,

그림 (a)의 평균 전압은 약 2.5V이고 그림 (b)의 평균 전압은 약 3.75V 정도라 할 수 있다.

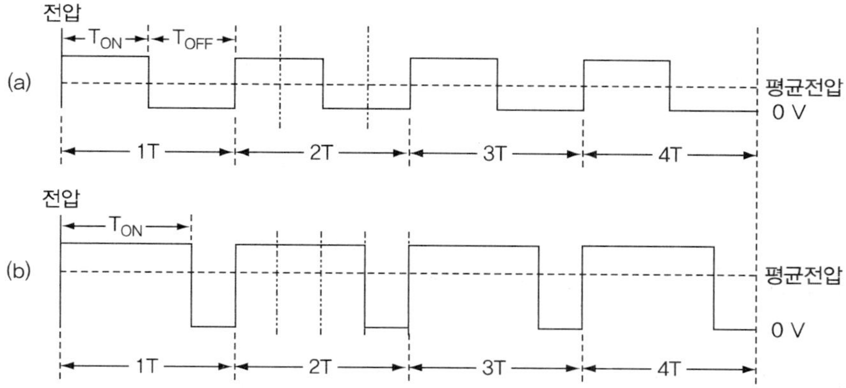

ATmega128의 PWM 모드

PWM이란 기본적으로 한 주기에 전압을 얼마 동안 On 시키고, 얼마 동안 Off 시키느냐이다. 바로 한 주기라는 것은 시간을 의미하므로 PWM은 타이머 모드를 이용하여 주기의 시간을 결정할 수 있을 것이다. 그러므로 PWM은 타이머의 한 부분이라 할 수 있고, ATmega128에서도 타이머에 PWM 기능이 있다.

ATmega128에는 크게 두 가지 PWM 모드가 있다.

(1) Fast PWM 모드

(2) Phase Correct PWM 모드이다.

타이머/카운터를 이용한 PWM

타이머/카운터 3을 이용한 PWM을 설명하면...

PWM 신호는 타이머/카운터 0, 타이머/카운터 1, 타이머/카운터 2, 타이머/카운터 3을 이용하여 OC0(PB4), OC1A(PB5), OC1B(PB6), OC1C/OC2(PB7), OC3A(PE3), OC3B(PE4), OC3C(PE5) 핀에 출력시킬 수 있다.

타이머/카운터 3은 타이머/카운터 1과 동일한 구조로 이루어져 있다. 그래서 컨트롤레지스터의 이름도 타이머/카운터 1과 같이 TCCR3A, TCCR3B, TCCR3C이다(레지스터 이름 중 1만 3으로 변경되었다). 이 컨트롤 레지스터 중에 TCCR3A와 TCCR3B 레지스터를 이용하여 PWM 신호를 만들어 낼 수 있다. 이들 레지스터의 옵션을 조정하여 만들어낸 PWM 신호는 포트 핀을 통해 밖으로 PWM 신호를 전달해야 하는데 타이머/카운터 3을 이용하여 만들어낸 PWM 신호는 3군데의 경로를 통해 신호를 출력할 수가 있다. 그 곳은 바로 OC3A, OC3B, OC3C 핀이다. 즉 포트 E의 3, 4, 5번 핀(PE3, PE4, PE5)을 통해 PWM 신호를 외부에 출력시키게 된다. 이 역시 컨트롤 레지스터를 통해 설정해 준다.

타이머/카운터 3 PWM 모드와 관련된 레지스터

타이머/카운터 3 PWM 모드와 관련된 레지스터

- 타이머/카운터 3 컨트롤 레지스터 : TCCR3A, TCCR3B
- 타이머/카운터 3 카운트 레지스터 : TCNT3H, TCNT3L
- 타이머/카운터 3 비교 레지스터 : OCR3AH, OCR3BH, OCR3CH, OCR3AL, OCR3BL, OCR3CL

타이머/카운터 3 카운터 레지스터, TCNT3H, TCNT3L

카운트된 값이 저장되는 8비트 크기의 레지스터들, 총 16비트 크기의 값을 저장할 수 있다. TCNT3H와 TCNT3L을 합쳐서 TCNT3이라 부른다.

타이머/카운터 3 비교 레지스터, OCR3xH, OCR3xL(x = A, B, C)

비교 레지스터로 PWM 모드 시 듀티비를 설정하는 레지스터이며, 총 16비트 크기의 값을 저장할 수 있다. OCR3xH와 OCR3xL을 합쳐서 OCR3x라 부른다. 타이머/카운터 3에서 PWM 모드로 사용하기 위해서는 WGM33:WGM30 비트 값을 적절히 셋팅해야 PWM 모드로 사용할 수 있다.

TCCR3A	COM3A1	COM3A0	COM3B1	COM3B0	COM3C1	COM3C0	WGM31	WGM30
TCCR3B	-	-	-	WGM33	WGM32	CS32	CS31	CS30

WGM33	WGM32	WGM31	WGM30	기능
0	0	0	1	PWM, 8비트 Phase Correct 모드
0	0	1	0	PWM, 9비트 Phase Correct 모드
0	0	1	1	PWM, 10비트 Phase Correct 모드
0	1	0	1	PWM, 8비트 Fast 모드
0	1	1	0	PWM, 9비트 Fast 모드
0	1	1	1	PWM, 10비트 Fast 모드

PWM 주기

WGM33:WGM30 = 0001이면 8비트 Phase Correct PWM 모드로 사용할 수가 있다고 했는데, 여기서 8비트라는 것은 주기를 의미한다. 주기가 8비트라고 했으므로, 그 주기는 0 ~ 0xff(10진수로 255)라 할 수 있다. 즉, 0 ~ 255를 기준으로 얼마 동안 On을 할 것이며, 또 얼마 동안 Off를 할 것인지를 정하면 되는 것이다. 위의 표에서와 같이 8비트, 9비트, 10비트 PWM으로 선택할 수가 있다. 즉, 주기가 8비트의 경우 0 ~ 255를 의미하고, 주기를 9비트의 경우 0 ~ 511을 의미하고, 주기를 10 비트의 경우 0 ~ 1023을 의미하는 것이다.

PWM 듀티비

실제로 얼마 동안 On을 시킬 것인지 듀티비를 결정해야 할 것이다. 이 듀티비는 OCR3xH:OCR3xL(x = A,B,C) 레지스터에서 결정을 한다. PWM의 주기가 최대 10비트(OCRnA 또는 ICRn 사용시에는 2 ~ 16 비트까지 가능)이므로 듀티비도 최대 10비트까지 가능하다 따라서 8비트 레지스터 2개를 이용하여 듀티비를 설정해 준다. ATmega128에서 생성된 PWM 신호는 PE3, PE4, PE5 핀을 통해 출력을 한다.

PE3핀으로 PWM 신호를 출력할 때는 OCR3AH:OCR3AL 레지스터,
PE4핀으로 PWM 신호를 출력할 때는 OCR3BH:OCR3BL 레지스터,
PE5핀으로 PWM 신호를 출력할 때는 OCR3CH:OCR3CL 레지스터

에 듀티비를 설정하면 된다.

Fast PWM과 Phase Correct PWM

PWM 종류

PWM 모드에는 Fast PWM 모드와 Phase Correct PWM 모드가 있는데, 두 모드의 가장 큰 차이점은 카운트 하는 방법의 차이이다.

예를 들어 8비트 PWM의 경우, 듀티비가 0x80이고 PE4번 핀으로 PWM 신호를 출력한다고 가정하면, 먼저 PE4번 핀으로 PWM 신호를 출력하므로 OCR3BL 레지스터에 듀티비 0x80을 저장하고, 주기를 나타내는 TCNT3L 레지스터를 0으로 클리어 시켜서 초기화를 시킨다. 이러한 초기화 과정 후, Fast PWM 모드 또는 Phase Correct PWM 모드 설정에 따라 각각의 모드가 어떠한 동작을 하는지 살펴보면,

Fast PWM의 경우

Fast PWM 모드는 1 사이클(머신 사이클 또는 머신 사이클이 프리스케일러를 거친 타이머/카운터 3 사이클) 마다 하나씩 카운트 돼서 TCNT3L 레지스터를 하나씩 증가 시킨다.

(1) TCNT3L 레지스터의 값이 듀티비를 나타내는 OCR3BL 레지스터의 값인 0x80과 일치하면 PE4핀으로 '1'(or '0') 값을 출력하고(옵션에 따라 다름), TCNT3L 레지스터는 계속 증가를 한다.

(2) 8비트의 최대값인 0xff(255)에 도달하면 PE4핀으로 '0'(or '1') 값을 출력하고, TCNT3L 레지스터를 '0'으로 클리어시키고 다시 '0'부터 카운트해서 TCNT3L을 증가시켜 (1), (2)를 반복적으로 수행한다.

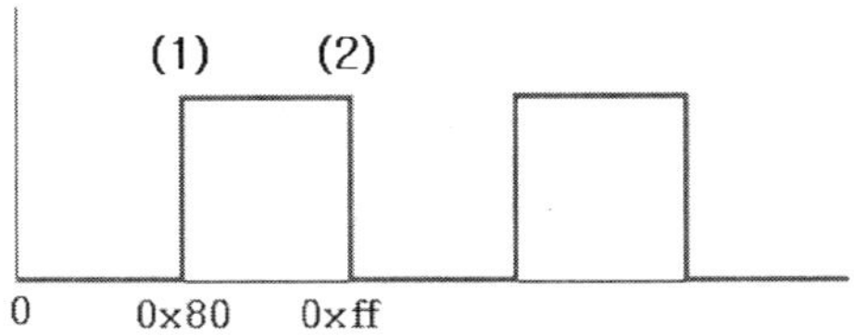

(3) PWM 주파수는 $f_{OCnXPWM} = \dfrac{f_{clk_{IO}}}{N \cdot (1+TOP)}$ 이다. $f_{clk_{IO}}$는 시스템 주파수(교재에서는 14.7456 MHz), n은 1 또는 3, X는 A 또는 B 또는 C, N 은 프리스케일러 계수, TOP는 설정 모드에 따라 0x00ff, 0x01ff, 0x03ff, ICRn,

OCRnA 값이다. 타이머/카운터 1을 사용할 때도 동일하다. (단, 타이머/카운터 0 또는 타이머/카운터 2를 사용할 경우에는 $f_{OCnPWM} = \frac{f_{clk_{IO}}}{N \cdot 256}$ 이다. n은 0 또는 2이다.)

Fast PWM 모드의 옵션

TCCR3A	COM3A1	COM3A0	COM3B1	COM3B0	COM3C1	COM3C0	WGM31	WGM30

COM3x1	COM3x0	기 능
1	0	non-inverting, 듀티비와 일치하면 0출력, 주기값과 일치하면 1출력
1	1	Inverting, 듀티비와 일치하면 1출력, 주기값과 일치하면 0출력

x = A, B, C

- PWM 신호 출력 단자 : 'OC3A'(COM3A1..0 사용시), 'OC3B'(COM3B1..0 사용시, 'OC3C'(COM3C1..0 사용시).
- 주기값 : 8비트 PWM이면 주기값 즉, TCNT3H:TCNT3L은 0xff(255)
  9비트 PWM이면 주기값 즉, TCNT3H:TCNT3L은 0x1ff(511)
  10비트 PWM이면 주기값 즉, TCNT3H:TCNT3L은 0x3ff(1023)

* COM3x1..0 : '00'일 때, 일반적인 입출력 포트 동작.
  COM3x1..0 : '01'일 때, 'WGMn3:0=15'인 경우 듀티비와 일치하면 OC1A 또는 OC3A 신호가 토글(OC1B, OC1C, OC3B, OC3C는 일반적인 입출력 포트로 동작). 그 외의 'WGMn3:0'값 설정은 일반적인 입출력 포트로 동작.

Phase Correct PWM의 경우

(1) TCNT3L 레지스터 값이 OCR3BL 레지스터 값인 0x80과 일치하면 PE4 핀으로 '1'(or '0')값을 출력하고, TCNT3L 레지스터는 계속 증가한다.
(2) TCNT3L 값이 8비트 PWM의 최대값인 0xff(255)에 도달하면 이때부터 TCNT3L에 있는 값을 하나씩 감소하기 시작한다.
(3) 다시 듀티비를 나타내는 OCR3BL 레지스터의 값인 0x80과 일치하면 PE4핀으로 '0'(or '1') 값을 출력하고, 계속 TCNT3L 값을 감소시킨다.

(4) TCNT3L 값이 '0'이 되면 다시 증가를 시킨다.

이와 같은 방법을 쓰면 Phase Correct PWM 주기를 Fast PWM 보다 두 배로 늘릴 수가 있다(주파수는 반이 된다).

(5) PWM 주파수는 $f_{OCnXPCPWM} = \dfrac{f_{clk_{IO}}}{2 \cdot N \cdot (1+TOP)}$ 이다. $f_{clk_{IO}}$는 시스템 주파수(교재에서는 14.7456 MHz), n은 1 또는 3, X는 A 또는 B 또는 C, N은 프리스케일러 계수, TOP는 설정 모드에 따라 0x00ff, 0x01ff, 0x03ff, ICRn, OCRnA 값이다. 타이머/카운터 1을 사용할 때도 동일하다. (단, 타이머/카운터 0 또는 타이머/카운터 2를 사용할 경우에는 $f_{OCnPCPWM} = \dfrac{f_{clk_{IO}}}{N \cdot 510}$ 이다. n은 0 또는 2이다.)

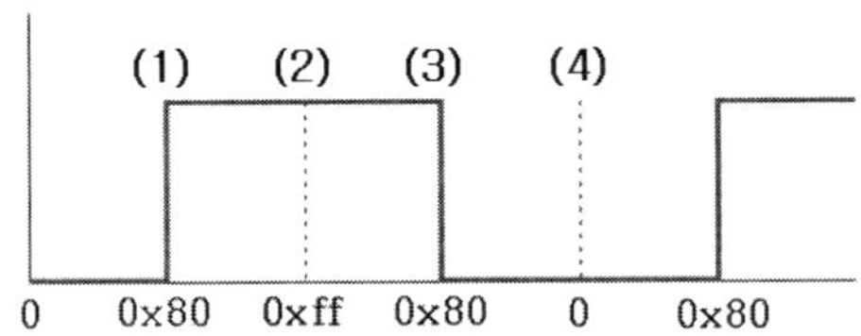

Phase Correct PWM 모드의 옵션

TCCR3A	COM3A1	COM3A0	COM3B1	COM3B0	COM3C1	COM3C0	WGM31	WGM30

COM3x1	COM3x0	기 능
1	0	TCNT3H:TCNT3L레지스터의 값이 증가하면서 OCR3x1:OCR3x0레지스터의 값과 일치하면 '0'출력 TCNT3H:TCNT3L레지스터의 값이 감소하면서 OCR3x1:OCR3x0레지스터의 값과 일치하면 '1'출력
1	1	TCNT3H:TCNT3L레지스터의 값이 증가하면서 OCR3x1:OCR3x0레지스터의 값과 일치하면 '1'출력 TCNT3H:TCNT3L레지스터의 값이 감소하면서 OCR3x1:OCR3x0레지스터의 값과 일치하면 '0'출력

x = A, B, C

- PWM 신호 출력 단자 : 'OC3A'(COM3A1..0 사용시), 'OC3B'(COM3B1..0 사용시), 'OC3C'(COM3C1..0 사용시).

- 주기값 : 8비트 PWM이면 주기값 즉, TCNT3H:TCNT3L은 0xff(255)
  9비트 PWM이면 주기값 즉, TCNT3H:TCNT3L은 0x1ff(511)
  10비트 PWM이면 주기값 즉, TCNT3H:TCNT3L은 0x3ff(1023)

* COM3x1..0 : '00'일 때, 일반적인 입출력 포트 동작.
COM3x1..0 : '01'일 때, 'WGMn3:0=9 또는 11'인 경우 듀티비와 일치하면 OC1A 또는 OC3A 신호가 토글(OC1B, OC1C, OC3B, OC3C는 일반적인 입출력 포트로 동작). 그 외의 'WGMn3:0'값 설정은 일반적인 입출력 포트로 동작.

○ 분주비 설정

PWM은 기본적으로 같은 주기에서 On/Off 시간을 조절하는 것이므로 같은 주기를 만들기 위해 일정한 간격으로 카운트할 수 있는 타이머 모드를 사용해야 한다. TCCR3B 컨트롤 레지스터의 CS32:CS31:CS30 3개의 비트로 분주비를 설정한다.

TCCR3B	-	-	-	WGM33	WGM32	CS32	CS31	CS30

CS32	CS31	CS30	기능
0	0	0	타이머 정지
0	0	1	시스템 클록($clk_{I/O}$)
0	1	0	$clk_{I/O}$를 8 분주하는 프리스케일러
0	1	1	$clk_{I/O}$를 64 분주하는 프리스케일러
1	0	0	$clk_{I/O}$를 256 분주하는 프리스케일러
1	0	1	$clk_{I/O}$를 1024 분주하는 프리스케일러

타이머/카운터 3을 이용한 8비트 Fast PWM 모드를 발생시켜 DC 모터 구동하기

○ Fast PWM 초기화 순서

타이머/카운터 3을 이용하여

(1) 8비트 Fast PWM 모드 설정

WGM33	WGM32	WGM31	WGM30	기능
0	1	0	1	8비트 Fast PWM 모드

(2) 듀티비 50%인 PWM 신호 설정

듀티비가 50%이므로 주기의 50%이고, 8비트 PWM이므로 주기는 0xff가 되고 듀티값은 0xff/2이 된다. 즉 0x7f이므로 OCR3BL = 0x7f가 된다.

(3) PE 4핀으로 출력 설정

COM3B1	COM3B0	기 능
1	0	듀티비와 일치하면 0출력, 주기값과 일치하면 1출력
1	1	듀티비와 일치하면 1출력, 주기값과 일치하면 0출력

(4) 분주비 1024 설정($f_{OC3BPWM}$ =14745600/(1024×(1+255))=56.25 Hz)

CS32	CS31	CS30	기 능
1	0	1	$clk_{I/O}$를 1024 분주하는 프리스케일러

○ 타이머/카운터 3 컨트롤 레지스터에 적용하면...

TCCR3A	COM3A1	COM3A0	COM3B1	COM3B0	COM3C1	COM3C0	WGM31	WGM30
0x21	0	0	1	0	0	0	0	1

TCCR3B	-	-	-	WGM33	WGM32	CS32	CS31	CS30
0x0d	0	0	0	0	1	1	0	1

○ 초기화

```
// PWM 초기화
DDRE = 0x70;           // PE4 출력으로 설정
PORTE = 0x60;          // PE4 핀으로 초기값, PE6 핀으로 1 출력
TCNT3L = 0x00;         // 카운트 레지스터 초기화
OCR3BL = 0x7f;         // 듀티비 설정(8비트)
 // 1024분주, 8 비트 Fast PWM 모드 설정, PE4로 non-inverting PWM
 // 신호 출력. 타이머/카운터3, PE4(OC3B)로 PWM 출력.
TCCR3A = 0x21;
TCCR3B = 0x0d;
```

실험 키트에 배선하기

ATmega128	I/O
PE4, PE5, PE6	[DC MOTOR UNIT] PWM, DIR, EN

AVR Stuio와 IAR 사용시 차이점

AVR Studio(WinAvr)	IAR
#include <avr/io.h>	#include <iom128.h>
int main(void)	void main(void)

참조

- **DC 모터 원리**

DC 모터는 자석이 같은 극끼리는 서로 밀어내고, 다른 극끼리는 서로 끌어당기는 성질을 이용한 것이다. 자기장 속에서 전류가 흐르면 전류가 흐르는 도선은 힘을 받아 움직인다. 자기장의 방향은 N극에서 S극으로 향하며, 전류는 +에서 −로 향한다. 자기장의 방향과 전류의 방향에 따라 도선이 받는 힘의 방향이 결정되는데 이 세 가지의 연관 관계를 나타낸 것이 바로 프레밍의 왼손 법칙이다. 즉, 자기장의 방향과 전류의 방향과 힘은 3차원 그래프 같이 서로 직각을 이룬다.

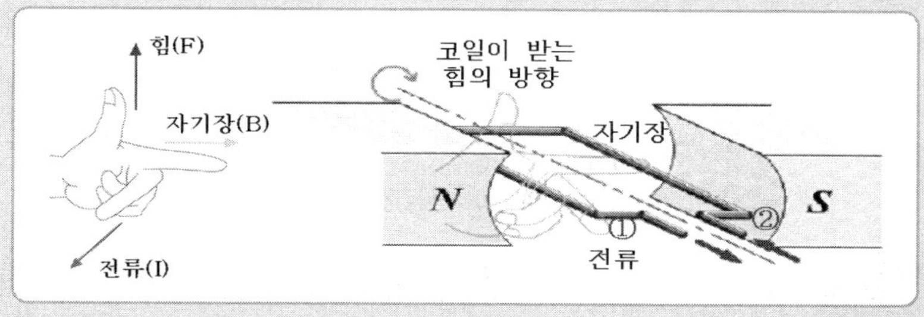

위의 그림과 같이

①번쪽 도선의 경우 자기장은 왼쪽에서 오른쪽으로 향하고, 전류가 뒤에서 앞쪽으로 흐르므로 힘의 방향은 위쪽으로 향하므로 회전축은 시계방향으로 돌아 갈 것이다.

②번쪽 도선의 경우 자기장이 좌에서 우로 흐르고, 전류는 앞에서 뒤쪽으로 흐르므로 힘의 방향은 아래쪽을 향하므로 회전축은 시계방향으로 돌아 갈 것이다.

전류의 방향을 바꿔주면 회전축은 반 시계 방향으로 돌아갈 것이다.

- DC 모터 구동 드라이버 IC L293

플레밍의 왼손 법칙을 일명 FBI 법칙이라고 부르는데, 이는 F ∝ B I이다. F(힘)라는 값은 모터를 구동하는 힘이다. DC 모터는 고정자에 영구 자석을 배치하여 자기장을 만들어 주기 때문에 자기장 값은 상수 값이다. 그러므로 전류(I)를 얼마나 흘려주느냐에 따라 F(힘)라는 값이 정해진다. 전류가 바로 DC모터를 구동하는 중요한 변수이다. ATmega128의 포트의 경우 약 40mA의 전류를 흘릴 수 있다. 하지만 우리가 쓰는 DC 모터의 경우 12V용으로 전류 0.13A(130mA)를 흐르게 할 수가 있다. 산술적으로 ATmega128 포트의 경우 5V X 40mA = 0.2W이고, DC 모터는 12V X 0.13A = 1.56W를 필요로 하므로 ATmega128의 포트로는 DC모터가 필요로 하는 힘의 약 1/8 밖에 공급할 수 없으므로 DC 모터를 구동할 수 없다. 그래서 DC모터에 파워TR인 L293이라는 DC모터 드라이버를 부착하여 DC모터를 구동하는 것이다. L293의 경우 약 1.2A에 4W까지 구동할 수 있는 드라이버이다.

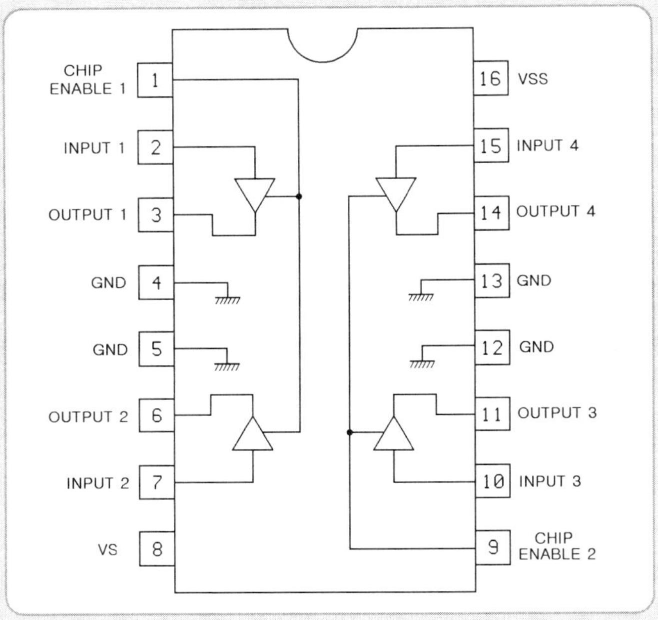

L293의 동작 관계

제어신호	PWM	DC 모터
CHIP ENABLE 1 = 1	INPUT 1	OUTPUT 1
	INPUT 2	OUTPUT 2
CHIP ENABLE 2 = 1	INPUT 3	OUTPUT 3
	INPUT 4	OUTPUT 4

VSS → Logic 전원 (+4.5V ~ +7V)
VS → 모터 전원 (VSS ~ +36V)

6.2 Phase Correct PWM 모드로 DC 모터 구동

Phase Correct PWM 모드와 Fast PWM 모드를 이용하여 2개의 DC 모터 속도 변화시키기

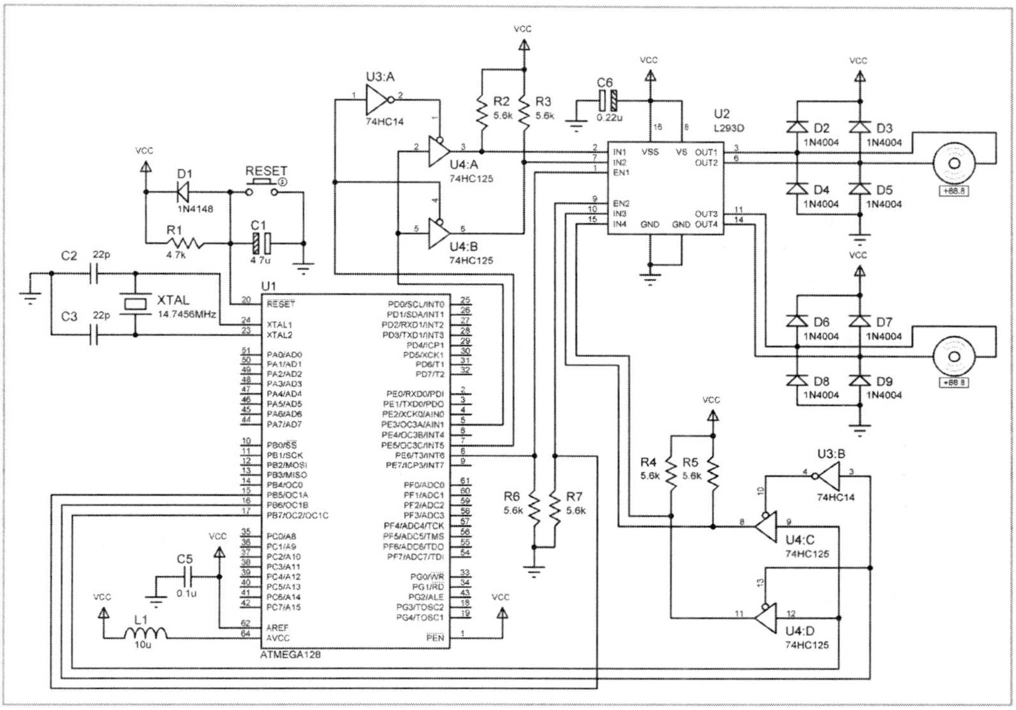

동작방법

OC3A와 OC2에서 PWM신호가 발생하여 2개의 DC 모터를 회전시킨다. OC3A에서는 듀티비 50:50인 Phase Correct PWM이 발생한다. PE6는 L293의 EN1을 on시켜서 PWM 신호를 모터에 전달하게 한다. PE5는 모터의 방향을 결정하는 것으로 이 핀이 '0'이면 L293의 IN2에만 PWM 신호가 공급되게 되어 모터는 반시계방향으로 회전하게 된다. OC2에서는 듀티비 50:50인 Fast PWM이 발생한다. PB5는 L293의 EN2을 on시켜서 PWM 신호를 모터에 전달하게 한다. PB6는 모터의 방향을 결정하는 것으로 이 핀이 '1'이면 L293의 IN3에만 PWM 신호가 공급되게 되어 모터는 시계방향으로 회전하게 된다. PWM 신호의 듀티비를 조절하면 모터의 속도는 증가하거나 감소한다.

프로그램(AVR Studio)

```
#include  <avr/io.h>

int  main(void)
{
    DDRE = 0x68;                    // PE3, PE5, PE6 출력
    // PE3(PWM)로 초기값 0을 출력
    // PE5(DIR) 로 0출력 -> 모터는 반시계 방향으로 회전
    // PE6(EN)핀으로 1 출력 -> L293 인에이블

    // 10 비트 Phase Correct PWM 모드, 타이머/카운터3, OC3A핀 이용
    PORTE = 0x40;
    TCNT3H = 0x00;                  // 타이머/카운터 레지스터 초기화
    TCNT3L = 0x00;
    OCR3AH = 0x01;                  // 듀티비 설정(50:50)
    OCR3AL = 0xff;
    TCCR3A = 0xc3;                  // Phase Correct PWM모드, 10비트 PWM 신호 출력
    TCCR3B = 0x05;                  // 1024분주
    DDRB = 0xe0;                    // PB5, PB6, PB7 출력
    // PB7(PWM)로 초기값 0을 출력
    // PB6(DIR) 로 1출력 -> 모터는 시계 방향으로 회전
    // PB5(EN)핀으로 1 출력 -> L293 인에이블
    // 8비트 Fast PWM 모드, 타이머/카운터2, OC2핀 이용
    PORTB = 0x60;
    TCNT2 = 0x00;                   // 타이머/카운터 레지스터 초기화
    OCR2 = 0x7f;                    // 듀티비 설정(50:50)
    TCCR2 = 0x6d;                   // Fast PWM모드, 1024분주
    while(1);                       // 무한 루프
}
```

타이머/카운터 3을 이용한 10비트 Phase Correct PWM 모드 및 타이머/카운터 2 이용한 Fast PWM 모드를 발생시켜 2개의 DC 모터 구동하기

Phase Correct PWM 모드

- Phase Correct PWM 초기화 순서

타이머/카운터 3을 이용하여

(1) 10비트 Phase Correct PWM 모드 설정

WGM33	WGM32	WGM31	WGM30	기능
0	0	1	1	10 비트 Phase Correct PWM 모드

(2) 듀티비 50%인 PWM 신호 설정

듀티비가 50%이므로 주기의 50%이고, 10비트 PWM이므로 주기는 0x3ff가 되고 듀티값은 0x3ff/2가 된다. 즉 0x1ff이므로 OCR3AH = 0x01, OCR3AL = 0xff가 된다.

(3) PE3 핀으로 출력 설정

COM3A1	COM3A0	기 능
1	0	증가하면서 일치하면 0출력, 감소하면서 일치하면 1 출력
1	1	증가하면서 일치하면 1출력, 감소하면서 일치하면 0 출력

(4) 분주비 1024 설정($f_{OC3APCPWM}$ = 14745600/[2×1024×(1+1023)] ≒ 7.03 Hz)

CS32	CS31	CS30	기능
1	0	1	$clk_{I/O}$를 1024 분주하는 프리스케일러

- 타이머/카운터 3 컨트롤 레지스터에 적용하면...

TCCR3A	COM3A1	COM3A0	COM3B1	COM3B0	COM3C1	COM3C0	WGM31	WGM30
0xc3	1	1	0	0	0	0	1	1

TCCR3B	-	-	-	WGM33	WGM32	CS32	CS31	CS30
0x05	0	0	0	0	0	1	0	1

○ 초기화

```
// PWM 초기화
DDRE = 0x68;              // PE3 출력으로 설정
PORTE = 0x40;             // PE3핀으로 초기값 0, PE6핀으로 1 출력
TCNT3H = 0x00;            // 타이머/카운트 레지스터 초기화
TCNT3L = 0x00;
OCR3AH = 0x01;            // 듀티비 설정 (10비트)
OCR3AL = 0xff;
TCCR3A = 0xc3;            // 1024분주, 10 비트 Phase Correct PWM 모드 설정
TCCR3B = 0x05;            // 타이머/카운터 3, PE3(OC3A)로 PWM 출력
```

Fast PWM 모드

○ Fast PWM 초기화 순서

타이머/카운터 2를 이용하여

(1) 8비트 Fast PWM 모드 설정

WGM21	WGM20	기능
1	1	8 비트 Fast PWM 모드

(2) 듀티비 50%인 PWM 신호 설정

듀티비가 50%이므로 주기의 50%이고, 8비트 PWM이므로 주기는 0xff가 되고 듀티값은 0xff/2이 된다. 즉 0x7f이므로 OCR2 = 0x7f가 된다.

(3) PB7 핀으로 출력 설정

COM21	COM20	기 능
1	0	듀티비와 일치하면 0출력, 주기값과 일치하면 1출력
1	1	듀티비와 일치하면 1출력, 주기값과 일치하면 0출력

(4) 분주비 1024 설정(f_{OC2PWM} = 14745600/(1024×256) = 56.25 Hz)

CS22	CS21	CS20	기능
1	0	1	$clk_{I/O}$를 1024 분주하는 프리스케일러

○ 타이머/카운터 2 컨트롤 레지스터에 적용하면...

TCCR2	-	WGM20	COM21	COM20	WGM21	CS22	CS21	CS20
0x6d	0	1	1	0	1	1	0	1

○ 초기화

```
DDRB = 0xe0;            // PB7 출력
PORTB = 0x60;           // PB7핀으로 초기값 0, PB5핀으로 1 출력
// PB7(PWM)로 초기값 0을 출력
// 8비트 Fast PWM 모드, 타이머/카운터 2, OC2핀 이용
TCNT2 = 0x00;           // 타이머/카운터 레지스터 초기화
OCR2 = 0x7f;            // 듀티비 설정(8비트)
TCCR2 = 0x6d;           // Fast PWM모드, 1024분주
```

실험 키트에 배선하기 (Phase Correct PMW 모드)

ATmega128	I/O
PE3, PE5, PE6	[DC MOTOR UNIT] PWM, DIR, EN

AVR Stuio와 IAR 사용시 차이점

AVR Studio(WinAvr)	IAR
#include <avr/io.h>	#include <iom128.h>
int main(void)	void main(void)

Fast PWM 타이밍도

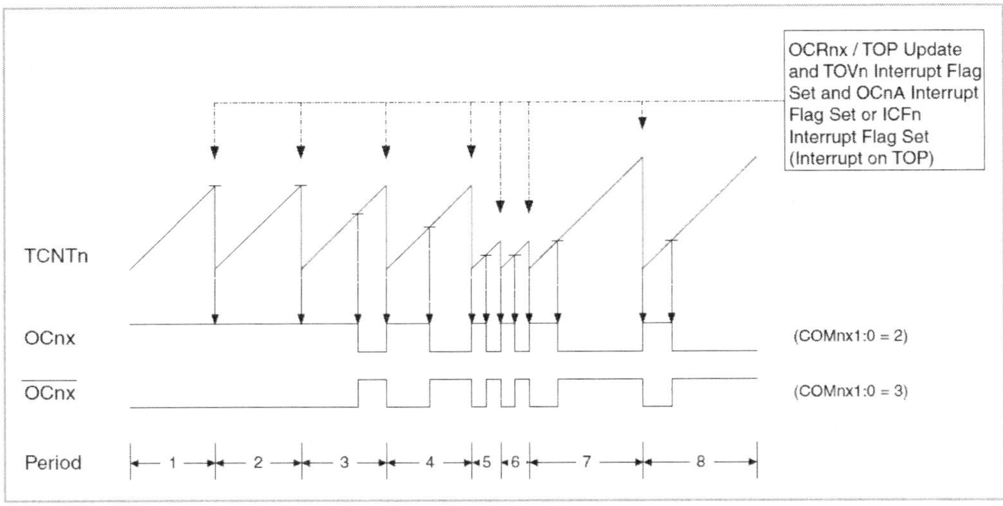

Phase Correct PWM 타이밍도

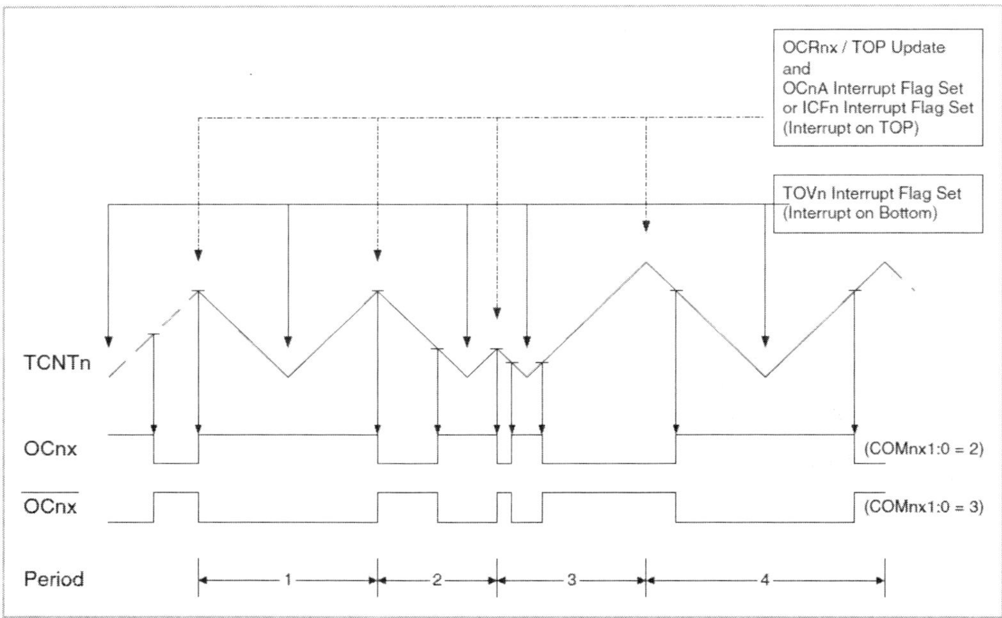

참조

타이머/카운터0, 2를 이용한 PWM 모드

Mode	WGMn1 (CTCn)	WGMn0 (PWMn)	Timer/Counter Mode of Operation	TOP	Update of OCRn at	TOVn Flag Set on
0	0	0	Normal	0xFF	Immediate	MAX
1	0	1	PWM, Phase Correct	0xFF	TOP	BOTTOM
2	1	0	CTC	OCRn	Immediate	MAX
3	1	1	Fast PWM	0xFF	BOTTOM	MAX

타이머/카운터1, 3를 이용한 PWM 모드

Mode	WGMn3	WGMn2 (CTCn)	WGMn1 (PWMn1)	WGMn0 (PWMn0)	Timer/Counter Mode of Operation[(1)]	TOP	Update of OCRnx at	TOVn Flag Set on
0	0	0	0	0	Normal	0xFFFF	Immediate	MAX
1	0	0	0	1	PWM, Phase Correct, 8-bit	0x00FF	TOP	BOTTOM
2	0	0	1	0	PWM, Phase Correct, 9-bit	0x01FF	TOP	BOTTOM
3	0	0	1	1	PWM, Phase Correct, 10-bit	0x03FF	TOP	BOTTOM
4	0	1	0	0	CTC	OCRnA	Immediate	MAX
5	0	1	0	1	Fast PWM, 8-bit	0x00FF	BOTTOM	TOP
6	0	1	1	0	Fast PWM, 9-bit	0x01FF	BOTTOM	TOP
7	0	1	1	1	Fast PWM, 10-bit	0x03FF	BOTTOM	TOP
8	1	0	0	0	PWM, Phase and Frequency Correct	ICRn	BOTTOM	BOTTOM
9	1	0	0	1	PWM, Phase and Frequency Correct	OCRnA	BOTTOM	BOTTOM
10	1	0	1	0	PWM, Phase Correct	ICRn	TOP	BOTTOM
11	1	0	1	1	PWM, Phase Correct	OCRnA	TOP	BOTTOM
12	1	1	0	0	CTC	ICRn	Immediate	MAX
13	1	1	0	1	(Reserved)	–	–	–
14	1	1	1	0	Fast PWM	ICRn	BOTTOM	TOP
15	1	1	1	1	Fast PWM	OCRnA	BOTTOM	TOP

6.3 EEPROM

EEPROM에 데이터를 저장하고 일정시간 후에 저장한 데이터를 읽어들여 FND에 표시시키기

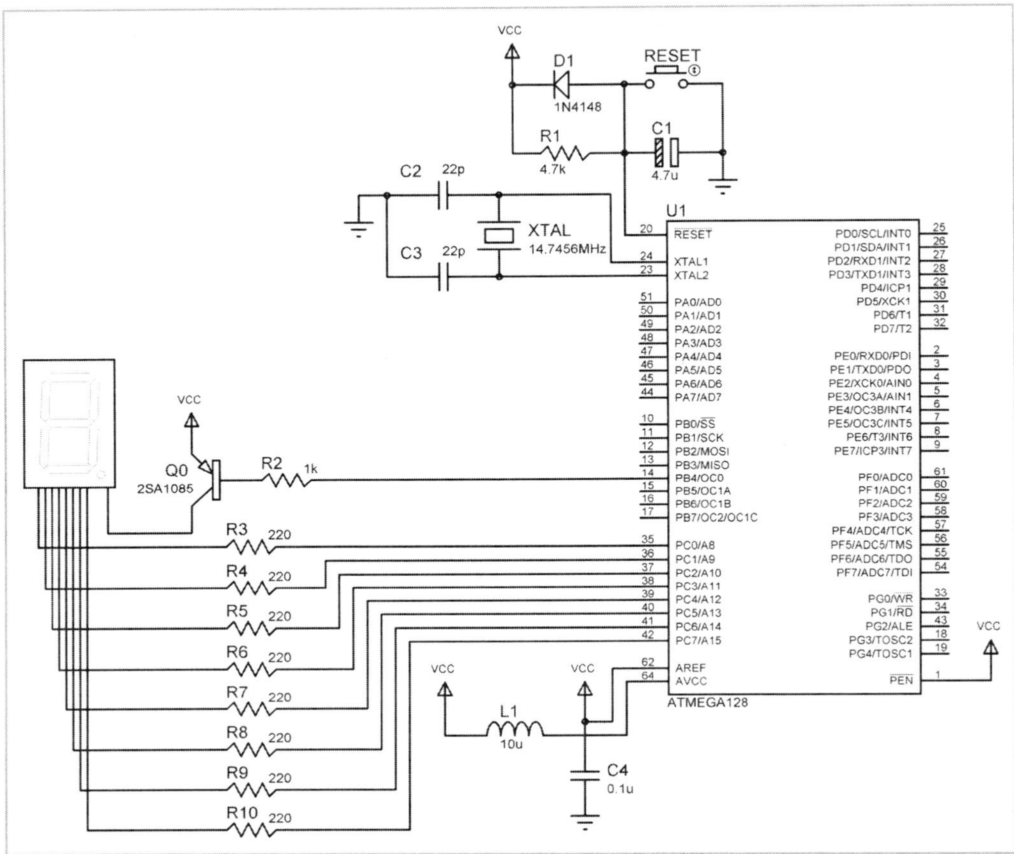

동작방법

전원이 들어오고 PB4를 '0'으로 만들어 FND에 전원을 공급하고 포트 C에 데이터를 출력하여 FND에 숫자 '0'을 표시시킨다. 숫자 '3'의 데이터 값(0xb0)을 EEPROM의 임의의 주소(여기에서는 '0x0110')에 저장한다. 일정한 시간이 지난 후, 저장된 EEPROM의 주소에서 데이터를 읽어 들여 FND에 표시시킨다(숫자 '3'이 표시됨).

프로그램(AVR Studio)

```
#include <avr/io.h>

unsigned char eeprom_data;

void delay(unsigned long i) // 시간지연
{
        while(--i);
}
void eeprom_write(unsigned int i, unsigned char j)   // EEPROM에 데이터 쓰기
{
        while((EECR & 0x02) == 0x02);        // EEWE가 0될 때까지 기다림
        EEAR = i;                            // EEPROM 어드레스 선택
        EEDR = j;                            // EEPROM에 데이터 쓰기
        EECR = 0x04;                         // EEMWE에 '1' 쓰기
        EECR |= 0x02;                        // EEWE에 '1' 쓰기
}
void eeprom_read(unsigned int i)             // EEPROM 데이터 읽기
{
        while((EECR & 0x02) == 0x02);        // EEWE가 0될 때까지 기다림
        EEAR = i;                            // EEPROM 어드레스 선택
        EECR = 0x01;                         // EEPROM 데이터 읽기 인에이블
        eeprom_data = EEDR;                  // EEPROM 데이터 읽기
}
int  main (void)
{
        DDRB = 0x10;                         // PB4 출력 포트로 사용
        DDRC = 0xff;                         // 포트C 출력 포트로 사용
        PORTB = 0xef;                        // PB4로 '0' 출력 (FND Q0 선택)
        PORTC = 0xc0;                        // 포트C로 FND '0' 표시
        eeprom_write(0x0110, 0xb0);          // EEPROM '0x0110' 위치에 문자 '3' 쓰기
        delay(65000);
        eeprom_read(0x0110);                 // EEPROM '0x0110' 위치에서 데이터 읽어오기
        PORTC = eeprom_data;                 // FND에 eeprom 데이터 출력
        while(1);
}
```

EEPROM

EEPROM(Electrically Erasable Programmable Read-Only Memory)은 기록된 내용을 수정하기 위해 컴퓨터에서 빼낼 필요가 없이 보드 상에서 전기적으로 지울 수도 있고 롬라이터를 이용하여 전기적으로 지울 수도 있다. 지우는 속도가 빠르며 바이트 단위로도 지울 수 있어 데이터 메모리로도 사용할 수 있다. 직렬방식과 병렬방식의 두 종류가 있으며 비휘발성으로 전원이 제거되어도 데이터가 지워지지 않는다. EEPROM의 한 종류인 플래시 메모리(Flash Memory)는 EEPROM의 직접도 한계를 극복하기 위해 한 개의 트랜지스터로 셀이 구성되어 있고, 비휘발성 메모리로서 전력소모가 적으며 고속 프로그램이 가능하나 바이트 단위로 프로그램의 일부를 지울 수는 없다.

EEPROM 관련 레지스터

어드레스 레지스터 : EEAR(EEprom Address Register, EEARH, EEARL)
데이터 레지스터 : EEDR(EEprom Data Register)
제어 레지스터 : EECR(EEprom Control Register)

EEPROM 어드레스 레지스터, EEAR : EEARH, EEARL

EEARH	-	-	-	-	EEAR[11:8]
EEARL	EEAR[7:0]				

EEPROM은 4K 바이트의 저장 공간을 가지고 있고 1바이트 단위로 읽기와 쓰기가 이루어진다. 4K 바이트의 어드레스 지정은 EEARL 레지스터의 8비트와 EEARH 레지스터의 하위 4비트로 구성된다.

EEPROM 데이터 레지스터, EEDR

지정된 어드레스로 써 넣을 데이터 또는 읽은 데이터가 저장되며 읽기/쓰기가 가능하다.

EEDR	EEDR[7:0]

EEPROM 제어 레지스터, EECR

EEPROM의 읽기/쓰기 동작을 제어하는 레지스터이다.

EECR	-	-	-	-	EERIE	EEMWE	EEWE	EERE

- **EERIE(EEPROM Ready Interrupt Enable)** : EEPROM ready 인터럽트 인에이블 비트로, EEWE = '0'이면 EEPROM ready 인터럽트가 지속적으로 발생한다.
- **EEMWE(EEPROM Master Write Enable)** : 이 비트가 '1'이고 EEWE = '1'일 때 선택된 어드레스로 데이터가 써 넣어진다. 4클럭 이후에 자동으로 '0'이 된다.
- **EEWE(EEPROM Write Enable)** : EEMWE = '1'이고 EEWE = '1'일 때 선택된 어드레스로 데이터가 써 넣어진다. EEPROM이 아이들 상태이면 이 비트는 '0'이 된다.
- **EERE(EEPROM Read Enable)** : 이 비트가 '1'이면 지정된 어드레스의 데이터를 읽을 수 있다. 데이터가 EEDR로 들어오면 이 비트는 '0'이 된다.

EEPROM에 데이터 쓰기

(1) EEWE 비트가 '0'이 될 때까지 기다린다.
(2) SPMCSR 레지스터의 SPMEN 비트가 '0'이 될 때까지 기다린다(CPU가 프로그램 메모리인 Flash 메모리를 업데이트할 수 있을 때만 사용 가능).
(3) EEARH, EEARL 레지스터에 데이터가 저장될 어드레스를 써 넣는다.
(4) EEDR 레지스터에 데이터를 써 넣는다.
(5) EEMWE 비트에 '1'을 써 넣는다.
(6) (5)가 실행된 후, 4 클록 안에 EEWE 비트에 '1'을 써 넣는다.

EEPROM에 데이터 읽기

(1) EEWE 비트가 '0'이 될 때까지 기다린다.
(2) EEARL, EEARH 레지스터에 읽어올 데이터가 저장되어 있는 어드레스를 써 넣는다.
(3) EERE 비트에 '1'을 써 넣는다.
(4) EEDR 레지스터로부터 데이터를 읽어 온다.

실험 키트에 배선하기

ATmega128	I/O
PC0 ~ PC7	[7-SEGMENT UNIT] A ~ P
PB4	[7-SEGMENT UNIT] Q0

AVR Stuio와 IAR 사용시 차이점

AVR Studio(WinAvr)	IAR
#include <avr/io.h>	#include <iom128.h>
int main(void)	void main(void)

참조

- **PWM, EEPROM 관련 레지스터 및 초기값**

타이머/카운터 관련 레지스터는 '4장 ATmega128 타이머/카운터' 참조.

비트번호	7	6	5	4	3	2	1	0	
	OCR0[7:0]								OCR0
읽기/쓰기	R/W	R/W	R/W	R/W	R/W	R/W	R/W	R/W	
초기값	0	0	0	0	0	0	0	0	

비트번호	7	6	5	4	3	2	1	0	
	OCR2[7:0]								OCR2
읽기/쓰기	R/W	R/W	R/W	R/W	R/W	R/W	R/W	R/W	
초기값	0	0	0	0	0	0	0	0	

비트번호	7	6	5	4	3	2	1	0	
	OCR1A[15:8]								OCR1AH
	OCR1A[7:0]								OCR1AL
읽기/쓰기	R/W	R/W	R/W	R/W	R/W	R/W	R/W	R/W	
초기값	0	0	0	0	0	0	0	0	

비트번호	7	6	5	4	3	2	1	0	
	OCR1B[15:8]								OCR1BH
	OCR1B[7:0]								OCR1BL
읽기/쓰기	R/W	R/W	R/W	R/W	R/W	R/W	R/W	R/W	
초기값	0	0	0	0	0	0	0	0	

비트번호	7	6	5	4	3	2	1	0	
	OCR1C[15:8]								OCR1CH
	OCR1C[7:0]								OCR1CL
읽기/쓰기	R/W	R/W	R/W	R/W	R/W	R/W	R/W	R/W	
초기값	0	0	0	0	0	0	0	0	

비트번호	7	6	5	4	3	2	1	0	
	OCR3A[15:8]								OCR3AH
	OCR3A[7:0]								OCR3AL
읽기/쓰기	R/W	R/W	R/W	R/W	R/W	R/W	R/W	R/W	
초기값	0	0	0	0	0	0	0	0	

비트번호	7	6	5	4	3	2	1	0	
	OCR3B[15:8]								OCR3BH
	OCR3B[7:0]								OCR3BL
읽기/쓰기	R/W	R/W	R/W	R/W	R/W	R/W	R/W	R/W	
초기값	0	0	0	0	0	0	0	0	

비트번호	7	6	5	4	3	2	1	0	
	OCR3C[15:8]								OCR3CH
	OCR3C[7:0]								OCR3CL
읽기/쓰기	R/W	R/W	R/W	R/W	R/W	R/W	R/W	R/W	
초기값	0	0	0	0	0	0	0	0	

비트번호	15	14	13	12	11	10	9	8	
	-	-	-	-	EEAR11	EEAR10	EEAR9	EEAR8	EEARH
	EEAR7	EEAR6	EEAR5	EEAR4	EEAR3	EEAR2	EEAR1	EEAR0	EEARL
	7	6	5	4	3	2	1	0	
읽기/쓰기	R	R	R	R	R/W	R/W	R/W	R/W	
	R/W	R/W	R/W	R/W	R/W	R/W	R/W	R/W	
초기값	0	0	0	0	X	X	X	X	
	X	X	X	X	X	X	X	X	

비트번호	7	6	5	4	3	2	1	0	
	MSB							LSB	EEDR
읽기/쓰기	R/W	R/W	R/W	R/W	R/W	R/W	R/W	R/W	
초기값	0	0	0	0	0	0	0	0	

비트번호	7	6	5	4	3	2	1	0	
	-	-	-	-	EERIE	EEMWE	EEWE	EERE	EECR
읽기/쓰기	R	R	R	R	R/W	R/W	R/W	R/W	
초기값	0	0	0	0	0	0	X	0	

07

ATmega128을 이용한 Door-Lock 시스템

7.1 Door-Lock 시스템 하드웨어 설계

Door-Lock 시스템 하드웨어 블록도

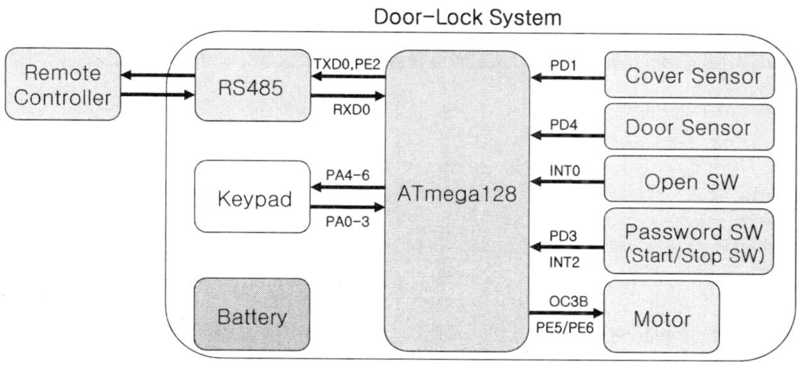

시스템 하드웨어 구성요소

Door-Lock 전자시스템의 기본 동작인 '집밖에서 Door 열기', '집안에서 Door 열기', '비밀번호 변경/저장하기'를 실현하기 위한 기본 기능으로는 'Door 열림을 위한 비밀번호 입력', '비밀번호 변경/저장', 'Door 열림/잠김'이 필요하며 이를 구현하기 위한 하드웨어는 ATmega128, keypad, 센서(스위치), DC 모터 드라이버, DC 모터로 구성된다. 원격으로 Door 열기 및 비밀번호 변경/저장이 가능하며 이를 위하여 RS-485 드라이버가 포함되어 있다. 또한 배터리 방전시 외부에서 전기를 공급한 후, Door를 여는 기능을 간접적으로 구현한 'unlock-key' 스위치가 있다(교재에서는 사용 안함).

- 비밀번호 입력 : 'COVER' 센서(ATmega128 PD1 이용), keypad(SW0 - SW9, *, #, ATmega128 포트 A(PA0 - PA6) 이용).
- 비밀번호 변경/저장(keypad 사용시) : 'START' 스위치(ATmega128 PD3 이용), 'STOP' 스위치(ATmega128 INT2 이용), keypad(SW0 - SW9, *, #, ATmega128 포트 A(PA0 - PA6) 이용).
- 비밀번호 변경/저장 및 Door 열림(원격) : RS-485 드라이버(MAX487, ATmega128 RXD0, TXD0, PE2 이용), DC 모터/DC 모터 드라이버(L293D, ATmega128

OC3B, PE5, PE6 이용).

- Door 열림/잠김 : 'OPEN' 스위치(ATmega128 INT0 이용), 'DOOR' 센서(ATmega128 PD4 이용), DC 모터/DC 모터 드라이버(L293D, ATmega128 OC3B, PE5, PE6 이용).

Door-Lock 시스템 회로도

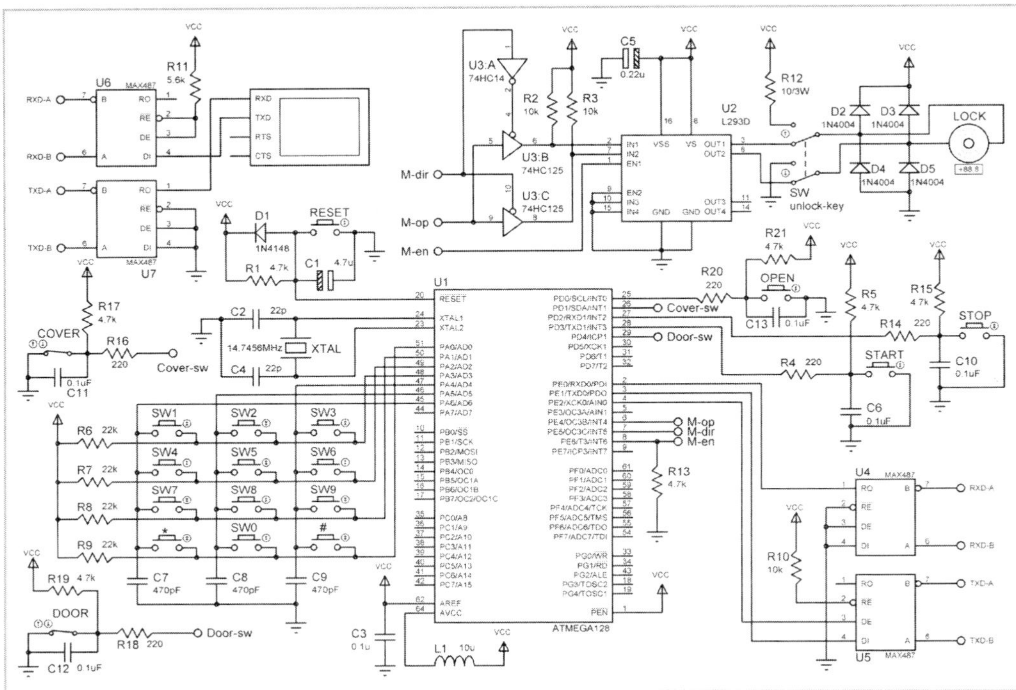

7.2 Door-Lock 시스템 부분별 설계

초기 Door 열림/잠김 및 내부 Door 열림 설계

- 초기 Door 열림/잠김 : 입력용 PD4 핀을 사용. 'DOOR' 센서(스위치)가 닫혀있으면 Door를 잠김 상태로 만들기 위해서 Lock 레버를 Door 바깥쪽으로 돌출하게 모터를 동작(Fast PWM 기능)시킨다. 'DOOR' 센서(스위치)가 열려있으면

Door를 열림 상태로 만들기 위해서 Lock 레버를 Door 안쪽으로 들어가게 모터를 동작시킨다.

- 내부에서 Door 열림 : 'OPEN' 스위치가 눌러지면 외부 인터럽트 INT0가 인식된다. 이 때 DC 모터를 회전(Fast PWM 기능)시켜서 Door Lock을 위한 레버를 Door 안쪽으로 들어가게 한다.

하드웨어

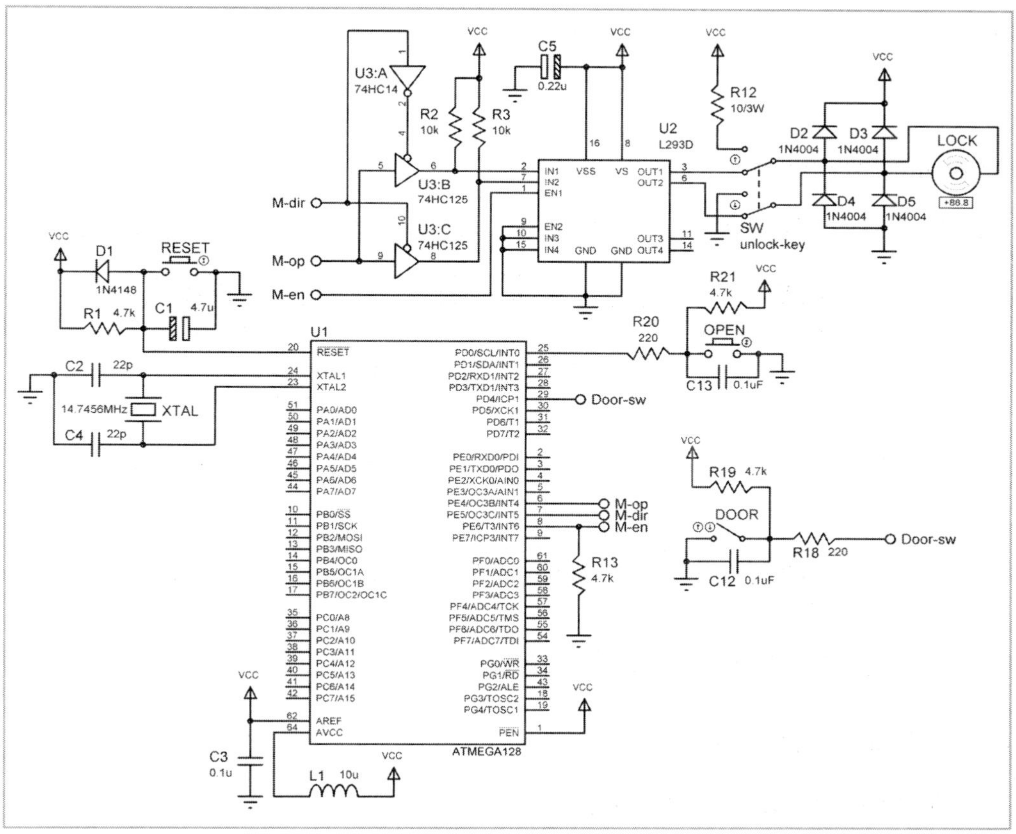

관련 MCU 레지스터

적용 기능에 따른 MCU 레지스터

적용 기능	레지스터
I/O	DDRD, PIND, DDRE, PORTE
외부 인터럽트	EIMSK, EICRA, EIFR
타이머/카운터 1	TCNT1H/TCNT1L, TCCR1A, TCCR1B, TIMSK
PWM	TCNT3L, OCR3BL, TCCR3A, TCCR3B
Watchdog	WDTCR
전체 인터럽트	SREG

I/O 관련 레지스터

PD0, PD4는 입력(PD0: 외부 인터럽트, 반드시 입력으로 설정할 필요 없음).

DDRD	-	-	-	DDD4	-	-	-	DDD0
0xee	1	1	1	0	1	1	1	0

PIND	-	-	-	PIND4	-	-	-	-

PE4 - PE6는 출력, PE4는 PWM 출력.(사용하지 않는 비트는 '1' 또는 '0' 모두 설정할 수 있으나 여기서는 '1'로 설정하였음)

DDRE	-	DDE6	DDE5	DDE4	-	-	-	-
0xff	1	1	1	1	1	1	1	1

PORTE	-	PORTE6	PORTE5	-	-	-	-	-

외부 인터럽트 관련 레지스터

INT0 외부 인터럽트 0 인에이블

EIMSK	-	-	-	-	-	-	-	INT0
0x01	0	0	0	0	0	0	0	1

INT0 핀의 인터럽트 요청상태 설정(INT0:상승)

EICRA	-	-	-	-	-	-	ICS01	ICS00
0x57	0	1	0	1	0	1	1	1

INTF0에 '1'을 써넣어 '0'으로 클리어 시킴. 외부 신호에 의해 인터럽트 요청상태 발생시 관련 비트가 '1'이 되고 인터럽트 프로그램으로 들어가면 자동으로 관련 비트가 '0'으로 클리어 됨.

EIFR	-	-	-	-	-	-	-	INTF0
0x01	0	0	0	0	0	0	0	1

○ 타이머/카운터 1 인터럽트 관련 레지스터

TCNT1[0] - TCNT1[15]에 1.5초 타이머/카운터 1 시정수 0xaba0 설정.

TCNT1H	TCNT1[15]	TCNT1[14]	TCNT1[13]	TCNT1[12]	TCNT1[11]	TCNT1[10]	TCNT1[9]	TCNT1[8]
0xab	1	0	1	0	1	0	1	1

TCNT1L	TCNT1[7]	TCNT1[6]	TCNT1[5]	TCNT1[4]	TCNT1[3]	TCNT1[2]	TCNT1[1]	TCNT1[0]
0xa0	1	0	1	0	0	0	0	0

WGM10 - WGM13에 타이머/카운터 모드, CS12 - CS10에 1024 분주설정.

TCCR1A	-	-	-	-	-	-	WGM11	WGM10
0x00	0	0	0	0	0	0	0	0

TCCR1B	-	-	-	WGM13	WGM12	CS12	CS11	CS10
0x05	0	0	0	0	0	1	0	1

TOIE1은 타이머/카운터 1 오버플로우 인터럽트 인에이블.

TIMSK	-	-	-	-	-	TOIE1	-	-
0x04	0	0	0	0	0	1	0	0

○ 타이머/카운터 3를 이용한 8비트 Fast PWM 관련 레지스터

TCNT3L[0] - TCNT3L[7]에 Fast PWM 구동을 위한 타이머/카운터 3 시정수 0x00 설정.

TCNT3L	TCNT3[7]	TCNT3[6]	TCNT3[5]	TCNT34]	TCNT3[3]	TCNT3[2]	TCNT3[1]	TCNT30]
0x00	0	0	0	0	0	0	0	0

OCR3B[0] - OCR3B[7]에 8비트 fast PWM 듀티비 설정.(50:50 듀티비)

OCR3BL	OCR3B[7]	OCR3B[6]	OCR3B[5]	OCR3B[4]	OCR3B[3]	OCR3B[2]	OCR3B[1]	OCR3B[0]
0x7f	0	1	1	1	1	1	1	1

WGM30 - WGM33에 8비트 fast PWM, COM3B0/COM3B1에 non-inverting fast PWM, CS12 - CS10에 1024 분주 설정.

TCCR3B : 타이머/카운터, PWM, CTC 모드, 타이머 모드 분주비, 카운터 모드 상승/하강 모드, 입력캡처 상승/하강모드 결정

TCCR3A	-	-	COM3B1	COM3B0	-	-	WGM31	WGM30
0x21	0	0	1	0	0	0	0	1

TCCR3B	-	-	-	WGM33	WGM32	CS32	CS31	CS30
0x0d	0	0	0	0	1	1	0	1

○ Watchdog 타이머 관련 레지스터

WDE는 watchdog 인에이블, WDP0 - WDP2는 watchdog 타이머 분주비 결정. watchdog를 동작 불가능하게 할 경우에는 WDCE와 WDE를 사용.

watchdog +5V(VCC) 1.8초 인에이블인 경우, WDE='1', WDP0 - WDP2='111'.

WDTCR	-	-	-	WDCE	WDE	WDP2	WDP1	WDP0
0x0f	0	0	0	0	1	1	1	1

○ 전체 인터럽트 관련 레지스터

I 비트는 전체 인터럽트 인에이블.

SREG	I	-	-	-	-	-	-	-
0x80	1	0	0	0	0	0	0	0

프로우차트

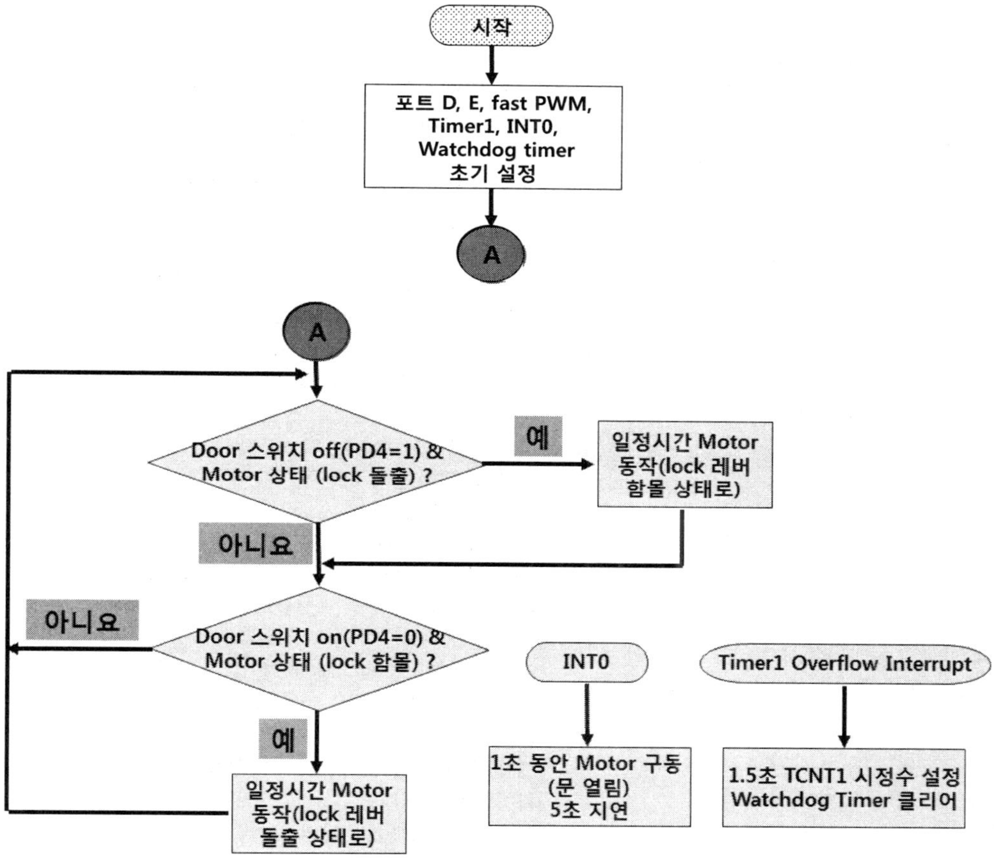

프로그램(Avr Studio)

```
#include <avr/io.h>
#include <avr/wdt.h>
#include <avr/interrupt.h>
#include <util/delay.h>

volatile unsigned char door_motor;
volatile unsigned char p, i, kkk;
```

```
SIGNAL(SIG_INTERRUPT0)              // 집안에서 도어 열기
{                                   // 키트에서는 'wdt_reset();' 삭제
      SREG |= 0x80;                 // 'wdt_reset();'적용시에는 삭제
      if(door_motor == 1){
         TCCR3A = 0x21;             // 8 fast PWM 모드, PE4로 PWM신호 출력
         PORTE = 0x60;              // 모터 동작. 방향은 열림, L293 인에이블.
         wdt_reset();               // 워치독 타이머 리셋, asm("WDR");
         for(p=0;p<100;p++) _delay_ms(10); // 약 10ms x100 =1 sec
                                    // 모터 회전각 센서 대신에 지연함수 이용.
         wdt_reset();               // 워치독 타이머 리셋, asm("WDR");
         door_motor = 0;            // door motor 상태(lock이 들어간 상태)
         PORTE = 0x10;              // 모터 동작안됨. 방향은 잠김, L293 디세이블.
         TCCR3A = 0x01;             // PWM모드 off: Normal Port
         for(p=0;p<100;p++) _delay_ms(10); // 약 10ms x100 =1 sec
                                    // 모터 회전각 센서 대신에 지연함수 이용.
         wdt_reset();               // 워치독 타이머 리셋, asm("WDR");
         for(p=0;p<100;p++) _delay_ms(10); // 약 10ms x100 =1 sec
                                    // 모터 회전각 센서 대신에 지연함수 이용.
         wdt_reset();               // 워치독 타이머 리셋, asm("WDR");
         for(p=0;p<100;p++) _delay_ms(10); // 약 10ms x100 =1 sec
                                    // 모터 회전각 센서 대신에 지연함수 이용.
         wdt_reset();               // 워치독 타이머 리셋, asm("WDR");
         for(p=0;p<100;p++) _delay_ms(10);  // 약 10ms x100 =1 sec
                                    // 모터 회전각 센서 대신에 지연함수 이용.
         wdt_reset();               // 워치독 타이머 리셋, asm("WDR");
         for(p=0;p<100;p++) _delay_ms(10); // 약 10ms x100 =1 sec
                                    // 모터 회전각 센서 대신에 지연함수 이용.
         wdt_reset();               // 워치독 타이머 리셋, asm("WDR");
         kkk = PIND & 0x10;         // kkk=0이면 문 닫힘 상태.
      }
}

SIGNAL(SIG_OVERFLOW1) //타이머1 인터럽트 서비스 루틴(14.7456MHz->1.5 Sec)
{
    TCNT1H = 0xab;                  // 타이머 1 시정수 초기화
    TCNT1L = 0xa0;
    wdt_reset();                    // 워치독 타이머 리셋, asm("WDR");
}

int  main (void)
{
    DDRD = 0xee;                    // PD0, PD4핀 입력 포트로 사용
    DDRE = 0xff;                    // PE4, PE5, PE6 모터 제어.
    PORTE = 0x10;                   // Door-Lock Motor Control:모터 동작안됨.
                                    // 방향은 잠김, L293 디세이블
```

```
    // PE4(M-op) 핀으로 1 출력 -> 모터 동작 정지
    // PE5(M-dir) 핀으로 0출력 -> 모터는 반시계방향으로 회전(잠김)
    // PE6(M-en) 핀으로 0 출력 -> L293 디세이블

// Door-Lock Motor Control
    TCNT3L = 0x00;                  // 타이머/카운터 레지스터 초기화
    OCR3BL = 0x7f;                  // 듀티비 설정
    TCCR3B = 0x0d;                  // 1024분주, 8비트 fast PWM
// Timer1을 이용한 1.5초 watchdog 타이머 동작  21600 aba0
    TCNT1H = 0xab;                  // 1.5초 시정수 초기화
    TCNT1L = 0xa0;
    TCCR1A = 0x00;                  // 타이머 모드
    TCCR1B = 0x05;                  // 1024 분주
    TIMSK = 0x04;                   // 타이머 1 오버플로 인터럽트 인에이블
    wdt_enable(7);//워치독 타이머 동작 on, asm("WDR"); WDTCR=0x18; WDTCR=0x0f; ->1.8초
// Switch, Sensor 외부 인터럽트
    EIMSK = 0x01;                   // 외부 인터럽트 0 사용
    EICRA = 0x57;                   // 외부 인터럽트 0은 상승모서리
    EIFR = 0x01;
    SREG |= 0x80;                   // 전체 인터럽트 허가
    door_motor = 1;                 // door motor 상태(lock이 나온 상태)
    do{
        // 초기 문 상태: 문 닫힘 & door motor 잠김.
         kkk = PIND & 0x10;         // kkk=0이면 문 닫힘상태.
         if((kkk == 0x10) && (door_motor == 1)){
            TCCR3A = 0x21;          // 8 fast PWM 모드, PE4로 PWM신호 출력
            PORTE = 0x60;           // 모터 동작. 방향은 열림, L293 인에이블.
            for(i=0;i<100;i++) _delay_ms(10);  // 약 10ms x100 =1 sec
                                    // 모터 회전각 센서 대신에 지연함수 이용.
            door_motor = 0;         // door motor 상태(lock 레버가 들어간 상태)
         }
         else if((kkk == 0) && (door_motor == 0)){
            TCCR3A = 0x21;          // 8 fast PWM 모드, PE4로 PWM신호 출력
            PORTE = 0x40;           // 모터 동작. 방향은 잠김, L293 인에이블.
            for(i=0;i<100;i++) _delay_ms(10);       // 약 10ms x100 =1 sec
                                    // 모터 회전각 센서 대신에 지연함수 이용.
            door_motor = 1;         // door motor 상태(lock 레버가 나온 상태)
         }
         PORTE = 0x10;              // 모터 동작안됨. 방향은 잠김, L293 디세이블.
         TCCR3A = 0x01;             // PWM 모드 off: Normal Port
    }while(1);
}
```

실험 키트에 배선하기

ATmega128	I/O
PD0, PD4	[SWITCH UNIT] X4, X1
PE4, PE5, PE6	[DC MOTOR UNIT] PWM, DIR, EN

AVR Stuio와 IAR 사용시 차이점

AVR Studio(WinAvr)	IAR
#include <avr/io.h>	#include <iom128.h>
#include <avr/interrupt.h>	삭제
#include <avr/wdt.h>	삭제

#include <util/delay.h>	삭제 후 아래 함수 추가
	void _delay_ms(unsigned char r)
	{ unsigned char i;
	unsigned long k;
	for(i=0; i<r; i++){
	for(k=0; k<106000; k++);
	// 1ms(14.7456 MHz)
	}
	}

int main(void)	void main(void)
SIGNAL(SIG_INTERRUPT0)	#pragma vector = INT0_vect __interrupt void INT0(void)
SIGNAL(SIG_OVERFLOW1)	#pragma vector = TIMER1_OVF_vect __interrupt void TIMER1_OVF(void)
wdt_reset();	asm ("WDR");

wdt_enable(7);	WDTCR = 0x1f; // 'WDTCR = 0x18;'도 가능함
	WDTCR = 0x07; // 삭제해도 됨
	WDTCR = 0x0f;

Keypad를 이용한 비밀번호 저장 및 입력(Door 열림) 설계

- Keypad를 이용한 비밀번호 저장/변경 : 'START' 스위치(입력용 PD3 이용)가

눌러지면 keypad 입력(SW0 - SW9, *, #, 포트 A(PA0 - PA6) 이용) 기능이 활성화되어 keypad로부터 key값을 입력받는다. 4개의 숫자가 입력되고 마지막에 '*' 키가 입력되면, EEPROM에 4개의 숫자가 저장되고 keypad는 비활성 상태로 바뀌면서 비밀번호 저장이 끝난다.

중간에 비밀번호 입력을 멈추고 싶으면 'STOP' 스위치(외부 인터럽트 INT2 이용)를 눌러서 끝낼 수 있다(비밀번호는 예전 번호로 있게 됨).

- Door 열림을 위한 비밀번호 입력 : 'COVER' 센서(스위치, 입력용 PD1 이용)가 열린 상태가 되면 keypad 입력 기능이 활성화되어 keypad로부터 key값을 입력받는다. 'COVER' 센서(스위치)가 닫힌 상태가 되면 keypad는 비활성 상태로 되고 입력된 4개의 숫자가 EEPROM에 저장된 데이터와 동일한지 검사하여 같으면 모터가 동작(Fast PWM 기능)하여 Door를 열게 된다.

  중간에 비밀번호 입력을 멈추고 싶으면 'COVER' 센서(스위치)를 닫힌 상태로 하면 된다.

하드웨어

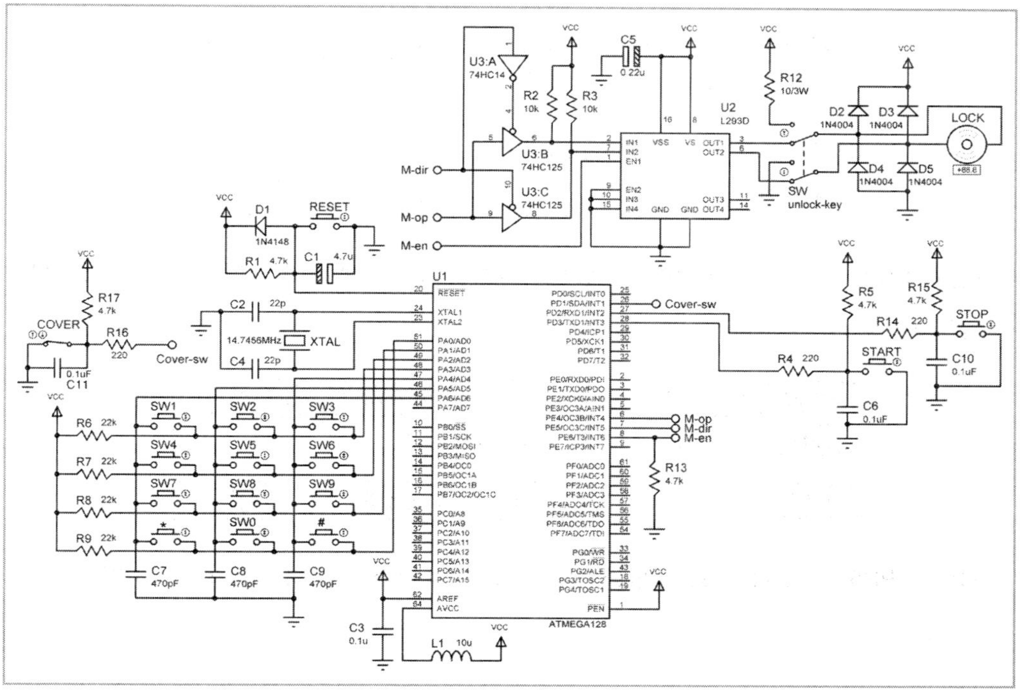

관련 MCU 레지스터

○ 적용 기능에 따른 MCU 레지스터

적용 기능	레지스터
I/O	DDRA. PINA, PORTA, DDRD, PIND, DDRE, PORTE
외부 인터럽트	EIMSK, EICRA, EIFR
타이머/카운터 1	TCNT1H/TCNT1L, TCCR1A, TCCR1B, TIMSK
PWM	TCNT3L, OCR3BL, TCCR3A, TCCR3B
EEPROM	EEAR, EEDR, EECR
Watchdog	WDTCR
전체 인터럽트	SREG

○ I/O 관련 레지스터

PA0 - PA3은 입력, PA4 - PA6은 출력.(사용하지 않는 비트는 '1' 또는 '0' 모두 설정할 수 있으나 여기서는 '1'로 설정하였음)

DDRA	-	DDA6	DDA5	DDA4	DDA3	DDA2	DDA1	DDA0
0xf0	1	1	1	1	0	0	0	0
PORTA	-	PORTA6	PORTA5	PORTA4	-	-	-	-
PINA	-	-	-	-	PINA3	PINA2	PINA1	PINA0

PD1, PD2, PD3는 입력(PD2은 외부 인터럽트이며, 반드시 입력으로 설정할 필요는 없음).

DDRD	-	-	-	-	DDD3	DDD2	DDD1	-
0xf1	1	1	1	1	0	0	0	1
PIND	-	-	-	-	PIND3	-	PIND1	-

PE4 - PE6 : '초기 Door Open/Close 및 내부 Door Open 설계'와 동일

○ 외부 인터럽트 관련 레지스터

INT2 외부 인터럽트 2 인에이블

EIMSK	-	-	-	-	-	INT2	-	-
0x04	0	0	0	0	0	1	0	0

INT2 핀의 인터럽트 요청상태 설정(INT2 : 하강)

EICRA	-	-	ICS21	ICS20	-	-	-	-
0x65	0	1	1	0	0	1	0	1

INTF2에 '1'을 써넣어 '0'으로 클리어 시킴. 외부 신호에 의해 인터럽트 요청상태 발생시 관련 비트가 '1'이 되고 인터럽트 프로그램으로 들어가면 자동으로 관련 비트가 '0'으로 클리어 됨.

EIFR	-	-	-	-	-	INTF2	-	-
0x04	0	0	0	0	0	1	0	0

○ EEPROM 관련 레지스터

EEAR0 - EEAR11은 EEPROM 읽기/쓰기용 어드레스.

EEARH	-	-	-	-	EEAR11	EEAR10	EEAR9	EEAR8
EEARL	EEAR7	EEAR6	EEAR5	EEAR4	EEAR3	EEAR2	EEAR1	EEAR0

EEDR0 - EEDR7은 EEPROM에서 읽어오거나 EEPROM에 쓰려는 데이터 값.

EEDR	EEDR7	EEDR6	EEDR5	EEDR4	EEDR3	EEDR2	EEDR1	EEDR0

EEMWE/EEWE은 EEPROM 쓰기를 위한 인에이블, EERE는 EEPROM 읽기를 위한 인에이블.

EECR	-	-	-	-	-	EEMWE	EEWE	EERE

◎ 타이머/카운터 1 인터럽트 관련 레지스터

'초기 Door 열림/닫힘 및 내부 Door 열림 설계'와 동일

◎ 타이머/카운터 3를 이용한 8비트 Fast PWM 관련 레지스터

'초기 Door 열림/닫힘 및 내부 Door 열림 설계'와 동일

◎ Watchdog 타이머 관련 레지스터

'초기 Door 열림/닫힘 및 내부 Door 열림 설계'와 동일

◎ 전체 인터럽트 관련 레지스터

'초기 Door 열림/닫힘 및 내부 Door 열림 설계'와 동일

프로우차트

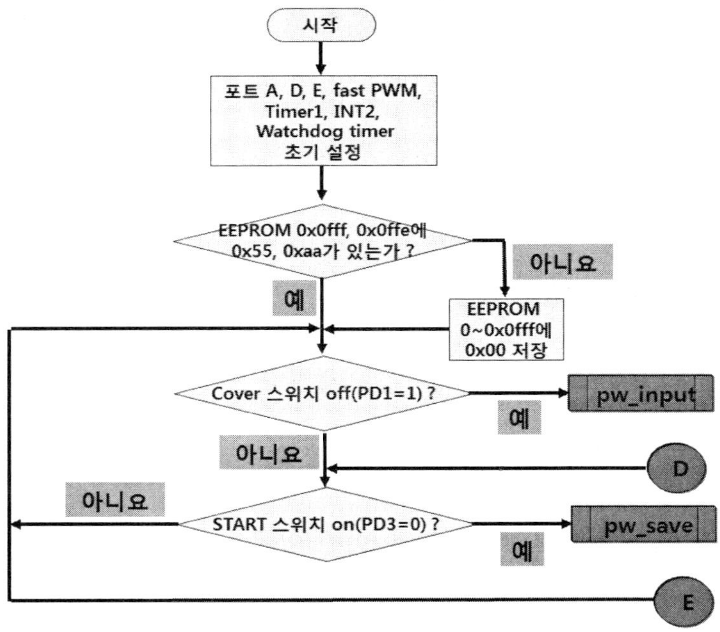

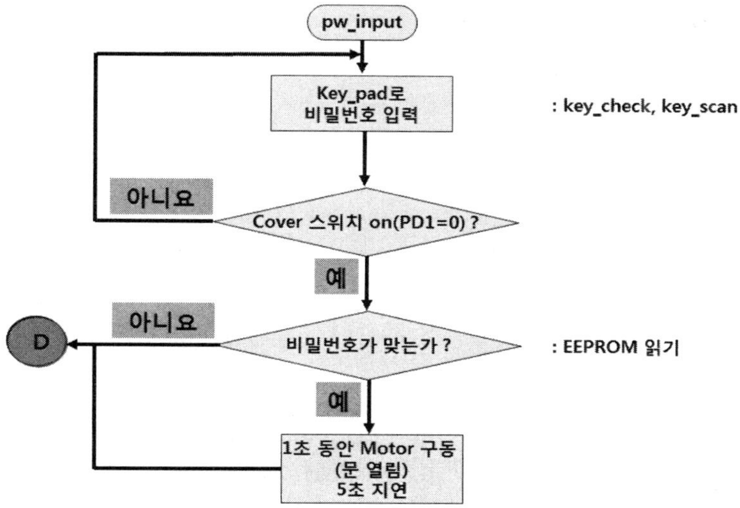
pw_input
Key_pad로 비밀번호 입력
: key_check, key_scan
아니요
Cover 스위치 on(PD1=0) ?
예
아니요
D
비밀번호가 맞는가 ?
: EEPROM 읽기
예
1초 동안 Motor 구동 (문 열림) 5초 지연

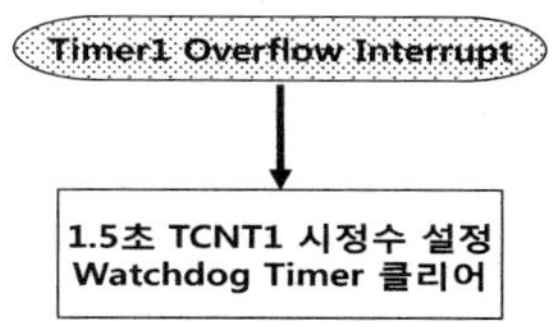
Timer1 Overflow Interrupt
1.5초 TCNT1 시정수 설정 Watchdog Timer 클리어

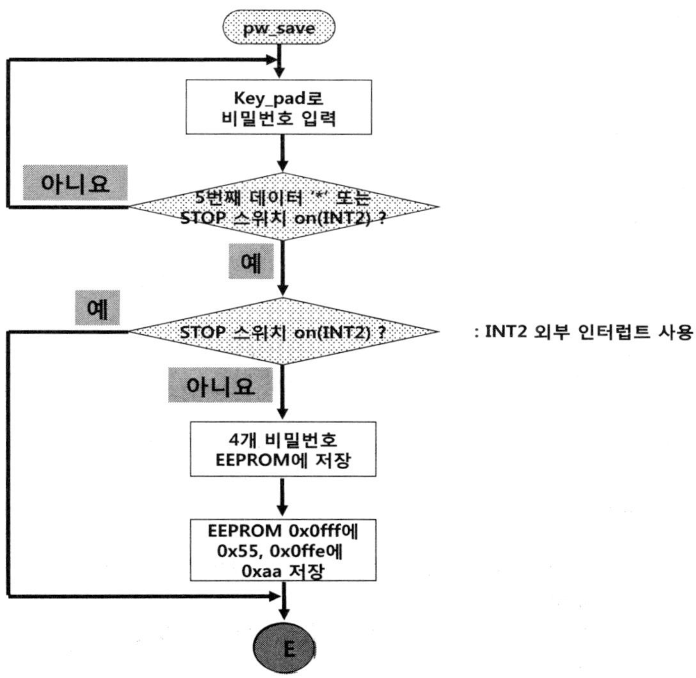
pw_save
Key_pad로 비밀번호 입력
아니요
5번째 데이터 '*' 또는 STOP 스위치 on(INT2) ?
예
예
STOP 스위치 on(INT2) ?
: INT2 외부 인터럽트 사용
아니요
4개 비밀번호 EEPROM에 저장
EEPROM 0x0fff에 0x55, 0x0ffe에 0xaa 저장
E

프로그램(Avr Studio)

```
#include <avr/io.h>
#include <avr/wdt.h>
#include <avr/interrupt.h>
#include <util/delay.h>
volatile unsigned char LED, key_num, pw[10], key_end, door_motor;
volatile unsigned char uart_data, uart_start, p, q, i, j;

void eeprom_write(unsigned int k, unsigned char l) // EEPROM에 데이터 쓰기
{
        while((EECR & 0x02) == 0x02);       // EEWE가 0될 때까지 기다림
        EEAR = k;                           // EEPROM 어드레스 선택
        EEDR = l;                           // EEPROM에 데이터 쓰기
        EECR =0x04;                         // EEMWE에 '1' 쓰기
        EECR |=0x02;                        // EEWE에 '1' 쓰기
}
unsigned char eeprom_read(unsigned int k)   // EEPROM 데이터 읽기
{
        while((EECR & 0x02) == 0x02);       // EEWE가 0될 때까지 기다림
        EEAR = k;                           // EEPROM 어드레스 선택
        EECR = 0x01;                        // EEPROM 데이터 읽기 인에이블
        return(EEDR);                       // EEPROM 데이터 읽기
}
void key_scan(void) // 포트 A의 4x3 매트리스 키 스캔
{
        unsigned char KEY;
        KEY = 0;
        KEY = PINA;                         // 포트 A 핀 값 입력
        KEY &= 0x0f;
        LED = 0;
        if(KEY != 0x0f)                     // 키가 입력되었는가?
        {
             _delay_ms(5);                  // 약 5ms
             KEY = PINA;                    // 포트 A 핀 값 입력
             KEY &= 0x0f;
             if(KEY != 0x0f)                // 키가 입력 되었는가?
             {
                 switch(KEY)
                 {
                     case 0x07 : LED = 1;   // PA3 에서 키값 입력
                     break;
                     case 0x0b : LED = 2;   // PA2 에서 키값 입력
                     break;
```

```
                    case 0x0d : LED = 3;    // PA1 에서 키값 입력
                    break;
                    default   : LED = 4;    // PA0 에서 키값 입력
                }
            }
        }
}

void key_check(void)                // 키 입력 검사
{
    unsigned char key_out;
    key_out = 0xb0;                 // SW1, SW4, SW7, * 키 입력 검사
    PORTA = key_out;
    _delay_ms(1);                   // 약 1ms
    key_scan();
    if(LED == 1){
            pw[key_num] = 0x31;     // SW1
            key_num++;
            do{
                key_scan();
            }while(LED == 1);
    }
    else if(LED == 2){
            pw[key_num] = 0x34;     // SW4
            key_num++;
            do{
                key_scan();
                }while(LED == 2);
    }
    else if(LED == 3){
            pw[key_num] = 0x37;     // SW7
            key_num++;
            do{
                key_scan();
                }while(LED == 3);
    }
    else if(LED == 4){
            pw[key_num] = 0x2a;     // *
            key_num++;
            do{
                key_scan();
                }while(LED == 4);
    }
```

```
    key_out = 0xd0;                 // SW2, SW5, SW8, SW0 키 입력 검사
    PORTA = key_out;
    _delay_ms(1);                   // 약 1ms
    key_scan();
    if(LED == 1){
            pw[key_num] = 0x32;     // SW2
            key_num++;
            do{
                key_scan();
                }while(LED == 1);
    }
    else if(LED == 2){
          pw[key_num] = 0x35;       // SW5
          key_num++;
          do{
                key_scan();
                }while(LED == 2);
    }
    else if(LED == 3){
          pw[key_num] = 0x38;       // SW8
          key_num++;
          do{
                key_scan();
                }while(LED == 3);
     }
     else if(LED == 4){
          pw[key_num] = 0x30;       // SW0
          key_num++;
          do{
                key_scan();
                }while(LED == 4);
     }
     key_out = 0xe0;                // SW3, SW6, SW9, # 키 입력 검사
     PORTA = key_out;
     _delay_ms(1);                  // 약 1ms
     key_scan();
     if(LED == 1){
          pw[key_num] = 0x33;       // SW3
          key_num++;
          do{
                key_scan();
                }while(LED == 1);
     }
     else if(LED == 2){
          pw[key_num] = 0x36;       // SW6
          key_num++;
```

```
            do{
                    key_scan();
                    }while(LED == 2);
        }
        else if(LED == 3){
                pw[key_num] = 0x39;        // SW9
                key_num++;
                do{
                        key_scan();
                        }while(LED == 3);
        }
        else if(LED == 4){
                pw[key_num] = 0x23;        // #
                key_num++;
                do{
                        key_scan();
                        }while(LED == 4);
        }
}

void pw_input(void)                    // 키패드로 비밀번호 입력 및 도어 열기
{
        unsigned char key_com, iii, cover_st;
        do{
           key_check();                // 비밀번호 읽기
           cover_st = PIND & 0x02;
        }while(cover_st != 0);         // 커버 닫힘
        key_com = eeprom_read(0x00);
        if(key_com == pw[0]){
           key_com = eeprom_read(0x01);
           if(key_com == pw[1]){
              key_com = eeprom_read(0x02);
              if(key_com == pw[2]){
                 key_com = eeprom_read(0x03);
                 if(key_com == pw[3]){
                    if(door_motor == 1){
                       TCCR3A = 0x21;        // 8 fast PWM 모드, PE4로 PWM신호 출력
                       PORTE = 0x60;         // 모터 동작. 방향은 열림, L293 인에이블.
                       for(q=0;q<100;q++) _delay_ms(10);        // 약 10ms x100 =1 sec
                                             // 모터 회전각 센서 대신에 지연함수 이용.
                       door_motor = 0;       // door motor 상태(lock이 들어간 상태)
                       PORTE = 0x10;         // 모터 동작안됨. 방향은 잠김, L293 디세이블.
                       TCCR3A = 0x01;        // PWM모드 off: Normal Port
                       for(q=0;q<100;q++) _delay_ms(10);        // 약 10ms x100 =1 sec
                                             // 모터 회전각 센서 대신에 지연함수 이용.
```

```
                    for(q=0;q<100;q++) _delay_ms(10);          // 약 10ms x100 =1 sec
                                              // 모터 회전각 센서 대신에 지연함수 이용.
                    for(q=0;q<100;q++) _delay_ms(10);          // 약 10ms x100 =1 sec
                                              // 모터 회전각 센서 대신에 지연함수 이용.
                    for(q=0;q<100;q++) _delay_ms(10);          // 약 10ms x100 =1 sec
                                              // 모터 회전각 센서 대신에 지연함수 이용.
                    for(q=0;q<100;q++) _delay_ms(10);          // 약 10ms x100 =1 sec
                                              // 모터 회전각 센서 대신에 지연함수 이용.
                   }
                 }
              }
           }
        }
        for(iii=0;iii<key_num;iii++) pw[iii] = 0;
        key_num = 0;
}
SIGNAL(SIG_INTERRUPT2)                  // 비밀번호 저장 중단하기
{
        key_end = 1;
}
void pw_save(void)                      // 비밀번호 저장을 위해 키패드로 비밀번호 입력하기
{
    unsigned char jjj;
    do{
          key_check();
    }while((key_end == 0)&&(pw[4] != '*'));  // 비밀번호 저장완료 또는 중단.

    if(pw[4] == '*'){
      for(jjj=0;jjj<4;jjj++){
         eeprom_write(jjj, pw[jjj]);
      }
      eeprom_write(0x0fff, 0x55);             // eeprom 0xffff번지에 데이터 0x55 쓰기
      eeprom_write(0x0ffe, 0xaa);             // eeprom 0xfffe번지에 데이터 0xaa 쓰기
    }
    for(jjj=0;jjj<key_num;jjj++)   pw[jjj] = 0;
    key_num = 0;
    key_end = 0;
}
SIGNAL(SIG_OVERFLOW1)    // 타이머1 인터럽트 서비스루틴(14.7456MHz->1.5 Sec)
{
    TCNT1H = 0xab;       // 타이머 1 시정수 초기화
    TCNT1L = 0xa0;
    wdt_reset();         // 워치독 타이머 리셋, asm("WDR");
}
```

```
int  main (void)
{   volatile unsigned char eeprom_com1, eeprom_com2, key_data;
    volatile unsigned int mmm;
    DDRA = 0xf0;           // 포트 A 핀중 PA0,1,2,3는 입력, PA4,5,6은 출력
    DDRD = 0xf1;           // PD1, PD2, PD3핀 입력 포트로 사용
    DDRE = 0xff;           // PE4, PE5, PE6 모터 제어.
    PORTE = 0x10;          // Door-Lock Motor Control:모터 동작안됨.
                           // 방향은 잠김, L293 디세이블
    // PE4(M-op) 핀으로 1 출력 -> 모터 동작 정지
    // PE5(M-dir) 핀으로 0 출력 -> 모터는 반시계방향으로 회전(잠김)
    // PE6(M-en) 핀으로 0 출력 -> L293 디세이블

// Door-Lock Motor Control
    TCNT3L = 0x00;         // 타이머/카운터 레지스터 초기화
    OCR3BL = 0x7f;         // 듀티비 설정
    TCCR3B = 0x0d;         // 1024분주, 8비트 fast PWM
// EEPROM에 저장된 data 손실 유무 판단
    eeprom_com1 = eeprom_read(0x0fff);      // EEPROM 데이터 0x55 읽어오기
    eeprom_com2 = eeprom_read(0x0ffe);      // EEPROM 데이터 0xaa 읽어오기
    if((eeprom_com1 != 0x55) || (eeprom_com2 != 0xaa)){
            for(mmm=0;mmm<4096;mmm++)  eeprom_write(mmm, 0x00);
    }
// Timer1을 이용한 1.5초 watchdog 타이머 동작  21600 aba0
    TCNT1H = 0xab;                // 1.5초 시정수 초기화
    TCNT1L = 0xa0;
    TCCR1A = 0x00;                // 타이머 모드
    TCCR1B = 0x05;                // 1024 분주
    TIMSK = 0x04;                 // 타이머 1 오버플로 인터럽트 인에이블
    wdt_enable(7);// 워치독 타이머 동작 on, asm("WDR"); WDTCR=0x18; WDTCR=0x0f; -> 1.8초
// Switch, Sensor 외부 인터럽트
    EIMSK = 0x04;                 // 외부 인터럽트 2 사용
    EICRA = 0x65;                 // 외부 인터럽트 2는 하강모서리
    EIFR = 0x04;
    SREG |= 0x80;                 // 전체 인터럽트 허가
    door_motor = 1;               // door motor 상태(lock이 나온 상태)
      do{
         key_num = 0;
         key_data = PIND & 0x0a;
         if(key_data == 0x0a)  pw_input();
         else if(key_data == 0x00)  pw_save();
         door_motor = 1;          // door 스위치 부분이 없어서,전체 프로그램에서는 삭제
    }while(1);
}
```

실험 키트에 배선하기

ATmega128	I/O
PA0 ~ PA3	[KEYPAD UNIT] L3 ~ L0
PA4 ~ PA6	[KEYPAD UNIT] C2 ~ C0
PD1, PD2, PD3	[SWITCH UNIT] X0, X5, X6
PE4, PE5, PE6	[DC MOTOR UNIT] PWM, DIR, EN

AVR Stuio와 IAR 사용시 차이점

AVR Studio(WinAvr)	IAR
#include <avr/io.h>	#include <iom128.h>
#include <avr/interrupt.h>	삭제
#include <avr/wdt.h>	삭제

#include <util/delay.h>	삭제 후 아래 함수 추가
	void _delay_ms(unsigned char r)
	{ unsigned char i;
	unsigned long k;
	for(i=0; i<r; i++){
	for(k=0; k<106000; k++);
	// 1ms(14.7456 MHz)
	}
	}

int main(void)	void main(void)
SIGNAL(SIG_INTERRUPT2)	#pragma vector = INT2_vect __interrupt void INT2(void)
SIGNAL(SIG_OVERFLOW1)	#pragma vector = TIMER1_OVF_vect __interrupt void TIMER1_OVF(void)
wdt_reset();	asm ("WDR");

wdt_enable(7);	WDTCR = 0x1f; // 'WDTCR = 0x18;'도 가능함
	WDTCR = 0x07; // 삭제해도 됨
	WDTCR = 0x0f;

Remote Control을 이용한 Door 열림, 비밀번호 변경 설계

Remote Control을 이용한 Door 열림, 비밀번호 변경 : RS-485 (RXD0, TXD0, PE2 이용)를 이용하여 원격에서 Door를 열거나 비밀번호를 변경하기 위한 것으로, 통신라인이 설정(연결)되면 수신 인터럽트를 이용하여 '*' 문자가 입력될 때까지 기다린다. '*' 문자가 검색되면 다시 '1' 또는 '2' 또는 '3' 문자가 입력되기를 기다린다. '1' 문자가 입력되면 모터를 동작시켜 Door를 열고 '2' 문자가 입력되면 비밀번호를 변경할지를 묻고 비밀번호를 변경하는 절차로 들어가게 된다. 변경된 비밀번호는 EEPROM에 저장되게 된다. '3' 문자가 입력되면 통신라인이 해제되게 된다. PE2는 송신용 드라이버 IC를 on시키기 위한 출력 단자이다.

하드웨어

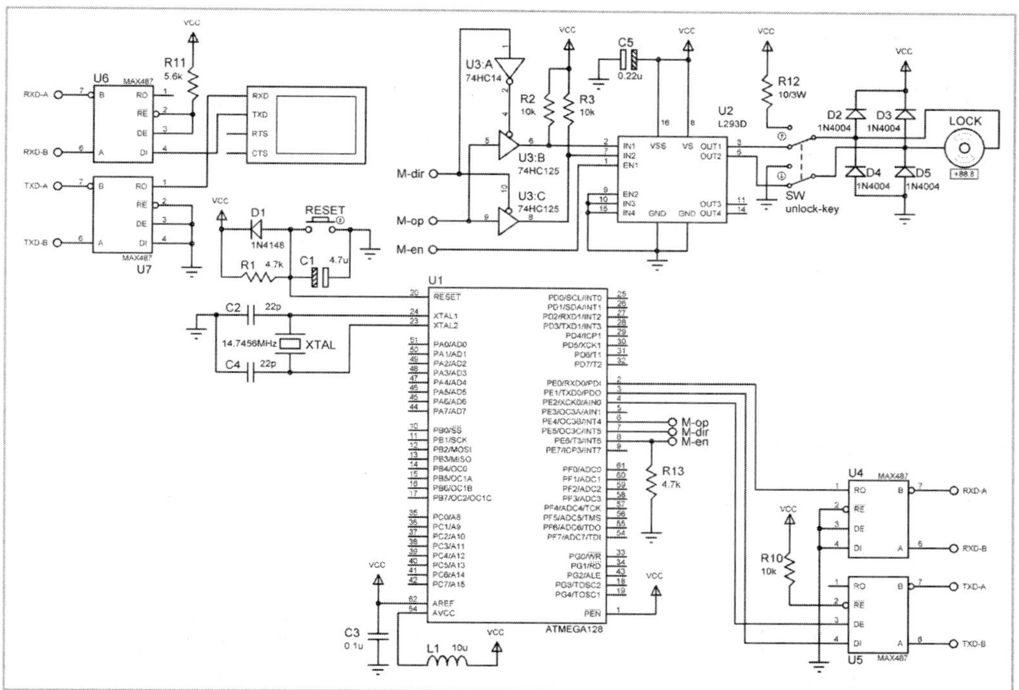

관련 MCU 레지스터

◎ 적용 기능에 따른 MCU 레지스터

적용 기능	레지스터
I/O	DDRE, PORTE
타이머/카운터 1	TCNT1H/TCNT1L, TCCR1A, TCCR1B, TIMSK
PWM	TCNT3L, OCR3BL, TCCR3A, TCCR3B
비동기 직렬통신	UBRR0H/UBRR0L, UCSR0A, UCSR0B, UCSR0C, UDR0
EEPROM	EEAR, EEDR, EECR
Watchdog	WDTCR
전체 인터럽트	SREG

◎ I/O 관련 레지스터

PE1, PE2, PE4 - PE6는 출력, PE0는 입력(PE0, PE1은 비동기통신 입출력핀으로, 반드시 입출력 설정을 할 필요는 없음). PE4는 PWM 출력.

DDRE	-	DDE6	DDE5	DDE4	-	DDE2	DDE1	DDE0
0xfe	1	1	1	1	1	1	1	0

PORTE	-	PORTE6	PORTE5	-	-	PORTE2	-	-

◎ USART 0 관련 레지스터

UBRR0[0] - UBRR0[11]에 9600[bps] 시정수 0x0095 설정(시스템 클럭(CK)은 14.7456[MHz]).

UBRR0H	-	-	-	-	UBRR0[11]	UBRR0[10]	UBRR0[9]	UBRR0[8]
0x00	0	0	0	0	0	0	0	0

UBRR0L	UBRR0[7]	UBRR0[6]	UBRR0[5]	UBRR0[4]	UBRR0[3]	UBRR0[2]	UBRR0[1]	UBRR0[0]
0x95	1	0	0	1	0	1	0	1

U2X0에 비동기식 보통 모드 설정.

UCSR0A	-	-	-	-	-	-	U2X0	-
0x00	0	0	0	0	0	0	0	0

RXCIE0 수신완료 인터럽트 인에이블, RXEN0/TXEN0 수신/송신 인에이블, UMSEL0 비동기 직렬통신, UPM00/UPM01 짝수패리티, USBS0 정지 1 비트, UCSZ00 - UCSZ02 송수신 데이터 8비트 결정.

UCSR0B	RXCIE0	-	-	RXEN0	TXEN0	UCSZ02	-	-
0x98	1	0	0	1	1	0	0	0

UCSR0C	-	UMSEL0	UPM01	UPM00	USBS0	UCSZ01	UCSZ00	-
0x26	0	0	1	0	0	1	1	0

RXD0, TXD0 핀으로 송수신시 UDR0[0] - UDR0[7]로 데이터 입출력. 송신시 RS-485 드라이버를 송신인에이블 하기 위해 PE2 핀을 '1'로 하여야 함.

UDR0	UDR0[7]	UDR0[6]	UDR0[5]	UDR0[4]	UDR0[3]	UDR0[2]	UDR0[1]	UDR0[0]

- EEPROM 관련 레지스터

  'Keypad를 이용한 비밀번호 저장 및 입력(Door 열림) 설계'와 동일

- 타이머/카운터 1 인터럽트 관련 레지스터

  '초기 Door 열림/닫힘 및 내부 Door 열림 설계'와 동일

- 타이머/카운터 3를 이용한 8비트 Fast PWM 관련 레지스터

  '초기 Door 열림/닫힘 및 내부 Door 열림 설계'와 동일

- Watchdog 타이머 관련 레지스터

  '초기 Door 열림/닫힘 및 내부 Door 열림 설계'와 동일

- 전체 인터럽트 관련 레지스터

  '초기 Door 열림/닫힘 및 내부 Door 열림 설계'와 동일

프로우차트

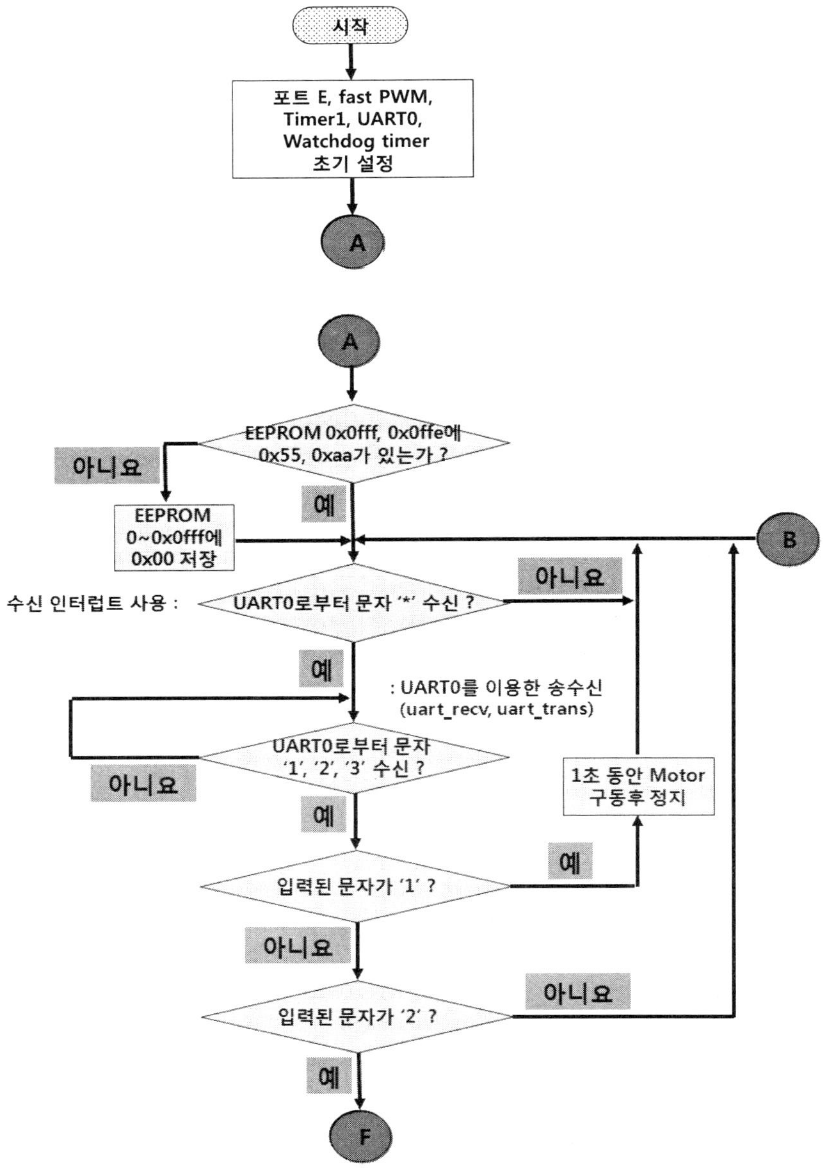
시작
포트 E, fast PWM,
Timer1, UART0,
Watchdog timer
초기 설정
A
A
EEPROM 0x0fff, 0x0ffe에
0x55, 0xaa가 있는가 ?
아니요
EEPROM
0~0x0fff에
0x00 저장
예
B
아니요
수신 인터럽트 사용 :
UART0로부터 문자 '*' 수신 ?
예
: UART0를 이용한 송수신
(uart_recv, uart_trans)
UART0로부터 문자
'1', '2', '3' 수신 ?
아니요
1초 동안 Motor
구동후 정지
예
예
입력된 문자가 '1' ?
아니요
아니요
입력된 문자가 '2' ?
예
F

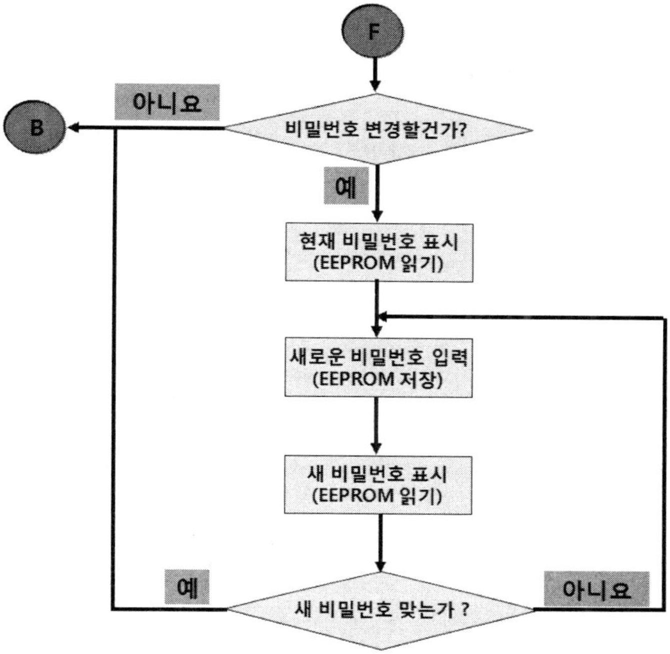

프로그램(Avr Studio)

```
#include <avr/io.h>
#include <avr/wdt.h>
#include <avr/interrupt.h>
#include <avr/pgmspace.h>
#include <util/delay.h>

volatile unsigned char LED, key_num, pw[10], key_end, door_motor;
volatile unsigned char uart_data, uart_start, p, q, i, j;

unsigned char display_uart1[] PROGMEM = "1. Open the door.\n";
unsigned char display_uart2[] PROGMEM = "2. Change the password.\n";
unsigned char display_uart3[] PROGMEM = "3. Stop the remote control.\n";
unsigned char display_uart4[] PROGMEM = "Press '1' or '2' or '3'.\n";
unsigned char display_uart5[] PROGMEM = "The door was opened.\n";
unsigned char display_uart6[] PROGMEM = "Do you want to change your password?\n";
unsigned char display_uart7[] PROGMEM = "If yes, press 'Y'. If no, press 'N'.\n";
unsigned char display_uart8[] PROGMEM = "Current password :";
unsigned char display_uart9[] PROGMEM = "New password :";
unsigned char display_uart10[] PROGMEM = "Your password was changed.\n";
```

```
unsigned char display_uart11[] PROGMEM = "Your new password :";
unsigned char display_uart12[] PROGMEM = "If ture, press 'Y'.\n";
unsigned char display_uart13[] PROGMEM = "Thank you.\n";

void eeprom_write(unsigned int k, unsigned char l)   // EEPROM에 데이터 쓰기
{
      while((EECR & 0x02) == 0x02);          // EEWE가 0될 때까지 기다림
      EEAR = k;                              // EEPROM 어드레스 선택
      EEDR = l;                              // EEPROM에 데이터 쓰기
      EECR = 0x04;                           // EEMWE에 '1' 쓰기
      EECR |= 0x02;                          // EEWE에 '1' 쓰기
}
unsigned char eeprom_read(unsigned int k)   // EEPROM 데이터 읽기
{
      while((EECR & 0x02) == 0x02);          // EEWE가 0될 때까지 기다림
      EEAR = k;                              // EEPROM 어드레스 선택
      EECR = 0x01;                           // EEPROM 데이터 읽기 인에이블
      return(EEDR);                          // EEPROM 데이터 읽기
}


SIGNAL(SIG_OVERFLOW1)     // 타이머1 인터럽트 서비스루틴(14.7456MHz->1.5 Sec)
{
   TCNT1H = 0xab;                            // 타이머 1 시정수 초기화
   TCNT1L = 0xa0;
   wdt_reset();                              // 워치독 타이머 리셋, asm("WDR");
}

SIGNAL(SIG_UART0_RECV)    // 수신 인터럽트
{
   if(!(UCSR0A & 0x1c))  uart_start = UDR0; // 프레임,오버런,패러티 에러 없으면…
     SREG |= 0x80;
}

void uart_recv (void)     // UART 수신
{
     while(!(UCSR0A & 0x80));
     if(!(UCSR0A & 0x1c))  uart_data = UDR0; // 프레임,오버런,패러티 에러 없으면…
}

void uart_trans(unsigned char cr_data)      // UART 송신
{
     unsigned char tx_chk;
     while(!(UCSR0A & 0x20));
```

```
        tx_chk = 0;
        PORTE |= 0x04;
        UDR0 = cr_data;
        do{
                tx_chk = UCSR0A & 0x60;
        }while(tx_chk != 0x60);                // 송신완료 확인.
        PORTE &= 0xfb;
}

void door_open (void)    // UART에 의한 문열림
{
        TCCR3A = 0x21;      // 8 fast PWM 모드, PE4로 PWM신호 출력
        PORTE = 0x60;       // 모터 동작. 방향은 열림, L293 인에이블.
        for(i=0;i<100;i++) _delay_ms(10);     // 약 10ms x100 =1 sec
                                              // 모터 회전각 센서 대신에 지연함수 이용.
        TCCR3A = 0x01;      // PWM 모드 off: Normal Port
        PORTE = 0x10;       // Door-Lock Motor Control:모터 동작안됨.

        for(i=0;i<20;i++) uart_trans(pgm_read_byte(&display_uart5[i]));
        uart_trans(0x0d);
        uart_trans(0x0a);
        for(i=0;i<12;i++) uart_trans(pgm_read_byte(&display_uart13[i]));
        uart_trans(0x0d);  //CR 의미 → ₩r
        uart_trans(0x0a);  //LF 의미 → ₩n
}

void password_change (void)        // UART에 의한 비밀번호 변경
{
        do
        {
           for(i=0;i<38;i++) uart_trans(pgm_read_byte(&display_uart6[i]));
           uart_trans(0x0d);
           uart_trans(0x0a);
           for(i=0;i<38;i++) uart_trans(pgm_read_byte(&display_uart7[i]));
           uart_trans(0x0d);
           uart_trans(0x0a);
           uart_recv();
           uart_trans(0x0d);
           uart_trans(0x0a);
        }while((uart_data != 'Y')&&(uart_data != 'N'));
        if(uart_data =='Y')
        {
           for(i=0;i<18;i++) uart_trans(pgm_read_byte(&display_uart8[i]));
           for(i=0;i<4;i++)
```

```
    {
        eeprom_read(i);
        uart_trans(EEDR);
    }
    uart_trans(0x0d);
    uart_trans(0x0a);

    do
    {
        for(i=0;i<14;i++) uart_trans(pgm_read_byte(&display_uart9[i]));
        j=3;
        i=0;
        do{
            uart_recv();
            uart_trans(uart_data);
            eeprom_write(i++, uart_data);
        }while(j--);

        eeprom_write(0x0fff, 0x55); //eeprom 0xffff번지에 데이터 0x55 쓰기
        eeprom_write(0x0ffe, 0xaa); //eeprom 0xfffe번지에 데이터 0xaa 쓰기
        uart_trans(0x0d);
        uart_trans(0x0a);
        for(i=0;i<28;i++) uart_trans(pgm_read_byte(&display_uart10[i]));
        uart_trans(0x0d);
        uart_trans(0x0a);
        for(i=0;i<19;i++) uart_trans(pgm_read_byte(&display_uart11[i]));
        for(i=0;i<4;i++)
        {
            eeprom_read(i);
            uart_trans(EEDR);
         }
         uart_trans(0x0d);
         uart_trans(0x0a);
         for(i=0;i<21;i++) uart_trans(pgm_read_byte(&display_uart12[i]));
         uart_trans(0x0d);
         uart_trans(0x0a);
         uart_recv();
         uart_trans(0x0d);
         uart_trans(0x0a);
    }while(uart_data != 'Y');
    for(i=0;i<12;i++) uart_trans(pgm_read_byte(&display_uart13[i]));
    uart_trans(0x0d);
    uart_trans(0x0a);
}
```

```
        else
        {
                for(i=0;i<12;i++) uart_trans(pgm_read_byte(&display_uart13[i]));
                uart_trans(0x0d);
                uart_trans(0x0a);
        }
}
int  main (void)
{
        volatile unsigned char eeprom_com1, eeprom_com2;
        volatile unsigned int mmm;
        DDRE = 0xfe;        // PE0핀(RXD)입력 포트로 사용, PE4, PE5, PE6 모터 제어.
        PORTE = 0x10;       // Door-Lock Motor Control:모터 동작안됨.
                            // 방향은 잠김, L293 디세이블
    // PE4(M-op) 핀으로 1 출력 -> 모터 동작 정지
    // PE5(M-dir) 핀으로 0 출력 -> 모터는 반시계방향으로 회전(잠김)
    // PE6(M-en) 핀으로 0 출력 -> L293 디세이블

// Door-Lock Motor Control
    TCNT3L = 0x00;          // 타이머/카운터 레지스터 초기화
    OCR3BL = 0x7f;          // 듀티비 설정
    TCCR3B = 0x0d;          // 1024분주, 8비트 fast PWM

// EEPROM에 저장된 data 손실 유무 판단
        eeprom_com1 = eeprom_read(0x0fff);   // EEPROM 데이터 0x55 읽어오기
        eeprom_com2 = eeprom_read(0x0ffe);   // EEPROM 데이터 0xaa 읽어오기
        if((eeprom_com1 != 0x55) || (eeprom_com2 != 0xaa)){
                for(mmm=0;mmm<4096;mmm++)   eeprom_write(mmm, 0x00);
        }

// UART0 초기 설정
    UBRR0H = 0;             // 14.7456[MHz]일 경우 9600[bps]
    UBRR0L = 95;            // 95
    UCSR0A = 0x00;          // 비동기식 보통 모드
    UCSR0B = 0x98;          // 송신, 수신 인에이블, 수신 인터럽트 인에이블
    UCSR0C = 0x26;          // 짝수 패러티, 8비트 데이터 크기, 정지 1비트

// Timer1을 이용한 1.5초 watchdog 타이머 동작  21600 aba0
    TCNT1H = 0xab;          // 1.5초 시정수 초기화
    TCNT1L = 0xa0;
    TCCR1A = 0x00;          // 타이머 모드
    TCCR1B = 0x05;          // 1024 분주
    TIMSK = 0x04;           // 타이머 1 오버플로 인터럽트 인에이블
    wdt_enable(7);//워치독 타이머 동작 on, asm("WDR"); WDTCR=0x18; WDTCR=0x0f; ->1.8초
```

```
    SREG |= 0x80;           // 전체 인터럽트 허가
    uart_start = 0;         // 통신 시작신호 초기화.
    do{
        if(uart_start == '*')
        {       UCSR0B &= 0x7f;    // 수신 인터럽트 디세이블
                uart_start = 0;
                uart_trans(0x0d);
                uart_trans(0x0a);
                do
                {
                    for(i=0;i<17;i++) uart_trans(pgm_read_byte(&display_uart1[i]));
                     uart_trans(0x0d);
                     uart_trans(0x0a);
                    for(i=0;i<23;i++) uart_trans(pgm_read_byte(&display_uart2[i]));
                     uart_trans(0x0d);
                     uart_trans(0x0a);
                    for(i=0;i<27;i++) uart_trans(pgm_read_byte(&display_uart3[i]));
                     uart_trans(0x0d);
                     uart_trans(0x0a);
                    for(i=0;i<24;i++) uart_trans(pgm_read_byte(&display_uart4[i]));
                     uart_trans(0x0d);
                     uart_trans(0x0a);
                     uart_recv();
                     uart_trans(0x0d);
                     uart_trans(0x0a);
                }while((uart_data != '1')&&(uart_data != '2')&&(uart_data != '3'));

                if(uart_data =='1') door_open();
                else if(uart_data =='2') password_change();
                else if(uart_data =='3'){
                     for(i=0;i<12;i++) uart_trans(pgm_read_byte(&display_uart13[i]));
                     uart_trans(0x0d);
                     uart_trans(0x0a);
                }
                UCSR0B |= 0x80;    // 수신 인터럽트 인에이블
        }
    }while(1);
}
```

실험 키트에 배선하기

ATmega128	I/O
PE0, PE1	[RS-232C UNIT] RXD, TXD
PE4, PE5, PE6	[DC MOTOR UNIT] PWM, DIR, EN
[RS-232C UNIT]의 9핀 커넥터를 RS-232C 케이블 PC와 연결	

AVR Stuio와 IAR 사용시 차이점

AVR Studio(WinAvr)	IAR
#include <avr/io.h>	#include <iom128.h>
#include <avr/interrupt.h>	삭제
#include <avr/wdt.h>	삭제
#include <avr/pgmspace.h>	삭제

#include <util/delay.h>	삭제 후 아래 함수 추가
	void _delay_ms(unsigned char r)
	{ unsigned char i;
	unsigned long k;
	for(i=0; i<r; i++){
	for(k=0; k<106000; k++);
	// 1ms (14.7456 MHz)
	}
	}

int main(void)	void main(void)
unsigned char display_uart1[] PROGMEM	__flash unsigned char display_uart1[]
unsigned char display_uart2[] PROGMEM	__flash unsigned char display_uart2[]
unsigned char display_uart3[] PROGMEM	__flash unsigned char display_uart3[]
unsigned char display_uart4[] PROGMEM	__flash unsigned char display_uart4[]
unsigned char display_uart5[] PROGMEM	__flash unsigned char display_uart5[]
unsigned char display_uart6[] PROGMEM	__flash unsigned char display_uart6[]
unsigned char display_uart7[] PROGMEM	__flash unsigned char display_uart7[]
unsigned char display_uart8[] PROGMEM	__flash unsigned char display_uart8[]
unsigned char display_uart9[] PROGMEM	__flash unsigned char display_uart9[]

AVR Studio(WinAvr)	IAR
unsigned char display_uart10[] PROGMEM	__flash unsigned char display_uart10[]
unsigned char display_uart11[] PROGMEM	__flash unsigned char display_uart11[]
unsigned char display_uart12[] PROGMEM	__flash unsigned char display_uart12[]
unsigned char display_uart13[] PROGMEM	__flash unsigned char display_uart13[]
uart_trans(pgm_read_byte(&display_uart1[i]));	uart_trans(display_uart1[i]);
uart_trans(pgm_read_byte(&display_uart2[i]));	uart_trans(display_uart2[i]);
uart_trans(pgm_read_byte(&display_uart3[i]));	uart_trans(display_uart3[i]);
uart_trans(pgm_read_byte(&display_uart4[i]));	uart_trans(display_uart4[i]);
uart_trans(pgm_read_byte(&display_uart5[i]));	uart_trans(display_uart5[i]);
uart_trans(pgm_read_byte(&display_uart6[i]));	uart_trans(display_uart6[i]);
uart_trans(pgm_read_byte(&display_uart7[i]));	uart_trans(display_uart7[i]);
uart_trans(pgm_read_byte(&display_uart8[i]));	uart_trans(display_uart8[i]);
uart_trans(pgm_read_byte(&display_uart9[i]));	uart_trans(display_uart9[i]);
uart_trans(pgm_read_byte(&display_uart10[i]));	uart_trans(display_uart10[i]);
uart_trans(pgm_read_byte(&display_uart11[i]));	uart_trans(display_uart11[i]);
uart_trans(pgm_read_byte(&display_uart12[i]));	uart_trans(display_uart12[i]);
uart_trans(pgm_read_byte(&display_uart13[i]));	uart_trans(display_uart13[i]);
SIGNAL(SIG_OVERFLOW1)	#pragma vector = TIMER1_OVF_vect __interrupt void TIMER1_OVF(void)
SIGNAL(SIG_UART0_RECV)	#pragma vector=USART0_RXC_vect __interrupt void USART0_RXC_INT(void)
wdt_reset();	asm ("WDR");

wdt_enable(7);	WDTCR = 0x1f; // 'WDTCR = 0x18;'도 가능함
	WDTCR = 0x07; // 삭제해도 됨
	WDTCR = 0x0f;

7.3 Door-Lock 시스템 통합 설계

Door-Lock 시스템 통합 프로그램을 위한 관련 MCU 레지스터

◎ Door-Lock 시스템에서 사용된 MCU 레지스터

기능	레지스터
I/O	DDRA, PORTA, PINA, DDRD, PIND, DDRE, PORTE
외부 인터럽트	EIMSK, EICRA, EIFR
타이머/카운터 1	TCNT1H/TCNT1L, TCCR1A, TCCR1B, TIMSK
비동기 직렬통신	UBRR0H/UBRR0L, UCSR0A, UCSR0B, UCSR0C, UDR0
PWM	TCNT3L, OCR3BL, TCCR3A, TCCR3B
EEPROM	EEAR, EEDR, EECR
Watchdog	WDTCR
전체 인터럽트	SREG

◎ I/O 관련 레지스터

PA0 - PA3은 입력, PA4 - PA6은 출력.(사용하지 않는 비트는 '1' 또는 '0' 모두 설정할 수 있으나 여기서는 '1'로 설정하였음)

DDRA	-	DDA6	DDA5	DDA4	DDA3	DDA2	DDA1	DDA0
0xf0	1	1	1	1	0	0	0	0

PORTA	-	PORTA6	PORTA5	PORTA4	-	-	-	-

PINA	-	-	-	-	PINA3	PINA2	PINA1	PINA0

PD0 - PD4는 입력(PD0, PD2는 외부 인터럽트이며, 반드시 입력으로 설정할 필요는 없음).

DDRD	-	-	-	DDD4	DDD3	DDD2	DDD1	DDD0
0xe0	1	1	1	0	0	0	0	0

PIND	-	-	-	PIND4	PIND3	-	PIND1	-

PE1, PE2, PE4 - PE6는 출력, PE0는 입력(PE0, PE1은 비동기통신 입출력핀으로, 반드시 입출력 설정을 할 필요는 없음). PE4는 PWM 출력.

DDRE	-	DDE6	DDE5	DDE4	-	DDE2	DDE1	DDE0
0xfe	1	1	1	1	1	1	1	0

PORTE	-	PORTE6	PORTE5	-	-	PORTE2	-	-

◎ 외부 인터럽트 관련 레지스터

INT0, INT2 외부 인터럽트 0, 2 인에이블(사용하지 않는 비트는 '1' 또는 '0' 모두 설정할 수 있으나 여기서는 '0'으로 설정하였음)

EIMSK	-	-	-	-	-	INT2	-	INT0
0x05	0	0	0	0	0	1	0	1

INT0, INT2 핀의 인터럽트 요청상태 설정(INT0 : 상승, INT2 : 하강)

EICRA	-	-	ICS21	ICS20	-	-	ICS01	ICS00
0x67	0	1	1	0	0	1	1	1

INTF0, INTF2에 '1'을 써넣어 '0'으로 클리어 시킴. 외부 신호에 의해 인터럽트 요청상태 발생시 관련 비트가 '1'이 되고 인터럽트 프로그램으로 들어가면 자동으로 관련 비트가 '0'으로 클리어 됨.(사용하지 않는 비트는 '1' 또는 '0' 모두 설정할 수 있으나 여기서는 '1'로 설정하였음)

EIFR	-	-	-	-	-	INTF2	-	INTF0
0xff	1	1	1	1	1	1	1	1

◎ 타이머/카운터 1 인터럽트 관련 레지스터

'초기 Door 열림/닫힘 및 내부 Door 열림 설계'와 동일

◎ USART 0 관련 레지스터

'Remote Control을 이용한 Door 열림, 비밀번호 변경 설계'와 동일

- 타이머/카운터 3를 이용한 8비트 Fast PWM 관련 레지스터

  '초기 Door 열림/닫힘 및 내부 Door 열림 설계'와 동일

- EEPROM 관련 레지스터

  'Keypad를 이용한 비밀번호 저장 및 입력(Door 열림) 설계'와 동일

- Watchdog 타이머 관련 레지스터

  '초기 Door 열림/닫힘 및 내부 Door 열림 설계'와 동일

- 전체 인터럽트 관련 레지스터

  '초기 Door 열림/닫힘 및 내부 Door 열림 설계'와 동일

Door-Lock 시스템 통합 프로그램 플로우차트

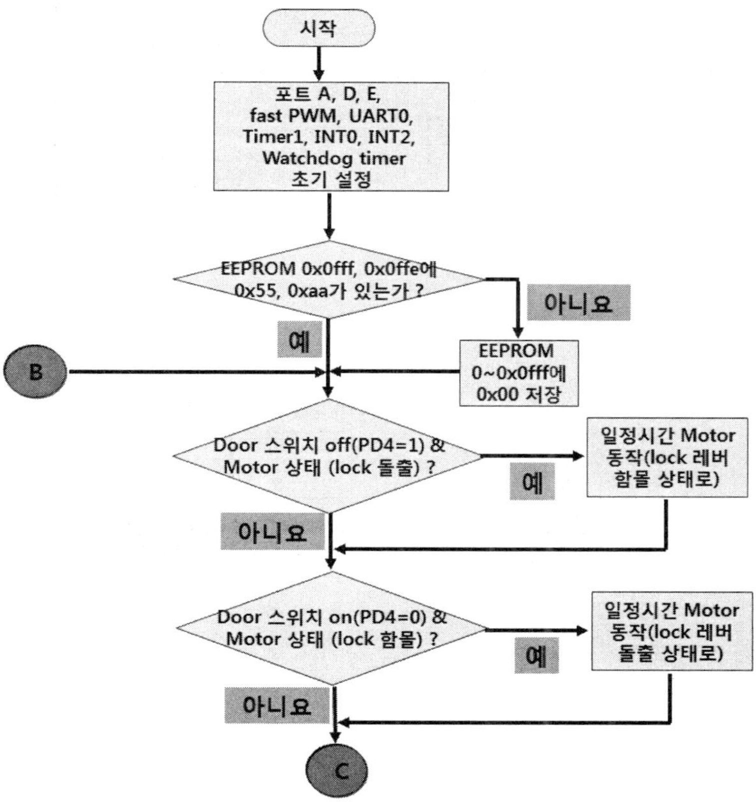

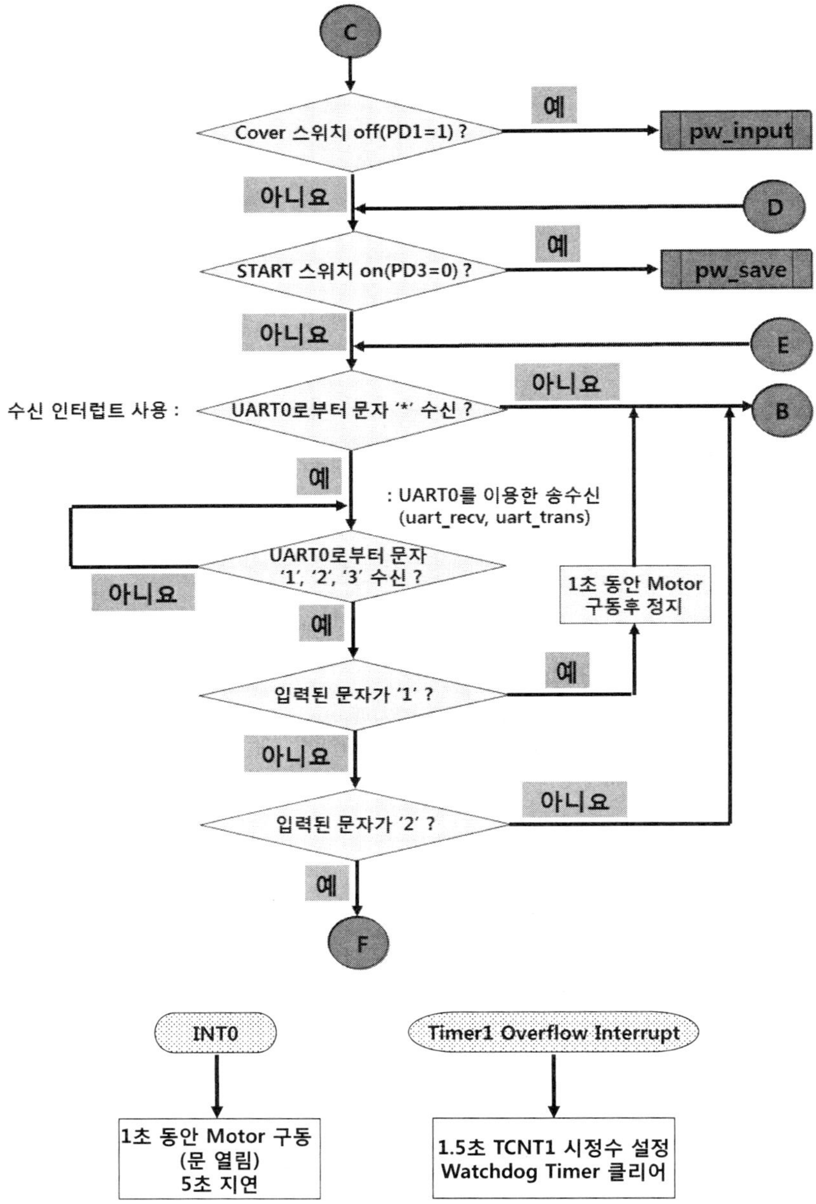
C
Cover 스위치 off(PD1=1) ?
예
pw_input
아니요
D
START 스위치 on(PD3=0) ?
예
pw_save
아니요
E
수신 인터럽트 사용 :
UART0로부터 문자 '*' 수신 ?
아니요
B
예
: UART0를 이용한 송수신
(uart_recv, uart_trans)
UART0로부터 문자
'1', '2', '3' 수신 ?
아니요
예
1초 동안 Motor
구동후 정지
입력된 문자가 '1' ?
예
아니요
입력된 문자가 '2' ?
아니요
예
F
INT0
1초 동안 Motor 구동
(문 열림)
5초 지연
Timer1 Overflow Interrupt
1.5초 TCNT1 시정수 설정
Watchdog Timer 클리어

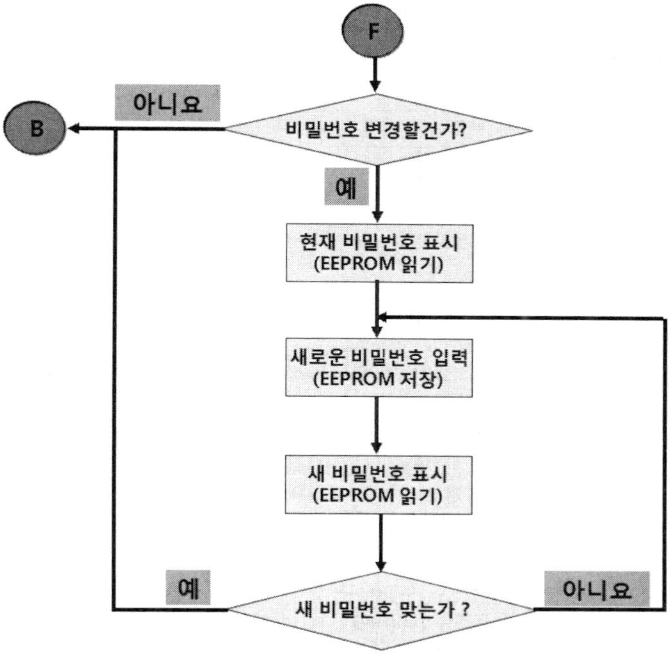
F
아니요
B
비밀번호 변경할건가?
예
현재 비밀번호 표시
(EEPROM 읽기)
새로운 비밀번호 입력
(EEPROM 저장)
새 비밀번호 표시
(EEPROM 읽기)
예
아니요
새 비밀번호 맞는가 ?

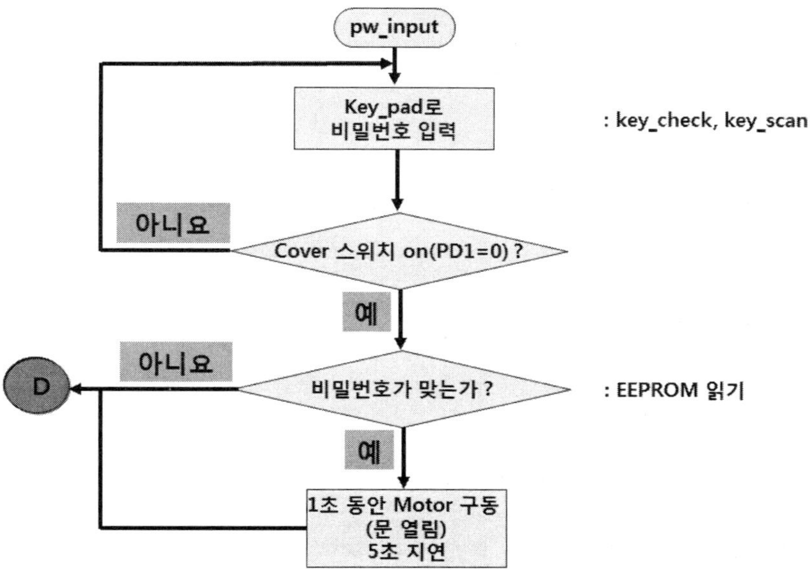
pw_input
Key_pad로
비밀번호 입력
: key_check, key_scan
아니요
Cover 스위치 on(PD1=0) ?
예
아니요
D
비밀번호가 맞는가 ?
: EEPROM 읽기
예
1초 동안 Motor 구동
(문 열림)
5초 지연

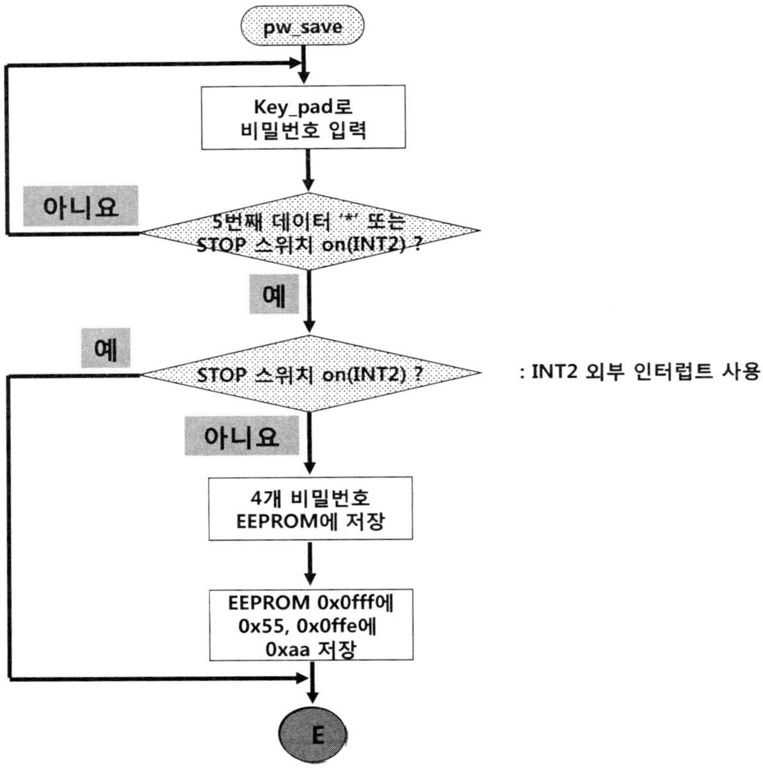

Door-Lock 시스템 통합 프로그램(AVR Studio)

```
#include <avr/io.h>
#include <avr/wdt.h>
#include <avr/interrupt.h>
#include <avr/pgmspace.h>
#include <util/delay.h>

volatile unsigned char LED, key_num, pw[10], key_end, door_motor;
volatile unsigned char uart_data, uart_start, p, q, i, j, kkk;
volatile unsigned char remote_off, key_data, state_ck;

unsigned char display_uart1[] PROGMEM = "1. Open the door.\n";
unsigned char display_uart2[] PROGMEM = "2. Change the password.\n";
unsigned char display_uart3[] PROGMEM = "3. Stop the remote control.\n";
unsigned char display_uart4[] PROGMEM = "Press '1' or '2' or '3'.\n";
unsigned char display_uart5[] PROGMEM = "The door was opened.\n";
```

```
unsigned char display_uart6[] PROGMEM = "Do you want to change your password?\n";
unsigned char display_uart7[] PROGMEM = "If yes, press 'Y'. If no, press 'N'.\n";
unsigned char display_uart8[] PROGMEM = "Current password :";
unsigned char display_uart9[] PROGMEM = "New password :";
unsigned char display_uart10[] PROGMEM = "Your password was changed.\n";
unsigned char display_uart11[] PROGMEM = "Your new password :";
unsigned char display_uart12[] PROGMEM = "If ture, press 'Y'.\n";
unsigned char display_uart13[] PROGMEM = "Thank you.\n";

void eeprom_write(unsigned int k, unsigned char l)   // EEPROM에 데이터 쓰기
{
        while((EECR & 0x02) == 0x02);         // EEWE가 0될 때까지 기다림
        EEAR = k;                             // EEPROM 어드레스 선택
        EEDR = l;                             // EEPROM에 데이터 쓰기
        EECR = 0x04;                          // EEMWE에 '1' 쓰기
        EECR |= 0x02;                         // EEWE에 '1' 쓰기
}

unsigned char eeprom_read(unsigned int k)    // EEPROM 데이터 읽기
{
        while((EECR & 0x02) == 0x02);         // EEWE가 0될 때까지 기다림
        EEAR = k;                             // EEPROM 어드레스 선택
        EECR = 0x01;                          // EEPROM 데이터 읽기 인에이블
        return(EEDR);                         // EEPROM 데이터 읽기
}


void key_scan(void)        // 포트 A의 4x3 매트리스 키 스캔
{
        unsigned char KEY;
        KEY = 0;
        KEY = PINA;                    // 포트 A 핀 값 입력
        KEY &= 0x0f;
        LED = 0;
        if(KEY != 0x0f)                // 키가 입력 되었는가?
        {
            _delay_ms(5);              // 약 5ms
            KEY = PINA;                // 포트 A 핀 값 입력
            KEY &= 0x0f;
            if(KEY != 0x0f)            // 키가 입력 되었는가?
            {
                switch(KEY)
                {
```

```
                    case 0x07 : LED = 1;    // PA3 에서 키값 입력
                    break;
                    case 0x0b : LED = 2;    // PA2 에서 키값 입력
                    break;
                    case 0x0d : LED = 3;    // PA1 에서 키값 입력
                    break;
                    default   : LED = 4;    // PA0 에서 키값 입력
                }
            }
        }
}

void key_check(void)                    // 키 입력 검사
{
    unsigned char key_out;
    key_out = 0xb0;                     // SW1, SW4, SW7, * 키 입력 검사
    PORTA = key_out;
    _delay_ms(1);                       // 약 1ms
    key_scan();
    if(LED == 1){
            pw[key_num] = 0x31;     // SW1
            key_num++;
            do{
                key_scan();
            }while(LED == 1);
    }
    else if(LED == 2){
            pw[key_num] = 0x34;     // SW4
            key_num++;
            do{
                key_scan();
            }while(LED == 2);
    }
    else if(LED == 3){
            pw[key_num] = 0x37;     // SW7
            key_num++;
            do{
                key_scan();
            }while(LED == 3);
    }
    else if(LED == 4){
            pw[key_num] = 0x2a;     // *
            key_num++;
            do{
```

```
            key_scan();
        }while(LED == 4);
}
key_out = 0xd0;        // SW2, SW5, SW8, SW0 키 입력 검사
PORTA = key_out;
_delay_ms(1);          // 약 1ms
key_scan();
if(LED == 1){
        pw[key_num] = 0x32;     // SW2
        key_num++;
        do{
            key_scan();
        }while(LED == 1);
}
else if(LED == 2){
        pw[key_num] = 0x35;     // SW5
        key_num++;
        do{
            key_scan();
        }while(LED == 2);
}
else if(LED == 3){
        pw[key_num] = 0x38;     // SW8
        key_num++;
        do{
            key_scan();
        }while(LED == 3);
}
else if(LED == 4){
        pw[key_num] = 0x30;     // SW0
        key_num++;
        do{
            key_scan();
        }while(LED == 4);
}
key_out = 0xe0;                 // SW3, SW6, SW9, # 키 입력 검사
PORTA = key_out;
_delay_ms(1);                   // 약 1ms
key_scan();
if(LED == 1){
        pw[key_num] = 0x33;     // SW3
        key_num++;
        do{
            key_scan();
```

```
            }while(LED == 1);
        }
        else if(LED == 2){
            pw[key_num] = 0x36;       // SW6
            key_num++;
            do{
                key_scan();
            }while(LED == 2);
        }
        else if(LED == 3){
            pw[key_num] = 0x39;       // SW9
            key_num++;
            do{
                key_scan();
            }while(LED == 3);
        }
        else if(LED == 4){
            pw[key_num] = 0x23;       // #
            key_num++;
            do{
                key_scan();
            }while(LED == 4);
        }
}

SIGNAL(SIG_INTERRUPT0)                // 집안에서 도어 열기
{                                     // 키트에서는 'wdt_reset();' 삭제
    SREG |= 0x80;                     // 'wdt_reset();'적용시에는 삭제
    if(door_motor == 1){
        TCCR3A = 0x21;                // 8 fast PWM 모드, PE4로 PWM신호 출력
        PORTE = 0x60;                 // 모터 동작. 방향은 열림, L293 인에이블.
        wdt_reset();                  // 워치독 타이머 리셋, asm("WDR");
        for(p=0;p<100;p++) _delay_ms(10); // 약 10ms x100 =1 sec
                                      // 모터 회전각 센서 대신에 지연함수 이용.
        wdt_reset();                  // 워치독 타이머 리셋, asm("WDR");
        door_motor = 0;               // door motor 상태(lock이 들어간 상태)
        PORTE = 0x10;                 // 모터 동작안됨. 방향은 잠김, L293 디세이블.
        TCCR3A = 0x01;                // PWM모드 off: Normal Port
        for(p=0;p<100;p++) _delay_ms(10);  // 약 10ms x100 =1 sec
                                      // 모터 회전각 센서 대신에 지연함수 이용.
        wdt_reset();                  // 워치독 타이머 리셋, asm("WDR");
        for(p=0;p<100;p++) _delay_ms(10);  // 약 10ms x100 =1 sec
                                      // 모터 회전각 센서 대신에 지연함수 이용.
        wdt_reset();                  // 워치독 타이머 리셋, asm("WDR");
```

```
        for(p=0;p<100;p++) _delay_ms(10); // 약 10ms x100 =1 sec
                                   // 모터 회전각 센서 대신에 지연함수 이용.
        wdt_reset();               // 워치독 타이머 리셋, asm("WDR");
        for(p=0;p<100;p++) _delay_ms(10); // 약 10ms x100 =1 sec
                                   // 모터 회전각 센서 대신에 지연함수 이용.
        wdt_reset();               // 워치독 타이머 리셋, asm("WDR");
        for(p=0;p<100;p++) _delay_ms(10); // 약 10ms x100 =1 sec
                                   // 모터 회전각 센서 대신에 지연함수 이용.
        wdt_reset();               // 워치독 타이머 리셋, asm("WDR");
        kkk = PIND & 0x10;         // kkk=0이면 문 닫힘 상태.
    }
}

void pw_input(void)                // 키패드로 비밀번호 입력 및 도어 열기
{   unsigned char key_com, iii, cover_st;
    do{
        key_check();               // 비밀번호 읽기
        cover_st = PIND & 0x02;
    }while(cover_st != 0);         // 커버 닫힘
    key_com = eeprom_read(0x00);
    if(key_com == pw[0]){
        key_com = eeprom_read(0x01);
        if(key_com == pw[1]){
            key_com = eeprom_read(0x02);
            if(key_com == pw[2]){
              key_com = eeprom_read(0x03);
              if(key_com == pw[3]){
                 if(door_motor == 1){
                   TCCR3A = 0x21;          // 8 fast PWM 모드, PE4로 PWM신호 출력
                   PORTE = 0x60; // 모터 동작, 방향은 열림, L293 인에이블.
                   for(q=0;q<100;q++) _delay_ms(10);        // 약 10ms x100 =1 sec
                                           // 모터 회전각 센서 대신에 지연함수 이용.
                   door_motor = 0;         // door motor 상태(lock이 들어간 상태)
                   PORTE = 0x10; // 모터 동작안됨, 방향은 잠김, L293 디세이블.
                   TCCR3A = 0x01;          // PWM모드 off; Normal Port
                   for(q=0;q<100;q++) _delay_ms(10);        // 약 10ms x100 =1 sec
                                           // 모터 회전각 센서 대신에 지연함수 이용.
                   for(q=0;q<100;q++) _delay_ms(10);        // 약 10ms x100 =1 sec
                                           // 모터 회전각 센서 대신에 지연함수 이용.
                   for(q=0;q<100;q++) _delay_ms(10);        // 약 10ms x100 =1 sec
                                           // 모터 회전각 센서 대신에 지연함수 이용.
                   for(q=0;q<100;q++) _delay_ms(10);        // 약 10ms x100 =1 sec
                                           // 모터 회전각 센서 대신에 지연함수 이용.
                   for(q=0;q<100;q++) _delay_ms(10);        // 약 10ms x100 =1 sec
```

```
                                        // 모터 회전각 센서 대신에 지연함수 이용.
                        kkk = PIND & 0x10;      // kkk=0이면 문 닫힘 상태.
                    }
                }
            }
        }
    }
    for(iii=0;iii<key_num;iii++)    pw[iii] = 0;
    key_num = 0;
}

SIGNAL(SIG_INTERRUPT2)    // 비밀번호 저장 중단하기
{
    key_end = 1;
}

void pw_save(void)        // 비밀번호 저장을 위해 키패드로 비밀번호 입력하기
{
   unsigned char jjj;
   do{
        key_check();
   }while((key_end == 0)&&(pw[4] != '*')); // 비밀번호 저장완료 또는 중단.

   if(pw[4] == '*'){
      for(jjj=0;jjj<4;jjj++){
         eeprom_write(jjj, pw[jjj]);
      }
      eeprom_write(0x0fff, 0x55);        // eeprom 0xffff번지에 데이터 0x55 쓰기
      eeprom_write(0x0ffe, 0xaa);        // eeprom 0xfffe번지에 데이터 0xaa 쓰기
   }
   for(jjj=0;jjj<key_num;jjj++)    pw[jjj] = 0;
   key_num = 0;
   key_end = 0;
}

SIGNAL(SIG_OVERFLOW1)     // 타이머1 인터럽트 서비스루틴(14.7456MHz->1.5 Sec)
{
   TCNT1H = 0xab;         // 타이머 1 시정수 초기화
   TCNT1L = 0xa0;
   wdt_reset();           // 워치독 타이머 리셋, asm("WDR");
}
SIGNAL(SIG_UART0_RECV)    // 수신 인터럽트
{
   if(!(UCSR0A & 0x1c))  uart_start = UDR0; // 프레임,오버런,패러티 에러 없으면…
```

```
    SREG |= 0x80;
}
void uart_recv (void)    // UART 수신
{
    remote_off = 0;
    do{
          key_data = PIND & 0x0a;
          if((key_data == 0x0a) || (key_data == 0x00))  remote_off = 0xaa;
          state_ck = UCSR0A & 0x80;
    }while((state_ck != 0x80) && (remote_off != 0xaa));
    if(!(UCSR0A & 0x1c))  uart_data=UDR0;       // 프레임,오버런,패러티 에러 없으면…
}
void uart_trans(unsigned char cr_data)        // UART 송신
{
    unsigned char tx_chk;
    while(!(UCSR0A & 0x20));
    tx_chk=0;
    PORTE |= 0x04;
    UDR0 = cr_data;
    do{
          tx_chk = UCSR0A & 0x60;
    }while(tx_chk != 0x60);          // 송신완료 확인.
    PORTE &= 0xfb;
}
void door_open (void) // UART에 의한 문열림
{   if(door_motor == 1) {
       TCCR3A = 0x21;                // 8 fast PWM 모드, PE4로 PWM신호 출력
       PORTE = 0x60;                 // 모터 동작. 방향은 열림, L293 인에이블.
       for(i=0;i<100;i++) _delay_ms(10);    // 약 10ms x100 =1 sec
                                     // 모터 회전각 센서 대신에 지연함수 이용.
       TCCR3A = 0x01;                // PWM 모드 off: Normal Port
       PORTE = 0x10;                 // Door-Lock Motor Control:모터 동작안됨.
       door_motor = 0;               // door motor 상태(lock이 들어간 상태)
    }
    for(i=0;i<20;i++) uart_trans(pgm_read_byte(&display_uart5[i]));
    uart_trans(0x0d);
    uart_trans(0x0a);
    for(i=0;i<12;i++) uart_trans(pgm_read_byte(&display_uart13[i]));
    uart_trans(0x0d);
    uart_trans(0x0a);
}

void password_change (void) // UART에 의한 비밀번호 변경
{
```

```
do
{
   for(i=0;i<38;i++) uart_trans(pgm_read_byte(&display_uart6[i]));
   uart_trans(0x0d);
   uart_trans(0x0a);
   for(i=0;i<38;i++) uart_trans(pgm_read_byte(&display_uart7[i]));
   uart_trans(0x0d);
   uart_trans(0x0a);
   uart_recv();
   uart_trans(0x0d);
   uart_trans(0x0a);
}while((uart_data != 'Y') && (uart_data != 'N') && (remote_off != 0xaa));
if(uart_data =='Y')
{
   for(i=0;i<18;i++) uart_trans(pgm_read_byte(&display_uart8[i]));
   for(i=0;i<4;i++)
   {
       eeprom_read(i);
       uart_trans(EEDR);
   }
   uart_trans(0x0d);
   uart_trans(0x0a);

   do
   {
       for(i=0;i<14;i++) uart_trans(pgm_read_byte(&display_uart9[i]));
       j=3;
       i=0;
       do{
             uart_recv();
             uart_trans(uart_data);
             pw[i++] = uart_data;
       }while(j--);
       if(remote_off != 0xaa){
          for(i=0;i<4;i++)  eeprom_write(i, pw[i]);
          eeprom_write(0x0fff, 0x55); //eeprom 0xffff번지에 0x55 쓰기
          eeprom_write(0x0ffe, 0xaa); //eeprom 0xfffe번지에 0xaa 쓰기
          uart_trans(0x0d);
          uart_trans(0x0a);
          for(i=0;i<28;i++) uart_trans(pgm_read_byte(&display_uart10[i]));
       }
       uart_trans(0x0d);
       uart_trans(0x0a);
       for(i=0;i<19;i++) uart_trans(pgm_read_byte(&display_uart11[i]));
```

```
            for(i=0;i<4;i++)
            {   eeprom_read(i);
                uart_trans(EEDR);
            }
            uart_trans(0x0d);
            uart_trans(0x0a);
            for(i=0;i<21;i++) uart_trans(pgm_read_byte(&display_uart12[i]));
            uart_trans(0x0d);
            uart_trans(0x0a);
            uart_recv();
            uart_trans(0x0d);
            uart_trans(0x0a);
        }while((uart_data != 'Y') && (remote_off != 0xaa));
        for(i=0;i<12;i++) uart_trans(pgm_read_byte(&display_uart13[i]));
        uart_trans(0x0d);
        uart_trans(0x0a);
    }
    else
    {       for(i=0;i<12;i++) uart_trans(pgm_read_byte(&display_uart13[i]));
            uart_trans(0x0d);
            uart_trans(0x0a);
    }
}
int  main (void)
{   volatile unsigned char eeprom_com1, eeprom_com2;
    volatile unsigned int mmm;
    DDRA = 0xf0;            // 포트 A 핀중 PA0,1,2,3는 입력, PA4,5,6은 출력
    DDRD = 0xe0;            // PD0, PD1, PD2, PD3, PD4핀 입력 포트로 사용
                            // PD0, PD2는 외부 인터럽트
    DDRE = 0xfe;            // PE0핀(RXD)입력 포트로 사용, PE4, PE5, PE6 모터 제어.
    PORTE = 0x10;           // Door-Lock Motor Control:모터 동작안됨.
                            // 방향은 잠김 L293 디세이블
    // PE4(M-op) 핀으로 1 출력 -> 모터 동작 정지
    // PE5(M-dir) 핀으로 0 출력 -> 모터는 반시계방향으로 회전(잠김)
    // PE6(M-en) 핀으로 0 출력 -> L293 디세이블

// Door-Lock Motor Control
    TCNT3L = 0x00;          // 타이머/카운터 레지스터 초기화
    OCR3BL = 0x7f;          // 듀티비 설정
    TCCR3B = 0x0d;          // 1024분주, 8비트 fast PWM

// EEPROM에 저장된 data 손실 유무 판단
       eeprom_com1 = eeprom_read(0x0fff);    // EEPROM 데이터 0x55 읽어오기
       eeprom_com2 = eeprom_read(0x0ffe);    // EEPROM 데이터 0xaa 읽어오기
```

```
    if((eeprom_com1 != 0x55) || (eeprom_com2 != 0xaa)){
            for(mmm=0;mmm<4096;mmm++)   eeprom_write(mmm, 0x00);
    }

// UART0 초기 설정
    UBRR0H = 0;          // 14.7456[MHz]일 경우 9600[bps]
    UBRR0L = 95;         // 95
    UCSR0A = 0x00;       // 비동기식 보통 모드
    UCSR0B = 0x98;       // 송신, 수신 인에이블, 수신 인터럽트 인에이블
    UCSR0C = 0x26;       // 짝수 패러티, 8비트 데이터 크기

// Timer1을 이용한 1.5초 watchdog 타이머 동작  21600 aba0
    TCNT1H = 0xab;       // 1.5초 시정수 초기화
    TCNT1L = 0xa0;
    TCCR1A = 0x00;       // 타이머 모드
    TCCR1B = 0x05;       // 1024 분주
    TIMSK = 0x04;        // 타이머 1 오버플로 인터럽트 인에이블
    wdt_enable(7);// 워치독 타이머 동작 on, asm("WDR"); WDTCR=0x18; WDTCR=0x0f; -> 1.8초

// Switch, Sensor 외부 인터럽트
    EIMSK = 0x05;        // 외부 인터럽트 0, 2 사용
    EICRA = 0x67;        // 외부 인터럽트 0은 상승모서리, 2는 하강모서리
    EIFR = 0xff;
    SREG |= 0x80;        // 전체 인터럽트 허가

    door_motor = 1;      // door motor 상태(lock이 나온 상태)
    uart_start = 0;      // 통신 시작신호 초기화.
    do{
      // 초기 문 상태: 문 닫힘 & door motor 잠김.
      key_num = 0;
      kkk = PIND & 0x10;            // kkk=0이면 문 닫힘 상태.
      if((kkk == 0x10) && (door_motor == 1)){
            TCCR3A = 0x21;          // 8 fast PWM 모드, PE4로 PWM신호 출력
            PORTE = 0x60;           // 모터 동작, 방향은 열림, L293 인에이블.
            for(i=0;i<100;i++) _delay_ms(10);       // 약 10ms x100 =1 sec
                                    // 모터 회전각 센서 대신에 지연함수 이용.
            door_motor = 0;         // door motor 상태(lock이 들어간 상태)
      }
      else if((kkk == 0) && (door_motor == 0)){
            TCCR3A = 0x21;          // 8 fast PWM 모드, PE4로 PWM신호 출력
            PORTE = 0x40;           // 모터 동작, 방향은 잠김, L293 인에이블.
            for(i=0;i<100;i++) _delay_ms(10);       // 약 10ms x100 =1 sec
                                    // 모터 회전각 센서 대신에 지연함수 이용.
```

```
            door_motor = 1;         // door motor 상태(lock이 나온 상태)
        }
        PORTE = 0x10;               // 모터 동작안됨. 방향은 잠김. L293 디세이블.
        TCCR3A = 0x01;              // PWM 모드 off: Normal Port
        key_data = PIND & 0x0a;
        if(key_data == 0x0a)  pw_input();
        else if(key_data == 0x00)  pw_save();

        if(uart_start == '*')
        {     UCSR0B &= 0x7f;       // 수신 인터럽트 디세이블
              uart_start = 0;
              uart_trans(0x0d);
              uart_trans(0x0a);
              do
              {     for(i=0;i<17;i++) uart_trans(pgm_read_byte(&display_uart1[i]));
                    uart_trans(0x0d);
                    uart_trans(0x0a);
                    for(i=0;i<23;i++) uart_trans(pgm_read_byte(&display_uart2[i]));
                    uart_trans(0x0d);
                    uart_trans(0x0a);
                    for(i=0;i<27;i++) uart_trans(pgm_read_byte(&display_uart3[i]));
                    uart_trans(0x0d);
                    uart_trans(0x0a);
                    for(i=0;i<24;i++) uart_trans(pgm_read_byte(&display_uart4[i]));
                    uart_trans(0x0d);
                    uart_trans(0x0a);
                    uart_recv();
                    uart_trans(0x0d);
                    uart_trans(0x0a);
              }while((uart_data != '1') && (uart_data != '2') && (uart_data != '3')
               && (remote_off != 0xaa));
              if(uart_data == '1')  door_open();
              else if(uart_data == '2')  password_change();
              else if((uart_data == '3') || (remote_off == 0xaa)){
                    for(i=0;i<12;i++) uart_trans(pgm_read_byte(&display_uart13[i]));
                    uart_trans(0x0d);
                    uart_trans(0x0a);
              }
              UCSR0B |= 0x80;       // 수신 인터럽트 인에이블
        }
    }while(1);
}
```

실험 키트에 배선하기

ATmega128	I/O
PA0 ~ PA3	[KEYPAD UNIT] L3 ~ L0
PA4 ~ PA6	[KEYPAD UNIT] C2 ~ C0
PD0, PD2, PD3	[SWITCH UNIT] X4, X5, X6
PD1, PD4	[SWITCH UNIT] X0, X1
PE0, PE1	[RS-232C UNIT] RXD, TXD
PE4, PE5, PE6	[DC MOTOR UNIT] PWM, DIR, EN
[RS-232C UNIT]의 9핀 커넥터를 RS-232C 케이블 PC와 연결	

AVR Stuio와 IAR 사용시 차이점

AVR Studio(WinAvr)	IAR
SIGNAL(SIG_INTERRUPT0)	#pragma vector = INT0_vect __interrupt void INT0(void)
SIGNAL(SIG_INTERRUPT2)	#pragma vector = INT2_vect __interrupt void INT2(void)
* 나머지 부분은 'Remote Control을 이용한 Door 열림, 비밀번호 변경 설계'와 동일	

08

ATmega128 ADC, 아날로그 비교기

8.1 인터럽트를 이용한 AD 변환

ADC 입력 값의 변화를 인터럽트와 USART1 직렬통신 포트를 이용하여 컴퓨터에 송신하기

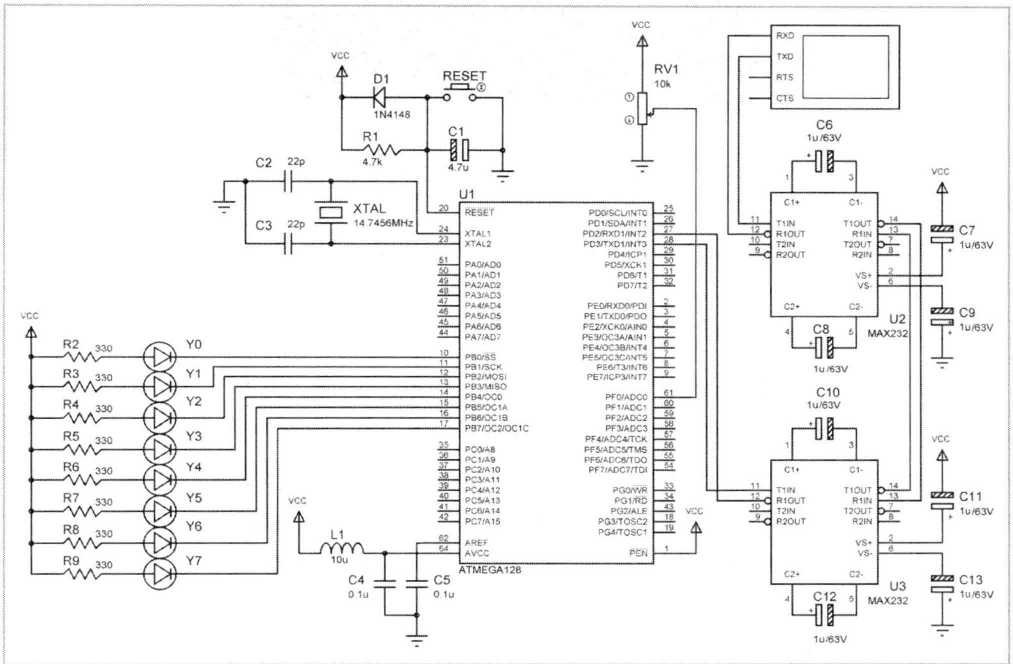

동작방법

프로테우스의 Virtual Terminal(또는 PC의 하이퍼 터미널)에 입력된 키 값은 포트 B에 연결된 LED에 ASCII로 표시된다. 키 값이 'R'이면 PF0(ADC0)로 입력되는 VR(RV1) 값을 AD 변환한 후, USART1을 이용하여 Virtual Terminal(또는 하이퍼 터미널)에 결과 값을 표시한다.

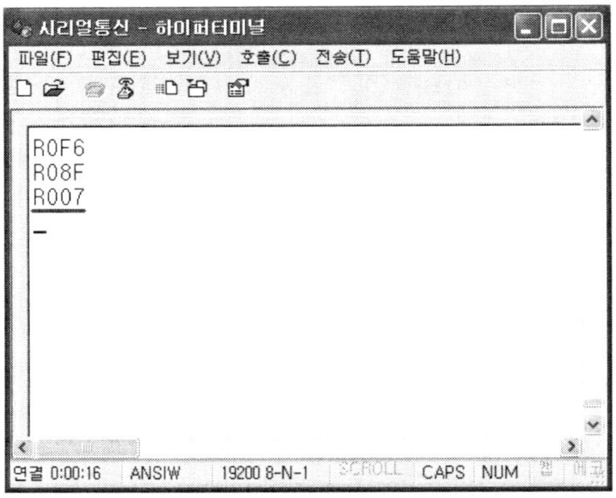

프로그램(AVR Studio)

```
#include   <avr/io.h>
#include   <avr/interrupt.h>
unsigned char ASCII[] = "0123456789ABCDEF";            // 16진 ASCII 코드
void  put(unsigned char tx_data)                       // 비동기 통신 송신
{
    while(!(UCSR1A & 0x20));        // UDR1이 비워있는지 검사
    UDR1 = tx_data;                 // 데이터를 UDR1로 송신
}

unsigned char  get(void)            // 비동기통신 수신
{
    while(!(UCSR1A & 0x80));        // UDR1로 데이터가 수신되었는지 검사
    return(UDR1);                   // UDR1에서 데이터 입력
}
```

```
SIGNAL(SIG_ADC)                    // ADC 변환 완료 인터럽트
{
    unsigned int result;
     // A-D 결과 읽기                        // ADSC 비트는 변환완료 되면 자동 '0'
    result = (ADCL & 0x00ff);          // 결과 읽기
    result |= (ADCH << 8);
    // 컴퓨터로 송신
    put(ASCII[((result >> 8) & 0x0003)]);  // 최상위 2비트 출력
    put(ASCII[(result >> 4) & 0x000f]);    // 상위 4비트 출력
    put(ASCII[(result & 0x000f)]);         // 하위 4비트 출력
}

int  main(void)
{
    unsigned char uart_data;
    DDRB = 0xff;                   // 포트 B 출력
    PORTB = 0xff;                  // LED 초기 모두 off
    ADMUX = 0x40;                  // 채널0 선택, AVCC 기준 전압, 변환 결과 우측 조정.
    ADCSRA = 0x8f;                 // ADC 동작, 분주비:128, 인터럽트 인에이블
    UBRR1H = 0;                    // 14.7456[MHz]일 경우 19200[bps]
    UBRR1L = 47;
    UCSR1A = 0x00;                 // 보통 비 통기 통신 모드
    UCSR1B = 0x18;                 // 송신, 수신 인에이블
    UCSR1C = 0x06;                 // 8비트 데이터 크기, 정지 1비트
    sei();                         // 전체 인터럽트 허가
    while(1)
    {
        uart_data = get();         // 데이터 수신
        PORTB = ~uart_data;        //수신된 데이터를 ASCII코드로 포트 B에 출력
        put(uart_data);            // 수신된 데이터를 다시 송신
        if (uart_data == 'R') ADCSRA |= 0x40;         // 변환 시작
     }
}
```

AD 변환에 대하여

AD 변환기

AD 변환기라는 것은 연속적인 신호인 아날로그 신호를 부호화된 디지털 신호로 변환하는 장치를 말한다. ATmega128은 8채널의 10비트 AD 컨버터가 있다. ADC가

8채널이라는 것은 아날로그 신호의 입력단자가 8개라는 의미이며, PF0 ~ PF7까지 8개의 입력단자를 갖고 있다. 사용자는 8개의 입력단자 중 어느 단자로 입력되는 아날로그 신호를 변환할 것인지를 I/O 레지스터를 통해 결정을 할 수 있다.

AD 변환기와 관련된 레지스터

ADMUX

ADC의 기준전압, 채널, 결과값 저장위치를 선택하는데 사용하는 레지스터.

(1) 아날로그 입력 채널 선택

ADMUX 레지스터의 MUX4:MUX0(Analog Channel and Gain Selection Bits)으로 입력채널을 선택한다.

ADMUX	-	-	-	MUX4	MUX3	MUX2	MUX1	MUX0

MUX4	MUX3	MUX2	MUX1	MUX0	입력 단자
0	0	0	0	0	PF0 (ADC0)
0	0	0	0	1	PF1 (ADC1)
0	0	0	1	0	PF2 (ADC2)
0	0	0	1	1	PF3 (ADC3)
0	0	1	0	0	PF4 (ADC4)
0	0	1	0	1	PF5 (ADC5)
0	0	1	1	0	PF6 (ADC6)
0	0	1	1	1	PF7 (ADC7)

MUX4,3,2,1,0	+차동 입력	-차동 입력	이득	MUX4,3,2,1,0	+차동 입력	-차동 입력	이득
01000	ADC0	ADC0	x 10	10100	ADC4	ADC1	x 1
01001	ADC1	ADC0	x 10	10101	ADC5	ADC1	x 1
01010	ADC0	ADC0	x 200	10110	ADC6	ADC1	x 1
01011	ADC1	ADC0	x 200	10111	ADC7	ADC1	x 1
01100	ADC2	ADC2	x 10	11000	ADC0	ADC2	x 1
01101	ADC3	ADC2	x 10	11001	ADC1	ADC2	x 1
01110	ADC2	ADC2	x 200	11010	ADC2	ADC2	x 1
01111	ADC3	ADC2	x 200	11011	ADC3	ADC2	x 1

*MUX 값이 01000, 01010 등은 오프셋 조정용 가능				11100	ADC4	ADC2	x 1
10000	ADC0	ADC1	x 1	11101	ADC5	ADC2	x 1
10001	ADC1	ADC1	x 1				
10010	ADC2	ADC1	x 1	11110	1.23[V](V_{BG}) 단일내부입력		
10011	ADC3	ADC1	x 1	11111	0[V]AGND 단일내부 입력		

(2) 아날로그 기준전압 선택

ADMUX 레지스터의 REFS1:REFS0(Reference Selection Bits)으로 기준전압을 선택한다.

ADMUX	REFS1	REFS0	-	MUX4	MUX3	MUX2	MUX1	MUX0

REFS1	REFS0	기준 전압
0	0	외부 AREF 단자로 입력된 전압을 기준전압으로 사용
0	1	외부의 AVCC 단자로 입력된 전압을 기준전압으로 사용
1	0	-
1	1	2.56V를 기준전압으로 사용

* REFS1..0 : '01' 또는 '11'인 경우, AREF 단자에 +전원을 연결하지 않고 커패시터만 연결.

○ 결과값 저장

ATmega128의 AD 변환기는 10비트 분해능(Resolution)을 갖고 있다. 즉, 결과값이 10비트의 크기를 갖는다.

ADMUX	REFS1	REFS0	ADLAR	MUX4	MUX3	MUX2	MUX1	MUX0

(1) ADLAR이 0인 경우 (결과 오른쪽 조정)

ADCH	-	-	-	-	-	-	ADC[9:8]	
ADCL	ADC[7:0]							

(2) ADLAR이 1인 경우 (결과 왼쪽 조정)

ADCH	ADC[9:2]							
ADCL	ADC[1:0]		-	-	-	-	-	-

ADC 제어 및 상태 레지스터, ADCSRA

ADCSRA(ADC Control and Status Register A) 레지스터는 ADC 제어 및 상태를 나타내는 비트로 구성되어 있다.

ADCSRA	ADEN	ADSC	ADFR	ADIF	ADIE	ADPS2	ADPS1	ADPS0

(1) ADEN

ADC Enable 비트로 '1'이면 ADC동작, '0'이면 ADC가 동작 안한다.

(2) ADSC

ADC Start Conversion 비트로 '1'이면 ADC 변환을 시작한다.

(3) ADFR

ADC Free Running Select 비트로 '1'이면 ADSC가 '1'이 된 후부터 AD 변환을 계속하여 '0'으로 바꿀 때까지 ADCH와 ADCL 레지스터에 변환되는 값이 계속적으로 저장된다.

(4) ADIF

ADC Interrupt Flag 비트로 AD 변환이 끝나고 결과값이 ADCH:ADCL 데이터 레지스터에 업데이트가 되면, 비트가 '1'이 되며 인터럽트 요청이 허가된 경우(ADIE = '1'이고, I = '1'인 경우), ADC 변환 완료 인터럽트를 요청할 수 있다. '1'을 쓰면 클리어.

(5) ADIE

ADC Interrupt Enable 비트로 '1'이면 ADC 변환 완료 인터럽트 요청을 허가한다.

(6) ADPS2:ADPS0

ADC Pre-scaler Select Bit로 시스템 클록을 ADPS2:ADPS0에 설정된 값으로 나누어 ADC 클록으로 사용한다. ATmega128의 ADC는 단일입력 변환의 경우, 변환하는데 13개(처음에는 25개)의 ADC 클록 주기가 필요하며, 변환시간은 13 ~ 260 us가 소요된다.

ADPS2	ADPS1	ADPS0	분주비	ADPS2	ADPS1	ADPS0	분주비
0	0	0	2	1	0	0	16
0	0	1	2	1	0	1	32
0	1	0	4	1	1	0	64
0	1	1	8	1	1	1	128

컴퓨터로부터 송신된 데이터를 LED에 ASCII로 표시하고 'R'값이면 VR(RV1) 값을 AD 변환하여 결과값을 USART1을 이용하여 컴퓨터로 전송

AD 변환

AD 변환을 위해서...

ADMUX 레지스터와 ADCSRA 레지스터의 비트들을 조정하여야 한다. 즉, 채널 선택, 기준전압 선택, 변환 결과 값 저장 방법, ADC 변환 동작 유무, 인터럽트 가능, 계속 AD 변환, 분주비 선택이 이루어져야 한다.

ADMUX

(1) 아날로그 입력 채널 선택

채널 0을 선택하므로 MUX4:MUX0 = '00000'이다

ADMUX	-	-	-	MUX4	MUX3	MUX2	MUX1	MUX0
0x00	-	-	-	0	0	0	0	0

(2) 아날로그 기준전압 선택

기준전압을 AVCC로 선택. 따라서 REFS1:REFS0 = '01'이다.

ADMUX	REFS1	REFS0	-	MUX4	MUX3	MUX2	MUX1	MUX0
0x40	0	1	-	0	0	0	0	0

(3) 결과 값 저장

10비트의 AD 결과 값 저장방법을 결과 오른쪽 조정으로 한다. 따라서 ADLAR = '0'이다.

ADMUX	REFS1	REFS0	ADLAR	MUX4	MUX3	MUX2	MUX1	MUX0
0x40	0	1	0	0	0	0	0	0

- ADCSRA

ADCSRA 레지스터의 각 비트들의 값은 ADCSRA = '10001111'이다.

ADCSRA	ADEN	ADSC	ADFR	ADIF	ADIE	ADPS2	ADPS1	ADPS0
0x8f	1	0	0	0	1	1	1	1

(1) ADEN

비트를 '1'로 하여 ADC 동작이 진행된다.

(2) ADSC

비트를 '0'으로 하여 초기 과정에서는 ADC 변환을 하지 않는다. 프로그램상에서 ADC 시작이 필요할 때 '1'로 설정한다.

(3) ADFR

비트를 '0'으로 하여 '계속 AD 변환' 동작을 사용하지 않는다.

(4) ADIF

ADC 인터럽트가 요청되었을 때 비트가 자동으로 '1'로 변하고 인터럽트가 수행되면 자동으로 '0'으로 변한다. '1'을 쓰면 클리어.

(5) ADIE

비트를 '1'로 하면 ADC 변환 완료 인터럽트 요청 허가. 프로그램 초기에는 '0', ADC 변환이 필요할 때 '1'로 설정한다.

(6) ADPS2:ADPS0

ADPS2:ADPS0 = '111', 즉 시스템 클록을 128분주하여 ADC 클록으로 사용한다(50 kHz ~ 200 kHz 추천).

AD 변환을 위한 초기화

```
ADMUX = 0x40;  // 채널0 선택, AVCC 기준 전압, 변환 결과 우측 조정.
ADCSR = 0x8f;  // ADC 동작, 분주비:128, 인터럽트 인에이블
```

실험 키트에 배선하기

ATmega128	I/O
PB0 ~ PB7	[LED UNIT] Y0 ~ Y7
PD2, PD3	[UART UNIT] RXD, TXD
PF0	[SENSOR UNIT] VOLUME

AVR Stuio와 IAR 사용시 차이점

AVR Studio(WinAvr)	IAR
#include <avr/io.h>	#include <iom128.h>
#include <avr/interrupt.h>	별도 헤더파일 필요 없음.
int main(void)	void main(void)
SIGNAL(SIG_ADC)	#pragma vector=ADC_vect __interrupt void ADC_INT(void)
sei();	SREG |= 0x80;
ADCSRA	ADCSR

8.2 차동입력 AD 변환

ADC 입력 값(채널0과 채널1)의 차를 LED에 표시하기

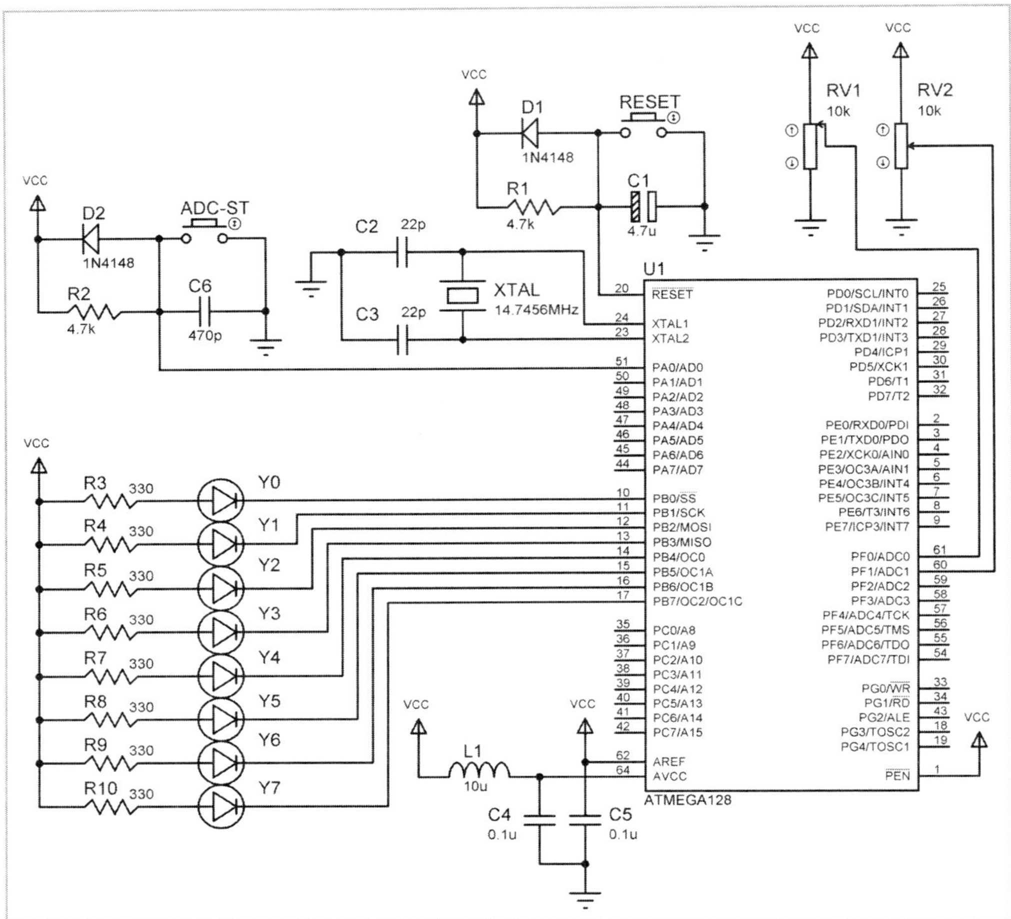

동작방법

포트 A의 PA0에 연결된 ADC-ST 스위치가 눌러지면(low, '0'이 되면) PF0 단자(채널0, ADC0)의 +차동입력과 PF1 단자(채널1, ADC1)의 −차동입력 차가 AD 변환되어 10 비트 디지털 값으로 포트 B의 LED에 표시된다. LED는 우선적으로 상위 2

비트 값을 표시한 후, 일정시간이 지나 하위 8비트 값이 나타나게 된다.

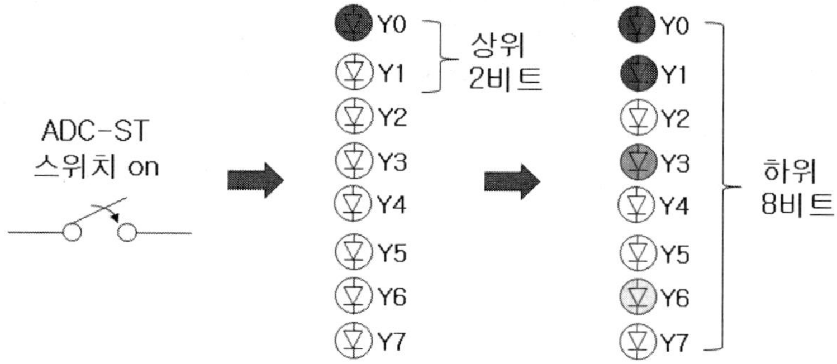

프로그램(AVR Studio)

```
#include <avr/io.h>
void delay(unsigned long I)                  // 시간 지연
{
        while(--i);
}
void  run(void)
{   unsigned char result_1, result_2;
    ADCSRA |= 0x40;                          // 변환 시작
    while(!(ADCSRA & 0x10));                 // 변환이 끝날 때 까지 대기 (폴링 방법)
    ADCSRA |= 0x10;                          // ADIF 클리어
    // A-D 결과 읽기
    result_1 = (ADCL & 0xff);                // 결과 읽기(프로테우스는 차동입력 기능이
    result_2 = (ADCH & 0x03);                // 동작 안됨)
    // LED에 표시
    PORTB = ~result_2;
    delay(500000);
    PORTB = ~result_1;
    delay(500000);
}

int  main(void)
{
    unsigned char adc_check;
    DDRA = 0xfe;                             // PA0만 입력
    DDRB = 0xff;                             // 포트 B 출력
    PORTB = 0xff;                            // LED 초기 모두 off
```

```
    // ADC 초기화
    ADMUX = 0x10;            // +ADC0,-ADC1 차동입력, AREF기준전압,변환결과 우측조정.
                             // 키트 사용시에는 'ADMUX = 0x50;'으로 변경(키트의 AREF
                             // 단자에는 전원이 연결되지 않았음).
    ADCSRA = 0x86;           // A-D 컨버터 동작 가능, 분주비:64
    while(1)
    {   adc_check=PINA;                     // PA0 읽기
        if (adc_check == 0x00) run();       // PA0가 '0'인 경우 A/D 변환
    }
}
```

PF0 단자(ADC0)의 +차동입력과 PF1 단자(ADC1)의 −차동입력 차가 AD 변환되어 10 비트 값으로 포트 B의 LED에 표시

차동입력 AD 변환

- 차동입력 AD 변환을 위해서...

ADMUX 레지스터와 ADCSRA 레지스터의 비트들을 조정하여야 한다.
+차동 입력 : PF0(채널0, ADC0), -차동입력 : PF1(채널1, ADC1), 이득 : ×1 일 때.

(1) ADMUX 레지스터에서, (ADMUX = '0x10' 일 때)

아날로그 입력 채널, 아날로그 기준 전압, 결과 값 저장 방식 선택

(2) ADCSRA 레지스터에서, (ADCSRA = '0x86' 일 때)

ADC 변환 동작 On, ADC 클럭용 분주비 선택

* 차동입력일 때 출력은 2의 보수로 표시됨[0x0200(−512), 0x0201(−511), ⋯, 0x03ff(−1), 0x0000(0), 0x0001(1),⋯, 0x01fe(510), 0x01ff(511)].

- ADMUX

(1) 아날로그 차동입력 채널 선택

+차동입력 : 채널 0(ADC0), −차동입력 : 채널 1(ADC1)을 선택하므로 MUX4:MUX0 = '10000'이다

ADMUX	-	-	-	MUX4	MUX3	MUX2	MUX1	MUX0
0x10	–	–	–	1	0	0	0	0

(2) 아날로그 기준전압 선택

기준전압을 AREF로 선택. 따라서 REFS1:REFS0 = '00'이다.

ADMUX	REFS1	REFS0	-	MUX4	MUX3	MUX2	MUX1	MUX0
0x10	0	0	–	1	0	0	0	0

(3) 결과 값 저장

10비트의 AD 결과 값 저장방법을 결과 오른쪽 조정으로 한다. 따라서 ADLAR = '0'이다.

ADMUX	REFS1	REFS0	ADLAR	MUX4	MUX3	MUX2	MUX1	MUX0
0x10	0	0	0	1	0	0	0	0

- ADCSRA

ADCSRA 레지스터의 각 비트들의 값은 ADCSRA = '10000110'이다.

ADCSRA	ADEN	ADSC	ADFR	ADIF	ADIE	ADPS2	ADPS1	ADPS0
0x86	1	0	0	0	0	1	1	0

(1) ADEN

비트를 '1'로 하여 ADC 동작이 진행된다.

(2) ADSC

프로그램상에서 ADC 시작이 필요할 때 '1'로 설정한다.

(3) ADFR

비트를 '0'으로 하여 '계속 AD 변환' 동작을 사용하지 않는다.

(4) **ADIF**

ADC 인터럽트가 요청되었을 때 비트가 자동으로 '1'로 변한다. 인터럽트가 수행되면 자동으로 '0'이 된다.

(5) **ADIE**

프로그램 초기에는 '0', ADC 변환완료 인터럽트를 수행하고 싶을 때 '1'로 설정한다.

(6) **ADPS2:ADPS0**

ADPS2:ADPS0 = '110', 즉 시스템 클록을 64분주하여 ADC 클록으로 사용한다.

○ 차동입력 AD 변환을 위한 초기화

```
ADMUX = 0x10;            // 차동입력(ADC0, ADC1) 선택, AREF 기준 전압(키트
                         // 사용시에는 'ADMUX = 0x50;' 선택). 변환 결과 우측 조정.
ADCSRA = 0x86;           // ADC 동작, 분주비:64
```

실험 키트에 배선하기

ATmega128	I/O
PB0 ~ PB7	[LED UNIT] Y0 ~ Y7
PF0, PF1	[SENSOR UNIT] VOLUME, CDS
PA0	[SWITCH UNIT] X4

AVR Stuio와 IAR 사용시 차이점

AVR Studio(WinAvr)	IAR
#include <avr/io.h>	#include <iom128.h>
int main(void)	void main(void)
ADCSRA	ADCSR

ADC 구조

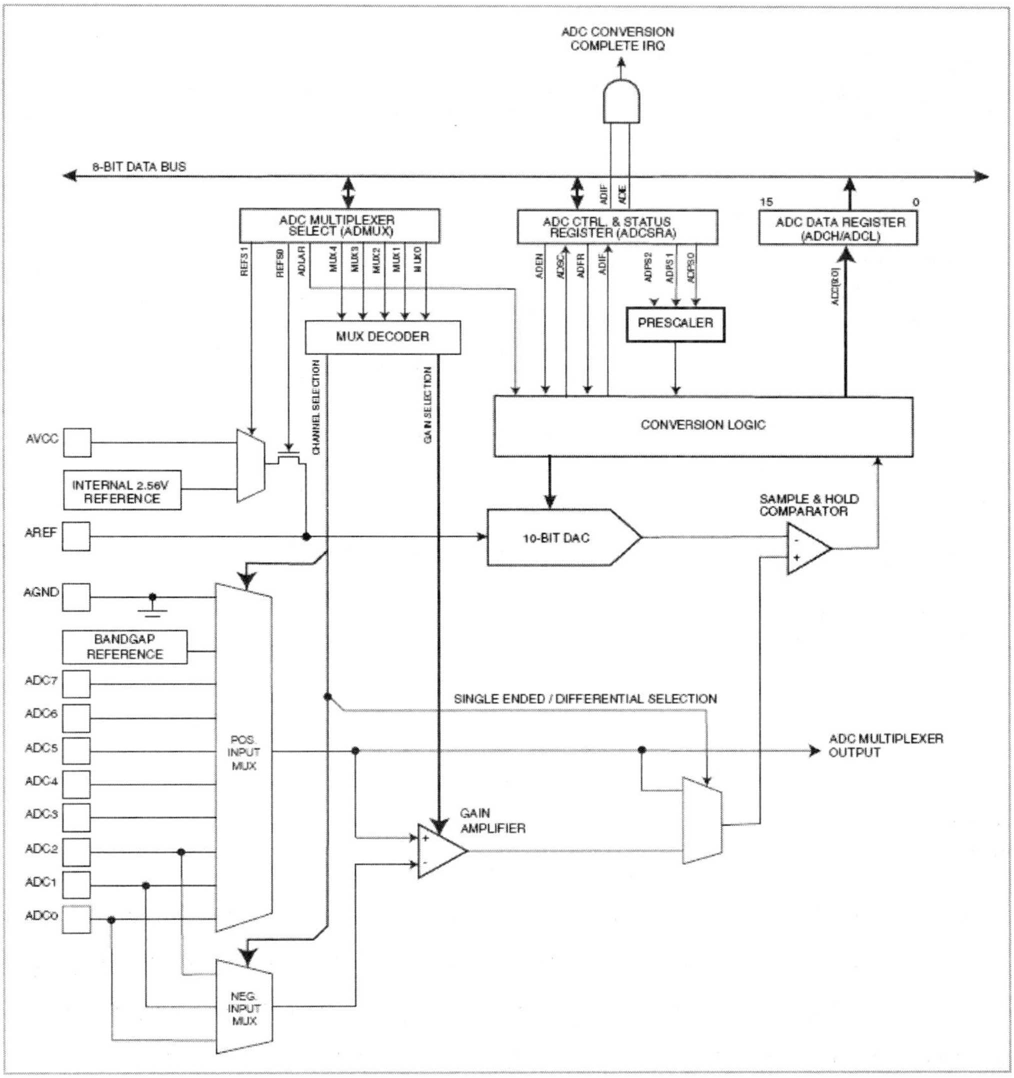
ADC CONVERSION
COMPLETE IRQ
8-BIT DATA BUS
ADIF
ADIE
ADC MULTIPLEXER
SELECT (ADMUX)
ADC CTRL. & STATUS
REGISTER (ADCSRA)
15
0
ADC DATA REGISTER
(ADCH/ADCL)
REFS1
REFS0
ADLAR
MUX4
MUX3
MUX2
MUX1
MUX0
ADEN
ADSC
ADFR
ADIF
ADPS2
ADPS1
ADPS0
ADC[9:0]
MUX DECODER
PRESCALER
CHANNEL SELECTION
GAIN SELECTION
CONVERSION LOGIC
AVCC
INTERNAL 2.56V
REFERENCE
AREF
10-BIT DAC
SAMPLE & HOLD
COMPARATOR
AGND
BANDGAP
REFERENCE
ADC7
ADC6
ADC5
ADC4
ADC3
ADC2
ADC1
ADC0
POS.
INPUT
MUX
SINGLE ENDED / DIFFERENTIAL SELECTION
ADC MULTIPLEXER
OUTPUT
GAIN
AMPLIFIER
NEG.
INPUT
MUX

8.3 아날로그 비교기

아날로그 비교기 모드를 이용하여 가변저항의 전압값을 가산기 출력값과 비교하여 LED에 16진수로 표시하기

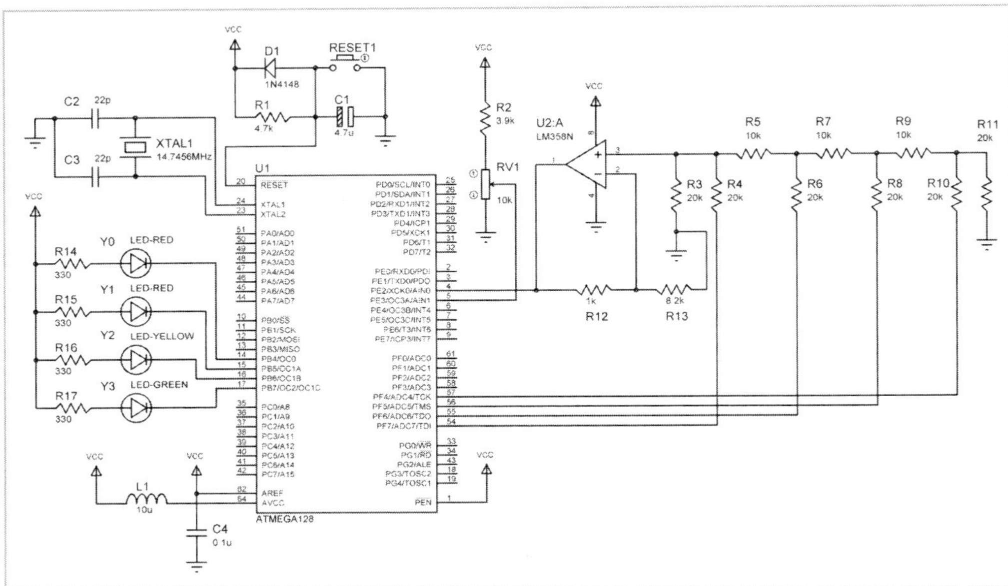

동작방법

PF7 ~ PF4 값을 '0000 → 0001 → ··· → 1111 → 0000 → ···' 으로 출력하면 가산기 출력이 0 ~ +3.5V로 변화하게 된다. 가산기 출력이 가변저항의 전압보다 커지면 아날로그 비교기 인터럽트가 발생하고 이 때 PF7 ~ PF4의 값이 LED에 16진수로 표시되게 된다. 가변저항의 전압값으로부터 가변저항의 저항값을 알 수 있다.

프로그램(AVR Studio)

```
#include <avr/io.h>
#include <avr/interrupt.h>
```

```
volatile unsigned char COM_CHECK;

void delay(unsigned long i)        //시간지연
{
        while(--i);
}

SIGNAL(SIG_COMPARATOR)             // 아날로그 비교기 인터럽트
{
        PORTB = ~COM_CHECK;        // 포트 B에 출력(LED가 low일 때
                                   // 점등되므로 COM_CHECK의 1의 보수값을 출력)
}

int main(void)
{       DDRB = 0xff;       // PB 모두 출력
        DDRE = 0xf3;       // PE2, PE3만 입력
        DDRF = 0xff;       // PF 모두 출력
        PORTB = 0xff;      // 포트 B 모두 high 출력
        PORTF = 0x00;      // 포트 F 모두 low 출력
        SFIOR = 0x00;      // 아날로그비교기 -입력 AIN1
        ACSR = 0x0b;       // 아날로그비교기 on, 아날로그비교기 인터럽트 인에이블,
                           // 출력 상승모서리에서 인터럽트
        sei();             // 전체 인터럽트 인에이블
        while(1)           // D/A 컨버터를 이용한 비교기 LED 제어
        {       COM_CHECK = 0x00;
                do         // AIN0값을 계속적으로 변화시켜 인터럽트 발생
                {       PORTF = COM_CHECK;
                        delay(10000);
                        COM_CHECK += 0x10;
                }while(COM_CHECK != 0xf0);
                PORTF = COM_CHECK;
                delay(10000);
        }
}
```

PF7 ~ PF4 값을 '0000'부터 '1111'까지 반복적으로 출력시켜 가산기 출력이 가변저항의 전압보다 커질 때의 PF7 ~ PF4 값을 PB7 ~ PB4에 연결된 LED에 16진수로 표시

아날로그 비교기 모드

아날로그 비교기 (Analog Comparator) 모드는 아날로그 비교기 포지티브 입력 단

자(AIN0)와 네거티브 단자(AIN1 또는 ADC0 ~ 7)의 값을 비교하여 포지티브 단자의 값이 크면 '1'을 출력한다.

네거티브 단자로 사용 가능한 핀은 AIN1, ADC0, 1, 2, 3, 4, 5, 6, 7이며 이들의 선택은 SFIOR 레지스터의 ACME 비트와 ADMUX 레지스터의 MUX2, MUX1, MUX0 비트를 이용하면 된다. 아날로그 비교기는 인터럽트 기능을 갖고 있고, 타이머/카운터1 입력 캡쳐 기능을 시작시키는 역할도 할 수 있다.

아날로그 비교기 모드와 관련된 레지스터

- ADC 채널 선택 레지스터 : ADMUX(ADC Multiplexer Selection Register)
- 아날로그 비교기 제어 및 상태 레지스터 : ACSR(Analog Comparator Control and Status Register)
- 특정 기능 I/O 레지스터 : SFIOR(Special Function IO Register)

ADC 채널 선택 레지스터, ADMUX

ADMUX	-	-	-	-	-	MUX2	MUX1	MUX0

MUX2, 1, 0의 값에 따라 아날로그 비교기 네거티브 단자로 ADC0, 1, 2, 3, 4, 5, 6, 7이 선택된다. 즉, MUX2 ~ 0이 000, 001, 010, 011, 100, 101, 110, 111일 때 네거티브 단자는 ADC0, ADC1, ADC2, ADC3, ADC4, ADC5, ADC6, ADC7이 선택된다.

아날로그 비교기 제어 및 상태 레지스터, ACSR

아날로그 비교기를 제어하거나 상태를 검사하는 레지스터이다.

ACSR	ACD	ACBG	ACO	ACI	ACIE	ACIC	ACIS1	ACIS0

- **ACD(Analog Comparator Disable)** : '1'이면 아날로그 비교기 off.
- **ACBG(Analog Comparator Bandgap Select)** : '0'이면 아날로그 비교기 포지티브(+) 입력은 AIN0, '1'이면 밴드갭(bandgap) 기준전압.
- **ACO(Analog Comparator Output)** : 아날로그 비교기 출력상태가 저장됨. 읽기

만 가능.

- **ACI(Analog Comparator Interrupt Flag)** : 인터럽트가 발생되면 '1'이 됨. 이 비트에 '1'을 써 넣으면 이 비트는 '0'으로 변한다.
- **ACIE(Analog Comparator Interrupt Enable)** : '1'이면 인터럽트 요청.
- **ACIC(Analog Comparator Input Capture Enable)** : '1'이면 타이머/카운터1 입력 캡처 기능 시작(ICP1 역할을 대신함).
- **ACIS1, ACIS0(Analog Comparator Interrupt Mode Select)** : 인터럽트 요청 방법을 선택한다.

ACIS1	ACIS0	인터럽트 모드
0	0	비교기 출력이 토글될 때 비교기 인터럽트
0	1	사용안함
1	0	비교기 출력의 하강모서리에서 비교기 인터럽트
1	1	비교기 출력의 상승모서리에서 비교기 인터럽트

○ 특정 기능 I/O 레지스터, SFIOR

아날로그 비교기의 네거티브 단자를 선택하기 위한 것으로, ACME 비트와 ADCSR의 ADEN 비트 및 ADMUX의 MUX2 ~ 0 비트와 함께 사용된다.

SFIOR	-	-	-	-	ACME	-	-	-

SFIOR [ACME]	ADCSRA [ADEN]	ADMUX [MUX2 ~ 0]	네거티브(-) 입력 단자
0	×	×××	AIN1
1	1	×××	AIN1
1	0	0 0 0	ADC0
1	0	0 0 1	ADC1
1	0	0 1 0	ADC2
1	0	0 1 1	ADC3
1	0	1 0 0	ADC4
1	0	1 0 1	ADC5
1	0	1 1 0	ADC6
1	0	1 1 1	ADC7

○ 아날로그 비교기 모드 설정 방법

아날로그 비교기의 포지티브(+) 입력 단자를 AIN0, 네거티브(-) 입력 단자를 AIN1, 상승모서리에서 인터럽트 발생으로 하는 경우

(1) ADMUX는 설정할 필요 없음.

(2) ACSR을 설정(ACSR = '0x0b').

ACD=0, ACBG=0, ACIE=1, ACIC=0, ACIS1=1, ACIS0=1

(3) SFIOR을 설정(SFIOR = '0x00').

ACME=0

AVR Stuio와 IAR 사용시 차이점

<table>
<tr><th>AVR Studio(WinAvr)</th><th>IAR</th></tr>
<tr><td>#include <avr/io.h></td><td>#include <iom128.h></td></tr>
<tr><td>#include <avr/interrupt.h></td><td>별도 헤더파일 필요 없음.</td></tr>
<tr><td>int main(void)</td><td>void main(void)</td></tr>
<tr><td>sei();</td><td>SREG |= 0x80;</td></tr>
<tr><td>SIGNAL(SIG_COMPARATOR)</td><td>#pragma vector = ANA_COMP_vect
__interrupt void ANA_COMP(void)</td></tr>
</table>

아날로그 비교기 구조

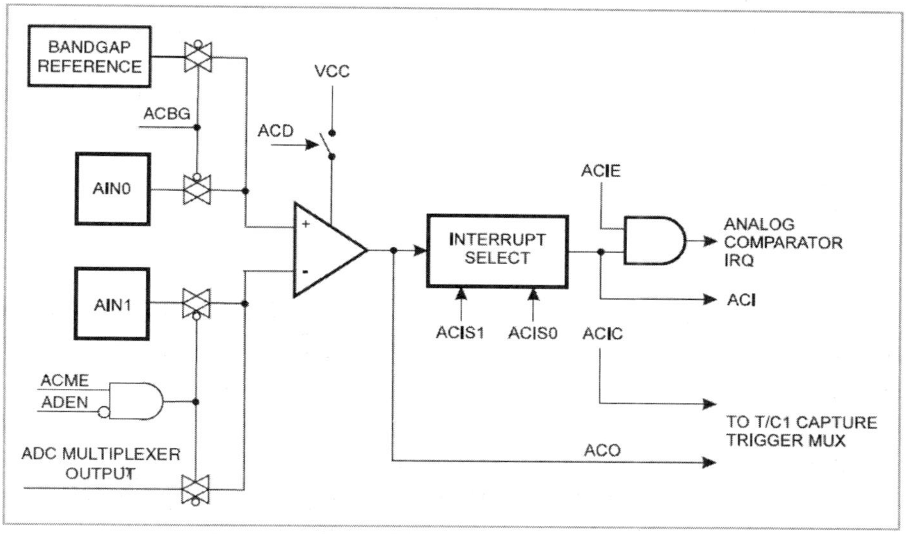

참조

- ADC, 아날로그 비교기 관련 레지스터 및 초기값

비트번호	7	6	5	4	3	2	1	0	
	REFS1	REFS0	ADLAR	MUX4	MUX3	MUX2	MUX1	MUX0	ADMUX
읽기/쓰기	R/W	R/W	R/W	R/W	R/W	R/W	R/W	R/W	
초기값	0	0	0	0	0	0	0	0	

비트번호	7	6	5	4	3	2	1	0	
	ADEN	ADSC	ADFR	ADIF	ADIE	ADPS2	ADPS1	ADPS0	ADCSRA
읽기/쓰기	R/W	R/W	R/W	R/W	R/W	R/W	R/W	R/W	
초기값	0	0	0	0	0	0	0	0	

비트번호	15	14	13	12	11	10	9	8	
ADLAR=0:	-	-	-	-	-	-	ADC9	ADC8	ADCH
	ADC7	ADC6	ADC5	ADC4	ADC3	ADC2	ADC1	ADC0	ADCL
	7	6	5	4	3	2	1	0	
읽기/쓰기	R	R	R	R	R	R	R	R	
	R	R	R	R	R	R	R	R	
초기값	0	0	0	0	0	0	0	0	
	0	0	0	0	0	0	0	0	

비트번호	15	14	13	12	11	10	9	8	
ADLAR=1:	ADC9	ADC8	ADC7	ADC6	ADC5	ADC4	ADC3	ADC2	ADCH
	ADC1	ADC0	-	-	-	-	-	-	ADCL
	7	6	5	4	3	2	1	0	
읽기/쓰기	R	R	R	R	R	R	R	R	
	R	R	R	R	R	R	R	R	
초기값	0	0	0	0	0	0	0	0	
	0	0	0	0	0	0	0	0	

비트번호	7	6	5	4	3	2	1	0	
	TSM	-	-	-	ACME	PUS	PSR0	PSR321	SFIOR
읽기/쓰기	R/W	R	R	R	R/W	R/W	R/W	R/W	
초기값	0	0	0	0	0	0	0	0	

비트번호	7	6	5	4	3	2	1	0	
	ACD	ACBG	ACO	ACI	ACIE	ACIC	ACIS1	ACIS0	ACSR
읽기/쓰기	R/W	R/W	R	R/W	R/W	R/W	R/W	R/W	
초기값	0	0	N/A	0	0	0	0	0	

09

ATmega128 CTC, 입력 캡처, COM1C2

9.1 타이머/카운터 1을 이용한 CTC 모드

타이머/카운터 1과 CTC 모드를 이용하여 1초마다 LED On /Off 시키기

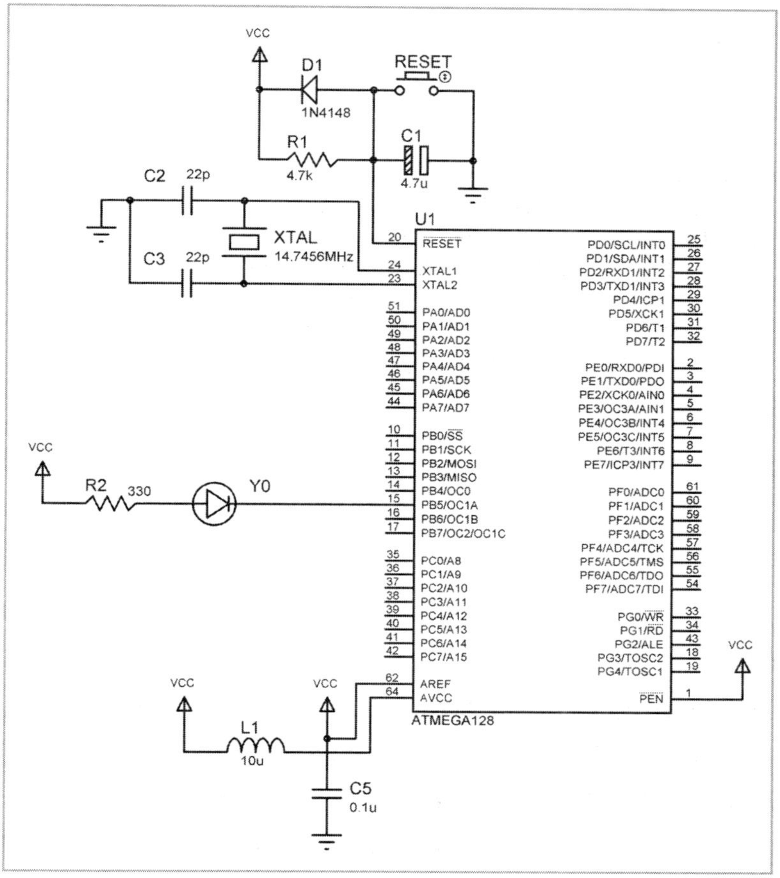

동작방법

타이머/카운터 1 레지스터(TCNT1)가 '0'부터 증가하여 출력 비교 레지스터(OCR1A) 값과 일치하면(1초) 출력 비교 핀(OC1A, PB5)을 '토글'('1'은 '0'이 되고 '0'은 '1'이 됨)시키고, 타이머/카운터 1 레지스터를 '0'으로 만듦. 이를 반복하여 1초마다 LED를 on/off 시킨다.

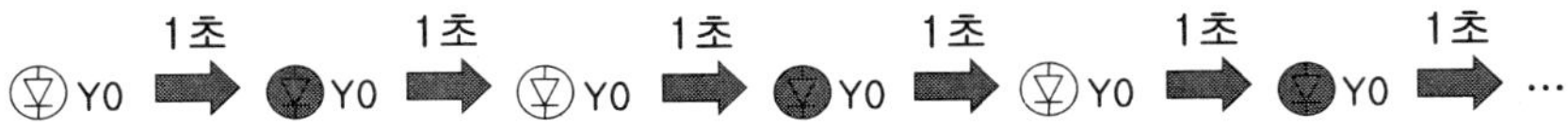

프로그램(AVR Studio)

```
#include <avr/io.h>

int main(void)
{
     DDRB = 0x20;           // PB5(OC1A) 출력
     PORTB = 0xff;          // 포트 B에 high 출력(LED Off)
     // 16 비트 CTC 모드, 타이머/카운터1, OC1A 핀 이용
     OCR1AH = 0x38;         // 14400은 16진수로 0x3840 이므로
     OCR1AL = 0x40;         // 상위는 0x38이고, 하위는 0x40
     TCCR1A = 0x40;         // WGM13~WGM10=0100이므로 CTC모드
     TCCR1B = 0x0d;         // CTC 모드, 1024분주
     While(1);
}
```

CTC 모드

○ CTC 모드

CTC(Clear Timer on Compare Match) 모드는 타이머/카운터 오버플로우 인터럽트 모드와 유사하나 인터럽트가 발생하는 위치가 다르다. 타이머/카운터 오버플로우 인터럽트는 타이머/카운터 레지스터(TCNT0, TCNT1, TCNT3, TCNT2)에 설정해 둔 값에서 시작하여 최상위 값을 지나 다시 '0'이 될 때 발생하나, CTC는 타이머/카운터 레지스터가 '0'부터 카운팅하여 출력비교 레지스터나 입력 캡처 레지스터에 설정해 둔 값에서 인터럽트가 발생한다. 따라서, CTC 모드를 이용하면 타이머/카운터 오버플로우 기능보다 편리하게 사용할 수 있다.

즉, CTC 모드는 타이머/카운터 레지스터(TCNT0, TCNT1, TCNT3, TCNT2)의 값이 '0'부터 증가하여 출력 비교 레지스터[(OCR0, OCR1A, OCR3A, OCR2), 또는 (타이머/카운터1, 3 경우 → 입력 캡처 레지스터 ICR1, ICR3)] 값과 일치하면 TIFR 레지스터 안의 출력 비교 플래그 비트(OCF0, OCF1A, OCF3A, OCF2)가 '1'이 되어 비교 일치 인터럽트를 요청하게 되고, 출력 비교 핀(OC0, OC1A, OC3A, OC2)은 '1' 또는 '0' 또는 '토글'('1'은 '0'이 되고 '0'은 '1'이 됨) 된다. 또한 타이머/카운터 레지스터는 '0'이 되어 다시 증가하게 된다.

주의 출력 비교 레지스터 값을 변경하고자 할 때, 타이머/카운터 레지스터의 현재 값 보다 작은 값을 써 넣으면 비교 일치 동작을 놓칠 수 있다.

CTC 주파수는 $f_{OCnX} = \frac{f_{clk_{IO}}}{2 \cdot N \cdot (1+OCRnX)}$ 이다. $f_{clk_{IO}}$는 시스템 주파수(교재에서는 14.7456 MHz), n은 1 ~ 3, X는 타이머/카운터 1과 3을 사용할 경우에는 A이며 타이머/카운터 0과 2에서는 사용되지 않는다(즉, OCRn이다.). N은 프리스케일러 계수, OCRnX는 사용자가 설정하는 값이다.

CTC 모드와 관련된 레지스터 및 핀

TCNTn(타이머/카운터 레지스터)

CTC 모드의 기준 클럭으로, '0'부터 '1'씩 증가하여 비교 매칭될 때까지 증가한 후, 다시 '0'이 된다. 이를 반복한다. n = 0, 1, 2, 3

OCRn(OCRnA) : 출력 비교 레지스터, ICRn : 입력 캡처 레지스터

CTC 모드에서는 TCNTn 레지스터 값과 비교 매칭시키기 위한 값을 저장하기 위하여 OCRn(OCRnA) 또는 ICRn이 사용된다. OCRnA와 ICRn은 타이머/카운터 1, 3일 때이고, 타이머/카운터 0, 2는 OCRn이다.

TIFR, ETIFR

타이머/카운터 레지스터와 출력비교 레지스터 또는 입력캡처 레지스터의 값이 일치하면, 해당하는 출력비교 플래그(TIFR 안의 OCF0, OCF1A, OCF2, 또는 ETIFR 안의 OCF3A 중 하나)가 '1'이 되어 인터럽트를 요청한다.

TIMSK, ETIMSK

타이머/카운터 출력 비교 인터럽트를 인에이블시키기 위해서는 TIMSK의 OCIE0, OCIE2, OCIE1A 비트나 ETIMSK 레지스터의 OCIE3A 비트를 '1'로 설정하면 된다.

◎ OCn(OCnA)

TCNTn 레지스터 값과 비교 매칭이 이루어지면, 출력 비교 핀(OCn, OCnA)은 '1' 또는 '0' 또는 '토글' 된다. OC0 핀은 PB4, OC1A 핀은 PB5, OC2 핀은 PB7, OC3A 핀은 PE3.

OCR1A 값이 1초마다 TCNT1과 일치하여 OC1A(PB5)핀이 '토글'('1'은 '0', '0'은 '1'이 됨) 되어 LED가 on/off를 반복한다.

타이머/카운터 1을 이용한 CTC 모드 설정

◎ 타이머/카운터 1을 이용한 1초 CTC 모드 설정을 위해서...

OCR1A 레지스터와 TCCR1A, TCCR1B 레지스터의 비트들을 조정하여야 한다. 즉, CTC 모드 선택, OC1A 출력 모드 선택, OCR1A의 1초 값 설정, TCNT1의 분주비 선택이 이루어져야 한다.

◎ TCCR1A, TCCR1B

TCCR1A	COM1A1	COM1A0	-	-	-	-	WGM11	WGM10
0x40	0	1	-	-	-	-	0	0

TCCR1B	-	-	-	WGM13	WGM12	CS12	CS11	CS10
0x0d	-	-	-	0	1	1	0	1

(1) CTC 모드 선택

타이머/카운터 1을 이용한 CTC 모드를 선택하기 위해서는 WGM13:WGM10 = '0100'이다.

WGM13	WGM12	WGM11	WGM10	기능
0	1	0	0	OCR1A 적용 16 비트 CTC 모드

(2) OC1A 출력 모드 선택

TCNT1과 OCR1A가 1초마다 비교 매칭될 때 OC1A의 출력 상태가 토글되도록 하기 위해서는 COM1A1:COM1A0 = '01'이다.

COM1A1	COM1A0	기 능
0	1	TCNT1이 증가하여 OCR1A와 일치하면 OC1A 핀 토글

* COM1A1..0 : '00'일 때, 일반적인 입출력 포트 동작.
COM1A1..0 : '10'일 때, TCNT1이 증가하여 OCR1A와 일치하면 '0'.
COM1A1..0 : '11'일 때, TCNT1이 증가하여 OCR1A와 일치하면 '1'.

(3) TCNT1 분주비 선택(f_{OC1A} = 14745600/(2×1024×(1+14400)) ≒ 0.5 Hz)

1초마다 TCNT1과 OCR1A가 비교 매칭될 수 있도록 TCNT1의 분주비를 선택하여야 한다. 따라서 CS12:CS10 = '101'이다. f_{OC1A}는 2번 비교 매칭될 때의 주파수이다.

CS12	CS11	CS10	기능
1	0	1	$clk_{I/O}$를 1024 분주하는 프리스케일러

OCR1A

타이머/카운터 1 레지스터(TCNT1)가 1 Hz(1초)가 되는 시점에 출력 비교 인터럽트가 발생할 수 있도록 출력 비교 레지스터(OCR1A)에 14,400((1024 /14745600) × 14400 = 1 Hz) 값을 입력한다(1024 : 분주비, 14745600은 시스템 클럭).

즉, OCR1AH = '0x38', OCR1AL = '0x40'을 입력한다(0x3840 = 14,400).

타이머/카운터 1을 이용한 1초 CTC 모드 초기화

```
DDRB = 0x20;            // PB5(OC1A) 출력
// 16 비트 CTC 모드, 타이머/카운터1, OC1A 핀 이용
OCR1AH = 0x38;          // 14400은 16진수로 0x3840 이므로
OCR1AL = 0x40;          // 상위는 0x38이고, 하위는 0x40
TCCR1A = 0x40;          // WGM13~WGM10=0100이므로 CTC모드
TCCR1B = 0x0d;          // CTC 모드, 1024분주
```

실험 키트에 배선하기

ATmega128	I/O
PB5	[LED UNIT] Y0

AVR Stuio와 IAR 사용시 차이점

AVR Studio(WinAvr)	IAR
#include <avr/io.h>	#include <iom128.h>
int main(void)	void main(void)

CTC 모드 타이밍도

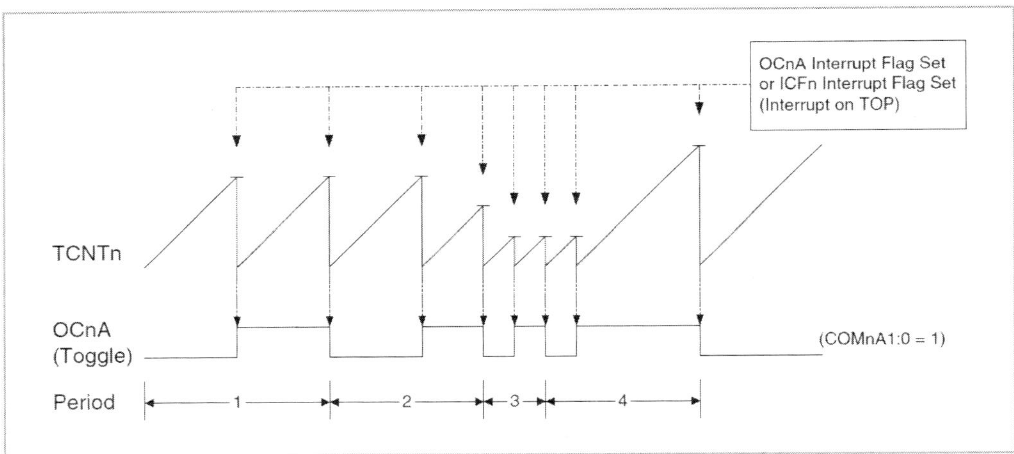

출력 비교 기능 구조

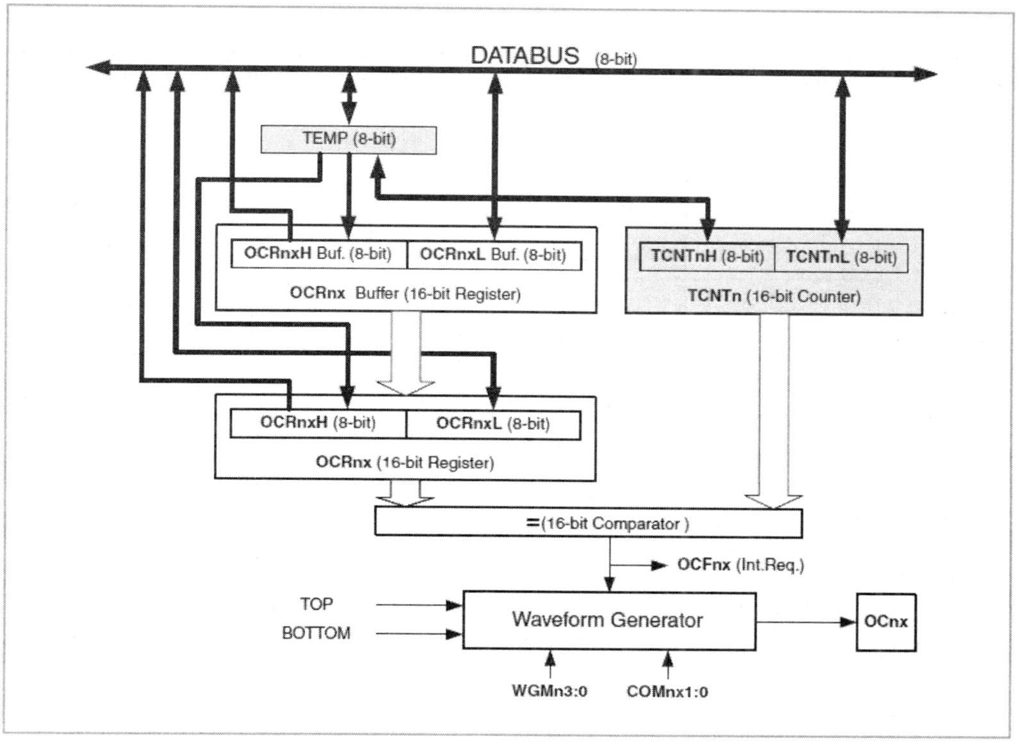
DATABUS (8-bit)
TEMP (8-bit)
OCRnxH Buf. (8-bit)
OCRnxL Buf. (8-bit)
OCRnx Buffer (16-bit Register)
TCNTnH (8-bit)
TCNTnL (8-bit)
TCNTn (16-bit Counter)
OCRnxH (8-bit)
OCRnxL (8-bit)
OCRnx (16-bit Register)
=(16-bit Comparator)
OCFnx (Int.Req.)
TOP
BOTTOM
Waveform Generator
OCnx
WGMn3:0
COMnx1:0

9.2 타이머/카운터 1을 이용한 입력 캡처 모드

입력캡처 기능을 이용하여 스위치의 on시간을 FND에 표시하기

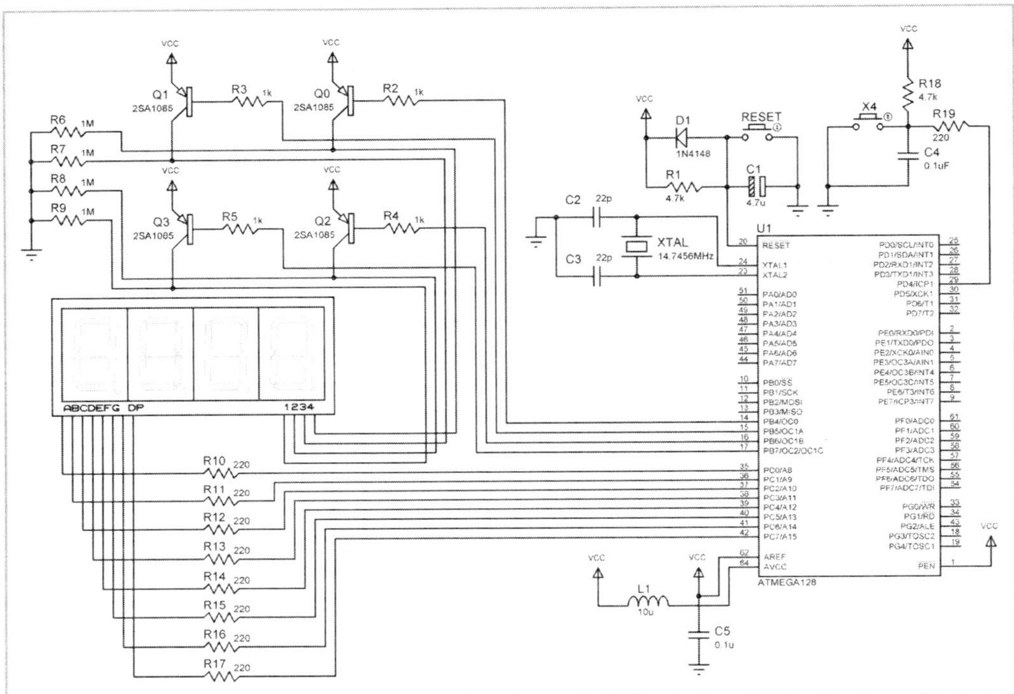

동작방법

스위치가 on되면 타이머/카운터 1 입력 캡처 인터럽트가 발생하여 타이머/카운터 1 레지스터(TCNT1) 값이 입력 캡처 레지스터(ICR1)에 저장된다. TCNT1은 1초마다 오버플로우가 발생하게 하며, 1비트는 0.0694 ms가 된다. 저장된 데이터를 변수 A에 저장한다. 다시 입력 캡처 인터럽트를 상승모서리로 수정한다. 스위치가 off 되면서 타이머/카운터 1 입력 캡처 인터럽트가 발생하여 TCNT1의 값을 입력 캡처 레지스터에 저장한다. 저장된 데이터를 변수 B에 저장한다. 변수 A와 변수 B의 차를 계산하여 FND에 표시하여 준다. FND는 xxx.x ms로 표시된다.

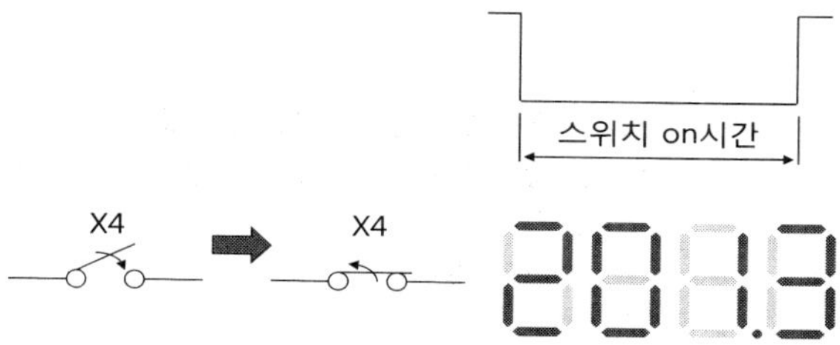

프로그램(AVR Studio)

```
#include <avr/io.h>
#include <avr/interrupt.h>
unsigned char FND[10]= {0xc0,0xf9,0xa4,0xb0,0x99,0x92,0x82,0xf8,0x80,0x90};
volatile unsigned int  fnd_value_1, fnd_value_2, fnd_value_3;
volatile unsigned long msec;
volatile unsigned int msec_on, msec_off;
volatile unsigned char F_index, pulse;

void  delay(unsigned long i){
    while(i--);
}

SIGNAL(SIG_OVERFLOW1)                  // 타이머1 오버플로우 서비스 루틴(14.7456MHz -> 1 초)
{
    TCNT1 = 0xc7c0;                    // 타이머1 시정수 초기화
}

SIGNAL(SIG_INPUT_CAPTURE1)             // 타이머1 입력 캡쳐 서비스 루틴
{
     if(pulse == 0){
                msec_on = ICR1;
                TCCR1B = 0xc5;
                pulse = 1;
    }
    else{
                msec_off = ICR1;
                TCCR1B = 0x85;
                pulse = 0;
                if(msec_off >= msec_on)      msec = msec_off - msec_on;
                else      msec = (0x10000 - msec_on) + (msec_off - 0xc7c0);
                fnd_value_1 = ((msec * 10000) / 14400);
    }
}
```

```
int  main(void)
{
    DDRC = 0xff;            // 포트C 출력으로 선언. 세그먼트 용
    DDRB = 0xf0;            // 포트B 상위 4비트 출력으로 선언. TR on/off 용
    DDRD = 0xef;            // PD4만 입력
    TCNT1 = 0xc7c0;         // 1초 시정수 초기화
    TCCR1A = 0x00;          // 타이머 모드
    TCCR1B = 0x85;          // 1024 분주, ICP1 필터 활성화, ICP1 하강모서리서 캡쳐
    TIMSK = 0x24;           // 타이머 1 오버플로, 입력 캡쳐 인터럽트 인에이블
    SREG |= 0x80;           // 전체 인터럽트 인에이블
    pulse = 0;
    while(1){
      // 100의 자리 ms 디스플레이
       F_index = fnd_value_1 / 1000;
       PORTB = 0x7f;                          // TR3만 On
       PORTC = FND[F_index];
       delay(200000);                         // 일정 시간 디스플레이
       // 10의 자리 ms 디스플레이
       fnd_value_2 = fnd_value_1 % 1000;
       F_index = fnd_value_2 / 100;
       PORTB = 0xbf;                          // TR2만 on
       PORTC = FND[F_index];
       delay(200000);                         // 일정 시간 디스플레이
       // 1의 자리 ms 디스플레이
       fnd_value_3 =  fnd_value_2 % 100;
       F_index = fnd_value_3 / 10;
       PORTB = 0xdf;                          // TR1만 On
       PORTC = FND[F_index] & 0x7f;           // ms의 1의 자리와 point
       delay(200000);                         // 일정 시간 디스플레이
       // 0.1의 자리 ms 디스플레이
       F_index = fnd_value_3 % 10;
       PORTB = 0xef;                          // TR0만 On
       PORTC = FND[F_index];
       delay(200000);                         // 일정 시간 디스플레이
    }
}
```

ICP 모드

ICP(Input Capture) 모드는 타이머/카운터 레지스터(TCNT1, TCNT3)에 영향을 주지 않으면서 타이머/카운터 레지스터 값을 읽을 때 사용되어진다. 즉, 외부 핀인

ICP1나 아날로그 비교기 출력(ACO) 신호가 발생하면 타이머/카운터 1 레지스터(TCNT1) 값이 타이머/카운터 1 입력 캡처 레지스터(ICR1)에 저장되고, 외부 핀인 ICP3 신호가 발생하면 타이머/카운터 3 레지스터(TCNT3) 값이 타이머/카운터 3 입력 캡처 레지스터(ICR3)에 저장된다. ICP 기능은 주파수, 듀티비 등을 산출하는데 활용될 수 있다.

ICP 모드와 관련된 레지스터 및 핀

◎ TCNT1, TCNT3 : 타이머/카운터 1, 3 레지스터

ICP1 핀, ACO, ICP3 핀에서 신호가 발생할 때 ICR1, ICR3 레지스터에 저장되는 값이다.

◎ ICR1, ICR3 : 타이머/카운터 1, 3 입력 캡처 레지스터

ICP1 핀, ACO, ICP3 핀에서 신호가 발생하면 TCNT1, TCNT3 레지스터 값이 ICR1, ICR3 레지스터에 저장된다.

◎ TCCR1B, TCCR3B : 타이머/카운터 1, 3 제어 레지스터

TCCR1B, TCCR3B의 ICES1, ICES3 비트가 '0'인 경우에는 ICP1과 ICP3 핀의 신호가 하강모서리일 때 신호를 인식하며, '1'인 경우에는 상승모서리에서 인식한다. ICNC1, ICNC3 비트가 '1'이면 ICP1과 ICP3 핀의 올바른 신호인식을 위하여 4번에 걸쳐 동일 신호일 때만 신호를 인식하게 된다.

◎ ACSR : 아날로그 비교기 제어 및 상태 레지스터

ACIC 비트가 '1'이면 ICP1 핀 대신에 ACO 비트가 타이머/카운터 1 입력 캡처 신호로 사용된다.

◎ TIFR, ETIFR

ICP1 핀과 ACO에서 신호가 발생하면 TIFR 안의 ICF1 플래그가 '1'이 되어 타이머/카운터 1 입력 캡처 인터럽트를 요청하며, ICP3 핀에서 신호가 발생하면 ETIFR 안의 ICF3 플래그가 '1'이 되어 타이머/카운터 3 입력 캡처 인터럽트를 요청한다.

◎ TIMSK, ETIMSK

타이머/카운터 1, 3 입력 캡처 인터럽트를 인에이블 시키기 위해서는 TIMSK의 TICIE1 비트, ETIMSK의 TICIE3 비트를 '1'로 설정하면 된다.

◎ ICP1, ICP3

타이머/카운터 1, 3 입력 캡처 기능에 사용되는 핀이다. ACSR 레지스터의 ACO 비트는 ICP1 핀과 동일한 기능을 한다.

타이머/카운터 1 입력 캡처 인터럽트를 이용하여 ICP1 핀에 연결된 X4 스위치의 on 시간을 측정해서 FND에 ×××.× ms로 표시한다.

타이머/카운터 1을 이용한 ICP 모드 설정

◎ 타이머/카운터 1을 이용한 ICP 모드 설정을 위해서...

TCNT1 레지스터와 TCCR1A, TCCR1B, TIMSK 레지스터의 비트들을 조정하여야 한다. 즉, TCNT1의 1초 시간 설정, TCNT1의 분주비 및 타이머 모드 선택, ICP1 핀 입력 캡처 신호 위치 선택, 노이즈 삭제 활성화, 타이머/카운터 1 오버플로우 및 입력 캡처 인터럽트 선택이 이루어져야 한다.

◎ TCCR1A

타이머/카운터 1이 타이머 모드에서 동작되기 위해서는 WGM11:WGM10 = '00' 이다.(TCCR1B의 WGM13:WGM12 = '00'이어야 한다.)

TCCR1A	-	-	-	-	-	-	WGM11	WGM10
0x00	0	0	0	0	0	0	0	0

◎ TCCR1B

(1) 타이머/카운터 1 타이머 모드

타이머/카운터 1이 타이머 모드에서 동작되기 위해서는 WGM13:WGM12 = '00'이다.(TCCR1A의 WGM11:WGM10 = '00'이어야 한다.)

TCCR1B	-	-	-	WGM13	WGM12	-	-	-
0x00	0	0	0	0	0	0	0	0

(2) 타이머/카운터 1 분주비 선택

타이머/카운터 1이 1 초마다 오버플로우가 발생하기 위하여 분주비를 1024로 선택한다. 즉, CS12:CS10 = '101'이다.

TCCR1B	-	-	-	WGM13	WGM12	CS12	CS11	CS10
0x05	0	0	0	0	0	1	0	1

(3) ICP1 하강모서리/상승모서리 캡처 선택

ICP1 핀의 신호가 하강모서리일 때 타이머/카운터 1 입력 캡처가 발생하도록 하기 위하여 ICES1 = '0'으로 선택한다. 또한 상승모서리에서 인식되도록 하기 위해서는 ICES1 = '1'로 선택한다. 초기에 ICES1 = '0'으로 설정한다.

TCCR1B	-	ICES1	-	WGM13	WGM12	CS12	CS11	CS10
0x05	0	0	0	0	0	1	0	1

(4) 노이즈 삭제 활성화 선택

ICP1 신호의 올바른 인식을 위하여 4번에 걸쳐 신호를 인식하게 한다. 즉, ICNC1 = '1'로 선택한다.

TCCR1B	ICNC1	ICES1	-	WGM13	WGM12	CS12	CS11	CS10
0x85	1	0	0	0	0	1	0	1

- TIMSK

(1) 타이머/카운터 1 오버플로우 인터럽트 인에이블 선택

타이머/카운터 1이 오버플로우될 때 인터럽트를 발생하기 위해서 TOIE1 = '1'을 선택한다.

TIMSK	-	-	-	-	-	TOIE1	-	-
0x04	0	0	0	0	0	1	0	0

(2) 타이머/카운터 1 입력 캡처 인터럽트 인에이블 선택

ICP1 핀에서 상승모서리/하강모서리가 발생할 때 입력 캡처 인터럽트를 발생시키기 위해서 TICIE1 = '1'을 선택한다.

TIMSK	-	-	TICIE1	-	-	TOIE1	-	-
0x24	0	0	1	0	0	1	0	0

- TCNT1

1초마다 타이머/카운터 1이 오버플로우를 발생하기 위해서는 1024 분주를 사용하여 14400번의 카운팅이 되어야 한다. 즉, 0x10000(65536) - 0x3840 (14400) = 0xc7c0(51136)을 TCNT1에 적용한다.

- 타이머/카운터 1을 이용한 ICP 모드 초기화

```
TCNT1 = 0xc7c0;          // 1초 시정수 초기화
TCCR1A = 0x00;           // 타이머 모드
TCCR1B = 0x85;           // 타이머/카운터 1의 1024 분주, ICP1 필터 활성화,
                         // ICP1 하강모서리서 캡처
TIMSK = 0x24;            // 타이머 1 오버플로, 입력 캡처 인터럽트 인에이블
SREG |= 0x80;            // 전체 인터럽트 인에이블
```

실험 키트에 배선하기

ATmega128	I/O
PC0 ~ PC7	[7-SEGMENT UNIT] A ~ P
PB4 ~ PB7	[7-SEGMENT UNIT] Q0 ~ Q3
PD4	[SWITCH UNIT] X4

AVR Stuio와 IAR 사용시 차이점

AVR Studio(WinAvr)	IAR
#include <avr/io.h>	#include <iom128.h>
#include <avr/interrupt.h>	별도 헤더파일 필요 없음.
int main(void)	void main(void)
SIGNAL(SIG_OVERFLOW1)	#pragma vector = TIMER1_OVF_vect __interrupt void TIMER1_OVF(void)
SIGNAL(SIG_INPUT_CAPTURE1)	#pragma vector = TIMER1_CAP_vect __interrupt void TIMER1_CAP(void)

Input Capture Unit 구조

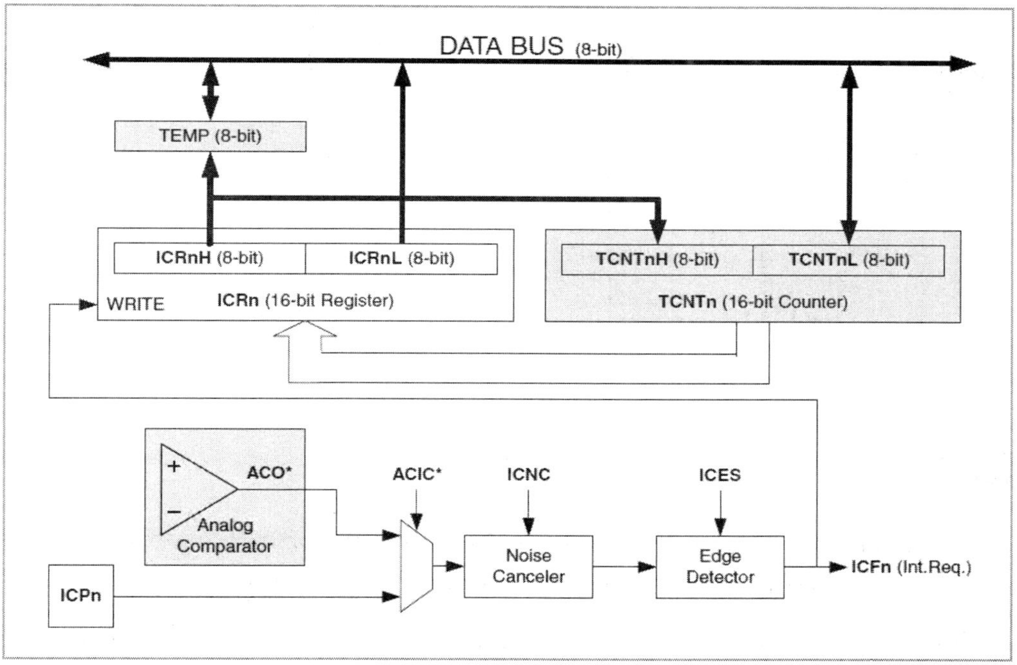

9.3 COM1C2

COM1C2 기능을 이용한 리모콘 신호 송신하기

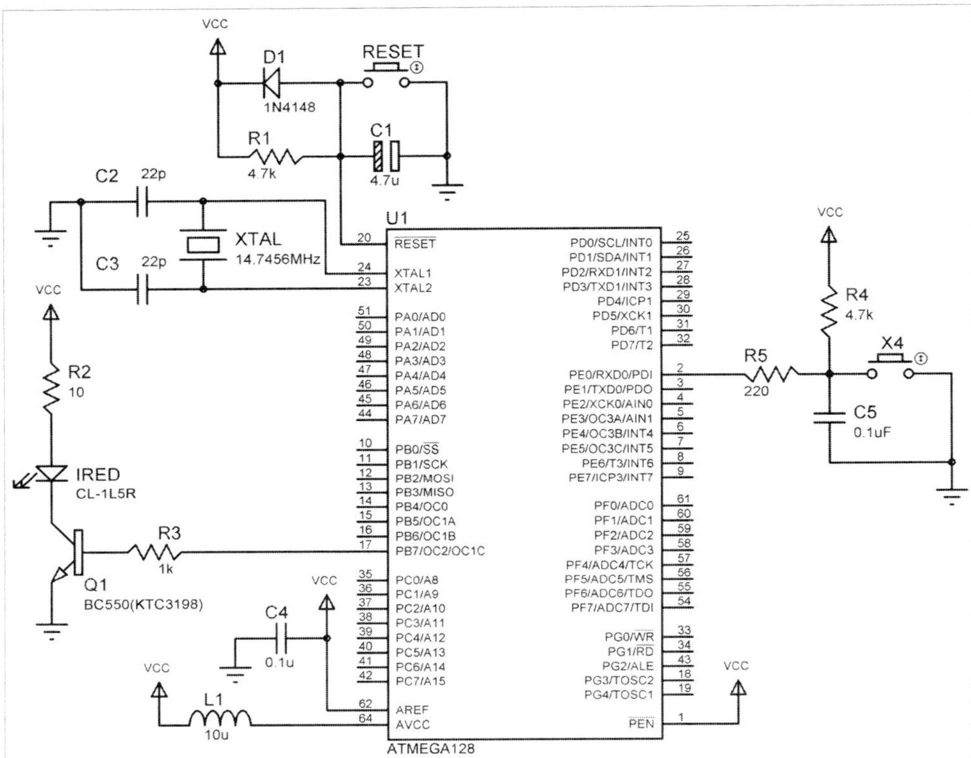

동작방법

스위치 X4가 눌러지면 PB7에서 반송파 38 kHz를 갖는 450 Hz 신호가 출력되며, 출력 데이터는 '00101010'이다. 여기서, '1'일 때와 '0'일 때의 신호는 'high'와 'low'의 개념이 아니고 'high'와 'low'의 비율이다. 즉, 그림과 같이 데이터가 '1'일 때는 'high/low=3:1'이고 '0'일 때는 'high/low=1:3'이다. 또한 각 신호의 'high' 부분에는 38 kHz의 반송파가 실려 있다.

PB7에서 출력되는 신호는 트랜지스터를 on/off 시키며, 트랜지스터의 동작에 따라 적외선 발광소자(IRED)가 on/off 되어 신호가 적외선으로 송출되게 된다. 이와 같은 신호가 발생되는 원리는 아래 1과 2항목이 합쳐져서 발생하는 것이다.

1. 타이머/카운터 1을 이용한 fast PWM 신호 : 450 Hz
2. 타이머/카운터 2를 이용한 CTC 모드 : 38 kHZ

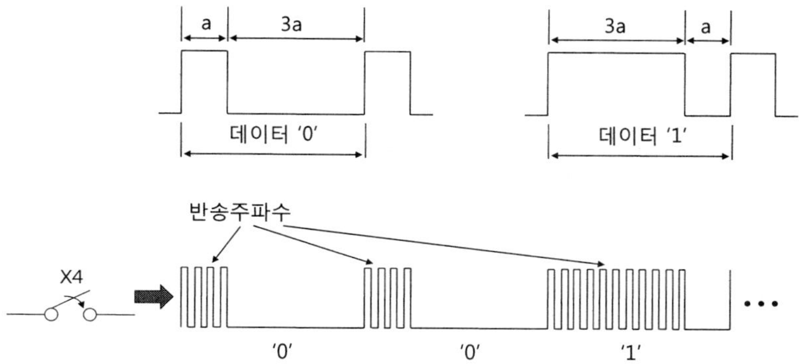

프로그램(AVR Studio)

```
#include <avr/io.h>

unsigned int remote[8]={0x007f,0x007f,0x017f,0x007f,0x017f,0x007f,0x017f,0x007f};

void  delay(unsigned int j)        // 시간지연
{
        while(--j);
}

int  main(void)
{
    unsigned char i;
    // 타이머/카운터 1 fast PWM 모드
    PORTB = 0x00;                  // high일 때 carrier(low일 때 carrier:0x80)
    TCCR1B = 0x0b;                 // 64분주

    // 타이머/카운터 2 CTC 모드
    OCR2 = 0x18;                   // carrier 주파수 38kHz
    TCCR2 = 0x1a;                  // CTC 모드, 8분주, toggle모드
```

```
    while(1){
        if((PINE & 0x01) == 0){        // 스위치 on 검사
            DDRB = 0xff;
            TCCR1A = 0x0a;             // fast PWM모드, 9비트 PWM신호 출력
            for(i=0; i<8; i++){
                TCNT1 = 0x01ff;
                OCR1C = remote[i];  // 듀티비 설정(9비트) 1/4주기 또는 3/4주기 high
                delay(100);
                TIFR |= 0x04;
                while((TIFR & 0x04) == 0);
            }
            DDRB = 0;
            TCCR1A &= 0x02;            // 일반적인 입출력 포트로 전환
            while((PINE & 0x01) == 0);
        }
    }
}
```

COM1C2

COM1C2는 타이머/카운터 1과 타이머/카운터 2를 이용한 출력비교변조(OCM, Output Compare Modulator)이다. 출력비교변조는 반송파를 갖는 변조된 신호를 발생시킨다. 타이머/카운터 2의 CTC 모드를 이용하여 반송파를 만들고, 타이머/카운터 1을 이용한 fast PWM으로 출력하고자 하는 데이터를 신호로 발생시킨다. 그림과 같이 두 신호는 합쳐져서 반송파를 지닌 신호가 출력되게 된다.

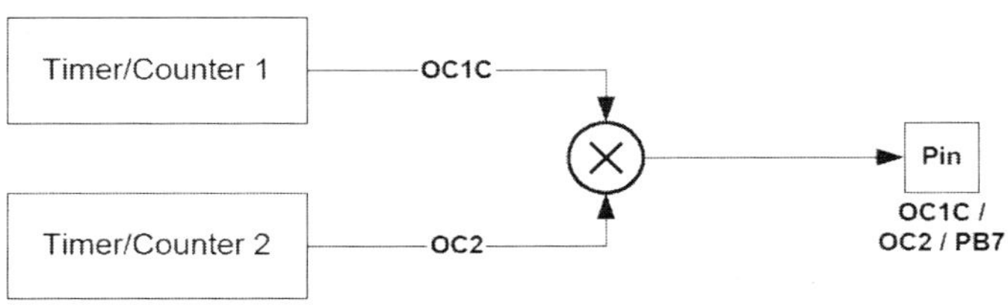

예를 들어, 타이머/카운터 1을 이용한 Non-inverting fast PWM과 타이머/카운터 2의 토글 출력의 CTC모드(COM21:COM20 = '0:1')일 때의 PB7에서의 출력을 살펴보면 아래 그림과 같다. PB7이 출력모드에서, 출력값이 '0' 또는 '1'에 따라 변조신호의 출력이 반전되어 나타나는 것을 알 수 있다.

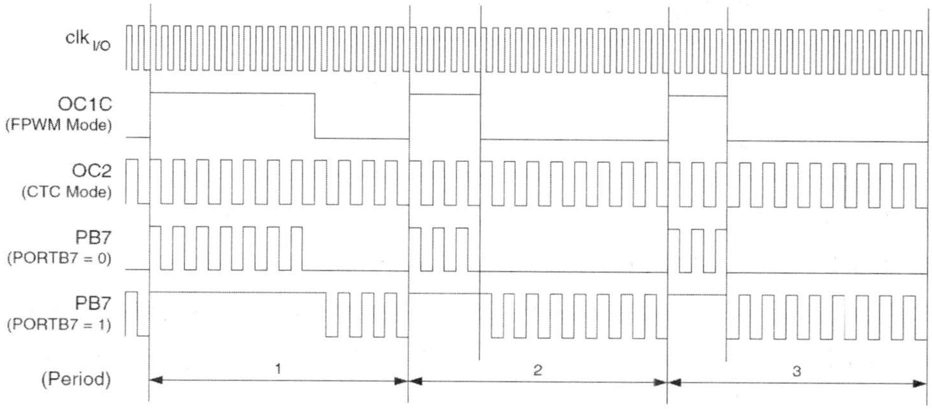

COM1C2 관련 레지스터

○ 타이머/카운터 1을 이용한 fast PWM 모드

TCCR1A	-	-	-	-	COM1C1	COM1C0	WGM11	WGM10
0x0a	0	0	0	0	1	0	1	0

TCCR1B	-	-	-	WGM13	WGM12	CS12	CS11	CS10
0x0b	0	0	0	0	1	0	1	1

(1) TCCR1A의 'COM1C1:COM1C0'으로 Non-inverting 또는 Inverting fast PWM 선택. 초기에 COM1C1:COM1C0 = '10'인 Non-inverting으로 설정한다.

(2) TCCR1A의 'WGM11:WGM10'과 TCCR1B의 'WGM13:WGM12' 이용해서 8/9/10 비트 fast PWM 선택. 초기에 WGM11:WGM10 = '10', WGM13:WGM12 = '01'인 9 비트 fast PWM으로 설정한다.

(3) TCCR1B의 'CS12:CS10'으로 타이머/카운터 1의 분주비 선택. 초기에 'CS12:CS10 = '011'인 64분주로 설정한다.

(4) OCR1C 레지스터로 fast PWM의 듀티비 선택. 여기서는 high 출력 값이 1/4 또는 3/4 듀티비일 때를 설정한다.

◎ 타이머/카운터 2의 CTC 모드(토글 출력)

TCCR2	-	WGM20	COM21	COM20	WGM21	CS22	CS21	CS20
0x1a	0	0	0	1	1	0	1	0

(1) TCCR2의 'WGM21:WGM20 = 1:0'으로 CTC 모드 선택.

(2) TCCR2의 'COM21:COM20 = 0:1'로 토글 선택.

(3) TCCR2의 'CS22:CS20 = 010'로 타이머/카운터 2의 분주비(8분주) 선택.

(4) OCR2 레지스터로 토글 출력 주파수(반송파) 선택. 여기서는 '0x18'로 약 38kHz 주파수를 설정한다.

◎ PB7 출력 상태 설정

(1) 반송파 신호가 데이터 '1'일 때 발생시키고자 하면 PORTB7 = '0', 데이터 '0'일 때 발생시키고자 하면 PORTB7 = '1'로 설정한다.

(2) PB7에서 신호를 출력시키고자 할 때만 PB7을 출력상태로 설정한다.

◎ COM1C2 모드 초기화

```
// 타이머/카운터1 9비트 fast PWM 모드(14745600Hz/(64×512) = 450Hz)
PORTB = 0x00;            // high일 때 carrier(low일 때 carrier:0x80)
TCCR1A = 0x0a;           // fast PWM모드, 9비트 PWM신호 출력
TCCR1B = 0x0b;           // 64분주
// 타이머/카운터2  CTC 모드(14745600 Hz/(8×24×2) = 38.4 kHz)
OCR2 = 0x18;             // (0x18 = 24), carrier 주파수 약 38kHz(0×18=24)
TCCR2 = 0x1a;            // CTC 모드, 8분주, toggle모드
```

실험 키트에 배선하기(오실로스코프로 확인하기)

ATmega128	I/O
PE0	[SWITCH UNIT] X4
PB7	오실로스코프 프로브

AVR Stuio와 IAR 사용시 차이점

AVR Studio(WinAvr)	IAR
#include <avr/io.h>	#include <iom128.h>
int main(void)	void main(void)

참조

- CTC, 입력 캡처, COM1C2 관련 레지스터 및 초기값

타이머/카운터 관련 레지스터는 '4장 ATmega128 타이머/카운터' 참조.
OCR0, OCR2, OCR1A/B/C, OCR3A/B/C 레지스터는 '6장 ATmega128 PWM, EEPROM' 참조.

비트번호	7	6	5	4	3	2	1	0	
	ICR1[15:8]								**ICR1H**
	ICR1[7:0]								**ICR1L**
읽기/쓰기	R/W	R/W	R/W	R/W	R/W	R/W	R/W	R/W	
초기값	0	0	0	0	0	0	0	0	

비트번호	7	6	5	4	3	2	1	0	
	ICR3[15:8]								**ICR3H**
	ICR3[7:0]								**ICR3L**
읽기/쓰기	R/W	R/W	R/W	R/W	R/W	R/W	R/W	R/W	
초기값	0	0	0	0	0	0	0	0	

10

ATmega128 SPI, TWI, 외부 SRAM, 슬립모드

10.1 SPI(Serial Peripheral Interface) 통신

SPI 통신을 이용하여 입력받은 데이터를 LED에 표시하기

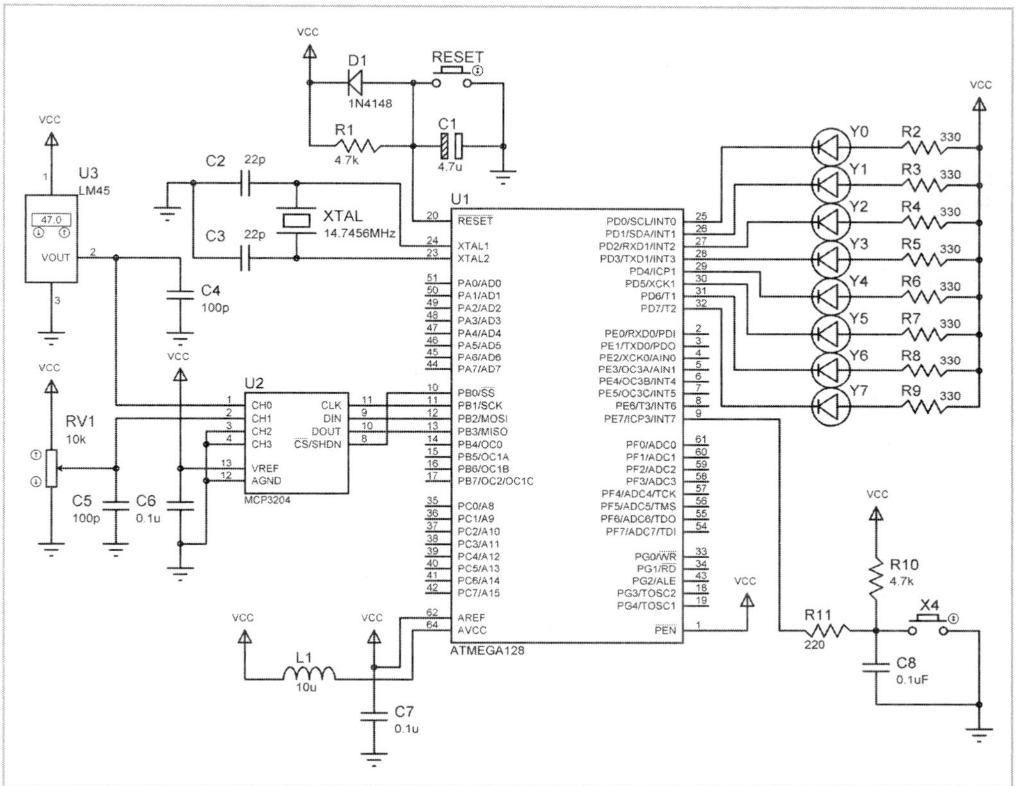

동작방법

포트 E의 PE7에 연결된 X4 스위치가 off 상태이면('1'이면) 온도센서(LM45)의 값을 12비트 AD변환기(MCP3204)를 통해 SPI 통신으로 읽어들여 12비트 디지털 값으로 포트 D의 LED에 표시된다. LED는 순차적으로 상위 4비트 값을 표시한 후 일정시간이 지나 하위 8비트 값을 나타나게 된다. X4 스위치가 on 상태이면('0'이 되면) 가변저항의 전압값을 표시하게 된다. LED 표시방법은 온도센서와 동일하다.

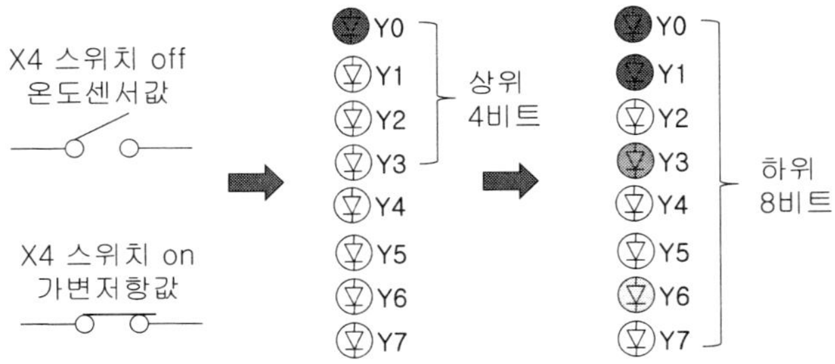

프로그램(AVR Studio)

```
#include  <avr/io.h>
#include  <avr/sfr_defs.h>

void delay(unsigned long i)        // 시간지연
{
        while(--i);
}

unsigned char send(unsigned char jjj)       // SPI 데이터 송수신
{
        SPDR = jjj;                          // 송신
        loop_until_bit_is_set(SPSR, SPIF);  // 전송 완료?
        return(SPDR);                        // 수신값 리턴
}

void  rd_3204_0(void)   // 4채널 12비트 AD Converter중 채널0 읽기
{
        unsigned char rd_data_1, rd_data_2;
        PORTB &= ~_BV(PB0);                  // CS 인에이블
        send(0x06);                          // START(1), SINGLE(1), D2(0)
        rd_data_2 = send(0x00) & 0x0f;       // D1(0), D0(0) 송신 및 상위 4 비트 수신
        rd_data_1 = send(0);                 // 하위 8비트 수신
        PORTB |= _BV(PB0);                   // CS 디세이블
        //수신 데이터 LED에 출력
        PORTD = ~rd_data_2;                  // 상위 4비트 LED에 출력
        delay(100000);
        PORTD = ~rd_data_1;                  // 하위 8비트 LED에 출력
        delay(100000);
}
```

```
void  rd_3204_1(void)     // 4채널 12비트 AD Converter 중 채널1 읽기
{
        unsigned char rd_data_1, rd_data_2;
        PORTB &= ~_BV(PB0);                    // CS 인에이블
        send(0x06);                            // START(1), SINGLE(1), D2(0)
        rd_data_2 = send(0x40) & 0x0f;         // D1(0), D0(1) 송신 및 상위 4비트 수신
        rd_data_1 = send(0);                   // 하위 8비트 수신
        PORTB |= _BV(PB0);                     // CS 디세이블
        //수신 데이터 LED에 출력
        PORTD = ~rd_data_2;                    // 상위 4비트 LED에 출력
        delay(100000);
        PORTD = ~rd_data_1;                    // 하위 8비트 LED에 출력
        delay(100000);
}

int  main(void)
{
        unsigned char check;
        DDRB = 0x07;       // PB0, PB1, PB2 출력
        DDRD = 0xff;       // 포트 D 모두 출력
        DDRE = 0x7f;       // PE7만 입력
        PORTB = 0x01;
        PORTD = 0xff;
        SPCR = 0x5f;       // SPE(1),MSTR(1),CPOL(1),CPHA(1),SPR1(1),SPR0(1)
        SPSR = 0x00;       // SPI2X(0), 14.7456MHz/128 = 115.2kHz
        do {
        check = PINE & 0x80;                  // PE7 비트 값 읽기
        if(check==0x80) rd_3204_0();          // PE7이 '1'이면 ADC의 온도센서값 읽기/출력
        else rd_3204_1();                     // PE7이 '0'이면 ADC의 가변저항값 읽기/출력
        }while(1);                            // 무한 루프
}
```

SPI에 대하여

○ SPI

SPI(Serial Peripheral Interface)는 MISO(Master Input Slave Output), MOSI(Master Output Slave Input), SCK(Serial ClocK)의 3개의 선을 이용하여 양방향 직렬통신으로 데이터를 전송하는 방법이다. 데이터 전송속도는 디바이스에 따라 수[Mbps] 이상으로도 가능하다. 클럭을 출력하는 장치는 마스터, 그 이외의 디바이스는 슬레이브라

하며, 데이터를 송신하는 장치를 송신기, 데이터를 수신하는 장치를 수신기라 한다. 마스터는 통신하고 싶은 슬레이브를 선택(각 슬레이브의 CS 단자중 하나만 선택)하고 SCK 단자로 클럭을 송출하면서, MISO와 MOSI단자를 이용하여 데이터를 송신하거나 수신하게 된다. 즉, MOSI는 마스터 송신, 슬레이브 수신이며, MISO는 마스터 수신, 슬레이브 송신이 된다.

SPI 동작모드

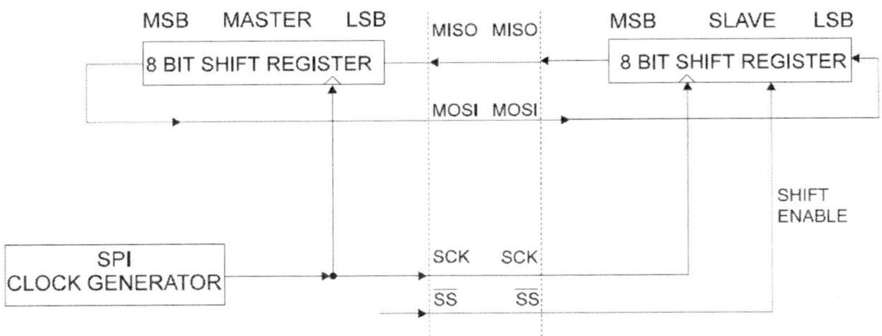

- 전송속도 : 마스터로 사용될 경우, SPSR의 SPI2X와 SPCR의 SPR1, SPR0로 SCK 주파수를 결정.
- 전송순서 : SPCR의 DORD로 LSB, MSB 비트 전송순서 결정.
- 전송모드 : SPCR의 CPOL과 CPHA로 결정.
- SPI 동작 : SPCR의 SPE로 SPI 동작을 결정하며, SPDR에 데이터를 써 넣으면 전송 시작. SPSR의 SPIF로 전송 끝 검사. SPIE로 인터럽트 요청.

$\overline{SS}$(Slave Select)핀 기능

SPI 마스터 모드일 때, 사용자는 $\overline{SS}$핀을 출력 방향으로 결정하여야 한다.

(1) 만일 $\overline{SS}$핀이 입력으로 설정되어 있다면, SPI가 마스터로 동작하기 위해서는 $\overline{SS}$핀을 '1'로 입력하여야 한다.

(2) 마스터 모드이고 $\overline{SS}$핀이 입력으로 되어 있을 때, 외부에서 $\overline{SS}$핀에 '0'을 입력시키면 SPI는 마스터 모드가 해제된다.

SPI 슬레이브 모드일 때, $\overline{SS}$핀은 자동으로 입력 기능이 설정된다.

(1) 만일 $\overline{SS}$핀에 '0'이 입력되면, SPI는 활성화된다. MISO가 출력 기능으로 되어

있으면 MISO로 데이터가 출력되며 SCK, MOSI 핀은 입력 기능이다.

(2) 만일 $\overline{SS}$ 핀에 '1'이 입력되면, MISO을 제외한 모든 핀은 입력기능이 된다. 이것은 수신되는 데이터가 없음을 의미하며 SPI는 리셋된다.
만일 데이터 수신 동안 $\overline{SS}$ 핀에 '1'이 입력되면, SPI는 즉시 수신을 정지하게 되고 송수신 데이터는 잃게 된다.

SPI 데이터 전송모드

SPI 데이터 전송 모드는 SPCR의 CPHA와 CPOL로 결정되며 SCK의 상 (phase)과 극성(polarity)에 따라 4가지 모드가 있다.

	Leading edge	Trailing edge	SPI mode
CPOL=0, CPHA=0	샘플(상승모서리)	셋업(하강모서리)	0
CPOL=0, CPHA=1	셋업(상승모서리)	샘플(하강모서리)	1
CPOL=1, CPHA=0	샘플(하강모서리)	셋업(상승모서리)	2
CPOL=1, CPHA=1	셋업(하강모서리)	샘플(상승모서리)	3

◎ CHPA = '0'일 때

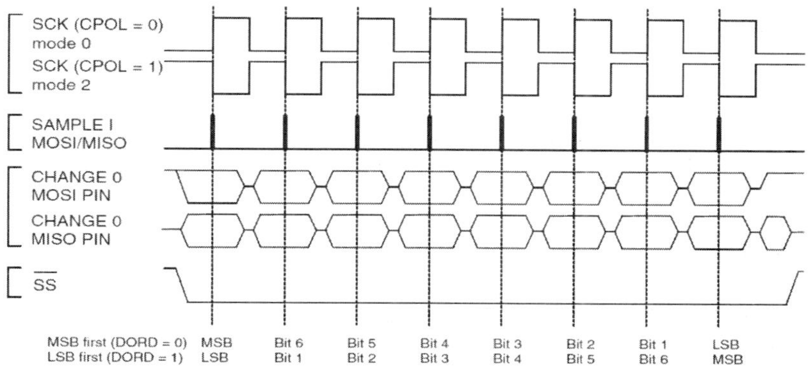

○ CHPA = '1'일 때

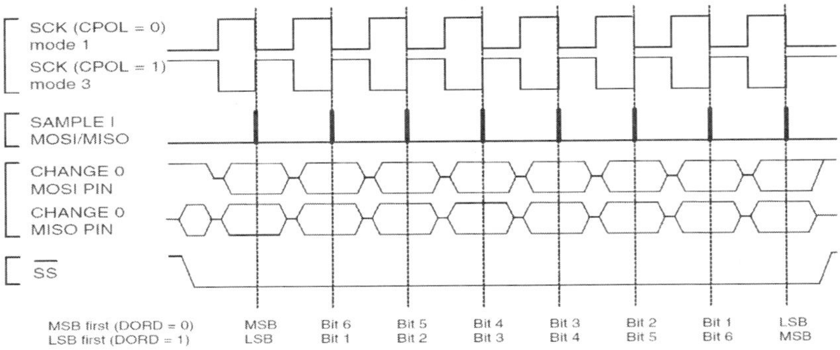

SPI와 관련된 레지스터

- SPI 데이터 레지스터 : SPDR(SPI Data Register)
- SPI 컨트롤 레지스터 : SPCR(SPI Control Register)
- SPI 상태 레지스터 : SPSR(SPI Status Register)

○ SPI 데이터 레지스터, SPDR

SPI의 송수신 레지스터로, 써 넣기할 때는 송신 데이터 레지스터이고 읽을 때는 수신 데이터 레지스터가 된다.

SPDR	SPDR[7:0]

○ SPI 제어 레지스터, SPCR

SPI의 송신과 수신을 제어하는데 사용한다.

SPCR	SPIE	SPE	DORD	MSTR	CPOL	CPHA	SPR1	SPR0

- **SPIE(SPI Interrupt Enable)** : '1'이면 SPI 인터럽트 요청.
- **SPE(SPI Enable)** : '1'이면 SPI 동작.
- **DORD(Data Order)** : '1'이면 전송 데이터가 LSB부터 전송.
- **MSTR(Master/Slave Select)** : '1'이면 마스터 모드, '0'이면 슬레이브 모드. 마스터 모드에서, $\overline{SS}$ 핀이 입력으로 되어 있어서 $\overline{SS}$ 핀에 '0'이 입력되면 이 비트

는 '0'이 되고 마스터 모드가 해제되며 SPSR의 SPIF가 '1'이 된다. 따라서 마스터 모드로 사용하기 위해서는 이 비트를 다시 '1'로 해야 한다.

- **CPOL(Clock Polarity)** : idle 동안 SCK 상태 결정. '1'이면 idle 동안 SCK '1'(high), '0'이면 idle 동안 SCK '0'(low).

CPOL	Leading edge	Trailing edge
0	상승 모서리	하강 모서리
1	하강 모서리	상승 모서리

- **CPHA(Clock Phase)** : 데이터가 샘플되는 시기 결정.

CPHA	Leading edge	Trailing edge
0	샘플	셋업
1	셋업	샘플

- **SPR1, SPR0(SPI Clock Rate Select 1 and 0)** : 마스터 모드인 경우, SPSR의 SPI2X와 같이 SCK 주파수 결정. f_{osc}는 시스템 주파수.

SPI2X	SPR1	SPR0	SCK 주파수	SPI2X	SPR1	SPR0	SCK 주파수
0	0	0	$f_{osc}/4$	1	0	0	$f_{osc}/2$
0	0	1	$f_{osc}/16$	1	0	1	$f_{osc}/8$
0	1	0	$f_{osc}/64$	1	1	0	$f_{osc}/32$
0	1	1	$f_{osc}/128$	1	1	1	$f_{osc}/64$

○ SPI 상태 레지스터, SPSR

SPSR	SPIF	WCOL	-	-	-	-	-	SPI2X

- **SPIF(SPI Interrupt Flag)** : 시리얼 전송이 끝나면 '1'이 되고, 인터럽트를 요청할 수 있다. 인터럽트가 처리되면 하드웨어적으로 '0'이 된다.
  (1) SPI가 마스터 모드이고, $\overline{SS}$ 핀이 입력으로 되어 있는 경우, '0'이 입력되면 이 플래그는 '1'이 된다.
  (2) SPIF가 '1'인 SPSR을 처음 읽고 SPDR을 읽으면 이 비트는 '0'이 된다.

- **WCOL(Write Collision flag)** : 데이터 전송 동안 SPDR에 데이터를 써 넣으면 이 비트는 '1'이 된다. WCOL이 '1'인 SPSR을 처음 읽고 SPDR을 읽으면 이 비트는 '0'이 된다.
- **SPI2X(Double SPI Speed Bit)** : '1'이면 SCK 주파수를 2배 증가시킨다.

SPI 설정 방법

SPI 인터럽트 사용유무, SPI 동작, 데이터 전송순서, 마스터/슬레이브 모드, 데이터 전송모드, 마스터 모드 SCK 선택하여야 한다.

예를 들어, SPI 인터럽트 사용 안함, SPI 동작 on, MSB부터 데이터 전송, 마스터 모드, 데이터 전송 모드 3, SCK 주파수 115.2 kHz를 선택한다면

```
(1) SPCR = 0x5f;        // SPIE(0), SPE(1), DORD(0), MSTR(1),
                        // CPOL(1)/CPHA(1), SPR1(1)/SPR0(1)
(2) SPSR = 0x00;        // SPI2X(0), 14.7456MHz/128 = 115.2kHz
```

AVR Stuio와 IAR 사용시 차이점

AVR Studio(WinAvr)	IAR
#include <avr/io.h>	#include <iom128.h>
#include <avr/sfr_defs.h>	삭제
int main(void)	void main(void)

unsigned char send(unsigned char jjj)
{
SPDR = jjj;
loop_until_bit_is_set(SPSR, SPIF);
return(SPDR);
}
	unsigned char send(unsigned char jjj)
	{ unsigned char k;
	SPDR = jjj;
	do{ k = SPSR & 0x80;
	}while(k != 0x80);
	return(SPDR);
	}

PORTB &= ~_BV(PB0);	PORTB &= 0xfe;
PORTB ¦= _BV(PB0);	PORTB ¦= 0x01;

SPI 구조

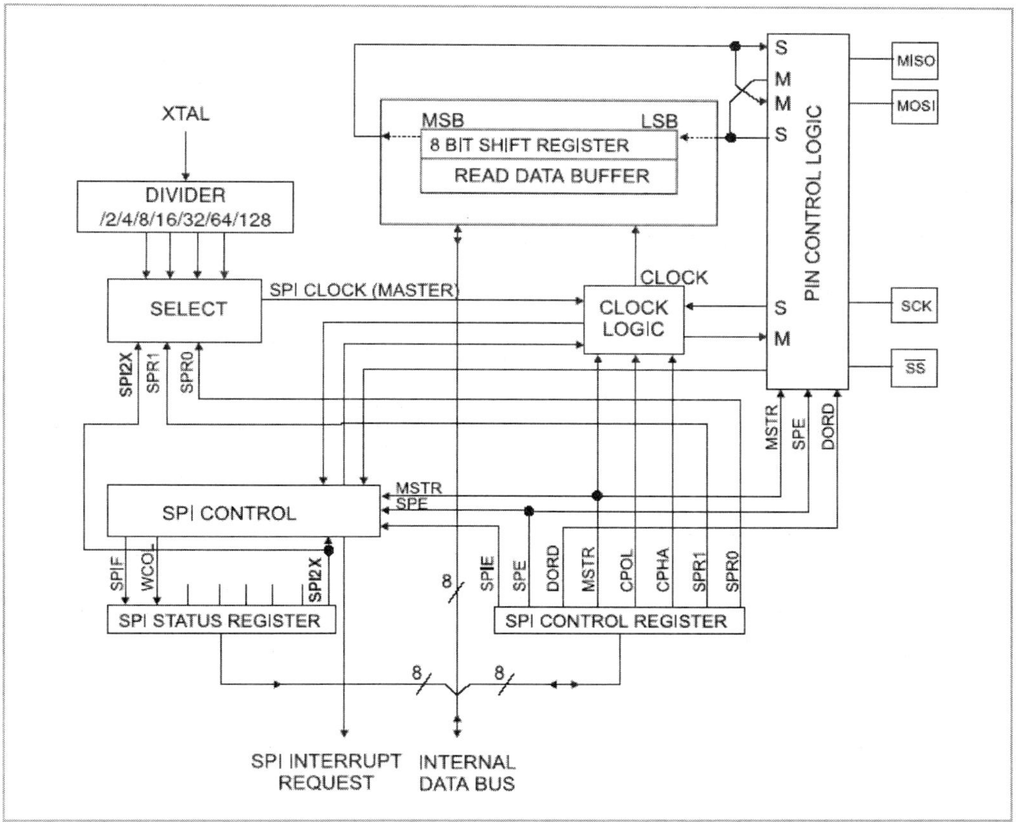

참조

- MCP3204 채널 선택

CONTROL BIT 선택				입력구조	채널선택
SINGLE/$\overline{DIFF}$	D2*	D1	D0		
1	×	0	0	단일	CH0
1	×	0	1	단일	CH1
1	×	1	0	단일	CH2
1	×	1	1	단일	CH3
0	×	0	0	차동	CH0=IN+, CH1=IN−
0	×	0	1	차동	CH0=IN−, CH1=IN+

CONTROL BIT 선택				입력구조	채널선택
SINGLE/$\overline{\text{DIFF}}$	D2*	D1	D0		
0	×	1	0	차동	CH2=IN+, CH3=IN−
0	×	1	1	차동	CH2=IN-, CH3=IN+

D2* : MCP3204와 무관함.

- MCP3204 통신(모드1,1 : SCLK(Serial CLock) idles high)

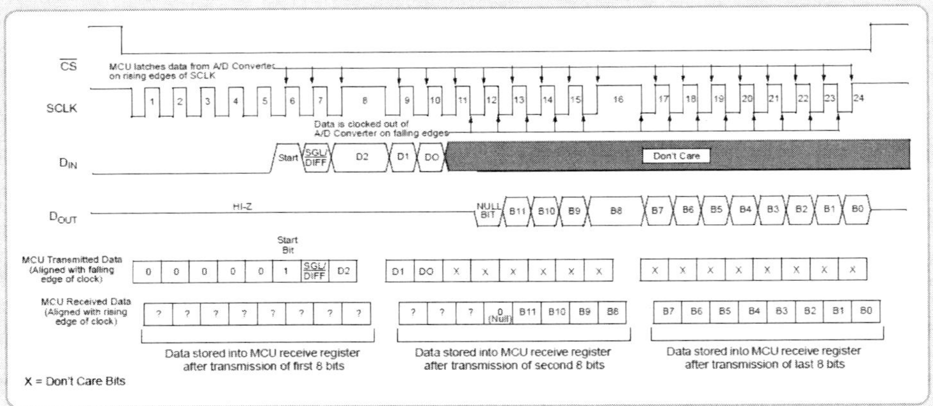

- MCP3204 통신(모드0,0 : SCLK(Serial CLock) idles low)

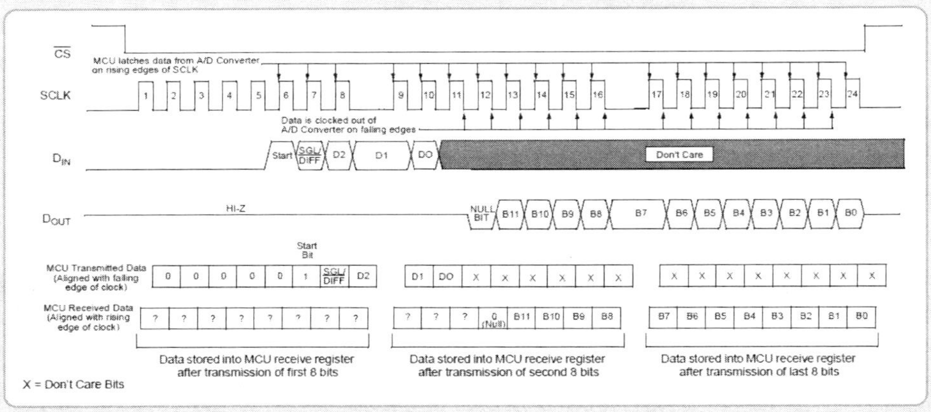

10.2 TWI(Two Wire serial Interface) 통신

TWI 통신으로 EEPROM(24C32)에 데이터를 쓰고, 다시 읽어와서 LED에 표시시키기

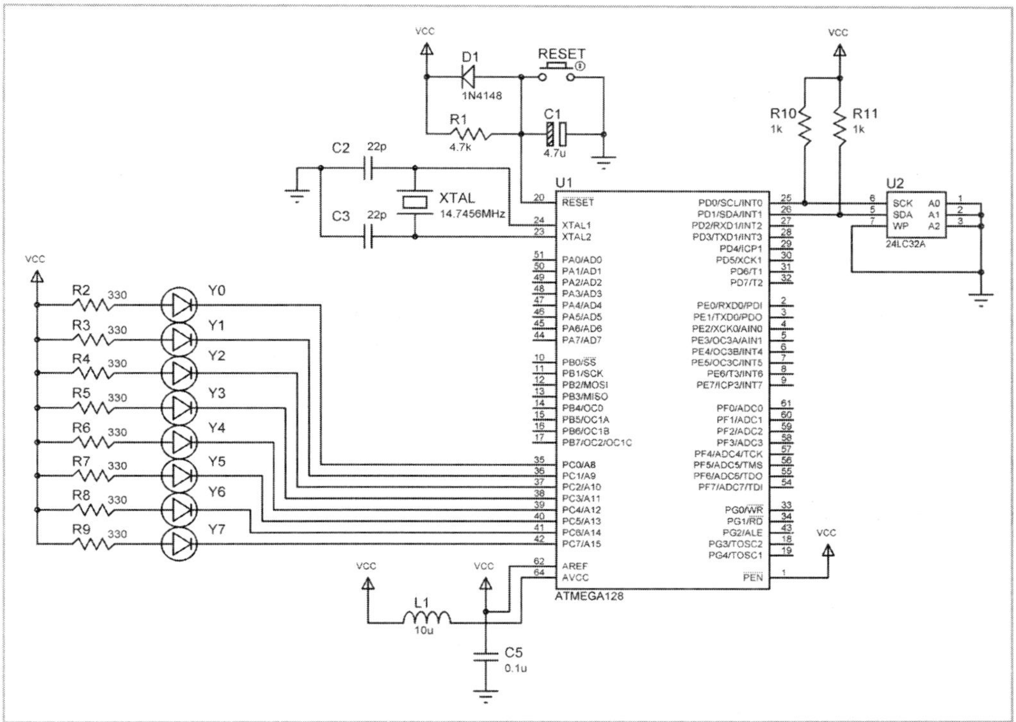

동작방법

TWI를 초기화(SCK = '102.4 kHz', TWCR = '0')하고 TWI 동작모드를 이용하여 시리얼 EEPROM(24C32)의 '0x0356'번지에 데이터 '0x31'을 저장한다. 일정시간이 지난 후 TWI 동작모드를 이용하여 24C32의 '0x0356'번지로부터 데이터를 읽어 LED에 표시한다.

프로그램(AVR Studio)

```
#include    <avr/io.h>
#include    <util/twi.h>                    // TWI 스테터스 정의

#define  CPU_CK  14745600                   // 14.7456[MHz]
volatile unsigned char  rec_ee_data;

void delay(unsigned long i)                 // 시간지연
{
      while(--i);
}

void  twi_init(void)                        // TWI 초기 설정
{
      TWSR = 3;                             // 프리스케일러 =3
      TWBR = (CPU_CK/100000 - 16)/64;       // SCL(TWI 클록 주파수) 설정
      TWAR = 0;
      TWCR = 0;
}

void eeprom_rd(unsigned int ee_addr)
{
      rd_begin:
      // 스타트 조건 전송
      TWCR = _BV(TWINT) | _BV(TWSTA) | _BV(TWEN);
      while ((TWCR & _BV(TWINT)) == 0);              // 전송 끝?
      // 전송 상태 검사
      if(((TWSR & 0x08)!=0x08) && ((TWSR & 0x10)!=0x10))
      goto rd_begin;
      // 슬레이브 어드레스+디바이스 버스+쓰기 비트 전송(A2..A0='000')
      TWDR = 0xa0;                                   // SLA+W
      TWCR = _BV(TWINT) | _BV(TWEN);                 // 전송 시작
      while ((TWCR & _BV(TWINT)) == 0);              // 전송 끝?
      // 전송 상태 검사
      if((TWSR & 0x18)!=0x18) goto rd_begin;
      // 상위 어드레스 5비트 전송
      TWDR = (ee_addr >> 8) & 0x1F;
      TWCR = _BV(TWINT) | _BV(TWEN);                 // 전송 시작
      while ((TWCR & _BV(TWINT)) == 0);              // 전송 끝?
      // 전송 상태 검사
      if((TWSR & 0x28)!=0x28) goto rd_begin;
```

```
        // 하위 어드레스 8비트 전송
        TWDR = ee_addr;
        TWCR = _BV(TWINT) | _BV(TWEN);                    // 전송 시작
        while ((TWCR & _BV(TWINT)) == 0);                 // 전송 끝?
        // 전송 상태 검사
        if((TWSR & 0x28)!=0x28) goto rd_begin;

        // 마스터 수신기 모드
        // 반복 START 조건 발생
        TWCR = _BV(TWINT) | _BV(TWSTA) | _BV(TWEN);
        while ((TWCR & _BV(TWINT)) == 0);                 // 전송 끝?
        // 전송 상태 검사
        if(((TWSR & 0x08)!=0x08) && ((TWSR & 0x10)!=0x10))
        goto rd_begin;
        // 슬레이브 어드레스+디바이스 버스+읽기 비트 전송(A2..A0='000')
        TWDR = 0xa1;                                      // SLA+R
        TWCR = _BV(TWINT) | _BV(TWEN);                    // 전송 시작
        while ((TWCR & _BV(TWINT)) == 0);                 // 전송 끝?
        // 전송 상태 검사
        if((TWSR & 0x40)!=0x40) goto rd_begin;
        // ACK 송신 가능하게 하고, 데이터 수신
        TWCR = _BV(TWINT) | _BV(TWEN) | _BV(TWEA);        // 전송 시작
        while((TWCR & _BV(TWINT)) == 0);                  // 전송 끝?
        if((TWSR & 0x50)!=0x50) goto rd_begin;
        rec_ee_data=TWDR;
        // 송/수신 중지 및 에러인 경우 STOP 조건 발생
        TWCR = _BV(TWINT) | _BV(TWSTO) | _BV(TWEN);
}
void eeprom_wr(unsigned int ee_addr, unsigned char ee_data)
{
        wr_begin:
        // START 조건 발생
        TWCR = _BV(TWINT) | _BV(TWSTA) | _BV(TWEN);
        while ((TWCR & _BV(TWINT)) == 0);                 // 전송 끝?
        // 전송 상태 검사
        if(((TWSR & 0x08)!=0x08) && ((TWSR & 0x10)!=0x10))
        goto wr_begin;
        // 슬레이브 어드레스+디바이스 버스+쓰기 비트 전송(A2..A0='000')
        TWDR = 0xa0;                                      // SLA+W
        TWDR = 0x00 | 0xa0;
        TWCR = _BV(TWINT) | _BV(TWEN);                    // 전송 시작
        while ((TWCR & _BV(TWINT)) == 0);                 // 전송 끝?
```

```
        // 전송 상태 검사
        if((TWSR & 0x18)!=0x18) goto wr_begin;
        // 상위 어드레스 5비트 전송
        TWDR = (ee_addr >> 8) & 0x1F;
        TWCR = _BV(TWINT) | _BV(TWEN);                  // 전송 시작
        while ((TWCR & _BV(TWINT)) == 0);               // 전송 끝?
        // 전송 상태 검사
        if((TWSR & 0x28)!=0x28) goto wr_begin;
        // 하위 어드레스 8비트 전송
        TWDR = ee_addr;
        TWCR = _BV(TWINT) | _BV(TWEN);                  // 전송 시작
        while ((TWCR & _BV(TWINT)) == 0);               // 전송 끝?
        //전송 상태 검사
        if((TWSR & 0x28)!=0x28) goto wr_begin;

        // 써넣을 데이터 전송
        TWDR = ee_data;                                 // 써 넣을 데이터
        TWCR = _BV(TWINT) | _BV(TWEN);                  // 전송 시작
        while ((TWCR & _BV(TWINT)) == 0);               // 전송 끝?
        // 전송 상태 검사
        if((TWSR & 0x28)!=0x28) goto wr_begin;
        // 송/수신 중지 및 에러인 경우 STOP 조건 발생

        TWCR = _BV(TWINT) | _BV(TWSTO) | _BV(TWEN);
}
int main(void)
{
        DDRC = 0xff;
        PORTC = 0xff;
        twi_init();                         // TWI 초기 설정
        eeprom_wr(0x0356,0x31);             // 0x0356번지에 0x31저장
        delay(6000);
        eeprom_rd(0x0356);                  // 0x356번지에서 데이터 읽기
        PORTC = ~rec_ee_data;               // 데이터 LED로 표시
}
```

TWI에 대하여

TWI

TWI(Two-Wire serial Interface)는 I^2C(Inter Integrated Circuit)라고도 부른다. SCL, SDA 2개의 선을 이용하는 것으로, SCL 클럭에 맞춰 SDA로 데이터를 송수신

하는 직렬 전송 방법이다. 데이터 전송속도는 표준 모드에서는 100[kbps], 고속모드에서는 400[kbps]이며 전송속도는 SCL로 결정한다. 클럭을 출력하는 장치는 마스터, 그 이외의 디바이스는 슬레이브라 하며, 데이터를 송신하는 장치를 송신기, 데이터를 수신하는 장치를 수신기라 한다. TWI 버스에 연결된 장치는 어드레스를 갖고 있어서, 마스터는 통신하고 싶은 슬레이브로 어드레스를 송신하고 난 후, 그 슬레이브와 통신할 수 있다. SCL, SDA 신호선은 오픈 드레인(오픈 컬렉터)로 되어 있어서 풀업 저항을 연결하여야 한다.

◯ TWI 블록도

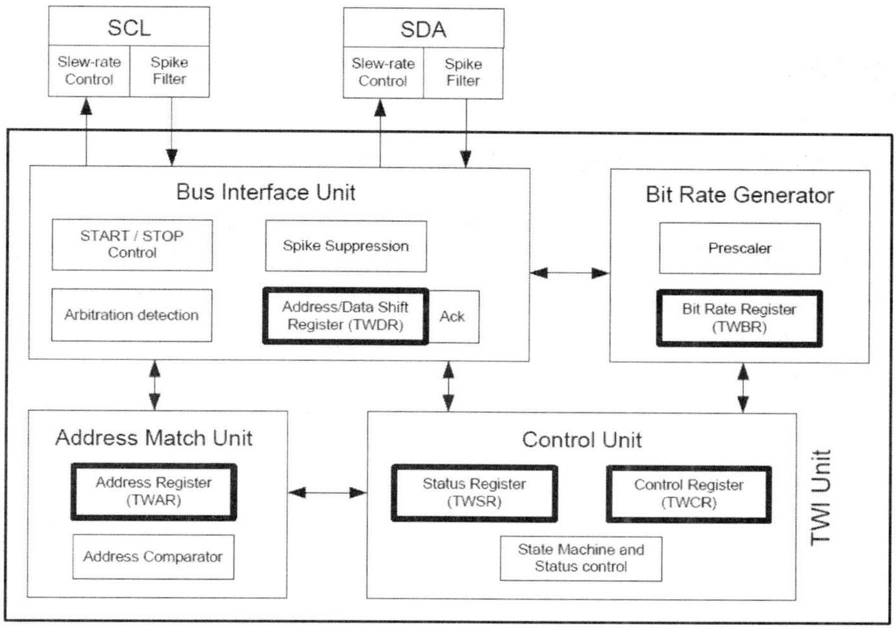

◯ TWI 데이터 전송도

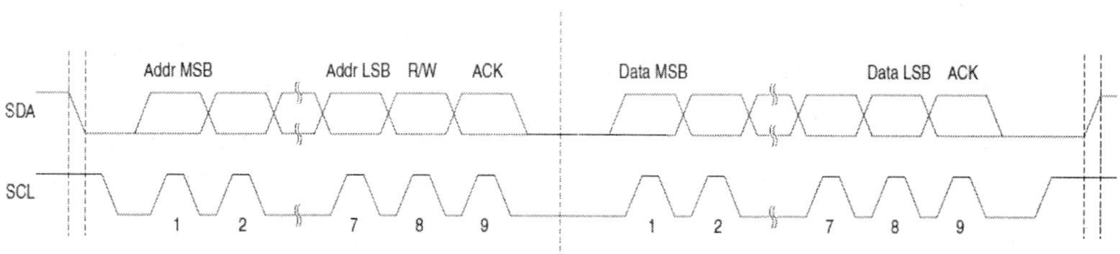

○ TWI 버스 연결도

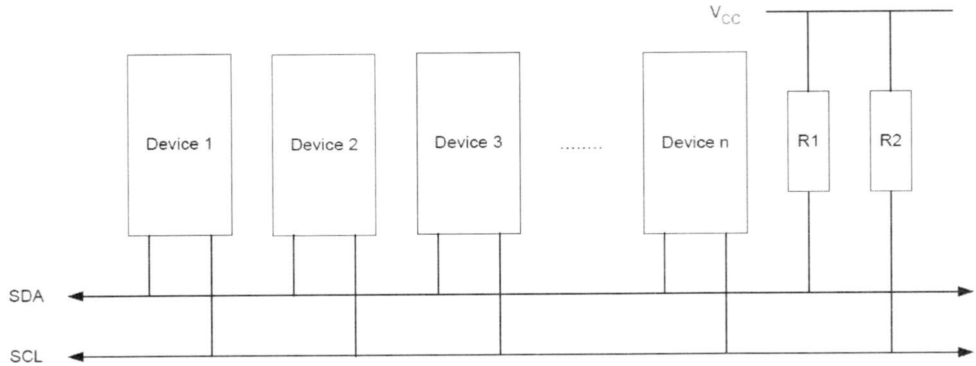

TWI 동작모드

○ ATmega128을 마스터 송신기로 사용할 경우(상태코드)

TWSR (TWPS1과 TWPS0는 '0')	TWI 상태	소프트웨어 응답					다음에 이루어져야 될 일
		TWDR 읽기/쓰기	TWCR				
			STA	STO	TWINT	TWEA	
0x08	START 조건 전송 완료	SLA+W 로드	0	0	1	×	SLA+W 전송. ACK 또는 NOT ACK 수신
0x10	반복 START 조건 전송 완료	SLA+W 로드	0	0	1	×	SLA+W 전송. ACK 또는 NOT ACK 수신
		SLA+R 로드	0	0	1	×	SLA+R 전송. 마스터 수신기로 전환
0x18	SLA+W 전송 완료 (ACK 수신)	데이터 로드	0	0	1	×	데이터 전송. ACK 또는 NOT ACK 수신
		TWDR 액션 없음	1	0	1	×	반복 START 조건 전송
			0	1	1	×	STOP 조건 전송 후, TWSTO='0'
			1	1	1	×	START 조건 전송한 다음 STOP 조건 전송 후, TWSTO='0'

TWSR (TWPS1과 TWPS0는 '0')	TWI 상태	소프트웨어 응답					다음에 이루어져야 될 일
		TWDR 읽기/쓰기	TWCR				
			STA	STO	TWINT	TWEA	
0x20	SLA+W 전송 완료 (NOT ACK 수신)	데이터 로드	0	0	1	×	데이터 전송. ACK 또는 NOT ACK 수신
		TWDR 액션 없음	1	0	1	×	반복 START 조건 전송
			0	1	1	×	STOP 조건 전송 후, TWSTO='0'
			1	1	1	×	START 조건 전송한 다음 STOP 조건 전송 후, TWSTO='0'
0x28	데이터 전송 완료 (ACK 수신)	데이터 로드	0	0	1	×	데이터 전송. ACK 또는 NOT ACK 수신
		TWDR 액션 없음	1	0	1	×	반복 START 조건 전송
			0	1	1	×	STOP 조건 전송 후, TWSTO='0'
			1	1	1	×	START 조건 전송한 다음 STOP 조건 전송 후, TWSTO='0'
0x30	데이터 전송 완료 (NOT ACK 수신)	데이터 로드	0	0	1	×	데이터 전송. ACK 또는 NOT ACK 수신
		TWDR 액션 없음	1	0	1	×	반복 START 조건 전송
			0	1	1	×	STOP 조건 전송 후, TWSTO='0'
			1	1	1	×	START 조건 전송한 다음 STOP 조건 전송 후, TWSTO='0'
0x38	SLA+W 혹은 데이터 손실	TWDR 액션 없음	0	0	1	×	버스 개방. 비할당 주소의 슬레이브 모드로 들어감.
			1	0	1	×	버스 사용가능하면, START 조건 전송

ATmega128을 마스터 수신기로 사용할 경우(상태코드)

TWSR (TWPS1과 TWPS0는 '0')	TWI 상태	소프트웨어 응답					다음에 이루어져야 될 일
		TWDR 읽기/쓰기	TWCR				
			STA	STO	TWINT	TWEA	
0x08	START 조건 전송 완료	SLA+R 로드	0	0	1	×	SLA+R 전송. ACK 또는 NOT ACK 수신
0x10	반복 START 조건 전송 완료	SLA+R 로드	0	0	1	×	SLA+R 전송. ACK 또는 NOT ACK 수신
		SLA+W 로드	0	0	1	×	SLA+W 전송. 마스터 송신기로 전환
0x38	SLA+R 손실 또는 NOT ACK 손실	TWDR 액션 없음	0	0	1	×	버스 개방. 비할당 주소의 슬레이브 모드로 들어감.
			1	0	1	×	버스 사용가능하면 START 조건 전송.
0x40	SLA+R 전송 완료 (ACK 수신)	TWDR 액션 없음	0	0	1	0	데이터 수신. NOT ACK 반환
			0	0	1	1	데이터 수신. ACK 반환
0x48	SLA+R 전송 완료 (NOT ACK 수신)	TWDR 액션 없음	1	0	1	×	반복 START 조건 전송
			0	1	1	×	STOP 조건 전송 후, TWSTO='0'
			1	1	1	×	START 조건 전송한 다음 STOP 조건 전송 후, TWSTO='0'
0x50	데이터 수신 완료 (ACK 반환)	데이터 읽기	0	0	1	0	데이터 수신. NOT ACK 반환
			0	0	1	1	데이터 수신. ACK 반환
0x58	데이터 수신 완료 (NOT ACK 반환)	데이터 읽기	1	0	1	×	반복 START 전송
			0	1	1	×	STOP 조건 전송 후, TWSTO='0'
			1	1	1	×	START 조건 전송한 다음 STOP 조건 전송 후, TWSTO='0'

TWI와 관련된 레지스터

- TWI 비트 레이트 레지스터 : TWBR(TWI Bit Rate Register)
- TWI 제어 레지스터 : TWCR(TWI Control Register)
- TWI 데이터 레지스터 : TWDR(TWI Data Register)
- TWI(슬레이브) 어드레스 레지스터 : TWAR(TWI(Slave) Address Register)
- TWI 상태 레지스터 : TWSR(TWI Status Register)

TWI 비트 레이트 레지스터, TWBR

TWBR	TWBR7	TWBR6	TWBR5	TWBR4	TWBR3	TWBR2	TWBR1	TWBR0

TWI의 마스터로 사용할 경우 SCL의 주파수를 결정하기 위하여 CPU 클럭을 나누는 제수가 된다. 여기서 TWPS는 TWSR의 '0'번과 '1'번 비트이다.

$$\text{SCL주파수} = \frac{\text{시스템클럭}}{16 + 2(\text{TWBR}) \cdot 4^{\text{TWPS}}}$$

TWI 제어 레지스터, TWCR

TWI 제어 및 상태를 검사하는데 사용한다.

TWCR	TWINT	TWEA	TWSTA	TWSTO	TWWC	TWEN	-	TWIE

- **TWINT(TWI Interrupt Flag)** : TWI가 현재 동작이 끝나면 '1'. TWI 인터럽트 발생되면 '1'이 되며, '1'을 써 넣어 클리어시킨다. TWINT가 '1'인 동안 SCL low 주기가 계속되며, 인터럽트 수행시 하드웨어적으로(자동으로) 클리어('0') 되지 않는다.

- **TWEA(TWI Enable Acknowledge Bit)** : '1'을 써 넣으면 다음 조건에서 ACK 신호가 발생한다.
  (1) 자신의 슬레이브를 수신한 경우
  (2) TWAR의 TWGCE 비트가 '1'일 때 범용 콜 어드레스를 수신한 경우
  (3) 마스터 수신기 또는 슬레이브 수신기 모드에서 데이터를 수신한 경우

- **TWSTA(TWI START Condition Bit)** : '1'을 써 넣으면, TWI 버스가 사용 중

이 아닌 경우 스타트 조건 발생. 스타트 조건이 발생된 것을 검출해서 소프트웨어로 클리어시킨다.

- **TWSTO(TWI STOP Condition Bit)** : '1'을 써 넣으면, 마스터 모드에서는 정지 조건이 발생하고 자동으로 '0'이 된다. 슬레이브 모드에서는 에러 조건에서 회복하는데 사용된다.
- **TWWC(TWI Write Collision Flag)** : TWINT가 '0'일 때 TWDR로 데이터를 써 넣으면 '1'이 되고, TWINT가 '1'일 때 TWDR로 데이터를 써 넣으면 '0'이 된다. 읽기만 가능.
- **TWEN(TWI Enable Bit)** : '1'일 때 TWI가 동작된다.
- **TWIE(TWI Interrupt Enable)** : '1'일 때 TWI 인터럽트 요청 허용한다.

TWI 데이터 레지스터, TWDR

TWDR	TWDR[7:0]

TWI 송수신용 데이터 레지스터로, 써 넣기할 때는 송신 데이터 레지스터이고 읽을때는 수신 데이터 레지스터가 된다.

TWI(슬레이브) 어드레스 레지스터, TWAR

TWAR	TWA6	TWA5	TWA4	TWA3	TWA2	TWA1	TWA0	TWGCE

TWA6 - TWA0(TWI(Slave) Address Register) : 7 비트 슬레이브 어드레스.

TWGCE(TWI General Call Recognition Enable Bit) : '1'일 때 범용 콜 슬레이브 어드레스가 활성화된다.

TWI 상태 레지스터, TWSR

슬레이브 모드에서 슬레이브 어드레스가 저장된다.

TWSR	TWS7	TWS6	TWS5	TWS4	TWS3	-	TWPS1	TWPS0

- TWS7 - TWS3(TWI Status) : TWI의 상태를 나타낸다.(TWI 동작모드 참조)
- TWPS1 - TWP0(TWI Prescaler Bits) : SCL 주파수의 프리스케일러 선택.

TWPS1	TWPS0	프리스케일러 값	TWPS1	TWPS0	프리스케일러 값
0	0	1	1	0	16
0	1	4	1	1	64

- TWI 설정 방법

(1) SCL 주파수를 설정한다.(TWSR의 TWPS1:0을 이용한 프리스케일러 및 TWBR 값 설정)

(2) 마스터 송신기 또는 수신기일 때 각 조건에 따른 TWCR 값 설정.

START 또는 REPEATED START :

TWINT	TWEA	TWSTA	TWSTO	TWWC	TWEN	–	TWIE
1	X	1	0	X	1	0	X

SLA+W 또는 SLA+R :

TWINT	TWEA	TWSTA	TWSTO	TWWC	TWEN	–	TWIE
1	X	0	0	X	1	0	X

STOP :

TWINT	TWEA	TWSTA	TWSTO	TWWC	TWEN	–	TWIE
1	X	0	1	X	1	0	X

(3) 마스터 송신기 또는 수신기일 때 각각의 전송 데이터에 따른 TWSR 값 확인.(TWI 동작모드 참조)

실험 키트에 배선하기

ATmega128	I/O
PC0 ~ PC7	[LED UNIT] Y0 ~ Y7
PD0, PD1	[SERIAL EEPROM UNIT] SCL, SDA

AVR Stuio와 IAR 사용시 차이점

AVR Studio(WinAvr)	IAR
#include <avr/io.h>	#include <iom128.h>
#include <util/twi.h>	#define TWINT_E 0x80 #define TWEA_E 0x40 #define TWSTA_E 0x20 #define TWSTO_E 0x10 #define TWEN_E 0x04
_BV(TWINT) _BV(TWEA) _BV(TWSTA) _BV(TWSTO) _BV(TWEN)	TWINT_E TWEA_E TWSTA_E TWSTO_E TWEN_E
int main(void)	void main(void)

ATmega128이 슬레이브 송신기일 때 상태코드

Status Code (TWSR) Prescaler Bits are 0	Status of the Two-wire Serial Bus and Two-wire Serial Interface Hardware	Application Software Response					Next Action Taken by TWI Hardware
		To/from TWDR	To TWCR				
			STA	STO	TWINT	TWEA	
$90	Previously addressed with general call; data has been received; ACK has been returned	Read data byte or	X	0	1	0	Data byte will be received and NOT ACK will be returned
		Read data byte	X	0	1	1	Data byte will be received and ACK will be returned
$98	Previously addressed with general call; data has been received; NOT ACK has been returned	Read data byte or	0	0	1	0	Switched to the not addressed slave mode; no recognition of own SLA or GCA
		Read data byte or	0	0	1	1	Switched to the not addressed slave mode; own SLA will be recognized; GCA will be recognized if TWGCE = "1"
		Read data byte or	1	0	1	0	Switched to the not addressed slave mode; no recognition of own SLA or GCA; a START condition will be transmitted when the bus becomes free
		Read data byte	1	0	1	1	Switched to the not addressed slave mode; own SLA will be recognized; GCA will be recognized if TWGCE = "1"; a START condition will be transmitted when the bus becomes free
$A0	A STOP condition or repeated START condition has been received while still addressed as slave	No Action	0	0	1	0	Switched to the not addressed slave mode; no recognition of own SLA or GCA
			0	0	1	1	Switched to the not addressed slave mode; own SLA will be recognized; GCA will be recognized if TWGCE = "1"
			1	0	1	0	Switched to the not addressed slave mode; no recognition of own SLA or GCA; a START condition will be transmitted when the bus becomes free
			1	0	1	1	Switched to the not addressed slave mode; own SLA will be recognized; GCA will be recognized if TWGCE = "1"; a START condition will be transmitted when the bus becomes free

ATmega128이 슬레이브 수신기일 때 상태코드

Status Code (TWSR) Prescaler Bits are 0	Status of the Two-wire Serial Bus and Two-wire Serial Interface Hardware	Application Software Response: To/from TWDR	To TWCR: STA	STO	TWINT	TWEA	Next Action Taken by TWI Hardware
$A8	Own SLA+R has been received; ACK has been returned	Load data byte or	X	0	1	0	Last data byte will be transmitted and NOT ACK should be received
		Load data byte	X	0	1	1	Data byte will be transmitted and ACK should be received
$B0	Arbitration lost in SLA+R/W as master; own SLA+R has been received; ACK has been returned	Load data byte or	X	0	1	0	Last data byte will be transmitted and NOT ACK should be received
		Load data byte	X	0	1	1	Data byte will be transmitted and ACK should be received
$B8	Data byte in TWDR has been transmitted; ACK has been received	Load data byte or	X	0	1	0	Last data byte will be transmitted and NOT ACK should be received
		Load data byte	X	0	1	1	Data byte will be transmitted and ACK should be received
$C0	Data byte in TWDR has been transmitted; NOT ACK has been received	No TWDR action or	0	0	1	0	Switched to the not addressed slave mode; no recognition of own SLA or GCA
		No TWDR action or	0	0	1	1	Switched to the not addressed slave mode; own SLA will be recognized; GCA will be recognized if TWGCE = "1"
		No TWDR action or	1	0	1	0	Switched to the not addressed slave mode; no recognition of own SLA or GCA; a START condition will be transmitted when the bus becomes free
		No TWDR action	1	0	1	1	Switched to the not addressed slave mode; own SLA will be recognized; GCA will be recognized if TWGCE = "1"; a START condition will be transmitted when the bus becomes free
$C8	Last data byte in TWDR has been transmitted (TWEA = "0"); ACK has been received	No TWDR action or	0	0	1	0	Switched to the not addressed slave mode; no recognition of own SLA or GCA
		No TWDR action or	0	0	1	1	Switched to the not addressed slave mode; own SLA will be recognized; GCA will be recognized if TWGCE = "1"
		No TWDR action or	1	0	1	0	Switched to the not addressed slave mode; no recognition of own SLA or GCA; a START condition will be transmitted when the bus becomes free
		No TWDR action	1	0	1	1	Switched to the not addressed slave mode; own SLA will be recognized; GCA will be recognized if TWGCE = "1"; a START condition will be transmitted when the bus becomes free

참조

- EEPROM 24C32 어드레스 구조

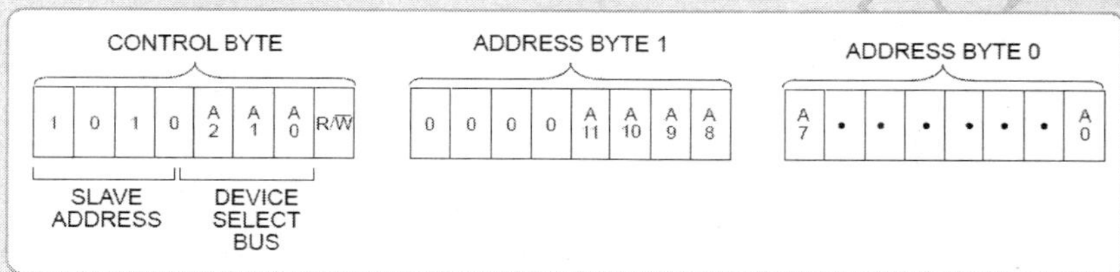

- EEPROM 24C32 쓰기

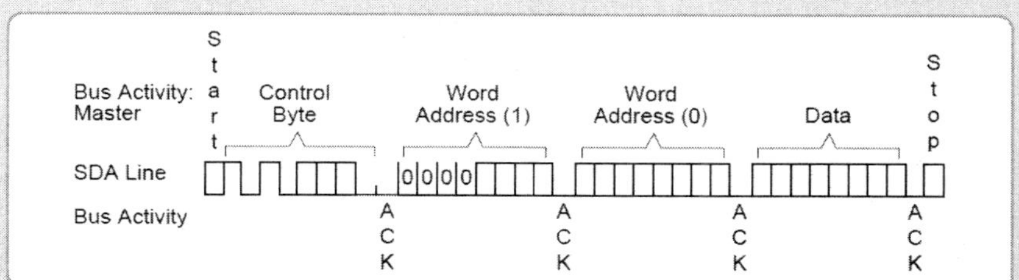

• EEPROM 24C32 읽기

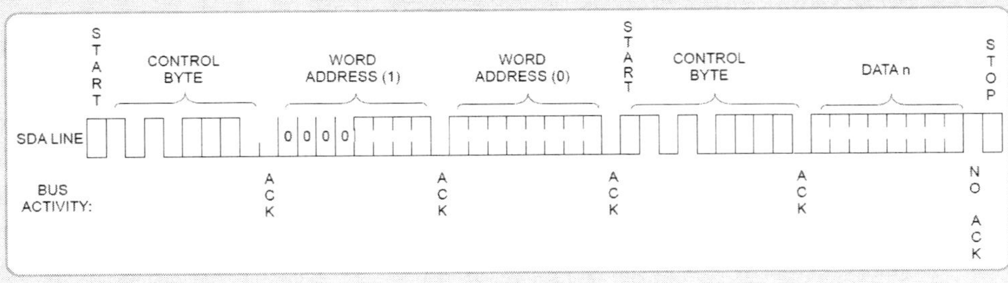

10.3 외부 SRAM

외부 데이터 메모리(32 KB SRAM)에 10개의 8비트 데이터를 저장하고 다시 읽어서 LED에 순차적으로 표시하기

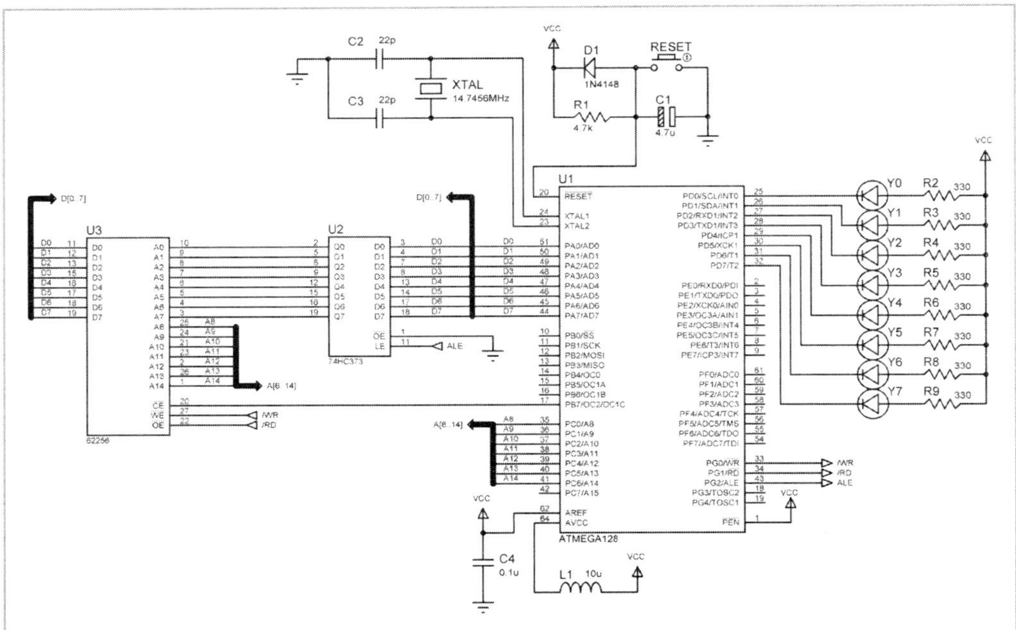

동작방법

외부 데이터 메모리인 32 KB SRAM의 '0x0000 ~ 0x0009' 번지에 '0x91, 0x82, 0x73, 0x64, 0x55, 0x46, 0x37, 0x28, 0x19, 0xaa' 데이터를 쓴 후, '0x0000' 번지 데이터를 읽어들여 포트 D의 LED에 표시한다. 다시 '0x0001' 번지 데이터를 읽어서 LED에 표시한다. '0x0002 ~ 0x0009' 번지까지 반복한다. 단, 외부 데이터 메모리 '0x0000 ~ 0x10ff' 영역을 쓰고 읽기 위해서는 어드레스를 '0x8000 ~ 0x90ff'로 사용하여야 한다(외부 데이터 메모리 어드레스 구조 참조 바람).

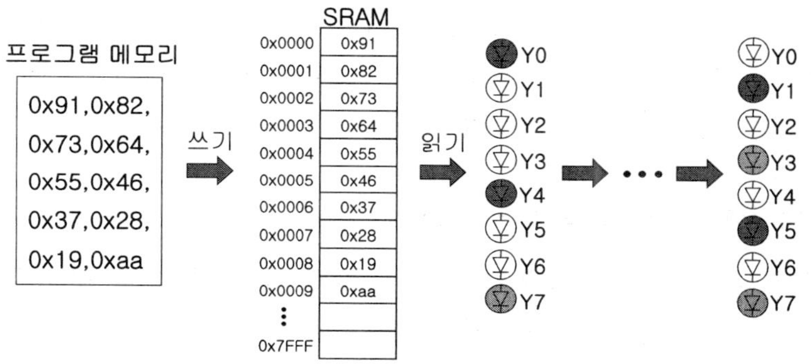

프로테우스에서 버스 선 사용하기

버스 선으로 회로도 작성

(1) 그림과 같이 마우스 왼쪽 버튼으로 'Terminals Mode'를 선택하고 'TERMINALS'에서 'BUS'를 선택한다.

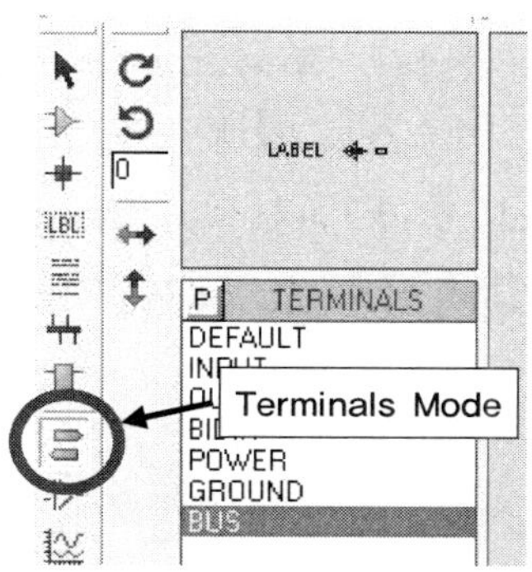

(2) '회로 작성 영역'에 마우스 왼쪽 버튼을 2번 클릭하여 를 생성시킨다. 다시 마우스 왼쪽 버튼으로 를 더블 클릭하면 'Edit Terminal Label' 창이 나타난다. 'String:'에 'D[0..7]'(예를 들어)을 써 넣고 'OK'를 선택한다.

(3) 의 화살표 반대쪽에 마우스를 갖다 놓고 마우스 왼쪽 버튼을 클릭한다. 원하는 위치까지 마우스를 이동한 후, 마우스 왼쪽 버튼을 2번 클릭한다.

(4) 버스 선에 연결할 부품 핀에 마우스를 갖다 놓고 마우스 왼쪽 버튼을 이용하여 버스 선까지 연결한다.

(5) 부품 핀(예, ATmega128의 PA0/AD0)과 버스 선까지의 연결선 위에 마우스를 갖다 놓고, 마우스 오른쪽 버튼을 클릭한다. 새로운 창이 1개 나타난다. 'Place Wire Label'을 선택한다. 'Edit Wire Label' 창이 나타난다. 'String:'에 'D0'(예를 들어)를 써 넣고 'OK'를 선택한다.

입력, 출력 TERMINALS로 회로도 작성

(1) 출력 신호(예, ATmega128의 PG2/ALE)와 입력 신호(예, 74HC373의 LE)를 'TERMINALS'를 이용하여 연결하는 방법은 다음과 같다.

(2) 'TERMINALS'에서 'OUTPUT'을 선택한 후, '회로 작성 영역'에서 더블클릭하여 를 생성시킨다. 에 마우스를 갖다 놓고 마우스 왼쪽 버튼을 더블 클릭하면 'Edit Terminal Label' 창이 나타난다. 'String:'에 'ALE'(예를 들어)을 써 넣고 'OK'를 선택한다. 출력 신호(예, ATmega128의 PG2/ALE)와 를 서로 연결한다.

(3) 'TERMINALS'에서 'INPUT'을 선택한 후, '회로 작성 영역'에서 더블 클릭하여 를 생성시킨다. 에 마우스를 갖다 놓고 마우스 오른쪽 버튼을 클릭하면 새로운 창이 나타난다. 'X-Mirror'를 선택하면 이 방향이 바뀌어 로 나타난다. 에 마우스를 갖다 놓고 마우스 왼쪽 버튼을 더블 클릭하면 'Edit Terminal Label' 창이 나타난다. 'String:'에 'ALE'(예를 들어)을 써 넣고 'OK'를 선택한다. 입력 신호(예, 74HC373의 LE)와 를 서로 연결한다.

프로그램(AVR Studio)

```
#include <avr/io.h>

volatile unsigned char *sram_data;
volatile unsigned int base_add;
volatile unsigned char mem_data[10]={0x91,0x82,0x73,0x64,0x55,0x46,0x37,0x28,0x19,0xaa};

void delay(unsigned long j)      // 시간지연
{
        while(--j);
}

int main(void)
{
        unsigned char i;
        DDRD = 0xff;
        PORTD = 0xff;
        DDRB = 0xff;
        PORTB = 0xff;
        DDRC = 0xff;
        PORTC = 0x00;

        MCUCR = 0xc0;
        XMCRA = 0x4e;
        XMCRB = 0x81;

        base_add = 0x8000;
        sram_data = (volatile unsigned char *)base_add;
        for(i=0;i<10;i++)
        {
                PORTB = 0x00;          // chip select on
                *sram_data = mem_data[i];
                PORTB = 0xff;           // chip select off
                sram_data++;
        }

        sram_data = (volatile unsigned char *)base_add;
        for(i=0;i<10;i++)
        {
                PORTB = 0x00;          // chip select on
                PORTD = ~*sram_data;
                PORTB = 0xff;           // chip select off
```

```
                sram_data++;
                delay(1000000);
        }
        while(1);
}
```

외부 메모리 인터페이스에 대하여

○ 외부 메모리 인터페이스

ATmega128은 외부 메모리 인터페이스 기능을 갖고 있어, 이를 이용하여 메모리 소자인 SRAM, Flash, LCD, D/A, A/D 등을 인터페이스 할 수 있다. 이 기능은 다음과 같은 특징을 갖고 있다.

(1) no wait-state를 포함한 인터페이스할 소자의 액세스 시간에 적합하도록 소프트웨어적으로 4개의 wait-state가 있다.

(2) 외부 메모리 영역에 따라 2개의 섹터로 분할 가능하며, 각각을 독립적으로 wait-state 지정이 가능하다.

(3) 16비트 어드레스의 상위 바이트 중에 필요한 개수만을 어드레스 버스로 동작하게 비트 수를 선택할 수 있다.

(4) 전류 소비를 최소하기 위한 데이터 버스선에서의 Bus Keeper 기능이 있다.

◎ 외부 메모리 섹터

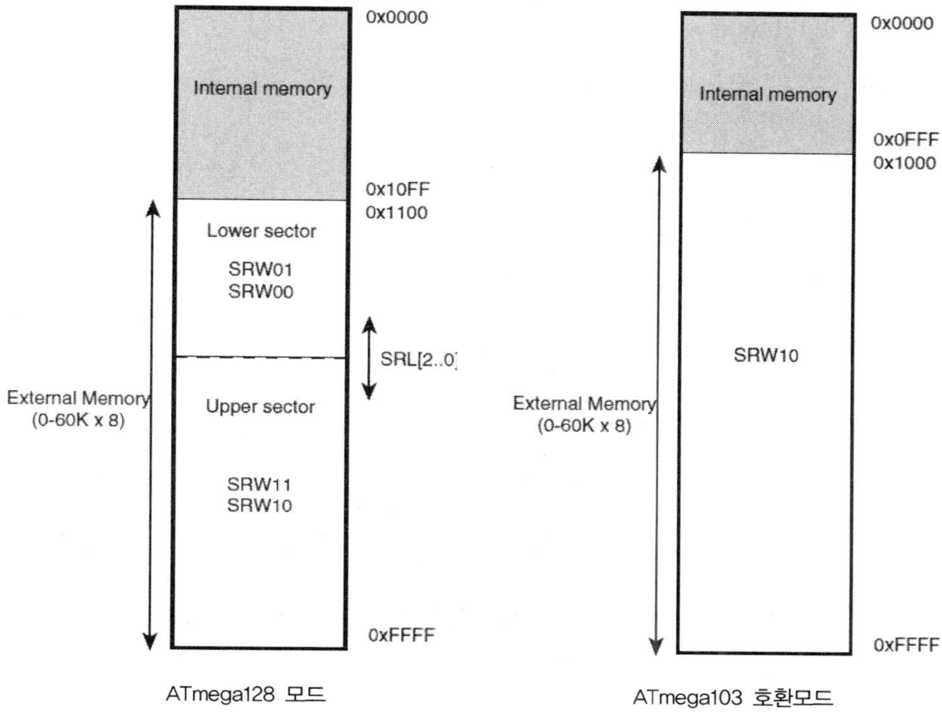

◎ 외부 SRAM 연결

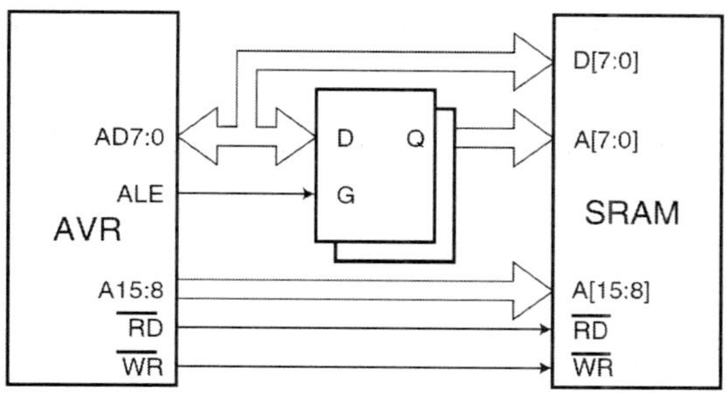

외부 메모리 인터페이스를 위한 핀들과 기능은 다음과 같다.

(1) AD7 ~ 0 : 16 비트 어드레스 버스 중 하위 8 비트 어드레스 버스 및 8 비트 데이터 버스.

(2) A15 ~ 8 : 16 비트 어드레스 버스 중 상위 8 비트 어드레스 버스.

어드레스 비트 수(0, 2, 3, 4, 5, 6, 7, 8) 선택 가능.

(3) ALE : 어드레스 래치 인에이블 신호.

(4) RD : 읽기 스트로브 신호.

(5) WR : 쓰기 스트로브 신호.

○ 외부 메모리 타이밍 사이클

외부 메모리를 처리하는 타이밍은 기본적으로 3 클럭이 사용되나 wait-state가 있으면 클럭 타이밍이 증가하게 된다. Bus keeper가 동작되면 데이터 버스 선이 3-상태에 있지 않고 출력된 마지막 데이터의 값인 '0' 또는 '1'의 상태에 있게 된다.

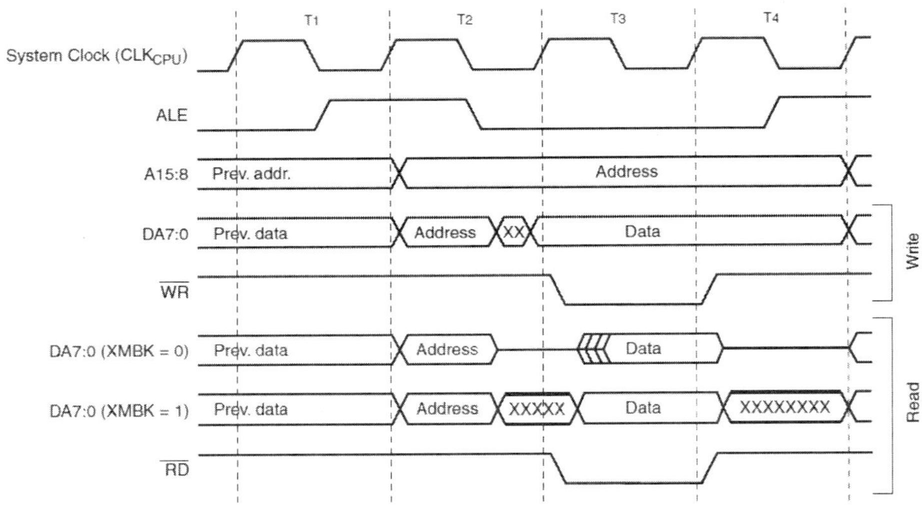

wait-state가 없을 때의 데이터 메모리 읽기와 쓰기 타이밍 사이클

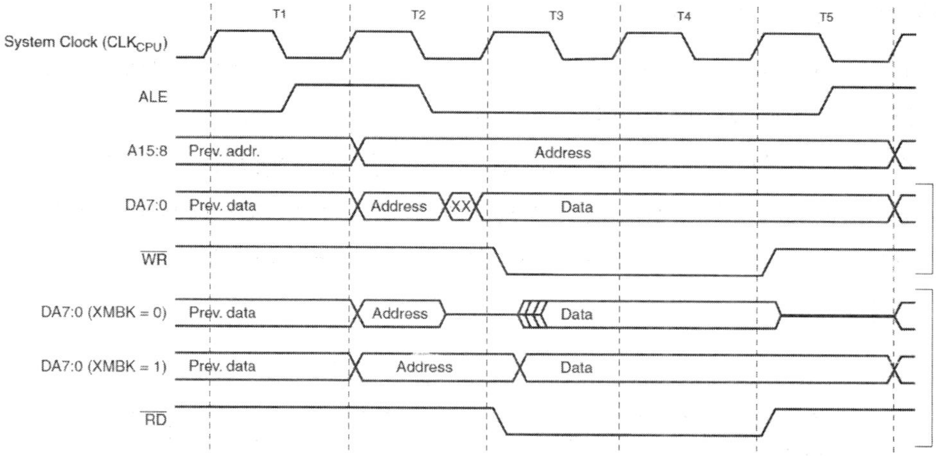

읽기/쓰기 스트로브 동안 1 사이클 wait 발생시

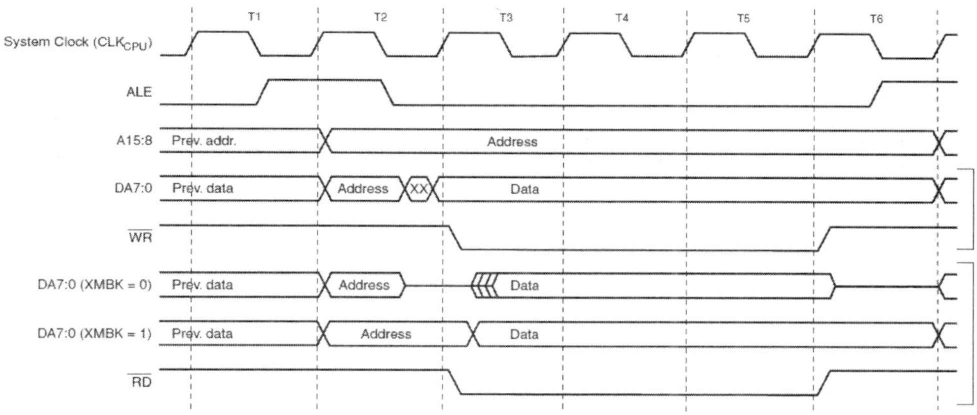

읽기/쓰기 스트로브 동안 2 사이클 wait 발생시

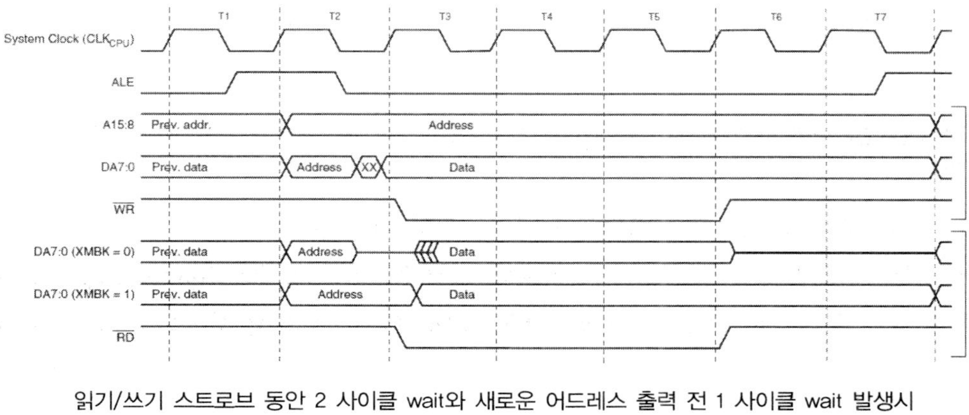

읽기/쓰기 스트로브 동안 2 사이클 wait와 새로운 어드레스 출력 전 1 사이클 wait 발생시

외부 메모리 어드레스 구조

데이터 메모리 구조는 하위 어드레스에 내부 데이터 메모리가 존재하고, 그 위의 어드레스 영역을 외부 데이터 메모리로 사용할 수 있다. 이와 같은 경우에 외부 데이터 메모리 중 내부 데이터 메모리와 같은 어드레스를 사용하고 있는 영역은 사용할 수 없게 된다. 그러나 외부 데이터 메모리의 용량이 32 KB 이하일 경우에는 외부 데이터 메모리의 32 KB 상위 영역 어드레스를 이용하여 내부 데이터 메모리와 같은 영역을 사용할 수 있다.

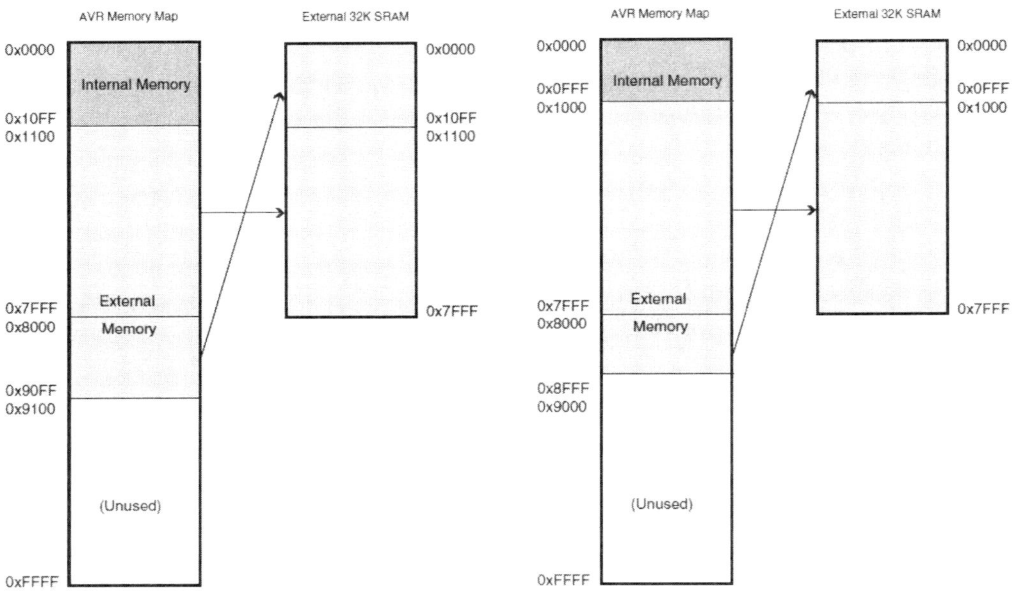

32 KB SRAM : ATmega128 모드　　　32 KB SRAM : ATmega103 호환모드

외부 메모리 인터페이스와 관련된 레지스터

- MCU 제어 레지스터 : MCUCR(MCU Control Register)
- 외부 메모리 제어 레지스터 A : XMCRA(eXtral Memory Control Register A)
- 외부 메모리 제어 레지스터 B : XMCRB(eXtral Memory Control Register B)

MCU 제어 레지스터, MCUCR

MCUCR							
SRE	SRW10	–	–	–	–	–	–

- **SRE(External SRAM/XMEM Enable)** : '1'이 되면 외부 데이터 메모리 인터페이스를 위하여, PA0 ~ 7, PC0 ~ 7, PG0, PG1, PG2가 입출력 기능이 사라지고 각각 AD0 ~ 7, A8 ~ 15, WR, RD, ALE 기능으로 사용된다.
- **SRW10(Wait-state Select Bit for Upper Sector)** : 외부 데이터 메모리의 상위 섹터 영역을 읽고 쓸 때, SRW11과 함께 wait 사이클을 결정한다.

외부 메모리 제어 레지스터 A, XMCRA

외부 메모리를 제어하는데 사용한다.

XMCRA							
–	SRL2	SRL1	SRL0	SRW01	SRW00	SRW11	–

- **SRL2:0(Wait-state Sector Limit)** : 외부 데이터 메모리를 2 영역으로 나누고, 각각의 영역은 8가지 영역으로 구분된다.
- **SRW01:00(Wait-state Sector Bits for Lower Sector)** : 외부 데이터 메모리의 하위 섹터 영역을 읽고 쓸 때, wait 사이클을 결정한다.
- **SRW11(Wait-state Sector Bit for Upper Sector)** : 외부 데이터 메모리의 상위 섹터 영역을 읽고 쓸 때, SRW10과 함께 wait 사이클을 결정한다.

SRL2	SRL1	SRL0	섹터 영역
0	0	0	하위 섹터 : NA 상위 섹터 : 0x1100 ~ 0xFFFF
0	0	1	하위 섹터 : 0x1100 ~ 0x1FFF 상위 섹터 : 0x2000 ~ 0xFFFF
0	1	0	하위 섹터 : 0x1100 ~ 0x3FFF 상위 섹터 : 0x4000 ~ 0xFFFF
0	1	1	하위 섹터 : 0x1100 ~ 0x5FFF 상위 섹터 : 0x6000 ~ 0xFFFF
1	0	0	하위 섹터 : 0x1100 ~ 0x7FFF 상위 섹터 : 0x8000 ~ 0xFFFF
1	0	1	하위 섹터 : 0x1100 ~ 0x9FFF 상위 섹터 : 0xA000 ~ 0xFFFF

1	1	0	하위 섹터 : 0x1100 ~ 0xBFFF 상위 섹터 : 0xC000 ~ 0xFFFF
1	1	1	하위 섹터 : 0x1100 ~ 0xDFFF 상위 섹터 : 0xE000 ~ 0xFFFF

SRWn1	SRWn0	Wait States
0	0	No wait-state
0	1	읽기/쓰기 스트로브 동안 1 사이클 wait
1	0	읽기/쓰기 스트로브 동안 2 사이클 wait
1	1	읽기/쓰기 스트로브 동안 2 사이클 wait 및 새로운 어드레스 출력전 1 사이클 wait

외부 메모리 제어 레지스터 B, XMCRB

외부 메모리를 제어하는데 사용한다.

XMCRB	XMBK	–	–	–	–	XMM2	XMM1	XMM0

- **XMBK(External Memory Bus-keeper Enable)** : '1'이면 AD0 ~ 7 선에 bus keeper가 인에이블 된다.
  (1) 3-상태가 마지막 출력된 '1'이나 '0'의 값으로 남아 있게 된다.
  (2) SRE가 '0'이라도 XMBK가 '1'이면 bus keeper 기능은 유지된다.

- **XMM2:0(External Memory High Mask)** : 외부 데이터 메모리 어드레스를 위한 비트 수를 결정한다.

XMM2	XMM1	XMM0	사용되는 외부 메모리 어드레스 비트 수	사용 가능한 입출력 핀의 수
0	0	0	8	없음
0	0	1	7	PC7
0	1	0	6	PC6, PC7
0	1	1	5	PC5 ~ PC7
1	0	0	4	PC4 ~ PC7
1	0	1	2	PC3 ~ PC7
1	1	0	1	PC2 ~ PC7
1	1	1	0	PC0 ~ PC7

AVR Stuio와 IAR 사용시 차이점

AVR Studio(WinAvr)	IAR
#include <avr/io.h>	#include <iom128.h>
int main(void)	void main(void)

참조

- 래치 IC(74HC373) 동작 표

입력			내부 래치	출력
$\overline{OE}$	LE	Dn		Q0 ~ Q7
L	H	L	L	L
L	H	H	H	H
L	L	l	L	L
L	L	h	H	H
H	X	X	X	Z
H	X	X	X	Z

l : LE가 High에서 Low로 변하기 전, Low 레벨
h : LE가 High에서 Low로 변하기 전, High 레벨
X : don't care
Z : high impedance

- 래치 IC(74HC373) 구조

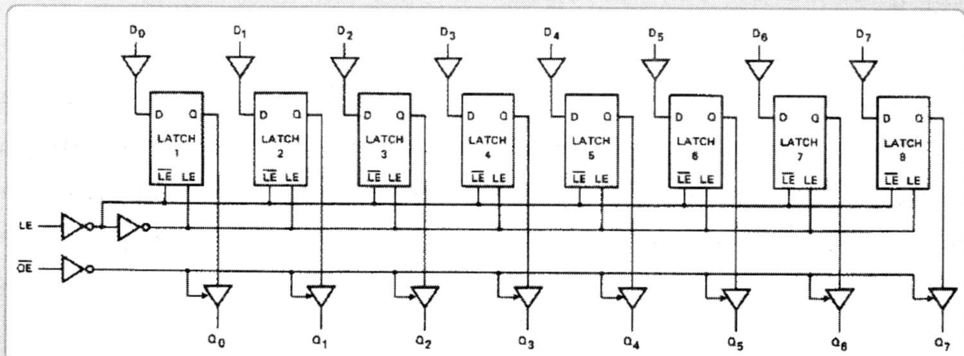

10.4 파워다운 슬립모드

파워다운 슬립모드 동작 및 외부 인터럽트 4(INT4)의 low level 에 의한 파워다운 슬립모드 벗어나기

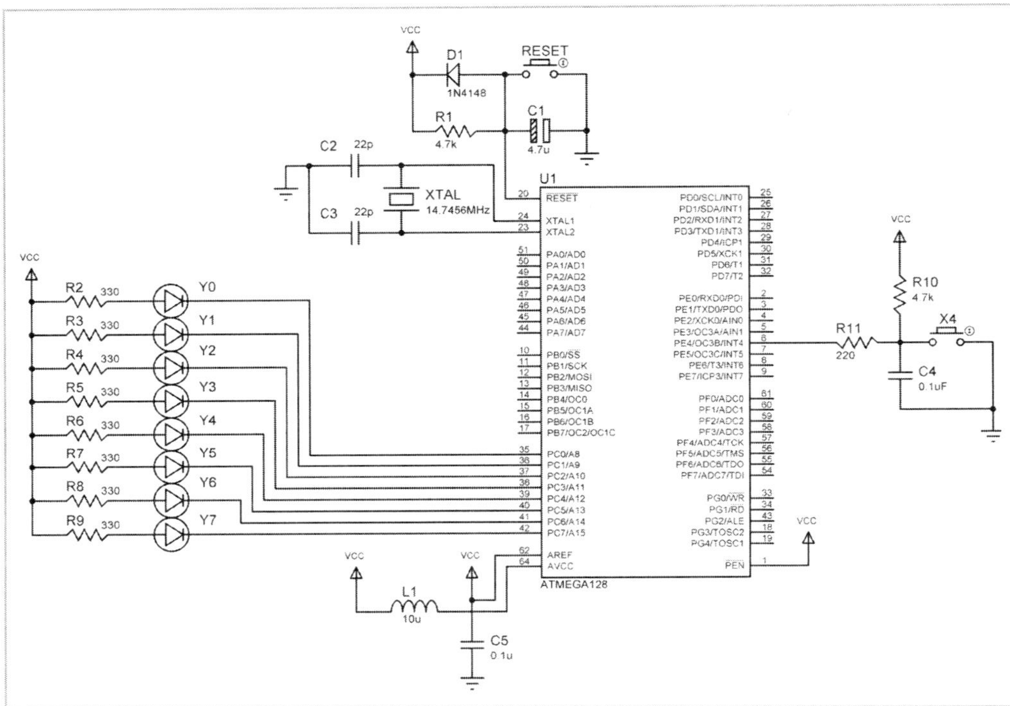

동작방법

초기에 포트 C에 연결된 LED가 일정시간 점멸하다가 파워다운 슬립모드로 들어간다. PE4핀에 연결된 X4 스위치가 눌러져 '0'이 되면 외부 인터럽트 4((INT4)의 low level 트리거 인터럽트가 발생하여 파워다운 슬립모드에서 벗어나 main 프로그램이 동작하게 된다. LED가 일정시간 점멸한 후에 프로그램은 멈추게 된다.

프로그램(AVR Studio)

```
#include <avr/io.h>
#include <avr/interrupt.h>

void delay (unsigned long i)        // 시간지연
{
        while(--i);
}
SIGNAL(SIG_INTERRUPT4)
{
        EIMSK = 0x00;               // 외부 인터럽트4 디세이블
}
int main(void)
{
        unsigned char i;
        DDRC = 0xff;                // 포트 C 모두 출력
        DDRE = 0xef;                // 포트 E의 PE4만 입력
        PORTC = 0xff;               // 포트 C에 high 출력
        MCUCR = 0x10;               // Power-Down 모드 선택
        EIMSK = 0x10;               // 외부 인터럽트4 인에이블
        EICRB = 0x54;               // low level 외부인터럽트 4
        SREG |= 0x80;               // 전체 인터럽트 인에이블
        for(i=0;i<20;i++)           // LED 점멸(on/off) 발생
        {
                PORTC = 0xff;
                delay(100000);
                PORTC = 0x00;
                delay(100000);
        }
        MCUCR |= 0x20;              // 슬립모드 인에이블
        asm("sleep");               // 슬립모드 동작 on
        MCUCR = 0x10;               // 슬립모드 디세이블
        for(i=0;i<50;i++)           // LED 점멸(on/off) 발생
        {
                PORTC=0xff;
                delay(100000);
                PORTC=0x00;
                delay(100000);
        }
        while(1);
}
```

슬립모드에 대하여

○ 슬립모드

슬립모드는 마이크로컨트롤러(MCU, Micro-Controller Unit)의 에너지 소모를 최소화하기 위한 방안으로, 마이크로컨트롤러의 모든 기능이 동작하지 않아도 되는 경우에 한하여 기능들의 클럭소스 사용을 제한함으로써 에너지 소비를 줄일 수 있게 한 것이다. 핸드폰과 같은 배터리를 사용하는 전자시스템에 슬립모드를 적용하면 배터리의 사용시간을 증가시킬 수 있다.

ATmega128은 6가지의 슬립모드를 갖고 있다. 즉, 아이들, ADC 잡음 감소, 파워다운, 파워절약, 스탠바이, 확장된 스탠바이 모드이다.

슬립모드와 관련된 레지스터

○ MCU 제어 레지스터, MCUCR

MCUCR	-	-	SE	SM1	SM0	SM2	-	-

SM2	SM1	SM0	Sleep Mode
0	0	0	아이들
0	0	1	ADC 잡음 감소
0	1	0	파워 다운
0	1	1	파워 절약
1	0	0	예약(사용하지 않음)
1	0	1	예약(사용하지 않음)
1	1	0	스탠바이(1)
1	1	1	확장된 스탠바이 (1)
(1)은 MCU 시스템 클럭으로 외부 Crystal 또는 Resonator 사용시에 적용 가능.			

- **SE(Sleep Enable)** : 슬립모드 인에이블 비트로, 원하지 않은 시기에 슬립모드가 발생되는 것을 방지하기 위하여 슬립모드 명령어('sleep')를 사용하기 바로 전에 'SE' 비트를 '1'로 세트하고, 슬립모드를 빠져나오면 바로 'SE' 비트를 '0'으로 클리어시켜야 한다.

- **SM2:0(Sleep Mode Sleep Bits 2, 1, 0)** : 'SM2', 'SM1', 'SM0'의 값에 따라 6 가지의 슬립모드 중 하나를 선택할 수 있다.

◎ 슬립모드 설정 방법

(1) 6개의 슬립모드 중 하나 선택(슬립모드 선택 비트인 'SM2:0'으로 설정).
(2) 슬립모드 인에이블(SE 비트를 '1'로 설정).
(3) 슬립모드 실행(슬립모드 명령어 'sleep' 설정).

예를 들어, 파워다운 슬립모드를 선택한다면

```
(1) MCUCR = 0x10;   // SM2:0 = 010, 파워다운 모드 선택
(2) MCUCR |= 0x20;  // SE = 1, 슬립모드 인에이블
(3) asm("sleep");   // 슬립모드 실행
```

실험 키트에 배선하기

ATmega128	I/O
PC0 ~ PC7	[LED UNIT] Y0 ~ Y7
PE4	[SWITCH UNIT] X4

AVR Stuio와 IAR 사용시 차이점

AVR Studio(WinAvr)	IAR
#include <avr/io.h>	#include <iom128.h>
#include <avr/interrupt.h>	별도 헤더파일 필요 없음.
int main(void)	void main(void)
SIGNAL(SIG_INTERRUPT4)	#pragma vector = INT4_vect __interrupt void INT4(void)

참조

- **슬립모드에서의 동작 클럭 및 슬립모드를 깨우는 기능들...**

아래 표는 각각의 슬립모드에서 동작하는 클럭들과 슬립모드에서 벗어나게 하는 기능들에 대한 것이다.(clk_{CPU}, clk_{FLASH}, clk_{IO}, clk_{ADC}, clk_{ASY}는 교재 1장 'ATmega128 클럭' 참조)

	Active Clock Domains					Oscillators		Wake Up Sources					
Sleep Mode	clk_{CPU}	clk_{FLASH}	clk_{IO}	clk_{ADC}	clk_{ASY}	Main Clok Source Enabled	Timer Osc Enabled	INT7:0	TWI Address Match	Timer 0	SPM/ EEPROM Ready	ADC	Other I/O
idle			×	×	×	×	×(2)	×	×	×	×	×	×
ADC Noise Reduction				×	×	×	×(2)	×(3)	×	×	×	×	
Power-down								×(3)	×				
Power-save					×(2)		×(2)	×(3)	×	×(2)			
Standby(1)						×		×(3)	×				
Extended Standby(1)					×(2)	×	×(2)	×(3)	×	×(2)			

여기서, (1)은 MCU 시스템 클럭으로 외부 Crystal 또는 Resonator 사용시에 적용 가능. (2)는 ASSR 레지스터의 AS0 비트가 '1'일 때. (3)은 'INT3:0'(하강, 상승, Low level 모두 가능) 또는 'Low level Interrupt INT7:4'.

- **SPI, TWI, 외부 SRAM, 슬립모드 관련 레지스터 및 초기값**

비트번호	7	6	5	4	3	2	1	0	
	SPIE	SPE	DORD	MSTR	CPOL	CPHA	SPR1	SPR0	SPCR
읽기/쓰기	R/W	R/W	R/W	R/W	R/W	R/W	R/W	R/W	
초기값	0	0	0	0	0	0	0	0	

비트번호	7	6	5	4	3	2	1	0	
	SPIF	WCOL	-	-	-	-	-	SPI2X	SPSR
읽기/쓰기	R	R	R	R	R	R	R	R/W	
초기값	0	0	0	0	0	0	0	0	

비트번호	7	6	5	4	3	2	1	0	
	MSB							LSB	SPDR
읽기/쓰기	R/W	R/W	R/W	R/W	R/W	R/W	R/W	R/W	
초기값	X	X	X	X	X	X	X	X	Undefined

비트번호	7	6	5	4	3	2	1	0	
	TWBR7	TWBR6	TWBR5	TWBR4	TWBR3	TWBR2	TWBR1	TWBR0	**TWBR**
읽기/쓰기	R/W	R/W	R/W	R/W	R/W	R/W	R/W	R/W	
초기값	0	0	0	0	0	0	0	0	

비트번호	7	6	5	4	3	2	1	0	
	TWINT	TWEA	TWSTA	TWSTO	TWWC	TWEN	-	TWIE	**TWCR**
읽기/쓰기	R/W	R/W	R/W	R/W	R	R/W	R	R/W	
초기값	0	0	0	0	0	0	0	0	

비트번호	7	6	5	4	3	2	1	0	
	TWS7	TWS6	TWS5	TWS4	TWS3	-	TWS1	TWS0	**TWSR**
읽기/쓰기	R	R	R	R	R	R	R/W	R/W	
초기값	1	1	1	1	1	0	0	0	

비트번호	7	6	5	4	3	2	1	0	
	TWD7	TWD6	TWD5	TWD4	TWD3	TWD2	TWD1	TWD0	**SPDR**
읽기/쓰기	R/W	R/W	R/W	R/W	R/W	R/W	R/W	R/W	
초기값	1	1	1	1	1	1	1	1	

비트번호	7	6	5	4	3	2	1	0	
	TWA6	TWA5	TWA4	TWA3	TWA2	TWA1	TWA0	TWGCE	**TWAR**
읽기/쓰기	R/W	R/W	R/W	R/W	R/W	R/W	R/W	R/W	
초기값	1	1	1	1	1	1	1	0	

비트번호	7	6	5	4	3	2	1	0	
	SRE	SRW10	SE	SM1	SM0	SM2	IVSEL	IVCE	**MCUCR**
읽기/쓰기	R/W	R/W	R/W	R/W	R/W	R/W	R/W	R/W	
초기값	0	0	0	0	0	0	0	0	

비트번호	7	6	5	4	3	2	1	0	
	-	SRL2	SRL1	SRL0	SRW01	SRW00	SRW11	-	**XMCRA**
읽기/쓰기	R	R/W	R/W	R/W	R/W	R/W	R/W	R	
초기값	0	0	0	0	0	0	0	0	

비트번호	7	6	5	4	3	2	1	0	
	XMBK	-	-	-	-	XMM2	XMM1	XMM0	**XMCRB**
읽기/쓰기	R/W	R	R	R	R	R/W	R/W	R	
초기값	0	0	0	0	0	0	0	0	

부록

WinAVR/AVR Studio, Bootloader

A. WinAVR 및 AVR Studio 설치

WinAVR 설치

AVR-GCC 컴파일러 WinAVR(20060421)을 다음 순서대로 설치한다.

언어 선택

'KOREAN' 선택한 후, 'OK'를 클릭한다.

WInAVR 20060421 설치 시작

'다음'을 클릭한다.

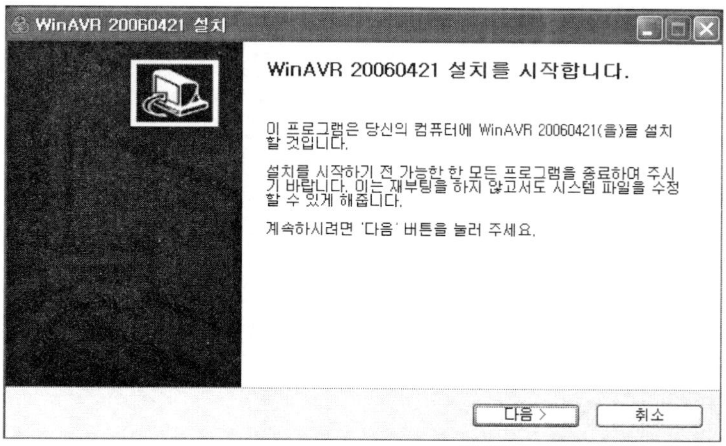

라이센스 동의

'동의함'을 클릭한다.

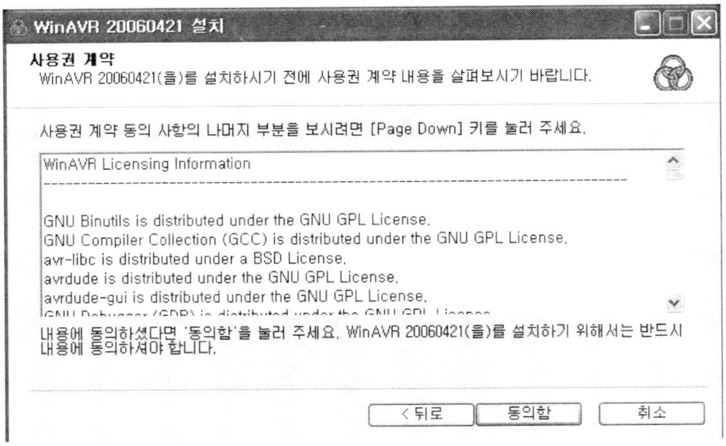

설치 위치 선택

설치 위치를 아래 그림과 같이 선택할 경우에는 '다음'을 클릭한다.
설치 위치를 변경할 때는 '찾아보기...'를 클릭하여 변경한 후 '다음'을 클릭한다.

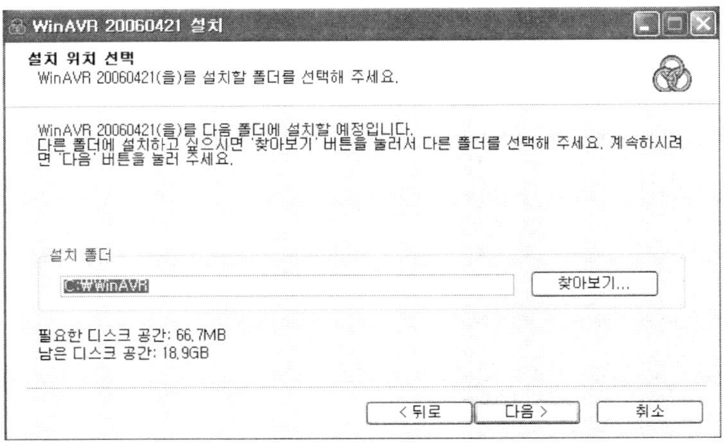

구성요소 선택 및 프로그램 설치

아래 그림과 같이 구성요소를 선택하고 '설치'를 클릭한다.

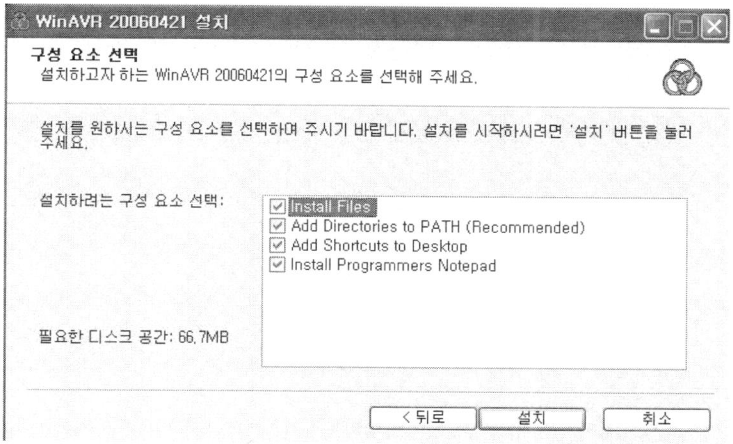

프로그램 설치 완료

'마침'을 클릭한다.

AVR Studio 설치

AVR Editor 프로그램인 AVR Studio(Version 4.18)를 순서대로 설치한다.

○ 설치 시작

'NEXT'를 클릭한다.

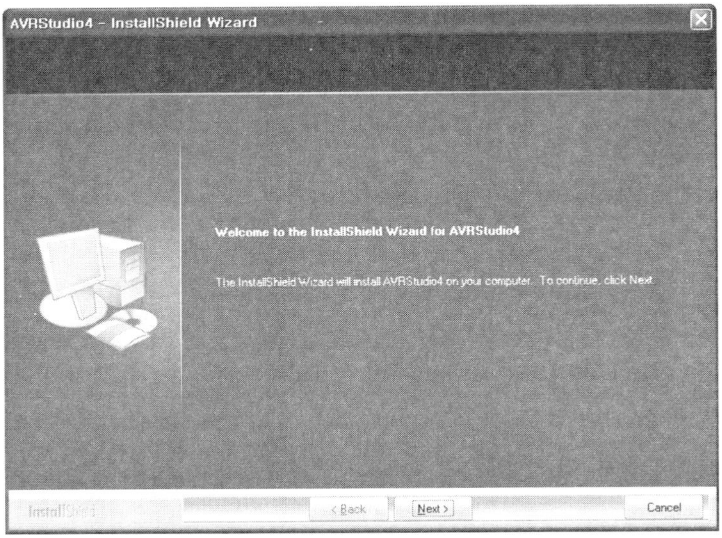

○ 라이센스 동의

'I accept…'를 선택한 후, 'Next'를 클릭한다.

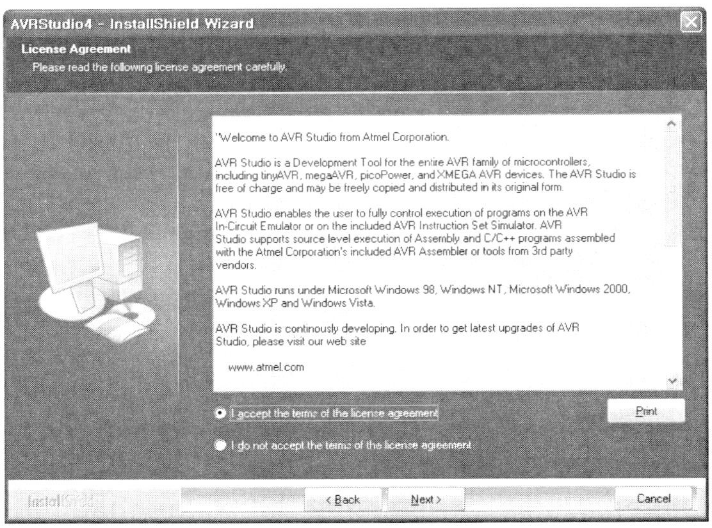

◎ 설치 장소 선택

설치 장소를 아래 그림과 같이 선택할 경우에는 'Next'를 클릭한다.
설치 장소를 변경할 경우에는 'Change'를 클릭하여 변경한 후 'Next'를 클릭한다.

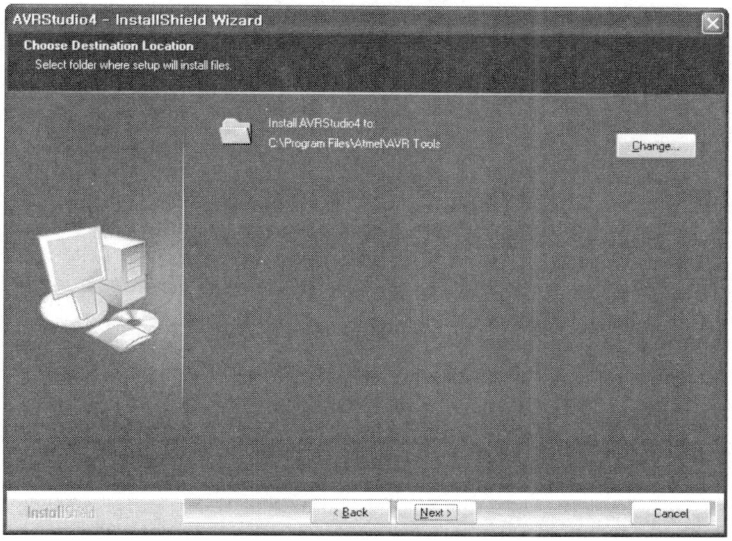

◎ 구성 요소 선택

'NEXT'를 클릭한다.

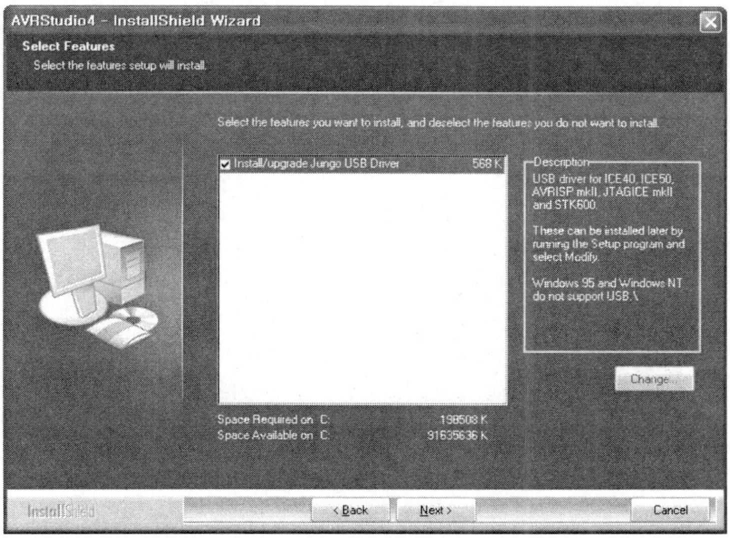

○ 프로그램 설치

'Install'를 클릭한다.

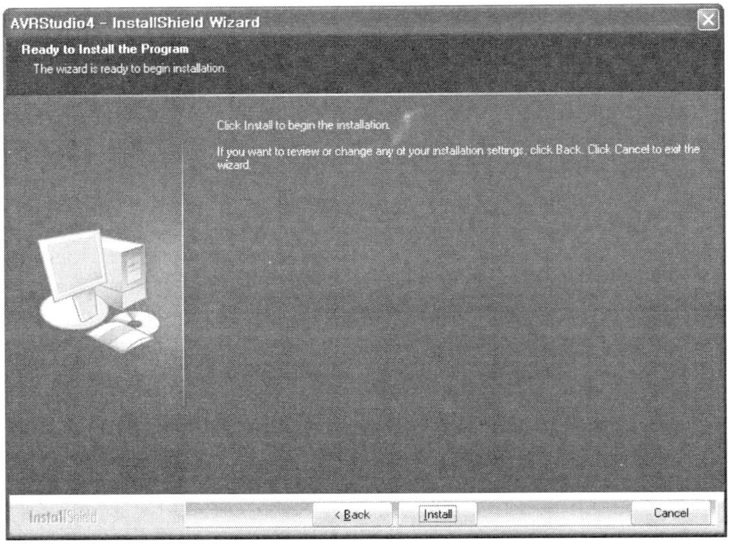

○ 프로그램 설치 완료

'Finish'를 클릭한다.

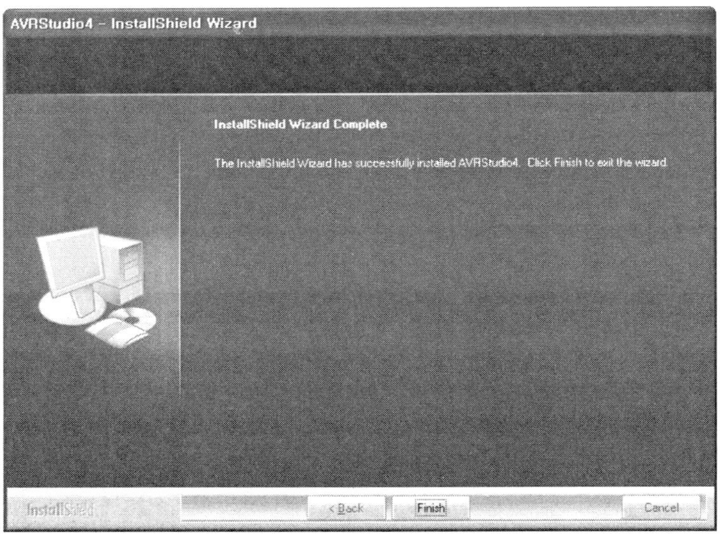

B. AVR Studio 사용법

AVR Studio로 프로그램 컴파일링하기

○ 설치 시작

'New Project'를 선택 (또는 상단 메뉴 'Project'에서 'new Project' 선택)

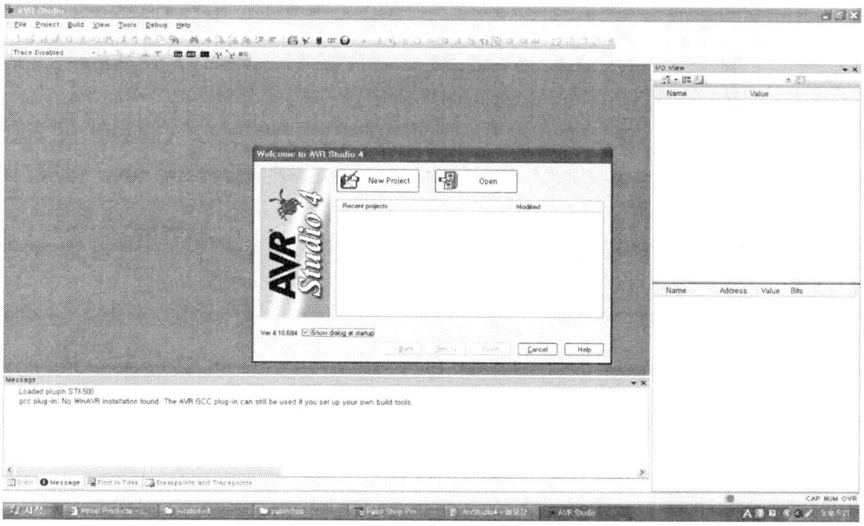

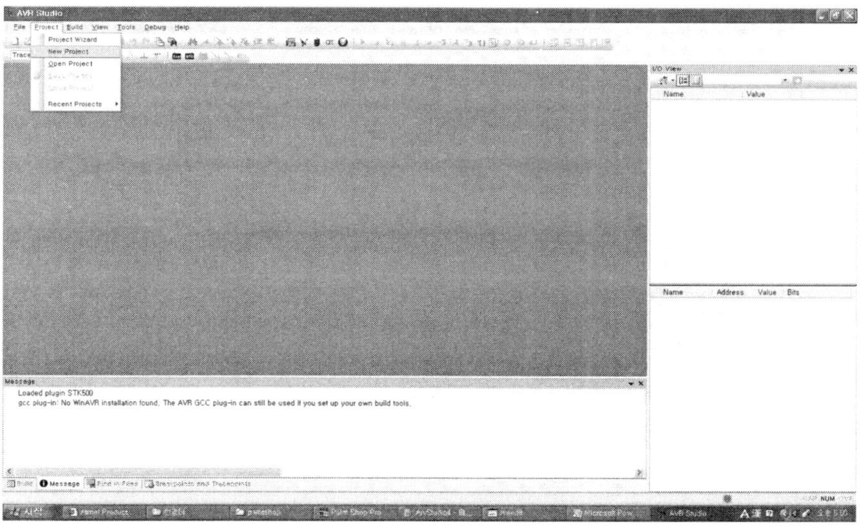

○ 프로젝트 생성 시작

'Project type'의 'AVR GCC'를 클릭한다.

(1) 'Project name'에 '프로젝트 이름'을 써 넣음.(예, 'port1')
(2) 'Create initial file'과 'Create folder'를 선택함.
(3) 'Location'에 C 파일을 포함한 파일들이 저장될 폴더 위치를 선택함.
('C' 디렉터리에 'avrstudio4'를 만들어 둠)
(4) 'next'를 클릭한다.

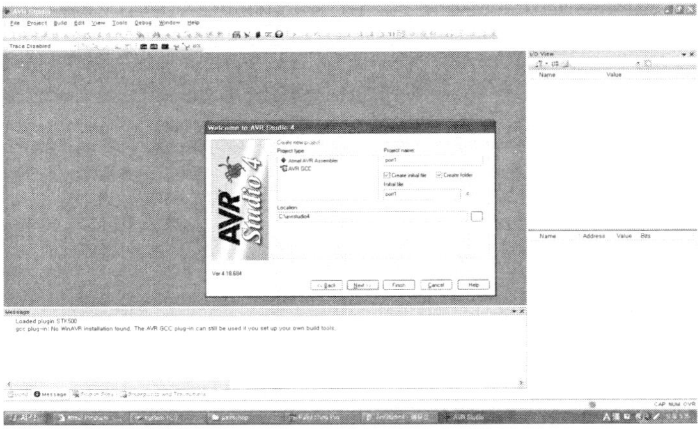

○ 프로젝트 생성 완료

'Debug platform:'은 'AVR Simulator', 'Device:'는 'ATmega128'을 선택한 후, 'Finish'를 클릭한다.

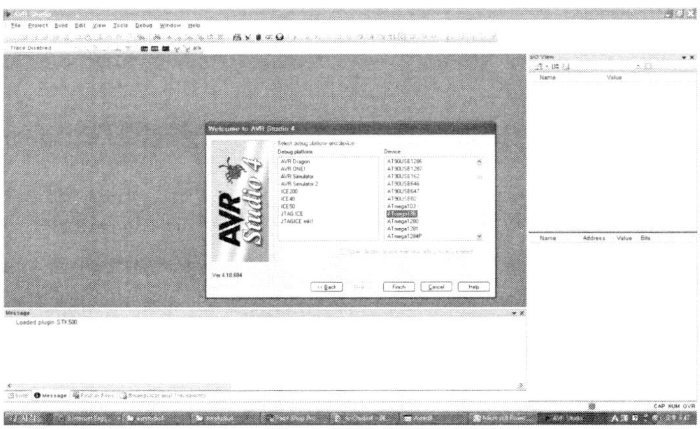

○ 프로그램 작성

(1) 프로그램 작성용 초기화면이다.

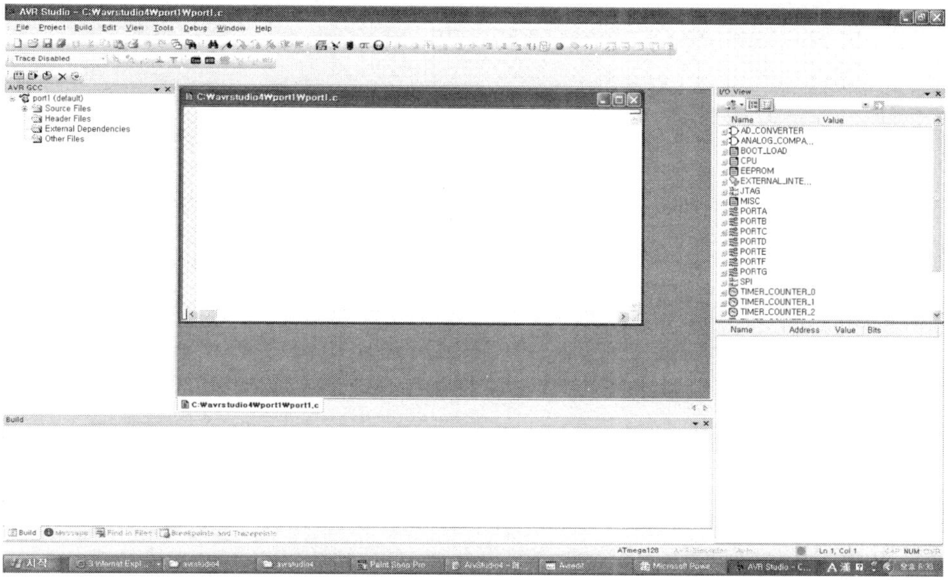

(2) 프로그램이 작성된 화면이다(프로그램 저장되기 전).

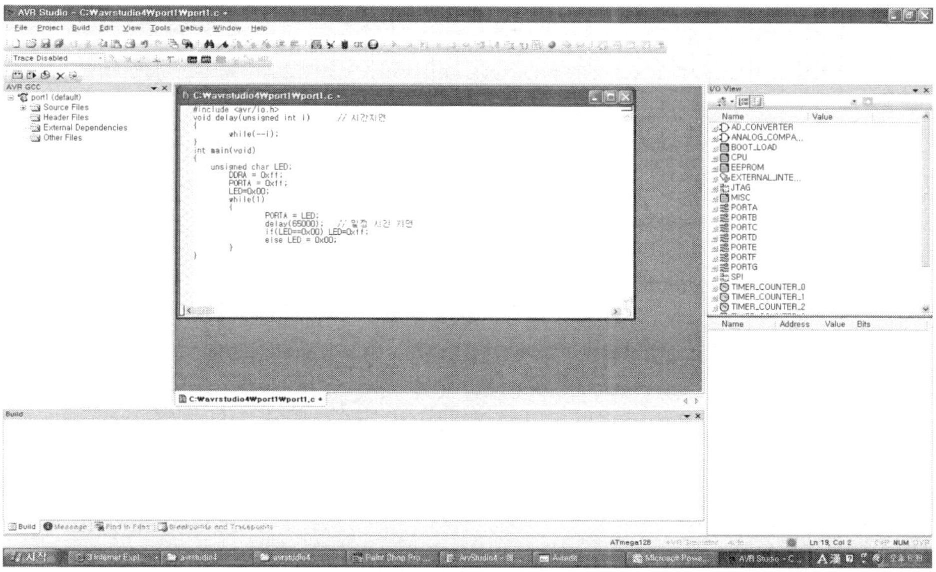

(3) 프로그램 저장 후의 화면이다.(상단 메인 메뉴에서 'File' → 'Save'를 선택하여 프로그램을 저장한다).

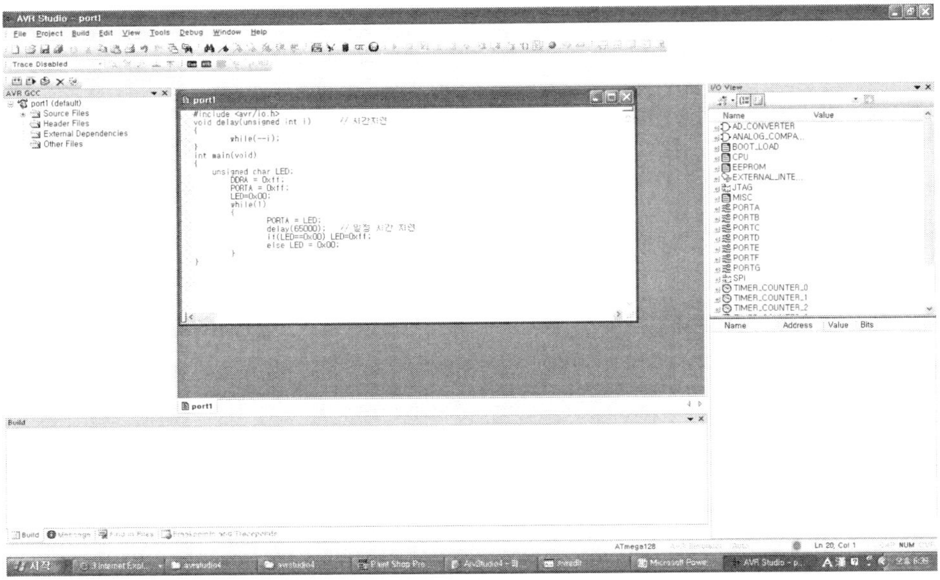

○ 환경 작성

(1) 상단 메인 메뉴에서 'Project' → 'Configuration Options'를 선택한다.

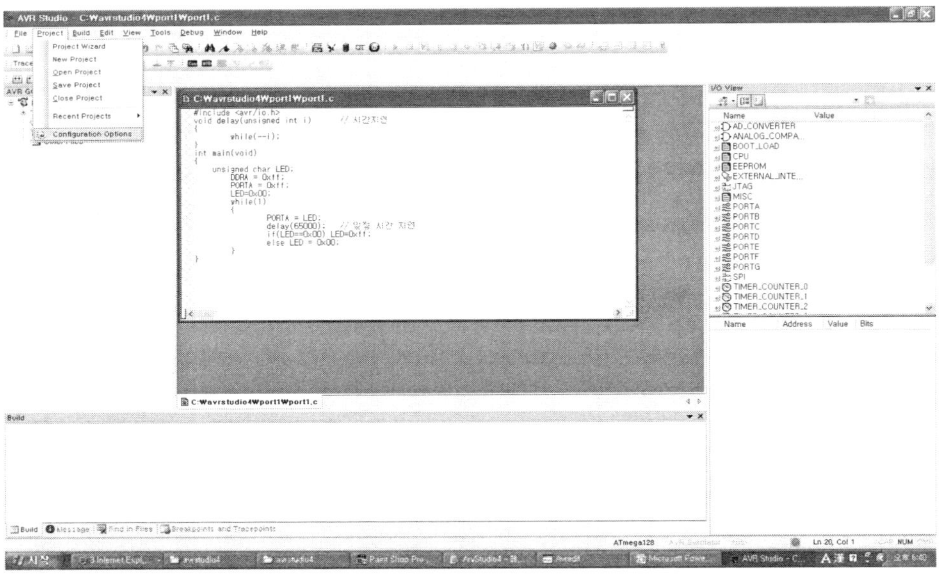

(2) 'Device:'는 'atmega128', 'Frequency:'는 시스템 사용 주파수를 기입하고, 'Optimazation:'는 본 교재에서는 '-Oo'를 선택한다.
'확인'을 클릭한다.

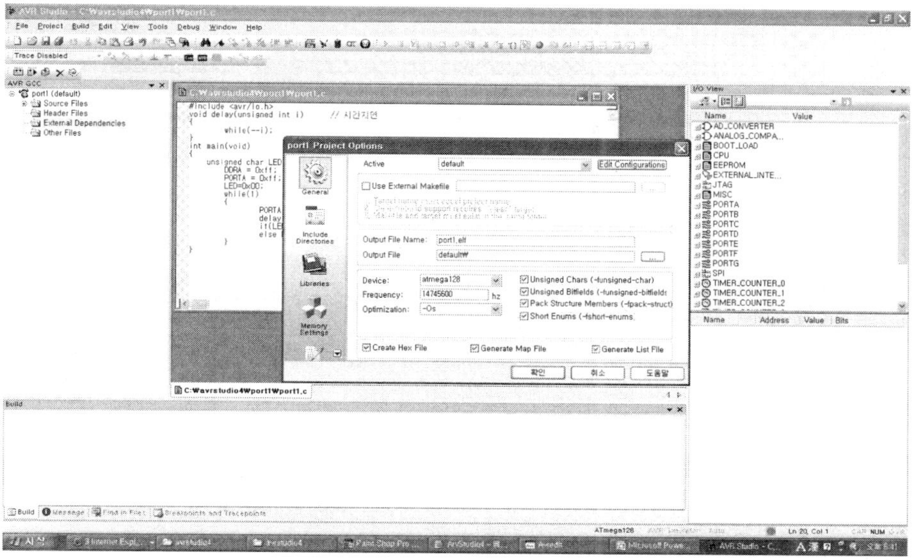

○ 컴파일

상단 메인 메뉴에서 'Build' → 'Build'를 선택한다.

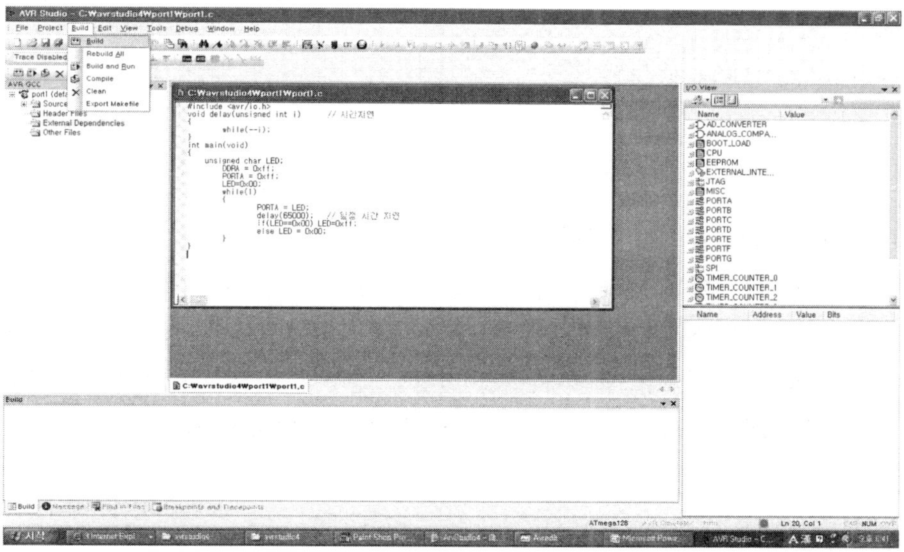

○ 컴파일 완료

하단 '메시시 창'안에 'errors'와 'Warnings'가 없어야 한다.

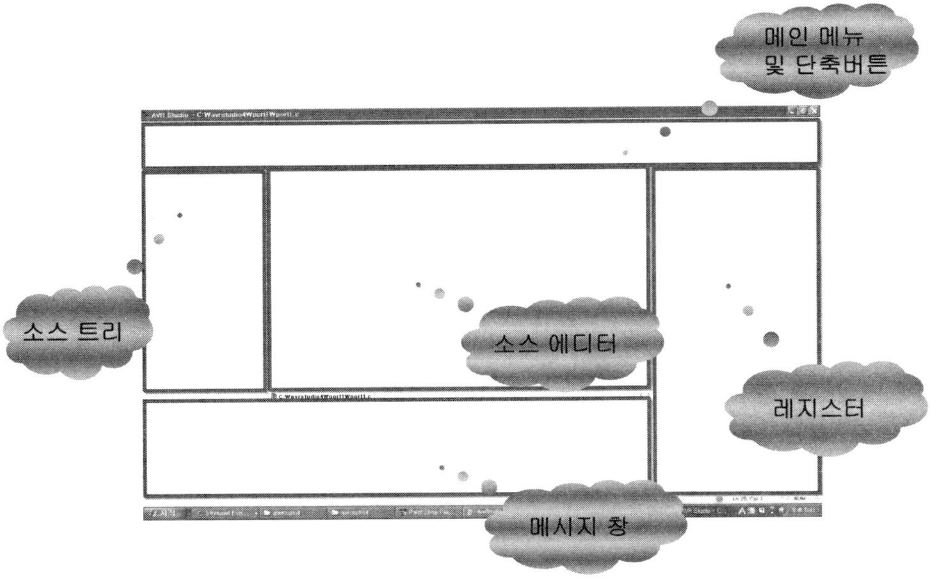

C. Bootloader 이용하기

BootLoader 파일 생성하기

AVR Studio(버전 4.18)에서 BootLoader 파일을 생성시키는 방법은 아래와 같다.

1. AVR Studio를 실행한다.
2. 'boot'라는 이름으로 새로운 프로젝트 파일을 만든다. (부록 B 참조)
3. 새롭게 생성된 'boot.c' 파일에 358쪽의 'BootLoader 프로그램'을 복사한다.
4. ATmega128의 시스템 주파수를 변경할 경우에는 다음과 같이 프로그램을 수정한다. (예 시스템 주파수를 7.3728 MHz으로 변경하면)

변경전	변경후
#define CPU_CLK 14745600	#define CPU_CLK 7372800
#if (CPU_CLK == 14745600) #define B9600 95 #define B19200 47 #define B38400 23 #define B57600 15 #define B115200 7 #endif	#if (CPU_CLK == 7372800) #define B9600 47 #define B19200 23 #define B38400 11 #define B57600 7 #define B115200 3 #endif

5. 타겟보드에 사용된 UART 포트(RXD0/TXD0 또는 RXD1/TXD1)에 따라 다음과 같이 수정한다.

   예 RXD0/TXD0을 사용하면 → #define UART 0

   예 RXD1/TXD1을 사용하면 → #define UART 1

6. 상단 메인 메뉴에서 'File' → 'Save'를 선택하여 프로그램을 저장한다.
7. 상단메뉴에서 'Project' → 'Configuration Options'을 선택한다.
8. 'boot Project Options' 창에서 'Device:'는 'atmega128', 'Frequency:'는 시스템 사용 주파수를 기입하고, 'Optimazation:'를 선택한다(여기서는 '-Os'를 선택). 왼쪽 'Memory Settings' 아래의 'Custom Options'를 선택한다. 'Custom Compilation Options'안의 '[Linker Options]'을 선택한다. 'Add' 왼쪽 공간에 '-Wl,-M,--section-start=.text=0x1F800'를 작성하고 'Add'를 클릭한다. 상단 박스안으로 옮겨진 것을 알 수 있다. '확인'을 클릭한다. 여기서 '0x1F800'은 프로그램 번지 '$FC00'을 의미한다. 즉. 1 kwords 크기이다.

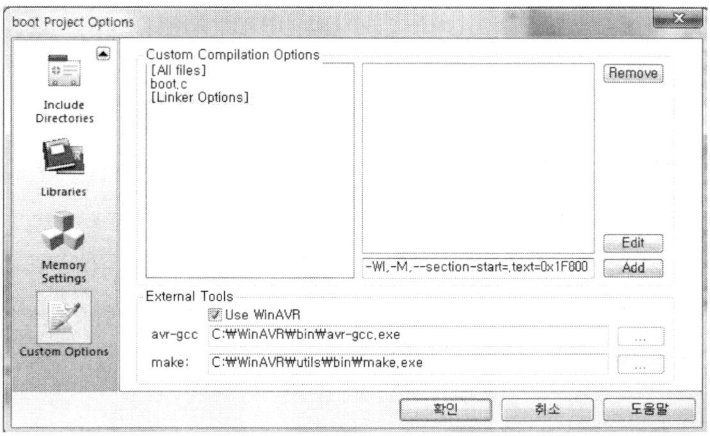

9. 상단메뉴의 'Build' → 'Build'를 클릭한다. 여기서 'Warnings'이 나오면 다시 한 번 'Build' → 'Build'를 클릭한다.
10. 'boot.hex' 파일을 열어서 확인하면, '020000021000EC', '10F80000…' 등이 나오는 것을 알 수 있다. 여기서 '020000021000EC'의 '1000'은 세그먼트 시작 주소이고, '10F80000…'의 'F800'은 변위 주소이다. 따라서 실제 주소는 '0x10000 + 0xF800 = 0x1F800'이다. 즉 플래시 메모리 단위인 워드로 보면 '0x1F800 ÷ 2 = $FC00'이다.

BootLoader 파일 다운로딩하기

AVR Studio(버전 4..18)에서 JTAG 또는 ISP 툴을 이용한 BootLoader 파일을 다운로딩하는 방법은 아래와 같다.

1. JTAG 또는 ISP 툴을 타겟 보드와 PC에 연결한다.(대부분의 툴은 Driver 파일이 필요하므로 연결하기 전에 툴 회사가 제공하는 Driver 파일을 설치한다.)
2. 'BootLoader 파일 생성하기'의 '2 ~ 9'항목이 실행한다.
3. AVR Studio 메인 메뉴의 'Tools' → 'Program AVR' → 'Connect...'를 선택한다.
4. 'Selcet AVR Programmer'창의 'Platform'에서 툴의 알맞은 기기를 선택한다. 'Port'를 선택한다. 'Port'가 'USB' 하나면 'USB'를 선택하고, 여러 가지이면 'Auto'를 선택한다. 오른쪽의 'Connect...'를 클릭한다.
5. 다음과 같은 창이 열리면 'Fuse'를 선택하고, 'JTAGEN', 'SPIEN', 'BOOTRST'를 선택한다. 'BOOTSZ'는 'Boot Flash size=1024 words start address=$FC00'을 선택한다('BootLoader 파일 생성하기'의 '8'항목에서 '0x1F800'인 '$FC00'을 선택했으므로), 'CKOPT'과 'SUT_CKSEL'은 타겟보드에 맞추어 선택한다(여기서는 타겟보드가 14.7456[MHz]인 외부 크리스탈을 사용할 경우이므로, 'CKOPT'를 선택하고 'SUT_CKSEL'를 'Ext. Crystal/Resonator High Freq.; Start-up time:16K CK + 64'를 선택했다.). 또한 'Brown-out'을 사용하기 위해서는 'BODEN'과 'BODLEVEL'을 선택한다(여기서는 VCC가 '4V'일 때 'Brown-out'을 사용하기 위하여 'BODEN'과 'Brown-out detection level at VCC=4.0V'을 선택했다.). 하단의 'Program'을 클릭하면 그림과 같이 'OK'들이 보일 것이다.

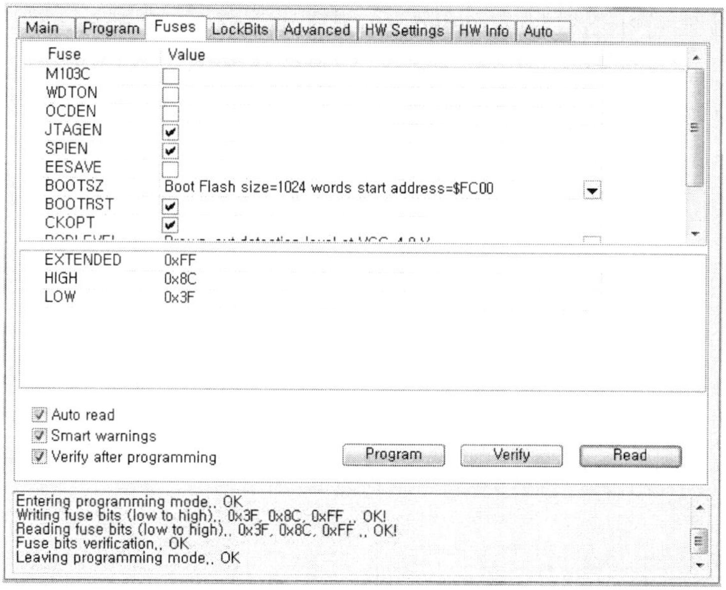

6. 그림과 같이 'Main'을 선택하고 'Device and Signature Bytes'의 'ATmega128'을 선택한다.

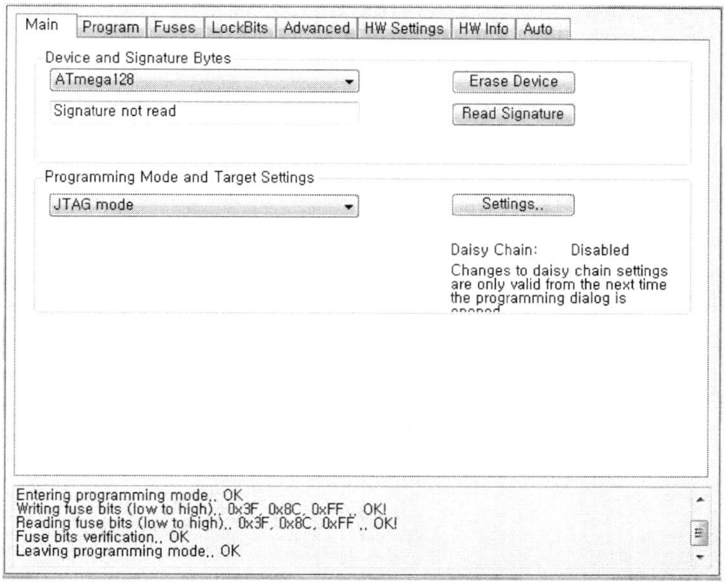

7. 그림과 같이 상단의 'Program'을 선택하고 'Flash'안에서 다운로딩할 부트로더 파일을 선택한다(여기서는 'boot.c'). 'Program'을 클릭하면 부트로더 파일이 다운로딩되고 그림과 같이 'OK'들이 나타나게 된다.

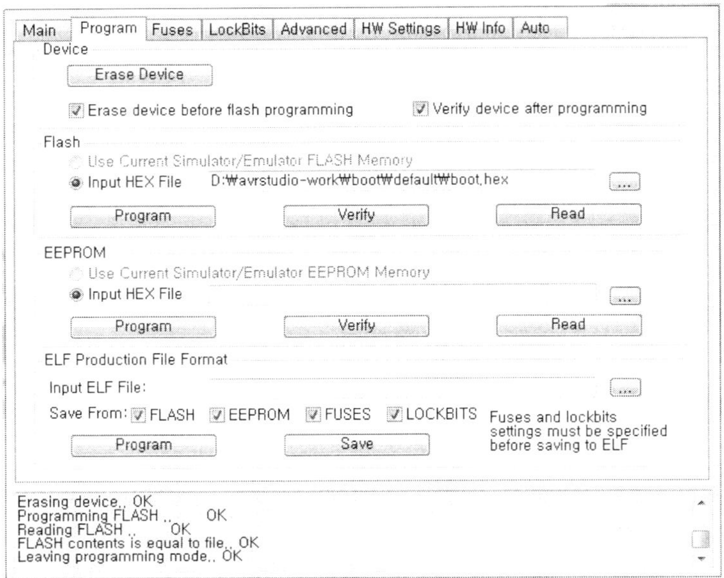

실행파일 다운로딩하기

Megaboot 응용프로그램을 이용해서 RS-232C로 실행파일을 다운로딩하는 방법은 아래와 같다.

1. 타겟보드와 PC를 RS-232C 케이블로 서로 연결한다(또는 RS-232C to USB 케이블을 사용한다.).
2. Megaboot.exe 파일을 실행한다.

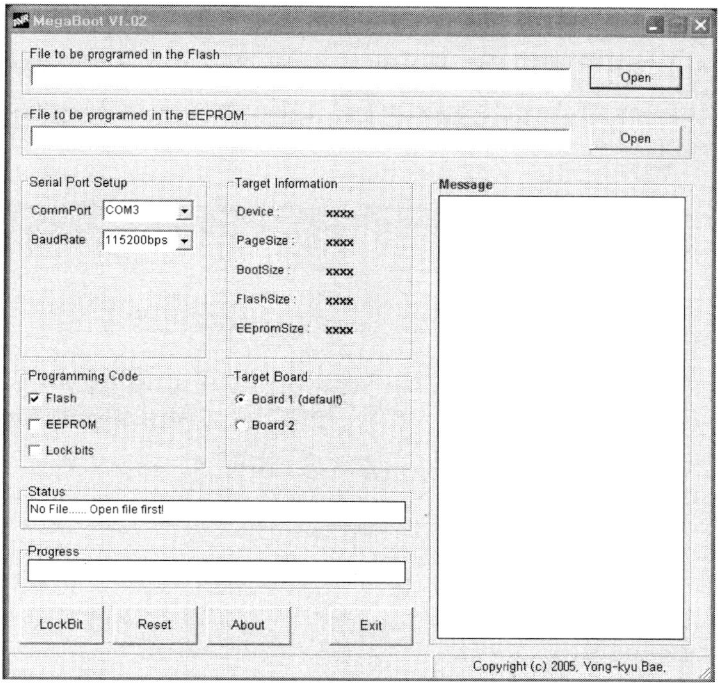

3. 다운로딩할 실행파일(헥사파일)을 선택한다. (예 port1.hex)

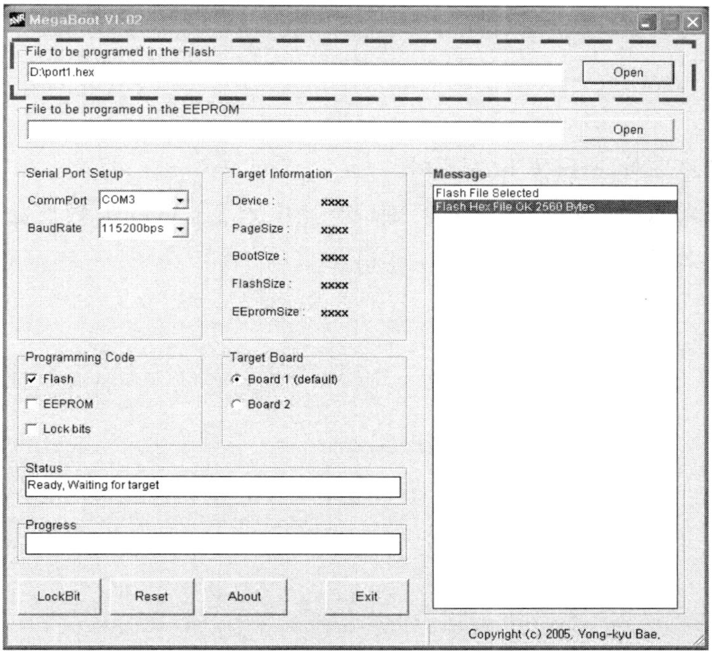

4. 'CommPort'를 선택한다.('BaudRate'는 자동으로 인식되므로 선택하지 않아도 관계없다.) 여기서, RS232C 케이블이 연결된 Port 번호가 Megaboot의 'CommPort'에 나타나야 한다. 만일 Port 번호가 나타나지 않으면 Megaboot.exe를 다시 실행시킨다.

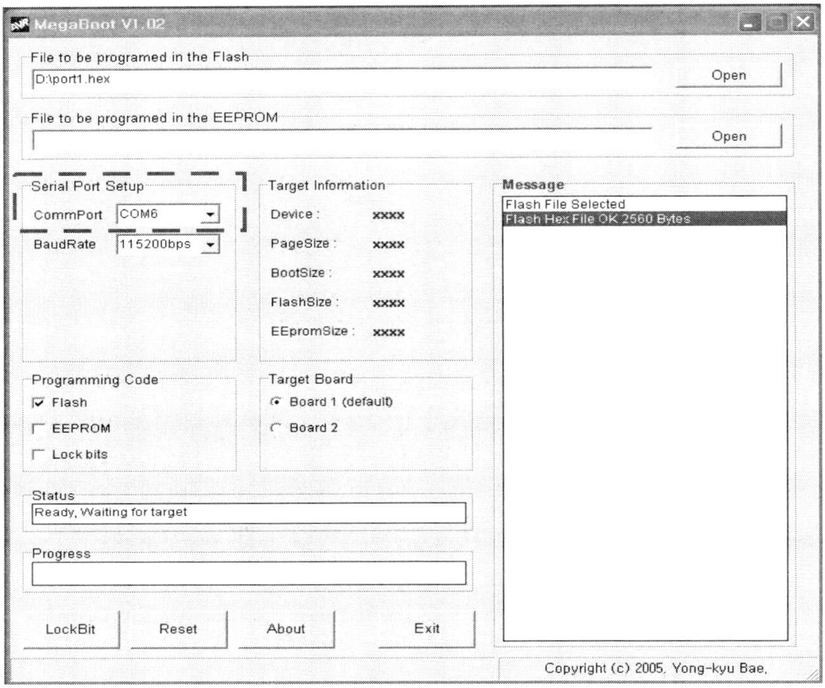

5. 타겟보드의 전원을 on시킨다.
6. 그림과 같이 Megaboot에서 헥사파일이 다운로딩되고 타겟보드로 다운로딩된 헥사파일이 실행됨을 알 수 있다.

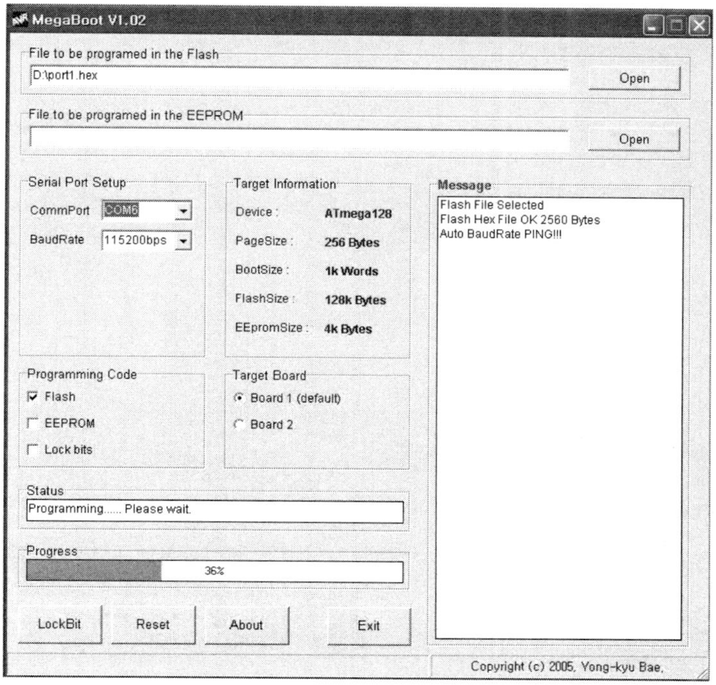
MegaBoot V1.02
File to be programed in the Flash
D:\port1.hex
Open
File to be programed in the EEPROM
Open
Serial Port Setup
CommPort COM6
BaudRate 115200bps
Target Information
Device : ATmega128
PageSize : 256 Bytes
BootSize : 1k Words
FlashSize : 128k Bytes
EEpromSize : 4k Bytes
Message
Flash File Selected
Flash Hex File OK 2560 Bytes
Auto BaudRate PING!!!
Programming Code
Flash
EEPROM
Lock bits
Target Board
Board 1 (default)
Board 2
Status
Programming...... Please wait.
Progress
36%
LockBit
Reset
About
Exit
Copyright (c) 2005, Yong-kyu Bae.

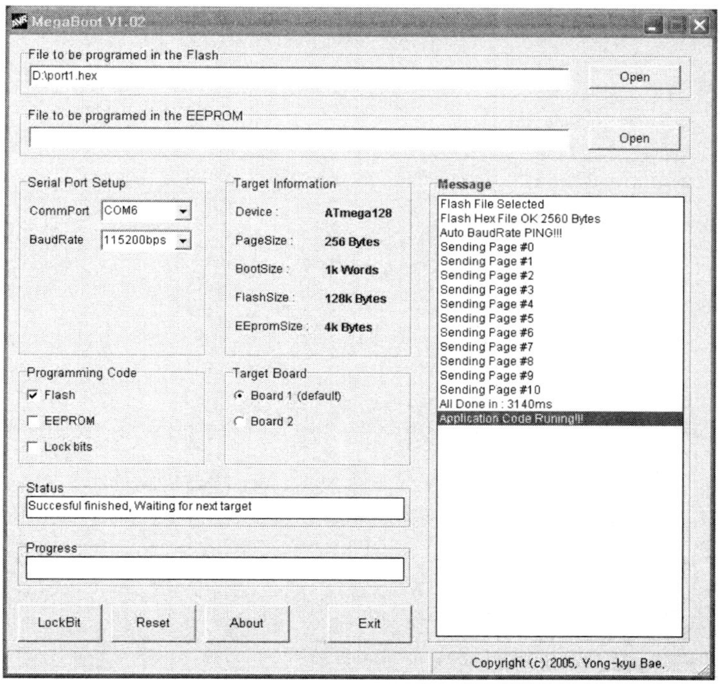
MegaBoot V1.02
File to be programed in the Flash
D:\port1.hex
Open
File to be programed in the EEPROM
Open
Serial Port Setup
CommPort COM6
BaudRate 115200bps
Target Information
Device : ATmega128
PageSize : 256 Bytes
BootSize : 1k Words
FlashSize : 128k Bytes
EEpromSize : 4k Bytes
Message
Flash File Selected
Flash Hex File OK 2560 Bytes
Auto BaudRate PING!!!
Sending Page #0
Sending Page #1
Sending Page #2
Sending Page #3
Sending Page #4
Sending Page #5
Sending Page #6
Sending Page #7
Sending Page #8
Sending Page #9
Sending Page #10
All Done in : 3140ms
Application Code Runing!!!
Programming Code
Flash
EEPROM
Lock bits
Target Board
Board 1 (default)
Board 2
Status
Succesful finished, Waiting for next target
Progress
LockBit
Reset
About
Exit
Copyright (c) 2005, Yong-kyu Bae.

BootLoader 프로그램

```
#include <avr/io.h>
#include <avr/interrupt.h>
#include <avr/pgmspace.h>
#include <avr/boot.h>

#define  FALSE        0
#define  TRUE         1
#define  OFF          0
#define  ON           1

// MCU 선택
#ifdef  __AVR_ATmega128__
#define  MEGATYPE  128              // ATmega128
#endif

// 크리스탈 주파수
#define  CPU_CLK    14745600        // Clock 14.7456 MHz

// UART 포트 선택
#define  UART      1

// 보드레이트
#if (CPU_CLK == 14745600)
#define  B9600        95
#define  B19200       47
#define  B38400       23
#define  B57600       15
#define  B115200      7
#endif

// Device ID
#define  Mega128          'D'
#define  Flash128k        'p'
#define  EEprom4096       '4'

#define  Boot512          'c'
#define  Boot1024         'd'
#define  Boot2048         'e'
#define  Boot4096         'f'

#define  Page256          'T'
```

```
#define  BootSize        Boot1024

#if !(defined MEGATYPE)
#error "Processor Type is Undefined"
#endif

#if ((MEGATYPE == 128) && !(defined UART))
#error "UART ch must be defined for this part"
#endif

#ifdef __AVR_ATmega128__
#define  DeviceID        Mega128
#define  FlashSize       Flash128k
#define  PageSize        Page256
#define  EEpromSize      EEprom4096
#define  PageByte        256
#define  NSHIFTPAGE      8
#define  INTVECREG       MCUCR

#if (UART == 1)                        // #if (UART == 0)
#define  PULLUPPORT    PORTD           // #define  PULLUPPORT     PORTE
#define  PULLUPPIN      0x04           // #define  PULLUPPIN       0x01
#endif
#endif

// UDR0/UDR1 선택
#ifndef UDR
#if (UART == 1)                        // #if (UART == 0)
#define  UCSRA          UCSR1A         // #define  UCSRA          UCSR0A
#define  UCSRB          UCSR1B         // #define  UCSRB          UCSR0B
#define  UCSRC          UCSR1C         // #define  UCSRC          UCSR0C
#define  UBRRL          UBRR1L         // #define  UBRRL          UBRR0L
#define  UBRRH          UBRR1H         // #define  UBRRH          UBRR0H
#define  UDR            UDR1           // #define  UDR            UDR0
#endif
#endif

// Host(define jump to bootloader command)
#define  BOOTLOADER_JUMP_CHAR  '$'
// BootLoader(define flash program)
#define  FLASH_PROGRAM_CHAR  '('
// define bootloader ready for file character
#define  READY_CHAR  '?'
```

```
// define bootloader active char
#define  BOOTLOADER_ACTIVE_CHAR  '^'
// define line complete with no error character
#define  LINE_COMPLETE_CHAR  '~'  // 오류없는 행을 수신함
// define checksum error character
#define  CS_ERROR_CHAR  '-'         // 수신된 행에서 체크섬 오류 검출됨
// define check flash error character
#define  CF_ERROR_CHAR  '%'         // 오류없는 행 수신, 플래시 오류를 가질수 있다.
// define file complete, no errors character
#define  FILE_COMPLETE_CHAR  '@'
// define file complete, with errors character
#define  FILE_ERROR_CHAR  '#'
// define AUTO BAUDRATE PING
#define  AUTO_BAUDRATE_PING_CHAR  0x55

// P R O T O T Y P E
unsigned char IsChar(void);
unsigned char RxChar(void);
void TxChar(unsigned char ch);
void Wait(int loop);
void SendDeviceID(void);
void FlashLoad(void);
void GetPageNumber(void);
char GetPage(void);
void WriteFlash(void);
char CheckFlash(void);
char AutoFindBaudrate(void);
char AutoFindTx(int wait_time);
void ExecCode(void);

// 전역변수
unsigned char PageBuffer[PageByte];
unsigned char RampzFlag;
unsigned int PageAddress;
unsigned int RealPageAddress;
unsigned int RxWait;

// 수신 유/무 확인
unsigned char IsChar(void)
{
  if(UCSRA & 0x80) return 1;
  else return 0;
}
```

```
//수신 데이터 읽기
unsigned char RxChar(void)
{
  return UDR;
}

// 1 바이트 전송
void TxChar(unsigned char ch)
{
  while(!(UCSRA & 0x20));          // wait for empty transmit buffer
  UDR = ch;                        // write char
}

// 일정 시간 대기
void Wait(int loop)
{
  long i;
  int j;
  for(j=0;j<loop;j++)
  {
  #if(CPU_CLK < 8000000)
    for (i=0;i<32000;i++);
  #else
       for (i=0;i<64000;i++);
  #endif
  }
}

// MCU 정보 전송(SendDeviceID)
void SendDeviceID(void)
{
  TxChar(DeviceID);                // MCU 종류
  TxChar(FlashSize);               // 플레쉬 메모리 사이즈
  TxChar(BootSize);                // 부트로드 메모리 사이즈
  TxChar(PageSize);                // 페이지 사이즈
  TxChar(EEpromSize);              // EEPROM 메모리 사이즈
  RxChar();                        // dummy read
}

// FlashLoad(Flash Programing Code)
void FlashLoad(void)
{
  TxChar(FLASH_PROGRAM_CHAR);      // Flash 프로그램
  TxChar(READY_CHAR);              // 호스트는 파일 데이터를 전송
```

```
  while(1)
  {
    GetPageNumber();                // 페이지 번호 수신
      if (RealPageAddress == 0xffff) return;
      if(GetPage())                 // 페이지 데이터 수신
      {
        WriteFlash();
        if(CheckFlash())            // 쓰기한 플래쉬 데이터를 리드하여 에러 유/무 확인.
              TxChar(LINE_COMPLETE_CHAR);  // 이상없음. 다음 페이지 요구
        else  TxChar(CF_ERROR_CHAR);       // 에러. 재전송 요구
      }
      else  TxChar(CS_ERROR_CHAR);
  }
}
// GetPageNumber(페이지 번호를 수신)
void GetPageNumber(void)
{
  unsigned char PageAddressHigh;
  unsigned char PageAddressLow;
  while(!IsChar());
  PageAddressHigh = RxChar();       // 어드레스 상위 바이트 입력
  while(!IsChar());
  PageAddressLow = RxChar();        // 어드레스 하위 바이트 입력
  RealPageAddress = ((unsigned int)PageAddressHigh << 8) + PageAddressLow;
  PageAddress = (unsigned long)RealPageAddress << NSHIFTPAGE;
}
// GetPage(한 페이지 데이터를 수신후 체크섬하여 에러 유/무를 리턴)
char GetPage(void)
{
  unsigned int i;
  unsigned char LocalCheckSum = 0;
  unsigned char CheckSum = 0;
  for (i=0;i<PageByte;i++)
  {
     while(!IsChar());
     PageBuffer[i]=RxChar();
     LocalCheckSum += PageBuffer[i];
  }
  while(!IsChar());
  CheckSum = RxChar();
  if(LocalCheckSum == CheckSum) return 1;
  else return 0;
}
```

```
// WriteFlash
void WriteFlash(void)
{
  unsigned int i;
  unsigned int TempInt;
  boot_page_erase(PageAddress);                    // 한 페이지를 삭제.
  while(boot_rww_busy()) boot_rww_enable();        // 삭제 될때까지 대기.
  for(i=0;i<PageByte;i+=2)
  {
    TempInt = PageBuffer[i]+(PageBuffer[i+1]<<8);
    boot_page_fill(i,TempInt);
  }
  boot_page_write(PageAddress);                    // 페이지 번호 Writing
  while(boot_rww_busy()) boot_rww_enable();        // 데이터가 모두 Writing될때까지 대기
}

// CheckFlash(flash에 Writ한 데이터를 read하여 이상없이 Writ가 되었는지 확인)
char CheckFlash(void)
{
  unsigned int i;
  unsigned int TempInt;
  unsigned int TempInt2;
  for (i=0;i<PageByte;i+=2)
  {
      TempInt = pgm_read_word(PageAddress + i);
      TempInt2 = PageBuffer[i] +(PageBuffer[i+1]<<8);
      if(TempInt != TempInt2) return 0;
  }
  return 1;
}

// AutoFindBaudrate(Auto-find baudrate if BAUDRATE is undefine)
char AutoFindBaudrate(void)
{
  #ifdef BAUDRATE
  UBRRL = BAUDRATE;
  if(BAUDRATE == B115200) RxWait = 100;
  if(BAUDRATE == B57600) RxWait = 150;
  if(BAUDRATE == B38400) RxWait = 200;
  if(BAUDRATE == B19200) RxWait = 250;
  if(BAUDRATE == B9600) RxWait = 300;
  Wait(RxWait);
  RxChar();
  return 1;
```

```
  #else
  RxWait = 100;
  UBRRL = B115200;
  if(AutoFindTx(RxWait)) return 1;
  RxWait = 150;
  UBRRL = B57600;
  if(AutoFindTx(RxWait)) return 1;
  RxWait = 200;
  UBRRL = B38400;
  if(AutoFindTx(RxWait)) return 1;
  RxWait = 250;
  UBRRL = B19200;
  if(AutoFindTx(RxWait)) return 1;
  RxWait = 300;
  UBRRL = B9600;
  if(AutoFindTx(RxWait)) return 1;

  return 0;                        // 통신 속도 찾기 실패
  #endif
}

char AutoFindTx(int wait_time)
{
  Wait(wait_time);
  RxChar();
  TxChar(AUTO_BAUDRATE_PING_CHAR); // Auto BaudRate PING!!!
  Wait(wait_time);
  if(RxChar() == AUTO_BAUDRATE_PING_CHAR) return 1;
  else return 0;
}

// ExecCode(프로그램 실행)
void ExecCode(void)
{
  #ifdef INTVECREG
  INTVECREG = 0x01;                // Enable interrupt vector select
  INTVECREG = 0x00;                // Move interrupt vector to flash
  #endif

  TxChar(FILE_COMPLETE_CHAR);      // file complete
  asm("jmp 0x0000");               // Run application code
}
```

```
int main(void)
{
  asm("cli");                       // disable all interrupts
  Wait(10);
  PULLUPPORT = PULLUPPIN;           // Pull up on RX line
  Wait(500);
  UCSRB = 0x00;                     // disable while setting baud rate
  UCSRA = 0x00;
  UCSRC = 0x86;                     // Asyn,NoParity,1StopBit,8Bit,
  UBRRH = 0x00;                     // set baud rate hi
  UCSRB = 0x18;                     // Rx enable Tx Enable
  if(!AutoFindBaudrate()) ExecCode();
  Wait(200);
  TxChar(BOOTLOADER_ACTIVE_CHAR);  // 부트로더 인식문자 ^를 송신
  Wait(RxWait);
  if(RxChar() == BOOTLOADER_JUMP_CHAR)
  {
    SendDeviceID();                 // Target MCU 정보 전송
    FlashLoad();                    // 파일 데이터 로드
    Wait(10);
  }
  ExecCode();
}
```

D. Door-Lock 시스템 회로도

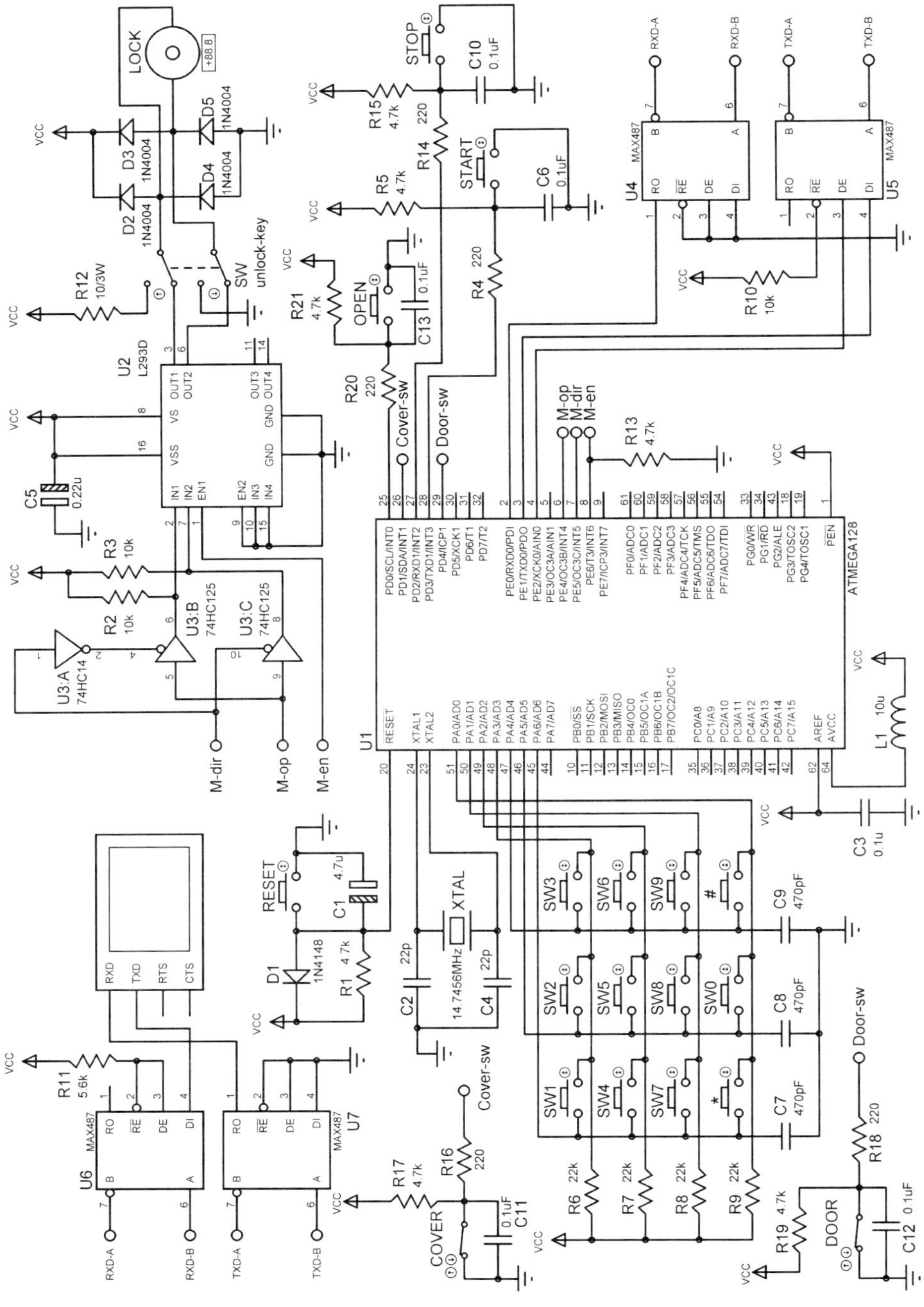

| 이희진 |

- 현 국립한경대학교 정보제어공학과 교수.

| 조영완 |

- 현 서경대학교 컴퓨터공학과 조교수.

정가 19,000원

마이크로컨트롤러를 활용한
Door-Lock 전자시스템 설계

2012년 2월 20일 초판 인쇄
2013년 3월 2일 수정판 발행
저 자 : 이희진 · 조영완
발행자 : 우명찬 · 송 준
발행처 : 홍릉과학출판사
주 소 : 서울시 강북구 인수동 455-60
142-885
등 록 : 1976년 10월 21일 제5-66호
전 화 : (02) 999-2274~5 903-7037
팩 스 : (02) 905-6729
e-mail: hongpub@hongpub.co.kr
http://www.hongpub.co.kr
ISBN: 978-89-97570-05-8

저자와의
협의하에
인지생략